上海政法学院学术文库

我国量刑规范化改革研究：障碍及其克服

崔仕绣◎著

中国政法大学出版社

2024·北京

图书在版编目（ＣＩＰ）数据

我国量刑规范化改革研究 ：障碍及其克服 / 崔仕绣著. -- 北京 ：中国政法大学出版社，2024. 8. -- ISBN 978-7-5764-1740-1

Ⅰ. D924.134

中国国家版本馆 CIP 数据核字第 20248TD897 号

出 版 者	中国政法大学出版社
地　　址	北京市海淀区西土城路 25 号
邮寄地址	北京 100088 信箱 8034 分箱　邮编 100088
网　　址	http://www.cuplpress.com (网络实名：中国政法大学出版社)
电　　话	010-58908285(总编室) 58908433 (编辑部) 58908334(邮购部)
承　　印	固安华明印业有限公司
开　　本	720mm×960mm　1/16
印　　张	22.5
字　　数	368 千字
版　　次	2024 年 8 月第 1 版
印　　次	2024 年 8 月第 1 次印刷
定　　价	98.00 元

上海政法学院学术著作编审委员会

序

大学者，大学问也。唯有博大学问之追求，才不负大学之谓；唯有学问之厚实精深，方不负大师之名。学术研究作为大学与生俱来的功能，也是衡量大学办学成效的重要标准之一。上海政法学院自建校以来，以培养人才、服务社会为己任，坚持教学与科研并重，专业与学科并举，不断推进学术创新和学科发展，逐渐形成了自身的办学特色。

学科为学术之基。我校学科门类经历了一个从单一性向多科性发展的过程。法学作为我校优势学科，上海市一流学科、高原学科，积数十年之功，枝繁叶茂，先后建立了法学理论、行政法学、刑法学、监狱学、民商法学、国际法学、经济法学、环境与资源保护法学、诉讼法学等一批二级学科。2016年获批法学一级学科硕士点，为法学学科建设的又一标志性成果，法学学科群日渐完备，学科特色日益彰显。以法学学科发端，历经数轮布局调整，又生政治学、社会学、经济学、管理学、文学、哲学，再生教育学、艺术学等诸学科，目前已形成以法学为主干，多学科协调发展的学科体系，学科布局日臻完善，学科交叉日趋活跃。正是学科的不断拓展与提升，为学术科研提供了重要的基础和支撑，促进了学术研究的兴旺与繁荣。

学术为学科之核。学校支持和鼓励教师特别是青年教师钻研学术，从事研究。如建立科研激励机制，资助学术著作出版，设立青年教师科研基金，创建创新性学科团队，等等。再者，学校积极服务国家战略和地方建设，先后获批建立了中国-上海合作组织国际司法交流合作培训基地、最高人民法院民四庭"一带一路"司法研究基地、司法部中国-上海合作组织法律服务委员会合作交流基地、上海市"一带一路"安全合作与中国海外利益保护协同创新中心、上海教育立法咨询与服务研究基地等，为学术研究提供了一系列重要平台。以这些平台为依托，以问题为导向，以学术资源优化整合为举措，涌现了一批学术骨干，取得了一批研究成果，亦促进了学科的不断发展与深化。在巩固传统学科优势的基础上，在国家安全、国际政治、国际司法、国际贸易、海洋法、人工智能法、教育法、体育法等领域开疆辟土，崭露头角，获得了一定的学术影响力和知名度。

学校坚持改革创新、开放包容、追求卓越之上政精神，形成了百舸争流、百花齐放之学术氛围，产生了一批又一批科研成果和学术精品，为人才培养、社会服务和文化传承与创新提供了有力的支撑。上者，高也。学术之高，在于挺立学术前沿，引领学术方向。"论天下之精微，理万物之是非"。潜心学术，孜孜以求，探索不止，才能产出精品力作，流传于世，惠及于民。政者，正也。学术之正，在于有正气，守正道。从事学术研究，需坚守大学使命，锤炼学术品格，胸怀天下，崇真向美，耐得住寂寞，守得住清贫，久久为功，方能有所成就。

好花还须绿叶扶。为了更好地推动学术创新和学术繁荣，展示上政学者的学术风采，促进上政学者的学术成长，我们特设立上海政法学院学术文库，旨在资助有学术价值、学术创新和学术积淀的学术著作公开出版，以褒作者，以飨读者。我们期望借助上海政法学院学术文库这一学术平台，引领上政学者在人类灿烂的知识宝库里探索奥秘、追求真理和实现梦想。

3000年前有哲人说：头脑不是被填充的容器，而是需要被点燃的火把。那么，就让上海政法学院学术文库成为点燃上政人学术智慧的火种，让上政学术传统薪火相传，让上政精神通过一代一代学人从佘山脚下启程，走向中国，走向世界！

愿上海政法学院学术文库的光辉照亮上政人的学术之路！

上海政法学院校长　刘晓红

前言

  定罪与量刑的重要性不分轩轾。作为刑事审判的重要组成部分，量刑结果与量刑程序的适正直接反映刑事审判质量和刑罚目的之实现情况，乃为规范司法量刑活动的必然要求和健全公正、高效廉洁的社会主义司法制度的应有之义。着眼于我国长期存在的量刑失衡和量刑歧异现象，在认真总结司法实践经验和回应人民群众对司法公正有力关切的基础上，地方法院和科研院所的积极探索和果敢试错，最终与中央层面宏观政策形成耦合，一场"由下至上、由点及面、由浅入深、由外到内"的量刑规范化改革得以在全国范围内统筹部署并逐层推进。历经十余年砥砺前行，我国量刑规范化改革攻坚克难，在确立科学的量刑方法和量刑步骤、规范法官自由裁量权行使、增强量刑实践可操作性和可预测性、构建相对独立的量刑程序、缩减量刑差异以及提升裁判质量和司法权威等方面效果卓著。然而，在肯定我国量刑规范化改革"本土经验"的基础上，还需正视当前量刑规范化改革深入推进阶段存在的诸多障碍。除了长期盘踞的报应刑本位刑罚目的观对法官量刑实践的影响外，冗杂细密的量刑规则不免造成法官自由裁量权的过度限缩，缺乏专职化改革统领机构同样导致以量刑规则和具体情节设置为研究对象的实证研究缺乏持续性和周期性，加之规则建制层面过度机械化倾向和量刑程序改革的不尽完备，我国量刑规范化改革仍需克服障碍、踵事增华。本书立足于对我国量刑规范化改革的蕴涵探询、脉络梳理与经验总结，在对量刑规范化改革所涉之论理支撑论析的基础上，围绕我国量刑规范改革的现存障碍，结合其他国家和地区量刑改革的可取经验，有针对性地展开指导观念、实体和程序侧面的完善举措之探讨，旨在促进我国量刑规范化改革行稳致远、进而有为。全书除导论、结论外，共分六章。

　　第一章是对我国量刑规范化改革的概述，乃是对本书论述对象的明确。首先对量刑内涵、量刑规范化的产生背景和量刑规范化改革实际蕴含加以剖析，进而对我国量刑规范化改革的发展脉络进行梳理，终而对各阶段改革经验加以凝练。量刑是法官在规范指引下，秉持法律理性与朴素良知，对具体个案和行为人的逻辑论证动态过程。鉴于日益显著的量刑偏差、滞后的"估堆式"量刑方法以及民众对公正、透明量刑程序的强烈期盼，量刑规范化命题得以孕育和发展。随后，旨在规范法官自由裁量权、完善量刑程序、促进量刑公正的量刑规范化改革始得部署，并历经了探索试错、局部试点、全面推行和深入推进四个阶段，不仅使"地方法院的微观规范量刑探索"与"中央司法改革的宏观制度决策"形成"共振"，确立了"定性与定量相结合"的量刑方法，还初步形成实体规范与程序规范的协同发展格局，加强了理论与实践层面有关量刑规范化与刑罚裁量权、量刑统一化与刑罚个别化等辩证统一关系的理解。

　　第二章是我国量刑规范化改革的理论探讨，乃是本书研究的论理支撑。首先是对我国量刑规范化改革秉持之刑罚理论的探讨。在刑罚价值方面，不仅需要对刑罚可能造成司法资源浪费和过度或错误发动而折损公民权利等负价值进行控制，还要对刑罚保护公民自由、国家秩序和公平正义等方面的正价值加以弘扬。此外，法官基于何种刑罚目的进行裁量，是实现量刑公允、降低量刑歧异的重要前提，因此还需要明确刑罚之目的。在阐明报应理论、预防理论和综合理论的差异和不足后，并合主义刑罚目的之妥适与必要得以明确。在罪刑均衡理论的立法、司法实现方面，要始终坚持罪质与刑质、罪量与刑量、罪度与刑度之均衡，并通过量刑规范化改革提高量刑方法与步骤的科学性、规范法官自由裁量权的行使。刑罚理论之探讨进而衍生出对量刑规范化改革的功能探究和理念反思，前者包括对无根据量刑偏差的消除、规范化量刑思维的培养、宽严相济刑事政策的贯彻以及相对独立量刑程序的完善，后者则包含体现改革基本价值的公正理念、调和各方诉求的和谐理念、体现改革工作实效的效率理念和凸显实质正义的人权理念。

　　第三章是我国量刑规范化改革的现存障碍，乃是研究主体亟待解决的问题归纳，包括指导理念、领导机制、规则建制和程序延伸层面所面临的改革阻碍。首先是指导观念层面，当前我国刑事司法过于强调"惩前"而忽略"警后"的报应刑本位刑罚目的观，难以调动社会同犯罪作斗争的积极性，更有碍于人权保障目的之实现。其次是领导机制层面，仅依靠最高人民法院刑事审判第三庭，实难应对具有极高时效性、复杂性和专业性要求的量刑规范化改革重任，亦不利于量刑实证调研的持续性推进。再其次是规则建制层面，随着《人民法院量刑指导意见（试行）》、《关于规范量刑程序若干问题的意见（试行）》、《关于常见犯罪的量刑指导意见》和《关于常见犯罪的量刑指导意见（二）（试行）》等文件的相继出台，不免使法官"迷失"于细密化的量刑规则之中，加之量刑规范间存在的多义性冲突，同样令法官疲于计算各罪量刑起点和各个情节对基准刑的增减幅度。最后是程序延伸层面，畸高的量刑建议采纳率不仅引发控方"胜诉结局"的价值倾向和裁判权向检察机关让渡的担忧，还可能导致量刑辩护的乏力甚至无效；量刑听证制度在规范依据、实施模式和理论支撑等方面尚存在不足；用语刁钻或解释片面的量刑裁判说理，徒增民众理解之难度，无益于息诉服判目标之实现；当前指导性案例制度援引效果不佳，同样引发理论与实务界关于构建量刑判例制度的思考。

　　第四章是有关完善我国量刑规范化指导观念的探讨，乃是对研究主体指导观念层面障碍之破除。该部分首先对其他国家和地区量刑改革指导观念的演进脉络加以梳理和介评，进而探索我国规范化量刑观念的革新路径。相比之下，美国量刑改革指导理念经历了"直觉驱动"下的"康复矫治主义"刑罚观向"规则武断"下的"机械主义"刑罚观之过渡，最终形成参考性量刑指南体制下的"衡平主义"刑罚观，突出对量刑规范的简化和对法官量刑酌处权的保护；英国则是在普遍遵循先例的前提下，形成允许量刑结果"偶然偏离"的量化量刑格局；德国采用"幅的理论"以消解个案中罪责补偿和特殊预防的矛盾冲突，并以此建立"双轨制刑事制裁体系"；日本量刑改革以"行情约束模式"为表征，要求法官依据司法经验和司法判决形成量刑准则，并作出不超越相对确定的刑罚裁量幅度的判罚。鉴于其他国家和地区量刑改革指导观念的发展沿革，我国量刑规范化改革应舍弃纯粹报应主义和纯粹功利主义的本身弱点，形成"报应为主、预防为辅"的刑罚目的观。其中，在凸显报应为主的实质正义要求之余，还需兼顾特殊预防为辅的刑罚个别化要求，而基于对《中华人民共和国刑法》（以下简称《刑法》）第 61 条量刑的事实依据和法律依据的考量，纯粹的一般预防目的除了存在超过报应限度的可能外，并不能在量刑阶段予以体现。

第五章是完善我国量刑规范化改革实体侧面的举措，乃是对研究主体实体层面障碍之破除。在对其他国家和地区量刑改革实体层面的可取经验充分论析基础上，从我国专职化量刑规范化改革领导机制的建构、量刑规则的优化设置和量刑基准的确立程式等方面，论述了我国量刑规范化改革深入推进阶段实体侧面的完善举措。一方面，英美两国专职委员会在员额配置、机构组成和日常管理等方面优势显著，既可在及时收集、分析和研判量刑数据的基础上，预估犯罪趋势并适时调整量刑政策，又能确保稳定的财政支持和量刑改革学理研讨的充分开展。另一方面，德国虽无专职量改机构，但却通过构建完备的量刑法律框架，引导法官科学行使自由裁量权和强化上诉法院量刑审查，来实现量刑均衡目的。因此，基于我国根本政治制度和司法机关的特殊性质，我国有必要设置统领量刑规范化改革的专职机构，以便于制定和修改量刑指导意见、整合量刑数据并进行实证研究、获取稳定经费保障和开展周期性量刑培训等。此外，在员额构成上除了要包含卓富司法实践经验的法官、检察官，还应聘请法学院校和科研院所的资深法学专家以及具有丰富刑事辩护经验的律师。最后，在量刑规则的优化设置层面，不仅要立足时效性与可适性对量刑规则进行完善，突出其与量刑法律基本原理、量刑规律的契合，还要着眼于司法效率的提高，对量刑规则进行适度简化，突出量刑规范化统领机构的规则解释功能，防止细密化、机械化的量刑规则对法官自由裁量权的过度限缩。

第六章是完善我国量刑规范化改革程序侧面的举措，乃是对研究主体程序层面障碍之破除。首先展开对其他国家和地区量刑改革进程中程序侧面合理经验的介评与论述，进而依次从我国量刑建议制度的优化、量刑说理的渐次升级、量刑听证的模式创制、人工智能刑事量刑辅助系统的风险防控和其他方面，分步展开完善我国量刑规范化改革程序侧面的具体措施。其他国家和地区的量刑程序改革经验显示，美国的量刑听证程序和量刑数据系统，不仅为法官提供全面获取量刑信息的便捷途径，更符合信息搜集和刑期预判之要求。而英美德三国对量刑裁判说理、量刑建议和上诉复审的重视，无不体现出程序侧面防止法官恣意行使裁量权之努力。此外，日本裁判员制度、被害人参与制度和量刑判例数据系统，也展现出提升量刑合理性、社会认同度和民众司法参与度等方面的优势。因此，在我国量刑规范化改革深入推进阶段，在优化量刑建议制度方面，要尤其注意建立量刑信息的遴选机制、促进控辩双方的量刑参与、强化检方量刑建议的说理、发挥人工智能技术支持以及创新量刑建议考评机制；在量刑裁判说理方面，既要注意实质内核的判罚证立与裁判认同，注重对量刑步骤的载明、相关情节的辨别和不同量刑情节作用力的述明，还要注意形式肌底的经验表述与繁简适度，经过法官精练、简洁的裁判说理，让社会公众从简练的说理论证中体会各量刑情节和幅度的动态调节过程；在量刑听证程序的模式创制方面，应正视我国与英美法系国家的法源差异，设计符合我国司法实际的量刑听证程序；在人工智能刑事量刑辅助系统的风险防控方面，应深刻认识到科技革新助力于司法实践的不可逆转趋势，把握法院信息化建设和人工智能重大战略机遇，同时防范功能定位和技术迟滞等风险，合理运用智能化资讯科技辅助法官量刑。最后在量刑程序改革的其他方面，不仅要在量刑参与层面不断完善被害人参与制度，规范其参与量刑之形式和提出意见之内容，还要在可操作性层面探索"准判例"量刑参考系统的构建可能，根据各地区、各审级刑事审判需要，整理刑事判例的量刑部分，给予法官从事类案裁判的参考和指引，完善多方参与的量刑程序建制，扩大社会参与量刑实践的参与度，提高量刑辩护的有效性。

目 录 / CONTENTS

导 论 ………………………………………………………………… 001

一、研究背景与研究意义 ………………………………… 001

二、国内外研究述评 ……………………………………… 004

三、主要内容与基本思路 ………………………………… 013

四、研究方法、创新点与不足 …………………………… 015

第一章 我国量刑规范化改革概述 ………………………… 018

第一节 量刑规范化改革的蕴涵探寻 …………………… 018

一、量刑规范化的概念厘定 …………………………… 018

二、量刑规范化改革的蕴含剖析 ……………………… 031

第二节 我国量刑规范化改革的发展脉络 ……………… 036

一、量刑规范化改革的探索试错阶段 ………………… 037

二、量刑规范化改革的局部试点阶段 ………………… 042

三、量刑规范化改革的全面推行阶段 ………………… 047

四、量刑规范化改革的深入推进阶段 ………………… 053

第三节 量刑规范化改革发展进程的经验总结 ………… 057

一、地方试错与学理论证推动改革发展 ……………… 057

二、分阶段协同推进加快模式聚合 …………………… 062

　　三、量刑规范化改革推动量刑制度不断完善 ················· 065

第二章　我国量刑规范化改革的理论基础 ················· 070

　第一节　量刑规范化改革的论理支撑 ················· 070

　　一、刑罚价值观 ················· 070

　　二、刑罚目的论 ················· 078

　　三、罪刑均衡理论 ················· 088

　第二节　量刑规范化改革的功能探究 ················· 093

　　一、消除无根据量刑偏差 ················· 093

　　二、培养规范化量刑思维 ················· 094

　　三、贯彻宽严相济刑事政策 ················· 095

　　四、完善相对独立的量刑程序 ················· 097

　第三节　量刑规范化改革的理念 ················· 098

　　一、公正理念突出改革基本价值 ················· 098

　　二、和谐理念调和改革各方诉求 ················· 100

　　三、效率理念体现改革工作实效 ················· 101

　　四、人权理念凸显改革实质正义 ················· 102

第三章　我国量刑规范化改革的现存障碍 ················· 105

　第一节　指导观念层面：报应刑市位不利于人权保障 ················· 106

　　一、刑罚目的观影响法官量刑 ················· 106

　　二、报应刑本位有碍人权保障 ················· 106

　第二节　领导机制层面：缺乏专门机构统领量刑规范化改革 ················· 109

　　一、最高法刑三庭统领量刑改革的职能有限 ················· 109

　　二、量刑实证调研缺乏周期性论证 ················· 110

　　三、"中央政策转向"与"地方经验凝练"对接不畅 ················· 111

　第三节　规则建制层面：过度机械化倾向 ················· 113

一、量刑规则细密化压缩法官裁量空间 ………………………… 113

二、忽视量刑基准的学理价值 …………………………………… 116

三、量刑规范适用存在多义性冲突 ……………………………… 119

第四节 程序延伸层面：量刑程序改革任重道远 ………………… 121

一、量刑建议实践效果不佳 ……………………………………… 122

二、量刑听证制度尚待明晰 ……………………………………… 127

三、量刑裁判说理流于形式 ……………………………………… 128

四、量刑判例体制尚待建制 ……………………………………… 130

第四章 我国量刑规范化改革指导观念的完善 ………………… 134

第一节 其他国家和地区量刑改革指导观念的参考 ……………… 134

一、美国："直觉驱动"与"规则武断"的折衷 ………………… 134

二、英国："量化量刑格局"的发展成熟 ……………………… 145

三、德国："幅的理论"与"双轨制刑事制裁体系"促进量刑

均衡 ……………………………………………………………… 153

四、日本："行情约束模式"和"裁判员制度"降低量刑歧异 …… 156

第二节 我国规范化量刑观念的革新 ……………………………… 164

一、并合主义刑罚观之确立：报应为主、特殊预防为辅 ……… 164

二、法官刑罚裁量权的合理释宽：公正优先、限权为辅 ……… 168

第五章 完善我国量刑规范化改革的实体举措 ………………… 176

第一节 其他国家和地区量刑改革实体层面经验参考 …………… 176

一、美英："独立量刑委员会"之效仿 ………………………… 176

二、美国："合宪性质疑"与"量刑指南强制性降格"之警示 …… 192

三、英国："适度量化的量刑格局"之提倡 …………………… 202

四、德国："无量刑规则"之反观 ……………………………… 206

第二节 专职化量刑改革领导机制的建构 ………………………… 207

一、设置专职化领导机构的必要性 ·············· 208

二、本土化量刑改革领导机构建构思路 ·············· 210

第三节　量刑规则的优化设置 ·············· 211

一、侧重规则时效性与可适性的修改 ·············· 212

二、规避规则适用的多义性冲突 ·············· 215

三、规则效力转变构想："强制性"到"实质参考性" ·············· 216

第四节　量刑基准的确立程式 ·············· 218

一、明确逻辑起始：量刑基准之确立原则与原理法则 ·············· 219

二、明确择定机理：量刑基准之确定方法 ·············· 224

第六章　完善我国量刑规范化改革的程序举措 ·············· 228

第一节　其他国家和地区量刑改革程序层面的经验参考 ·············· 229

一、美国："量刑前报告"和"量刑听证程序"之比照 ·············· 229

二、美英德："裁判说理"、"量刑建议"和"上诉复审"制度之
参照 ·············· 233

三、美日："量刑数据系统"与"量刑判例数据系统"之补强 ····· 242

四、日本："裁判员制度"与"被害人参与制度"之融合 ········ 247

第二节　我国量刑建议制度的优化 ·············· 255

一、坚持和优化我国量刑建议制度的意义 ·············· 255

二、量刑建议的模式确证 ·············· 258

三、完善量刑建议的形成机制 ·············· 260

第三节　量刑说理的渐进升级 ·············· 264

一、量刑裁判说理的法理与社会意义 ·············· 264

二、实质内核：判罚证立与裁判认同的体现 ·············· 267

三、形式基底：经验表述与繁简适度的结合 ·············· 270

第四节　量刑听证的模式创制 ·············· 272

一、量刑听证的理性界说 ·············· 272

二、量刑听证的价值分析 ……………………………… 274

三、我国量刑听证制度的构建思路 ……………………… 277

第五节 人工智能刑事量刑辅助系统的建制 ……………… 281

一、人工智能技术融入司法实践的时代特性 …………… 281

二、建制我国刑事量刑辅助系统的必要性 ……………… 288

三、人工智能刑事辅助系统的风险防控 ………………… 290

第六节 完善量刑程序的其他方面 ………………………… 296

一、量刑参与层面：被害人参与制度的完善 …………… 296

二、可操作性层面："准判例"量刑参考系统的设想 …… 302

三、量刑互动层面：多方参与的量刑程序建制 ………… 308

结 论 …………………………………………………………… 311

参考文献 ……………………………………………………… 314

导 论

一、研究背景与研究意义

（一）研究背景

定罪与量刑的问题是刑事司法活动必须解决的两个根本问题。其中，定罪是量刑的必要前提，量刑则是定罪的必然归宿，犯罪事实的认定与科刑的重要性无分轩轾。[1]量刑问题关系到国家刑罚权的适正实现和被告人的人权保障。作为人民法院"实现和维护社会正义、预防犯罪发生而作用于刑事被告人的一种司法强制力量"[2]，量刑不仅居于刑事审判活动的核心位置，更是实现司法权威之关键。量刑偏差和量刑失衡不仅是影响我国刑事审判实务的难题，更是"世界各国刑事司法领域普遍存在的共性问题"[3]。因此，量刑规范化已然成为我国刑罚理论界与实务界的重要论题，是各国解决量刑疑难问题、提升量刑结果合理性和可预测性、提升量刑程序公正性与透明度而进行的改革性总结。

众所周知，量刑规范化改革是对长期以来我国刑事审判中量刑经验与量刑方法的总结、归纳与改进，对转变我国传统刑事司法理念、推进规范化量刑、统一法律适用和实现量刑的实质公正均发挥着深远影响。我国的量刑规

---

〔1〕 参见郭豫珍：《量刑与刑量：量刑辅助制度的全观微视》，元照出版公司 2013 年版，第 186页。

〔2〕 姜涛：《认知量刑规范化》，中国检察出版社 2010 年版，第 2 页。

〔3〕 苏彩霞、崔仕绣：《中国量刑规范化改革发展研究——立足域外经验的考察》，载《湖北大学学报（哲学社会科学版）》2019 年第 1 期。

范化改革已历十余年，量刑规范化工作的常态化、制度化优势得以显现。但在深入推进量刑规范化改革过程中，仍存在诸多障碍亟待克服，尤其是改革进程中不断凸显的机械化倾向和报应刑偏向刑罚目的观，对法官量刑实践产生消极影响，过于细密的量刑规则同样导致法官自由裁量权的不当限缩。此外，由于缺乏统领量刑规范化改革的专职机构和对接部门，使得以量刑规则和具体情节设置为研究对象的实证研究、数据搜集缺乏可持续性和周期性。加之量刑建议制度、量刑听证制度、量刑裁判说理和量刑判例制度等程序侧面改革的不充分，均在一定程度上降低了我国量刑规范化改革的实际效能。故本书旨在针对当前我国量刑规范化改革面临的现存障碍，对改革指导观念、领导机制、规则建制和程序延伸等方面进行展开，在吸收其他国家和地区可取的量刑改革经验基础上，对我国逾十年的量刑规范化改革经验加以审视与总结，并最终探寻深入推进我国量刑规范化改革的可取路径。

（二）研究意义

刑事量刑是刑事司法制度的关键，体现了"象征性与实践性层面的犯罪与刑罚的有机结合"的原则。[1]开展量刑规范化改革研究对我国量刑理论发展和改革的深入推进具有重要的理论意义，具体体现在以下几个方面：

首先，有助于把握量刑规范化改革的基本内涵，填补量刑规范化改革为专门对象的研究空缺。就理论价值而言，我国刑事法学领域关于量刑问题的研究主要集中于量刑模式选择、量刑方法、量刑规范等方面，针对量刑规范化改革为对象的体系性研究尚未构建。事实上，对于量刑规范化改革的内涵解读，不应仅停留在文义层面，而应结合改革的具体任务、目的，从多方面加以诠释。本书试图构建以量刑规范化改革为研究对象的研究体系，便于准确理解量刑规范化改革的基本内涵、立体维度和改革理念。

其次，有助于填补各个改革发展阶段的理论空缺。当前我国刑法理论研究的范式正逐渐向细密化、精深化的方向发展，面对刑法论、犯罪论的稳步发展，刑罚基础理论的研究逐渐成为刑法理论研究的薄弱环节，有关量刑理论体系的研究更是呈现出单一化、片段化特征。这一客观现象进而导致司法实践中量刑规范化改革未能得到体系严整的量刑理论的引导，使得我国量刑

---

〔1〕 See Sebba L., "Is Sentencing Reform a Lost Cause? A Historical Perspective on Conceptual Problems in Sentencing Research", *Law and Contemporary Problems*, Vol. 76, No. 1., 2013, pp. 239-240.

规范化改革的发展趋于表面化、形式化。如何在量刑过程中体现刑罚的正当性、价值和目的，并在此基础上理解我国推行量刑规范化改革所秉持的刑罚理念，对于填补各个量刑改革阶段的理论空缺尤为重要。故以量刑规范化改革为研究对象，不仅有助于填补各个改革发展阶段的理论空缺。

最后，有助于凸显并合主义刑罚观对公正量刑的作用。本书主张之并合主义刑罚观，兼采报应与预防的折衷立场，是实现量刑形式公正与实质公正理念上的统一。无论是纯粹的报应刑理论还是纯粹的预防刑理论，都存在各自无法克服或解释的缺陷，不能作为表征现代社会刑罚目的之全部。具体而言：一方面，并合主义的报应思想为量刑形式公正之实现奠定了基础，如对量刑判决和量刑标准一致性的要求，反映"同案同判"的理论基础；另一方面，并合主义的预防思想又弥补了报应刑论在实现量刑实质公正方面的缺陷，而量刑实质公正要求判处刑罚须反映危害行为之社会危害性和犯罪人之人身危险性，其中，犯罪人之人身危险性正是预防主义的立论根本。

开展量刑规范化改革研究对我国量刑理论发展和改革的深入推进也具有重要的现实意义，具体体现在以下几个方面：

首先，有利于树立"中国问题"的学术面向，实现世界量刑改革经验"本土化"，促进向"本土实践"层面的过渡。我国量刑规范化改革在短时间内取得了丰硕成果，同时也暴露出许多问题，因而有必要在对其他国家和地区量刑改革经验客观评价的基础上，进行适当参考和适度借鉴。与此同时，还需深刻认识到其他国家和地区量刑规范模式是各自根据其不同的政治经济文化等因素，历经长期探索而逐渐形成的，具有量刑理论、制度和改革进程中的天然差异，量刑模式均适用于其特点社会发展动态。我国的司法体制、刑罚理论和量刑制度有别于其他国家和地区，故其法治经验不能被直接提取、效仿或移植，而应在"中国问题"的学术面向内进行比较借鉴。本书立足于我国量刑规范化改革的发展进程，特别注重对其他国家和地区经验借鉴的过滤与筛选，以期实现"汲取他国经验"向"推进本土实践"的过渡。

其次，有利于理论研究与实践总结的结合，强化"二次试点"的论理支撑和实践调研，促进量刑规范化改革的深入推进。最高人民法院（以下简称"最高法"）于2017年下发进一步扩大量刑规范化范围的通知并发布《最高人民法院关于常见犯罪的量刑指导意见（二）（试行）》（以下简称《常见量刑意见（二）（试行）》），并于同年5月1日起开展第二批试点法院的新增罪名规范化量刑试点。本书针对我国量刑规范化改革的实质内涵、发展过程和现存障碍的剖析，围绕指导观念、实体侧面和程序侧面提出深化量刑规范化改革的应对路径，将对部分法院的"二次试点"提供较为全面的论理支撑。另外，论文撰写过程中适时融入的实践调研，也会为我国量刑规范化改革的发展提供时效性的经验佐证。如此，便于刑罚理论与量刑经验的结合，促进量刑理论研究与刑罚裁量实践的互通。

最后，有利于我国量刑规范化改革的可持续发展。量刑规范化改革作为我国刑事司法改革的重要组成部分，是一项任重道远的改革事业，以规范化量刑的《常见量刑意见（二）（试行）》为例，其罪名设置具有补充性、持续性和时效性特征，需紧密契合各个阶段的经济社会发展状况。作为量刑规范化改革的重要体现，《常见量刑意见（二）（试行）》将根据改革实效不断丰富。概言之，加强我国量刑规范化改革研究，不仅有助于量刑改革发展规律的探寻，还对规范对象的丰富和规范化量刑思维的根植具有积极的促进作用。

二、国内外研究述评

（一）国内研究述评

量刑规范化改革提出前，我国日趋严重的量刑失衡现状和量刑程序的缺失，伴随着民众对刑事司法公正认同感的降低，致使我国量刑制度和司法实践面临严峻考验。首先，彼时日益凸显的量刑偏差亟需规范化的量刑调控；其次，广大司法实务工作人员和刑事法学研究者经过论证和研判，指出法官传统"估堆式"量刑方法仍然是引起个案量刑偏差的决定性因素；最后，随着民众对公正且透明的量刑程序的强烈期望，程序价值有待通过规范化的量刑改革加以凸显。据此产生了包含实体和程序内涵的规范化量刑改革需求。

为规范法官的自由裁量权，中央政法委和最高人民法院、最高人民检察院、公安部、国家安全部、司法部（以下简称"两高三部"）反复论证、几经修改，在长期研究和实践探索的基础上，广泛吸收其他国家和地区量刑改革的有益经验，于2010年9月13日分别印发《人民法院量刑指导意见（试行）》（以下简称《量刑指导意见（试行）》）和《关于规范量刑程序若干问题的意见（试行）》（以下简称《量刑程序意见（试行）》），并于同年10月1日起在全国法院范围内试行，标志着最高人民法院领导的量刑规范化改革全面展开。"规范裁量权，将量刑纳入法庭审理程序"不仅是中央确定的重大司法改革项目，更是人民法院第三个五年改革纲要的重要内容，是对刑事审判改革过程中重点难点问题的持续聚焦。尔后的 2013 年底和 2017 年 4 月，为巩固量刑规范化改革成果，提高量刑规范的时效性和可操作性，最高法先后发布《最高人民法院关于常见犯罪的量刑指导意见》（以下简称《常见量刑意见》）和《常见量刑指导意见（二）（试行）》，确立了全面深入推进量刑规范化改革的战略目标。概言之，历经十余年的量刑规范化改革共经历探索试错、局部试点、全面推行和深入推进四个发展阶段，表现出"自下而上"的地方探索促进学理论证和"自上而下"的中央统一领导推行的典型特征，不仅卓有成效地限缩了量刑偏差，提高了量刑程序的相对独立性，还显著提升了量刑的公正性和透明度。

我国量刑规范化改革发展进程各阶段的代表性论著包括：苏惠渔教授等的《量刑与电脑——量刑公正合理应用论》对 20 世纪 80 年代数个地方中级人民法院的量刑纠偏情况进行过数据分析；季卫东教授的《电脑量刑辩证观》主张运用电脑技术参与量刑辅助系统设计时应秉持审慎态度；李艳玲副教授的《量刑方法论研究》对量刑方法论的理论体系进行构思，解释和预测量刑结果的形成过程及其规律；赵廷光教授的《量刑公正实证研究》、《论量刑原则与量刑公正——关于修改完善我国量刑原则的立法建议》和《论量刑精确制导》主张法官个人素质、裁判经验和法学素养同样会导致其在主观上产生差异化的法律理解，进而分别从依法构建量刑标尺、理性评价犯罪人所具有的量刑情节和完善量刑情节积分、量刑空间轻重刻度等方面入手，探寻实现量刑公正的最佳适度；王利荣教授的《对常见犯罪量刑基准的经验分析》指出个罪基准刑的确定，应当以司法解释、法院量刑指导意见中类型化经验和指导性案件中的具体经验为基础，强调确立常见犯罪量刑基准需要回应现实需要，避免过度技术化倾向；王良顺教授的《论量刑根据——兼及刑法第 61条的立法完善》对我国不同于欧陆刑法之量刑根据加以明晰，并强调行为刑事责任的程度应表现为基本法定刑、加重或者减轻法定刑和由犯罪情节所影响的处罚轻重等三个层次；石经海教授的《"量刑规范化"解读》将抽象规范与具体案情相结合，对"量刑规范化"作出符合现代刑法精神的实质解读；王瑞君教授的《量刑规范化面临的问题与对策构建》强调了开展量刑规范化改革的可行性与必要性，并指出分阶段稳步推进改革，逐步形成统一"操作规程"的量刑指导意见与案例指导制度的量刑模式；李洁教授等的《量刑规范化的规范方式选择》指出了量刑规范化的规范方式存在的问题，并从实体法与程序法联结的角度提出实现量刑规范化价值追求的方式；熊秋红研究员的《中国量刑改革：理论、规范与经验》肯定了我国量刑规范化改革在推进量刑公正进程中的积极成就，并结合两个试点指导意见存在的未能贯彻责任主义和禁止双重评价量刑原则等问题，以及相对独立的量刑程序对不认罪的被告人和辩护人无罪辩护的案件造成的困扰，提出始终坚持实体与程序并行不悖的改革立场，避免极端化的改革方式；蔡曦蕾副教授的《量刑失衡的克服：模式与选择》通过实证研究的方法对量刑规范化改革施行情况进行评估，证明了其他国家和地区量刑指南经验对于我国量刑改革比鉴之可行性，并对我国量刑指导意见中量刑起点和量刑情节调节基准刑的经验进行了实证研究；齐文远教授等的《中国量刑规范化尝试之述评与反思》中对现阶段我国量刑规范化实效加以检视，并对当前量刑规范化举措进行反思；彭文华教授的《量刑说理：现实问题、逻辑进路与技术规制》对我国刑事判决书缺乏说理的原因加以分析，并建议实行实质说理制度，通过对量刑说理采取繁简分流、加强审查监督和构建量刑判例信息库等措施，使量刑结论更具可接受性与合理性。

（二）域外研究述评

各个国家和地区刑事司法领域无不重视对量刑歧异之克服。[1]为此，世界各国于 20 世纪起陆续展开声势浩大的量刑改革，旨在促进量刑实体与程序的规范、公正与透明。此处仅就以美、英为代表的英美法系国家和德、日为代表的大陆法系国家对量刑制度、政策和改革等方面的研究述评加以介绍。

1. 美国量刑改革述评

以美国为例，其刑事司法领域的量刑改革经历了逾 80 年的风雨，经历了由康复矫治主义向公正惩处过渡的刑罚功能的转向，以及《美国联邦量刑指南》（The Federal Sentencing Guidelines，以下简称《量刑指南》）的强制性降格和量刑裁决饱受违宪质疑的低谷，最终形成了以参考性量刑指南系统为主导的量刑格局。美国量刑改革的历史进程可以具象化为三个阶段，分别是前量刑指南时期、强制性量刑指南时期和参考性量刑指南时期。

---

〔1〕 See John K H, Ulmer J T., "Sentencing Disparity and Departures from Guidelines", *Justice Quarterly*, Vol. 13, No. 1., 1996, p. 81.

在前量刑指南时期，以康复矫治主义和刑罚个别化为主要特征的量刑体制在美国盛行。[1]这种不确定的量刑机制要求法官裁量刑罚必须符合被告人的康复需求。[2]在强调"医治效果"[3]的量刑模式支配下，不仅影响被告人教育矫治效果，在降低再犯、提升假释效果等方面的作用也十分受限。过分注重罪犯的人权保障和再社会化，使得彼时美国各地的量刑失衡现象日益严峻。此外，康复医疗主义刑罚观另导致法官的自由裁量权过度泛化，由此衍生的消极社会评价成为推动美国量刑改革进程的主要因素之一。代表性论著包括：赫伯特·韦克斯勒（Herbert Wechsler）教授的《量刑、矫治与美国模范刑法典》介绍了 20 世纪 60 年代罪犯康复矫治主义的美国刑事司法发展动向；大卫·罗斯曼（David J. Rothman）教授的《历史视野下的量刑改革》立足历史格局评析了美国量刑改革的发展趋势，并提出确定性量刑模式并无明显超越非确定性量刑模式之观点。

20 世纪 80 年代起，受康复矫治主义刑罚观和泛化的法官自由裁量权的影响，以美国为代表的英美法系国家，掀起了一场声势浩大的量刑改革，旨在探索建立有效规范量刑的机制。为有效应对美国刑事司法实践中的量刑偏差和量刑失衡，促进量刑程序透明化、裁量结果均衡化，美国国会按照马文·弗兰克尔（Marvin E. Frankel）大法官的构想于 1984 年通过《量刑改革法案》（The Sentencing Reform Act，以下简称《量刑法案》）并创设由司法部门及两党法律专家组成的美国量刑委员会，彻底重塑了美国联邦量刑制度，对美国刑事司法发展特别是量刑改革进程具有里程碑意义。该法案不仅关注罪犯的康复矫治，还注重再犯预防、遏制犯罪和公正量刑。[4]该时期代表性的论著包括：杰拉尔德·希尼（Gerald W. Heaney）教授的《量刑指南的实质：无休止的量刑差异》肯定了量刑改革的积极影响，并从量刑法案的修改完善、指

---

〔1〕　参见崔仕绣：《美国量刑改革的源起、发展及对我国的启示借鉴》，载《上海政法学院学报（法治论丛）》2020 年第 1 期。

〔2〕　See Tonry M H., "Sentencing in America, 1975–2025", *Crime and Justice*, Vol. 42, No. 1., 2013, p. 142.

〔3〕　Briese D., "The Ex Post Facto Clause and the United States Sentencing Guidelines: The Guidelines Remain Mandatory in Defiance of Booker", *Drake Law Review*, Vol. 60, No. 2., 2012, p. 163.

〔4〕　See Jones M J., "The United States Sentencing Guidelines Are Not Law: Establishing the Reasons 'United States Sentencing Guidelines' and 'Ex Post Facto Clause' Should Never be Used in the Same Sentence", *University of La Verne Law Review*, Vol. 32, No. 1., 2010, p. 14.

南区间范围的精简、法官自由裁量权的扩充和少数裔的差异影响等方面对量刑改革的发展方向展开构想；马文·弗兰克尔（Marvin E. Frankel）大法官的《量刑指南：创造性合作之必需》解释了美国量刑改革的产生背景、演变过程和具体原因；罗纳德·莱特（Ronald F. Wright）教授的《量刑指南的复杂性与可疑性》表示对日趋复杂化、僵硬化的强制性量刑指南体系之担忧，并主张量刑改革应朝着简化量刑规范、扩宽法官量刑酌处权、强化法官释法功能等方面发展。

　　然而，好景不长，强制性量刑指南时期法官被严格限制自由裁量权之客观事实，以及复杂冗长的量刑指南所导致的量刑实践机械适用之弊端日益显现。随着合众国诉布克（United States v. Booker）[1]案（以下简称"布克（Booker）案"）为代表的一系列违宪判例之爆发，量刑指南的强制性适用效力被推上风口浪尖。随着布克（Booker）案司法意见的正式发布，联邦量刑指南的强制性适用效力正式降格为参考性。当前美国刑事法领域研究者在《量刑指南》参考属性的确立初期多持积极肯定的立场，如包括美国司法审判刑法委员会在内的权威学术团体均支持参考性量刑指南系统，认为量刑规则适用效力上的改变，使刑事判决在质量、透明度与合理性上得到了逐步而显著的改善。[2]这是因为，参考性《量刑指南》的确适度提升了量刑均衡和量刑透明度，它为法官提供了个罪裁量的起始点和基准。[3]近年来，美国量刑改革开始反思康复刑罚主义的科学性和恢复性司法的可行性，并出现了"量刑个别化"和"契合罪犯需求"的政策回溯，包括旨在减少累犯和增加矫治信心的相关项目和其他恢复性司法方案等。[4]该时期的论著包括：弗兰克·鲍曼（Frank O. Bowman）教授的《量刑之殇：最高法院对美国量刑法规的破坏与补救》对相关违宪判例、各州量刑系统的合宪性推理和实践影响进行比较分析，并结合美国宪法第六修正案和正当程序条款，提出构建更具科学性和实用性的量刑体系的设想；杰拉尼·杰弗逊·埃克萨姆（Jelani Jefferson Ex-

---

〔1〕　See United States v. Booker, 543 U. S. 220 (2005).

〔2〕　See Amy Baron-Evans, Kate Stith, "Booker Rules", *University of Pennsylvania Law Review*, Vol. 160, No. 6. , 2012, pp. 1633-1634.

〔3〕　See Bibas S, Klein S. , "The Sixth Amendment and Criminal Sentencing", *Cardozo Law Review*, Vol. 30, No. 3. , 2008, pp. 779-780.

〔4〕　See Tonry M H. , "Sentencing in America, 1975-2025", *Crime and Justice*, Vol. 42, No. 1. , 2013, p. 143.

um）教授的《为何需要保持一致？在联邦量刑中体现诚实和均衡原则》对联邦量刑体制内法官量刑酌处权的发展与变迁进行梳理，并呼吁法官挣脱量刑指南区间的束缚并灵活运用自由裁量权，以实现量刑均衡与实质公正。

2. 英国量刑改革述评

英国量刑指南制度由来已久，并于 20 世纪 80 年代呈现鼎盛发展之势。[1]这是因为量刑结果因被告人性别、种族、年龄、受教育程度不同等因素和司法管辖区的地缘性差异而不可避免地受到影响。针对英国司法实践中持续存在的量刑歧异，英国司法领域启动了一系列量刑改革举措，不仅要求法官在量刑时全面考量诸如被告人犯罪性质、情节严重程度、既往前科或犯罪历史等法律因素[2]，以确保案件相关的法律因素不被遗漏地在量刑环节予以体现，还要求法官在量刑裁判时体现加重或减轻处罚因素的梯度。截至 20 世纪末，为减少法官裁决上诉刑事案件中可能遇到的量刑歧异，英国刑事司法系统对少数具有代表性的罪名制定了量刑指导规范。1998 年《犯罪与妨害秩序法》设立了量刑咨询专家小组，以协助刑事上诉法院制定量刑指南，随后的 1999 年量刑咨询专家组陆续提出涉及处理赃物犯罪、危险驾驶致死罪和儿童色情犯罪等共计 12 项咨询意见，卓有成效地促进了英国刑事量刑实践的一致性和规范性。但彼时的英国立法规范要求，量刑咨询专家组对刑事上诉法院所提之量刑建议仅限于"类罪"范畴和"上诉案件"途径，而排除对量刑总则性规定的建议和非上诉法院的适用可能，降低了量刑咨询建议的指导功效。

21 世纪伊始，英国在前期量刑改革基础上，成立量刑指南委员会作为负责领导量刑实践、颁布量刑规范和开展理论研究的专职部门，先后出台了一系列便于法官参照的个罪量刑标准和刑事裁判规则。2009 年，英国政府颁布《裁判官与司法法案》，将量刑指南细化为"行为范畴"和"类型范畴"，以体现不同罪行程度所对应的量刑区间，强调量刑指南应依据罪行严重程序设立梯度性的量刑幅度，此外，法官应根据犯罪人的罪责、行为造成的危害后

---

[1] See Richard T, et al., *Blackstone's Guide to the Criminal Justice Act 2003*, Oxford University Press, 2004, pp. 198-200.

[2] Dhami M K., "Sentencing Guidelines in England and Wales: Missed Opportunities?", *Law and Contemporary Problems*, Vol. 76, No. 1., 2013, p. 288.

果和其他因素共同判断罪行的严重程度。[1]因此，当前英国量刑改革还将围绕简化规则文本、丰富规则解释说明、提高法官适用性等方面继续发展。

该时期代表性论著有：曼迪普·迪汉姆（Mandeep K. Dhami）教授的《英国英格兰和威尔士地区的量刑指南：错失的机会?》对英格兰和威尔士地区量刑指南的发展脉络加以梳理，展现其修订和完善过程对法官量刑决策的影响；彭文华教授的《英国诉权化量刑模式的发展演变及其启示》介绍了英国通过严格的上诉审查制度规范法官自由裁量权的经验；裴炜教授的《英国认罪协商制度及对我国的启示》通过对英国刑事司法领域呈现范围扩张、阶段提前、分流提前等发展态势的认罪协商制度的介绍，夯实了我国认罪认罚从宽制度之基石；彭海青教授的《英国量刑证明标准模式及理论解析》对英国量刑证明标准的经验主义传统、无罪推定原则和功利主义思想等论理内涵加以阐释；迈克尔·托尼（Michael Tonry）教授的《西方国家的惩罚政策与模式》总结了西方国家各国刑事司法系统制定量刑规则和其他普遍适用的指导性规范的相关经验，重点介绍了英国法院"上诉指南裁决书"系统；安德鲁·雅狮威（Andrew Ashworth）教授的《英国量刑实践的日渐式微及其他情况》运用实证数据展现了英国近30年来量刑改革的发展过程，并提出对当前英国刑事司法体系因对犯罪分类审理，而导致轻罪被告人难以得到宽恕或被宣告缓刑之隐忧；布里安娜·林恩·罗森鲍姆（Briana Lynn Rosenbaum）教授的《英国的上诉判决：通过强有力的上诉复审提升量刑一致性》中对比了英格兰地区和威尔士地区的量刑裁决上诉复审情况，肯定了英国刑事司法系统逾百年的上诉复审发展历史。

3. 德国量刑改革研究述评

不同于英美法系国家普遍依托于专职的量刑改革机构和量刑指南规范推进量刑改革实践，德国的量刑体制独树一帜，既未设置统领量刑改革各项工作的专职机构，也未颁布制定供法官参考的量刑规范或量刑指南，而是通过"双轨制刑事制裁体系"与"幅的理论"的协调贯彻，配合相对独立的司法体系和法官，共同促进德国量刑制度的稳定发展。此外，日臻完善的上诉法院量刑审查制度也对"无量刑指南"的德国量刑改革发展发挥了重要作用。

关于"双轨制刑事制裁体系"，又称二元制惩罚制度，包含刑罚和保安处

---

〔1〕 See United Kingdom, Coroners and Justice Act 2009, § 121 (3) (4).

分两种惩治方式，前者以行为人实施行为时所具有的罪责为条件，后者以行为人未来的持续性危险状态为条件。刑罚与保安处分存在刑罚目的与责任基础的相左，即前者针对的是行为人已经实施的行为，以报应刑和罪责原则为基础，旨在惩罚犯罪；而后者则不以罪责为基础，而是主要关注行为人的人身危险性，针对的是行为人未来可能再次犯罪的可能。关于"幅的理论"，又称为兼顾被告人罪责均衡和特殊预防的活动范围理论，即允许法官在法定刑之内对行为人的罪责确定具体的刑罚幅度，在罪责的幅度之内基于预防主义或者功利主义目的，考虑行为人的再社会化，并在此基础上确定预防刑，因而可称为"责任范围内的预防"。

该时期代表性论著有：江溯研究员的《无需量刑指南：德国量刑制度的经验与启示》对不具有量刑指南制度的德国刑事制裁体系进行评介，并结合近40年来德国量刑实务呈现的平稳化和均衡化态势，对德国历史传统、政治结构和上诉复审制度等方面的量刑制度优势加以总结；塔蒂安娜·霍恩雷（Tatjna Hörnle）的《无需量刑指南体系的适度均衡量刑：德国量刑经验之比鉴》称德国上诉法院倾向于从模糊的理论或原则架构层面指导法官量刑，如采用"边缘化"或"回旋性"量刑理论、排斥适用法定刑幅度中线的量刑实践和严格遵循罪责刑相适应原则以保护人权尊严等；托马斯·魏格特（Thomas Weigend）教授的《德国量刑与惩罚情况概述》对德国检察官影响法官量刑实践的多种途径加以评介，如根据行为人的犯罪指控提起公诉、要求轻微犯罪嫌疑人向受害人赔偿损失以降低刑事指控、在庭审结束前提交书面量刑建议等；汉斯-约格·阿尔布莱希特（Hans-Jorg Albrecht）教授的《德国量刑：刑事制裁与量刑结构长期稳定的因由探究》解释了德国在量刑均衡方面取得显著成效的政治体制和刑事司法制度原因。

4. 日本量刑改革研究述评

关于日本量刑理论，可概括为三个方面的内容，分别是量刑论与犯罪论的关系、量刑论与刑罚论的关系、幅的理论与点的理论关系。其中，日本的量刑改革主要涉及行情约束模式、裁判员制度、被害人参与制度和量刑判例数据系统等方面的发展。行情约束模式是法官依据司法经验和司法判决形成的量刑准则，对个案判决形成经验约束。日本的行情约束模式的形成，得益于其量刑裁判数据系统的运用，该量刑裁判数据系统一方面为检察官和辩护律师查阅和准备诉讼材料提供便利，另一方面，为法官裁判量刑提供参考依据而不限制其对拟审案件的实际量处。此外，日本的裁判员制度改革旨在"促进量刑合理化，提升量刑判决的透明度"[1]，通过一定的程序从符合条件的普通公民中选任裁判员，并与法官一同评议和裁判刑事案件的制度。不仅回应了社会公众消除司法官僚化、实现司法民主化之关切，还紧贴国际刑事司法制度发展趋势，提升了刑事审判质量。

该时期代表性论著有：城下裕二教授的《量刑理论的现代课题》围绕量刑理论核心课题，结合英美国家量刑改革经验，从法定刑、处断刑和宣告刑的形成过程着手，呈现当前日本刑事法领域的量刑改革发展特征；松冈正章教授的《量刑法的生成与展开》从程序法侧面对量刑理论加以梳理，着重从"量刑中个人差异""量刑差异正当化要素""量刑基础的犯罪事实""量刑证明程序""量刑差异的消除与纠正"等方面加以探讨；毛乃纯博士的《日本量刑理论的发展动向》揭示了日本刑法典缺乏量刑规范条文的情况，如仅规定法定的刑罚加重、减免事由以及各罪法定刑的量刑幅度等；罗伯特·布鲁姆（Robert M. Bloom）教授的《日本陪审制度研究》肯定了日本刑事司法领域所推行之裁判员制度，认为其弥补了日本传统精英主义法官选拔体制可能存在的与社会脱节之弊端；原田国男教授的《量刑判断的实践》主张个别的、具体的情节参与量刑的观点，并从"量刑判断的实践""上诉审的量刑审查基准""犯罪事实认定的不确定性""特殊情节（如被害情感、违法侦查、社会义工）的量刑影响""控诉审量刑审查现状""陪审团引入制量刑发展模式"等角度，对日本量刑改革发展过程进行梳理。

综上所述，由其它国家的量刑改革发展概况可见，司法实践中持续性的量刑制度、规则和程序的发展与学理界的量刑政策研究共同促使各国量刑改革事业蓬勃发展。无论是以专职的量刑改革机构为统领和量刑规范为指导的英美法系国家，还是不具有专门量刑指南但却通过"双轨制刑事制裁体系"、行情约束模式、量刑裁判数据系统和上诉复审等司法制度维系量刑轻缓且均衡的大陆法系国家，其量刑改革的指导观念、实体和程序侧面都能够在不同程度上对我国量刑规范化改革的演进和发展发挥借鉴效用。概言之，其它国家和地区的量刑改革发展经验能为我国量刑规范化改革的深入推进提供较全

---

[1] Shiroshita Y., "Current Trends and Issues in Japanese Sentencing", *Federal Sentencing Reporter*, Vol. 22, No. 4., 2010, p. 247.

面的借鉴和指导，并不断推动我国量刑制度、量刑方法和量刑程序的日益
完善。

三、主要内容与基本思路

本书遵循论述的一般逻辑证成，即"提出问题"→"分析问题"→"解
决问题"的论述路径，首先对我国量刑规范化改革进行内涵解构，进而围绕
量刑规范化改革的理论基础展开论述，剖析当前改革深化推进阶段的现存障
碍，在兼顾其他国家和地区量刑改革的可取经验基础上，富有针对性地从指
导观念、实体侧面和程序侧面三个维度，重点探讨破除障碍、深化我国量刑
规范化改革的具体路径。

导论部分将阐述研究的背景、研究意义及现状述评，梳理研究思路、总
结研究方法，进而对文章研究内容、方法、创新点和可能存在的不足进行简
要介绍。

第一部分是我国量刑规范化改革概述。首先对量刑规范化改革进行概念
厘定，围绕其广义与狭义内涵、量刑规范化的产生背景和相应内涵进行逐层
论述。其次，从量刑依据的规范、两极化的扬弃和改革范畴的对合等角度对
量刑规范化改革的蕴涵加以剖析。最后，对我国量刑规范化改革的发展脉络
进行铺陈，论述探索试错期、局部试点期、全面推行期和深入推进期的量刑
规范化改革的特征。并在此基础上，针对各阶段的改革发展进程作经验总结，
从"地方试错与学理论证推动改革发展""分阶段协同推进加快模式聚合"
"量刑规范化改革推动量刑制度不断完善"等三个方面进行凝练和展开。

第二部分是对我国量刑规范化改革理论基础的论述。主要包含论理支撑、
功能探究和所秉持之理念。论理支撑方面首先对刑罚价值观加以阐明，包括
可能造成司法资源浪费、损害公民权利等负价值和保护公民自由、维护国家
秩序、促进公平正义等正价值。进而对刑罚目的观进行展开，包括报应刑理
论、预防理论和综合理论。再从罪刑均衡思想、体系蕴涵和立法司法思想对
罪刑均衡理论进行阐释。功能探究方面则是从开展量刑规范化改革在消除无
根据量刑偏差、培养法官规范化量刑思维、贯彻宽严相济刑事政策和完善相
对独立的量刑程序等方面的功能予以延展。最后，该部分还阐释了我国量刑
规范化改革应予秉持的公正、和谐、效率和人权基本理念。

第三部分是结合我国量刑规范化改革发展进路对现存障碍之剖析。结合前述我国量刑规范化改革的意蕴内涵和发展现状，从指导观念、领导机制、规则建制和程序延伸共四维层级进行论述，在指导观念层面，存在对报应刑本位的过度倚重，而不利于人权保障；在领导机制层面，由于缺乏专门机构统领量刑规范化改革而导致"中央政策转向"与"地方经验凝练"对接不畅；在规则建制层面，不仅存在细密化量刑规则压缩法官裁量空间之嫌，还存在混淆量刑基准与基准刑概念的情况，量刑规范在适用上也不乏多义性的冲突；在程序延伸层面，除了量刑建议和量刑裁判说理有待完善外，还需思考我国量刑听证制度和量刑判例体制的设立可能。

第四、五、六部分乃为克服我国量刑规范化改革现存阻碍之各方举措。承接前述部分之体例，第四部分将围绕"指导观念的完善"进行展开，首先是对其他国家量刑改革指导观念发展的考察，结合美国"直觉驱动"与"规则武断"的折衷、英国"量化量刑格局"、德国"幅的理论"和"双轨制刑事制裁体系"之确立发展以及日本"行情约束模式"与"裁判员制度"的系统论述，探索我国规范化量刑改革指导观念的革新，一方面要确立"报应为主、特殊预防为辅"的并合主义刑罚观；另一方面，还要秉承"公正优先、限权为辅"对法官刑罚裁量权进行合理释宽。

第五部分从实体层面展开推进我国量刑规范化改革的思考。首先是其他国家和地区量刑改革经验的参考，着重论述了英美"独立量刑委员会"的创设优势、美国量刑指南的违宪反思、英国"适度量化量刑格局"和"无量刑规则"的德国量刑政策发展特色等。其次，从可行性、必要性和具体举措等方面探讨创设有益于我国量刑规范化改革深入推进的本土化改革领导机构。再其次，在量刑规则的优化设置方面，提出了侧重时效性和可适性的修改要求，同时还须规避量刑规则适用的多义性冲突，切忌陷入"同向相加、异向相减"之纯粹运算囹圄。最后，重视量刑基准的学理研究价值，并对其逻辑起始和择定机理加以讨论。

第六部分从程序层面展开完善我国量刑规范化改革的思考。首先是对其他国家和地区量刑程序制度的合理参考，如美国"量刑前报告""量刑听证""量刑数据系统"之比照，美英德"裁判说理""量刑建议""上诉复审"制度之参照，以及日本"裁判员制度""被害人参与制度""量刑判例数据系统"之融合等。进而依次对我国量刑建议制度的优化、量刑说理的渐次升级、量刑听证的模式、人工智能刑事量刑辅助系统的建制和其他方面展开讨论，梳理完善我国量刑规范化改革程序侧面的具体措施。

结论则是立足全书对深化我国量刑规范化改革进程中，有关指导理念、实体和程序侧面核心论题的进一步明确、归纳和总结。

四、研究方法、创新点与不足

（一）研究方法

1. 文献研究法

本书主要采用文献研究法。对不同领域文献的细致阅读、全面理解和重点分析，有助于对其他国家和地区量刑改革经验的辩证理解，而这个过程除了需按照时间、国别、法系等不同分类方式进行文献搜集外，还需结合本书的行文路径逐一进行解读。撰写本书前业已搜集和阅读超过 400 份外文论文和近百本外文书籍，其中不乏益于促进我国量刑规范化改革深入推进的参考性经验。此外，本书在撰写过程中，结合实时更新的量刑规范化改革主题之专著、期刊论文、报纸、优秀博士论文、国内外重要会议文献、网络资料等，通过对其他国家和地区的量刑改革理论与发展进程的梳理，能尽可能准确、全面地展现其他国家和地区的量刑改革发展沿革，并为我国量刑规范化改革的整体研究提供可行的借鉴经验，夯实本书的学理基础。

2. 比较分析法

本书还运用比较分析法。比较分析的过程是在全面把握事物共性与个性的基础上，通过总结相似特征和解释本质差异，以获取有益于我国相关领域发展的实践对策和解决思路，或警示避免出现类似错误等。本书的比较分析研究嵌入在第四、五、六章的"障碍破解"部分，一反专章介绍的传统模式，将参考价值体现在解决路径的三层维度中，各章第一节分别为其他国家和地区量刑指导观念、实体经验和程序经验的论述，且各节之分目无不体现出类型化分析的思路，不仅对其他国家和地区经验进行合理提炼，还形成文章体例的上下呼应。

3. 实证研究法

本书还依托于实证研究法。实证研究的科学运用可以发挥较好的证明效力。量刑规范化改革研究是动态的发展过程，不能仅凭静态的文字叙述和论理展开，还需走访、考察改革试点地区不同发展时期的量刑规律，深入了解一线法官运用规范化量刑思维进行量刑判罚的过程。此外，本书的撰写还将依托数个法院的实地调研情况，整合量刑规范化改革首批试点法院和二度试点法院的常见犯罪量刑情况，强化文章的论证。

4. 体系研究法

本研究还立足于体系化方法。本书的结构布局和撰写论述，都将严格依据体系化方法的研究特性，具体包括我国量刑规范化改革的概述、发展过程的各个阶段，量刑规范化改革现存障碍之展开，以及指导观念、实体举措和量刑程序等层面的完善路径论述。在铺陈和论述的设计上，兼顾前后呼应、彼此对照的体系性要求，始终坚持"中国问题"的学术面向，使其他国家和地区经验的阐释和论述贴合"本土化"研究之所需，并始终为破除我国量刑规范化改革现存障碍而服务。

（二）本书创新点

1. 体例布局之创新

本书的布局和论述始终坚持我国量刑规范化改革的研究本位，紧密围绕我国量刑规范化改革的"障碍"和"克服"行文布局，对其他国家和地区经验的参考简明直观，避免文献材料的纯粹堆叠，章节设计前后呼应，紧密联系文章选题和时代发展，注重理论与实践的结合。

2. 研究方法之创新

文章的研究采用了实证分析法和实践调研法：一方面，文章通过对统计应用原理的解释，结合其他国家和地区的量刑辅助系统的实践经验，进而明确人工智能技术应用于量刑规范化改革中的功能定位风险和技术迟滞风险；另一方面，文章围绕"改革动态发展过程"，切实开展实践调研，尤其针对量刑规范化改革初步试点和二次试点法院的个罪裁量情况，进行规律分析，突出文章论证的实事求是。

3. 研究体系之创新

本书的结构布局和撰写论述，都将严格依据体系化方法的研究特性，具体包括我国量刑规范化改革的概述、发展过程的各个阶段、量刑规范化改革现存障碍之展开，以及指导观念、实体举措和量刑程序等层面的完善路径论述。在铺陈和论述的设计上，兼顾前后呼应、彼此对照的体系性要求，始终坚持"中国问题"的学术面向,使其他国家和地区经验的阐释和论述贴合"本土化"研究之所需,并始终为破除我国量刑规范化改革现存障碍而服务。

(三) 本书之不足

鉴于笔者在理论基础、调研水平和文献理解能力等方面的不足,本书可能存在对其他国家和地区经验的片面理解和实证研究不彻底等问题。本书虽进行了广泛的文献搜集和实证调研,但由于笔者欠缺一线司法实务工作经验,以至于立论和分析缺乏充分且彻底的调研,因此在本书的逻辑建构、观点论述和语言表达等方面还有待完善,部分观点的确立还需要进一步佐证。事实上,量刑规范化改革是一项浩大而深远、艰巨且漫长的系统工程,切不可因循守旧或盲目移植,而导致脱离实际或收效甚微。历经十余年学理论证和数批次"由点及面"的改革试点,凝练了宝贵的"本土经验",体现出地方法院实证调研和学术界学理论证的重要性,笔者将围绕该论题深入研究,提高实证调研水平,不断提高自身论证水平,弥补本书存在的不足。

我国量刑规范化改革概述

第一节　量刑规范化改革的蕴涵探寻

一、量刑规范化的概念厘定

(一)　量刑的内涵

量刑不仅是法院刑事审判活动的重要组成部分，更是整个诉讼程序的重要环节。量刑不仅深刻影响犯罪人、被害人的合法权益，更关涉社会大众对司法体系的理解、信任与尊重。作为刑事裁判的最终结果，量刑在刑事审判中的地位与作用尤为特殊。因此，对量刑的内涵予以剖析和梳理，有助于厘清量刑规范化改革的蕴涵背景和发展沿革。我国刑法理论对量刑的定义存在广义与狭义之分。

1. 广义的量刑内涵

广义的量刑指的是"刑罚裁量"，其内涵包括犯罪事实之查明、犯罪性质之认定，在此基础上确定是否判处刑罚、判处何种刑罚、是否立即执行或宣告缓刑。[1]另有学者称量刑是"刑事责任的裁量"，即人民法院对犯罪人定罪后，依法裁量犯罪人应负刑事责任的量以及承担刑事责任的具体方式的刑事司法活动。[2]在此基础上，另有学者对量刑内涵加以丰富，主张其是依据

---

〔1〕　参见高铭暄、马克昌主编：《刑法学》，北京大学出版社2016年版，第250页；齐文远主编：《刑法学》，北京大学出版社2016年版，第257页。

〔2〕　参见李晓明等：《中国刑法基本原理》，法律出版社2013年版，第611页。

刑法相关规定，在准确定罪的前提下评价案件各个情节，并据以作出判处刑罚与否、判处何种刑罚以及具体执行方式等决定的诉讼过程。[1]据此，行为人被判处刑罚的执行方式也被纳入量刑的内涵。我国台湾地区的刑法学者也多将量刑作广义解读，主张量刑乃是"刑之酌科"。具体而言，"法官依据刑法与刑事诉讼法所规定的方法与规则，而酌量决定一个最能相当犯罪行为及适合犯罪人的法律效果的职务行为，它不只限于刑罚的科处，而应包括缓刑、免刑及保安处分等的宣告"[2]。概言之，量刑过程是犯罪人落实刑事责任、实现罪责自负的过程，人民法院作为量刑主体，在查明犯罪事实、认清犯罪性质的基础上，在刑事审判活动中依法行使量刑权。[3]

2. 狭义的量刑内涵

狭义的量刑内涵则仅针对行为人所判处的刑种和具体刑期。如有学者将量刑定义为针对犯罪分子应服刑罚的种类和刑期之裁量的"刑罚的量定"。[4]另有学者对量刑内涵作限缩解释，主张依据定罪情节选择法定刑幅度不属于严格意义上的量刑活动，仅依据罪责确定宣告刑才为量刑的中心环节和严格意义上的量刑活动。[5]

其他各国和地区的量刑内涵也多为包含刑罚实现方式的广义量刑概念。如德国刑法学者将量刑高度概括为"对犯罪行为的法律后果的确认"[6]，包括制度的选择（如自由刑、罚金刑等刑种的确定）、量刑标准的确定（如自由刑的具体期限），以及必要情况下对刑罚或保安处分的缓刑交付考验的裁决。德国刑法理论将量刑概念分为法律上的量刑和法官的量刑，即法庭根据行为人所犯之罪的罪责基本情况，如行为方式、危害程度等，兼顾考虑刑罚可能

---

〔1〕　参见赵廷光：《实现量刑公正性和透明性的基本理论与方法》，载《中国刑事法杂志》2004年第4期。

〔2〕　林山田：《论刑罚裁量》，载《刑事法杂志》1997年第1期。转引自臧冬斌：《量刑自由裁量权制度研究》，法律出版社2014年版，第8页。

〔3〕　参见齐文远主编：《刑法学》，北京大学出版社2016年版，第257~258页。

〔4〕　参见苏惠渔等：《量刑与电脑——量刑公正合理应用论》，百家出版社1989年版，第1页。

〔5〕　其中，量刑情节指的是排除定罪事实的、与犯罪分子或其侵害行为密切相关的、能够表明行为社会危害性程度和行为人人身危险性程度的，且能决定是否免除处罚、适用刑罚或处刑宽严的各种事实情况。参见刘守芬等：《罪刑均衡论》，北京大学出版社2004年版，第139~140页。

〔6〕　参见马克昌：《比较刑法原理：外国刑法学总论》，武汉大学出版社2002年版，第829页。

对其未来社会生活的影响，来裁量刑罚。[1]日本刑法理论将量刑定义为"刑罚的量定"，即法官通过自由裁量具体地决定被告人应当宣告的刑罚种类与（刑期）数量。[2]日本刑事法领域的刑罚适用，分为法定刑、处断刑和宣告刑三个阶段。其中，法定刑指的是刑罚法规本身所规定之刑罚；处断刑则是对法定刑规定之刑罚的加重或减轻，进而形成的刑罚范围；法官在处断刑范围内裁量的实际刑罚，即为宣告刑。[3]意大利刑法赋予法官"在法律规定的范围内"自由裁量（discrezionlmente）刑罚的权力，要求法官从刑罚角度综合考虑"犯罪严重程度"和"犯罪人的犯罪能力"，并就其正确行使裁量权的理由进行解释说明。[4]其中，罪过的内容决定刑罚的范围，在量刑过程中，预防犯罪目的仅在罪过内容决定的刑罚范围内，作为减轻刑罚的因素发挥作用。[5]以美国为代表的英美法系国家主张，量刑是"法庭依法对认罪或经审判后宣判有罪的被告人，正式宣布的判决"[6]，被告人量处刑罚的种类及刑期长短，原则上可经由立法化、司法化或行政化方式确定，但现实中，绝大多数刑事诉讼量刑判决是经由立法化、司法化和行政化等多元融合模式综合确立。

综上所述，结合国内外刑法学界对量刑内涵的讨论，不难发现广义的量刑内涵更具包容性。具体而言，广义的量刑内涵不仅突破了传统的局部且静止的量刑观，包含免予刑事处罚、非刑罚处罚方法或刑罚等量刑方式，还囊括了刑罚后的多种可能情形，如现实执行宣告刑或在现实执行宣告刑的过程

---

〔1〕 德国刑法理论的罪责部分，通常被分为作为刑罚基础的罪责和用于量刑的罪责，前者是根据行为人罪责能力和对禁止性认识可能性提出的；后者则依据《德国刑法典》第46条规定的相关因素，两者并非完全孤立。参见［德］克劳斯·罗克辛：《德国刑法学总论》（第1卷），王世洲译，法律出版社2005年版，第573页；［德］乌尔斯·金德霍伊泽尔：《刑法总论教科书》，蔡桂生译，北京大学出版社2015年版，第20~21页。

〔2〕 参见［日］川端博：《刑法总论讲义》，成文堂1997年版，第676页；转引自马克昌：《比较刑法原理：外国刑法学总论》，武汉大学出版社2002年版，第828页。

〔3〕 参见［日］西田典之：《日本刑法总论》，王昭武、刘明祥译，法律出版社2013年版，第385~389页。

〔4〕 参见［意］杜里奥·帕多瓦尼：《意大利刑法学原理》，陈忠林译评，中国人民大学出版社2004年版，第313页；《最新意大利刑法典》，黄风译注，法律出版社2007年版，第48~49页。

〔5〕 ［意］杜里奥·帕多瓦尼：《意大利刑法学原理》，陈忠林译评，中国人民大学出版社2004年版，第313页。

〔6〕 Reid S T., *Criminal Law* (5th ed), McGraw-Hill Companies, 2001, p.390.

中进行减刑或假释等修正。其中，量刑方式的选择是指，法官在依法对犯罪分子定罪的前提下，根据其刑事责任量确定免予刑事处罚、采取非刑罚处罚方法或适用刑罚处罚。若法官选择科处犯罪分子刑罚，则进一步确定刑罚种类和刑期长短，如具体主刑、附加刑种类和适用方式。现实执行刑罚方式的选择，则需要法官根据犯罪分子的具体情况，确定是否对其宣告判处刑罚的同时宣告缓刑。[1]尔后，在现实执行刑罚的过程中，进一步确定是否对犯罪分子进行减刑或者假释等量刑修正活动。这是因为，随着刑罚谦抑、量刑轻缓和经济刑法等理论与原则在刑法领域的出现和发展，量刑的内涵也不应仅局限于狭义的"裁"和"量"，而应在量刑方法的选择阶段和刑罚适用阶段呈现"运动性"特征。[2]

　　简言之，量刑绝非纯粹意义上对抽象法律规范的"填空"，而须将具体案情和行为人情境与抽象法律规范相结合，是动态的量刑判决论证过程。量刑的司法实质是"刑之裁量"，具体的量刑判决既需要量刑基准和其他相关法律规范的统一指引，又需要个案中涉及具体犯罪行为的社会危害性和行为人的人身危险性的事实基础，以及秉持法律理性和良知的法官的逻辑论证。[3]

　　（二）量刑规范化的产生背景

　　量刑是人民法院"为了实现和维护社会正义、预防犯罪发生而作用于刑事被告人的一种司法强制力量"[4]，不仅在刑事审判活动中居于核心位置，更是实现司法权威的关键环节。量刑结果与量刑程序的适正直接反映刑事审判质量和刑罚目的之实现情况，是规范司法量刑活动的必然要求，是健全公正权威、高效廉洁的社会主义司法制度的应有之义。[5]量刑公正更是包含量刑确定性、一致性和公平性的刑事公正之最终体现，其重要性无庸赘述。然而，日趋严重的量刑失衡司法现状和量刑程序的缺失，伴随着民众对刑事司法认同感的降低，使我国量刑制度和司法实践面临严峻考验。为此，法学研究者和司法实务工作者试图从规范量刑活动的角度，探索细化量刑规范、改

---

[1]　参见齐文远主编：《刑法学》，北京大学出版社2016年版，第282~283页。

[2]　参见洪流：《对量刑问题的再认识》，载《中央政法管理干部学院学报》2000年第4期。

[3]　参见石经海：《"量刑规范化"解读》，载《现代法学》2009年第3期。

[4]　姜涛：《认知量刑规范化》，中国检察出版社2010年版，第2页。

[5]　参见苏彩霞、崔仕绣：《中国量刑规范化改革发展研究——立足域外经验的考察》，载《湖北大学学报（哲学社会科学版）》2019年第1期。

善量刑方法、廓清法官自由裁量权和法律规范边界、完善量刑程序的有效路径，"量刑规范化"的命题也随之产生。

1. 日益显著的量刑偏差亟需规范化的量刑调控

在"量刑规范化"命题提出之前，量刑偏差现象频繁出现在我国刑事审判实践中。其中，量刑偏差表现为类似案件"不同层次、不同地域、不同时间或者同一审判组织内部的不同法官之间，对被告人判处的具体刑罚及其执行方式"[1]的不尽相同。例如，相关研究团队经调研发现，北京市某中级人民法院刑二庭自 1980 年至 1986 年共改判案件 576 件，其中因纠正原判适用法律及量刑不当或公诉人提起抗诉、自诉人提起上诉而加重被告人刑罚的案件有 414 件，占比 75.3%；沈阳市中级人民法院 1986 年共有 36 件在二审过程中撤销原判予以改判的案件，占当年全院改判案件总数的 10.7%，其中，因科刑失当和适用法律不当造成改判的案件达 20 起，高达改判案件总数的 55.6%；西安市中级人民法院对 1985 年 1 月至 10 月共 44 起经济犯罪案件重点检查时发现，定罪量刑存疑的案件共 14 件，占检查案件总数的 31.8%，其中主要因量刑偏重、偏轻和畸轻而存疑的案件共 12 件，占比高达 92.9%。[2]由此可见，量刑上的偏差比定性失误的危害更甚，因量刑偏差所导致的上诉、抗诉和改判等情况增多，造成司法资源的浪费。此外，2008 年的许霆盗窃金融机构案在一审和二审量刑结果上的巨大差异，同样引起社会各界的广泛关注。[3]

量刑偏差或量刑失衡不仅是影响我国刑事审判实务的难题，更是世界各国刑事司法领域普遍存在的共性问题。以美国为代表的英美法系国家，早在 20 世纪 30 年代，就因过度追求罪犯康复矫治目的和个别化刑罚，而面临严峻的量刑失衡情势。[4]彼时美国的量刑法官采取"医治模式"（disease-type）的刑事量刑模式，将罪犯视为行为异常的"病患"，试图通过科处符合罪犯康复矫治目的的刑罚，以达到"对症下药"的效果。[5]然而，治疗式的量刑模

---

[1] 臧冬斌：《量刑自由裁量权制度研究》，法律出版社 2014 年版，第 14 页。

[2] 参见苏惠渔等：《量刑与电脑——量刑公正合理应用论》，百家出版社 1989 年版，第 6~7 页。

[3] 参见（2007）穗中法刑二初字第 196 号；（2008）粤高法刑一终字第 5 号；（2008）穗中法刑二重字第 2 号；（2008）粤高法刑一终字第 170 号；（2008）刑核字第 18 号。

[4] 参见崔仕绣：《美国量刑改革的源起、发展及对我国的启示借鉴》，载《上海政法学院学报（法治论丛）》2020 年第 1 期。

[5] See Gwin J S., "Juror Sentiment on Just Punishment: Do the Federal Sentencing Guidelines Reflect Community Values?", *Harvard Law and Policy Review*, Vol. 4, 2010, p. 178.

式并未获得理想的矫治反馈，激增的犯罪率和公众的不安感，使得彼时康复矫治主义量刑模式备受质疑。尽管美国国会为具体罪行设定了法定最高和最低的刑罚限度，但似乎并未改善法官恣意裁判之现实，他们依旧几乎不受约束地自行裁定犯罪的具体类型、刑罚种类和刑期。[1]受康复矫治主义刑罚哲学影响，美国量刑实践过分强调法官的自由裁量，导致无根据的量刑差异频繁发生，饱受民众质疑。此外，量刑程序的非透明性、非公正性和不可预测性也饱受刑事司法研究者的质疑。[2]

作为大陆法系代表的德国，也存在不同地点、不同时间类似案件的差异性判罚情况。比如，1985年至1986年，哈瑙（Hanau）管辖区的州法院根据《德国刑法典》第242条和第243条盗窃罪有关的刑罚规定，仅对7.9%的情节严重且具有前科的行为人科处绝对自由刑（科处自由刑且排除缓刑的情形），而相邻的林堡（Limburg）管辖区州法院，对于相同情形行为人的绝对自由刑裁判率却高达56%。[3]

由此可见，即使是罪名相同、情节类似或犯罪事实近乎相同的案件，不同法官或相同法官在不同历史时期，都有可能在宽泛的刑罚范围内作出相互排斥的量刑裁决。不论是对性质相同、情节相当的犯罪的差异性量刑，还是同一审判组织内不同法官之间的量刑偏差，抑或是同一法官在不同时期的类案异罚情况，无不撼动着刑事审判权威，给司法资源造成相当程度的浪费。针对冗杂多变的社会百态，世界各个国家和地区逐渐开始重视量刑歧异这一普遍性的司法问题。[4]日益显著的量刑偏差亟需规范化的量刑调控，已成为刑事法学界和司法实务领域的广泛共识。

2. 传统"估堆式"量刑方法催生规范化量刑思维

除了各地频现的量刑偏差现象刺激着司法领域探寻量刑规范化路径外，

〔1〕　See Porter W R.，"The Pendulum in Federal Sentencing Can Also Swing Toward Predictability：A Renewed Role for Binding Plea Agreements Post－Booker"，*William Mitchell Law Review*，Vol. 37，No. 2.，2011，p. 77.

〔2〕　See Tonry M H.，"Sentencing in America，1975－2025"，*Crime and Justice*，Vol. 42，No. 1.，2013，p. 143.

〔3〕　参见［德］汉斯·海因里希·耶塞克、托马斯·魏根特：《德国刑法教科书（总论）》，徐久生译，中国法制出版社2001年版，第1045~1046页。

〔4〕　See John K H，Ulmer J T.，"Sentencing Disparity and Departures from Guidelines"，*Justice Quarterly*，Vol. 13，No. 1.，1996，pp. 81-106.

在众多引起个案量刑偏差的"归因"[1]中，占据支配地位的"估堆式"传统量刑方法同样是催生规范化量刑思维的重要因素。这是因为，一方面，刑事立法具有稳定性，其修改有赖于充分的论证和调研；另一方面，法官个人资质与法律素养的提升依赖于周期性业务训练和个体裁判经验提炼，同样需要漫长的过程。因此，当法律未能及时修改且法官经验欠缺的情况下，其所采用之"估堆式"量刑方法，可能导致裁量结果出现偏差。

事实上，各级人民法院普遍采取"估堆式"的量刑方法，主要源于各法官在裁判经验、个人素质和业务能力等方面的差异。尽管这种经验主义量刑方法在一定程度上提高了法官的量刑效率，有助于激发审判人员的主观能动性，产生了相当的制度效果。但值得注意的是，法官对量刑情节的差异性理解，或法官个人素质的差异，至少在降低量刑偏差方面鲜有积极作为。例如，我国刑法通常为个罪规定了数个刑种和刑度，而司法实践中具体法定刑的确定有赖于法官的个人判断。另外，法定和酌定量刑情节的适用，刑罚从重与从轻、加重与减轻的程度，以及分则条款中"情节严重的""情节特别严重的""情节恶劣的"等大量模糊性用语的判断，均受法官的法律理解与裁判经验的影响。[2]基于法官个人素质、裁判经验、法学素养而产生主观上对法律的差异化理解，同样会影响"估堆"量刑实践。此外，受重刑裁判数量"指标化"政策影响，法官量刑活动不可避免地被重刑主义思想牵制，而基于量刑情节模糊认定基础上的裁量结果，造成个案或类罪间的严重的量刑偏差，此类审判经验和畸重畸轻的量刑结果又反过来影响法官审判思维和裁判习惯的形成。

无独有偶，截至20世纪70年代末，美国刑事量刑实践也深受法官泛化的自由裁量权和恣意的量刑方法之苦。出于对罪犯进行个别化、人性化"医

---

[1] 对于引起个案量刑偏差的原因，我国刑事法学研究者归纳如下：刑事立法规定模糊造成法官的差异化理解；部分个罪的法定刑幅度宽泛导致适用困难；刑事量刑地位边缘化和传统"估堆式"量刑方法加剧量刑恣意；法官自身因素如个人刑罚观、裁判经验、法律素养、教育文化背景等影响量刑实践；社会舆论干预影响量刑评价。参见胡学相：《量刑的基本理论研究》，武汉大学出版社1998年版，第219~232页；冯军：《量刑概说》，载《云南大学学报（法学版）》2002年第3期；赵廷光：《量刑公正实证研究》，武汉大学出版社2005年版，第8页。

[2] 参见白云飞：《规范化量刑方法研究》，中国政法大学出版社2015年版，第22~23页。

治"的考虑,彼时的报复性刑罚思想被认为是"残忍且不合时宜的"〔1〕。法官在刑罚裁量中被赋予宽泛的自由裁量权,综合考虑被告人社会背景、受教育程度、犯罪前科、雇佣情况等信息,优先选择"最低限度替代措施"(the least restrictive alternative),作出有利于罪犯回归社会的裁决。如此仅凭法官的直觉,对罪犯作出适宜于康复矫治之处罚,体现了彼时美国量刑实践的武断恣意。而法官极度泛化的自由裁量权,更是成为罪犯逃脱法律制裁的"帮凶",由此引发了民众对刑法特殊预防功能的质疑和不满。同样,我国台湾地区的刑事司法领域也存在着对法官惯常使用的量刑经验和标准的担忧。有学者评价称,法官在量刑实践中保有自己的"考量审酌范畴",已然成为其审判惯例,这种依靠累积的经验所建立的标准,体现了法官"从审判经验累积妥适量刑的功力"〔2〕。遗憾的是,当出现庭审经验欠缺和法律规范滞后的情况时,法官未审慎考虑各个量刑情节而依凭直觉所作之刑罚裁量,势必难以体现实质公正。

综上所述,法官采用的传统"估堆式"量刑方法,过多地依赖于长期积累的司法审判经验、个人裁判习惯、刑罚观念和法律业务素养,易受不同时期刑事政策的影响,造成具体量刑情节的模糊认定和刑罚规范的概括适用,不利于量刑结果的适正。针对泛化的经验主义量刑方法对量刑结果的消极影响,理论界和实务界关于改善量刑方法、规范法官量刑思维以规范司法活动的呼声渐甚。

3. 量刑程序的建设需求推动量刑规范化发展

除了日益严峻的量刑偏差现状和"估堆式"经验量刑方法对刑事司法实践的消极影响,民众对公正且透明的量刑程序的强烈期望,也是推动量刑规范化命题不断发展的重要因素。

20 世纪末,受我国刑事诉讼中长期存在的"重定罪、轻量刑"倾向的影响,我国尚不存在严格意义上的量刑程序,审判机关多采用定罪与量刑的并合程序,即在连续的审理过程中既定罪又量刑的混合审理模式。加之刑事诉讼立法和司法解释鲜有对量刑程序原则和具体规则的规定,使得量刑程序难

---

〔1〕 Tonry M H., "Sentencing in America, 1975-2025", *Crime and Justice*, Vol. 42, No. 1., 2023, pp. 147-149.

〔2〕 郭豫珍:《量刑与刑量:量刑辅助制度的全观微视》,元照出版公司 2013 年版,第 129 页。

以融入法庭审理程序，控辩双方及其他量刑活动参与主体难以实现有效互动，法院缺少对量刑裁决的释法说理，解释不充分的情况时有发生。具体而言，法庭调查环节，法官对定罪证据和量刑证据同时进行出示、质证和询问，以调查被告人是否实施犯罪行为的各项事实，而不具体区分定罪证据和量刑证据；法庭辩论环节，控辩双方共同围绕定罪和量刑问题展开综合性辩论，以确定公诉事实是否成立；法庭评议环节，法官的评议内容也包含定罪和量刑两方面的内容；裁判说理部分，法官并不单独对量刑理由进行阐释。[1]

受机械的"办公室作业式"量刑程序影响，法官并未在法庭调查环节考虑量刑的问题，检控方、辩护方和被害方鲜有机会就被告人的量刑问题展开辩论，当法庭审理程序结束，法官往往通过查阅控辩双方提供的证据、电话询问检察官和辩护人等方式，确定被告人的刑罚。[2]也即，在定罪与量刑一体化的审判模式中，被告人罪名成立与否占支配地位，量刑程序如同依附于定罪问题的附带裁判事项被轻视。究其原因，一方面是检控方对量刑问题的"轻视"，审查起诉前很少针对量刑情节展开专门调查，法庭审理中仅涉及浅泛的量刑情节或量刑建议的提出；另一方面是法官对量刑程序的从属性定位，司法实务中视"正确定罪"为第一要务，而忽视了及时、准确量刑的重要性，对裁判结果的解释说理或以"应予依法惩处""可以酌情从轻处罚""应予从轻、减轻或者免除处罚"等概括性法律用语简述，或在二审中以"在法定刑幅度内量刑，并无不当"生硬结束量刑异议的方式，而给极个别法官滥用裁量权留有余地。

除了量刑程序的附属性、隐含性对量刑实务的影响外，非透明性的量刑过程同样饱受诟病。量刑程序的非公开与不透明对量刑结果的形式公正影响深远：第一，造成检察院的量刑监督不力，即只要法官的定罪准确，且量刑结果不超出个罪法定的量刑幅度，则检察院甚少因量刑畸轻或畸重的原因提出抗诉，检察院的量刑监督功能失范；第二，弱化了对法官自由裁量权的约束，即量刑依附于定罪的审判模式，使得法官在筛选量刑信息、适用量刑情节、采纳量刑建议或意见的过程中享有宽泛的自由裁量权，也就是说，法官通常独立完成量刑信息的获取、审查和采纳，这不免为量刑环节留下权力寻

〔1〕 参见刘胜超：《中国量刑规范化的基本问题研究》，武汉大学 2015 年博士学位论文。
〔2〕 参见汪贻飞：《量刑程序研究》，北京大学出版社 2016 年版，第 3 页。

租的空间；第三，使得围绕量刑的法庭调查和法庭辩论形式化，即刑事实体法中规定的量刑事实情节，甚少在刑事程序法中予以规定和落实，检察机关和辩护人对于法庭审理阶段提出的量刑情节无须举证和质证，导致围绕量刑的法庭调查和法庭辩论流于形式，基本诉讼形态和司法庭审机制存在缺陷；第四，降低辩护人、被告人和被害人的量刑参与度，现代刑事法意义上的量刑应是由裁判方、检控方、被告方和被害方共同组成的"四方构造"，但在定罪量刑一体化审判模式下，被害人的"公诉程序当事人"地位被弱化，被告人的辩护权利也被削弱，各方诉求难以得到有效保障。

　　量刑程序的缺失不仅是导致我国量刑偏重的重要原因，同时也是世界各国刑事司法领域持续探索和试图解决的难题。以美国为代表的英美法系国家采用独立的量刑程序，更加注重量刑活动的参与性与公开性，在诉讼构造、证据规制、诉讼内容等方面均有别于定罪程序。美国的刑事量刑程序多早于案件的正式判决阶段，缓刑监督官在量刑程序开始前，会根据被告人的犯罪行为或被诉之罪、其他相关未诉罪行、犯罪历史以及包括家族历史、经济状况等其他可能关联量刑裁决的因素，与被告人进行量刑前面谈或量刑前面试（Presentence Interview），并根据面谈结果出具《量刑前报告》（Presentence Report）。[1]该文件不仅包含被告人犯罪行为的相关信息，还包括法规确定的处罚范围及相关刑期计算方法，用以辅助法官开展量刑实践。[2]此外，量刑听证程序也是英美法系国家量刑程序的重要环节，在此过程中，被告人及其代理律师不仅有权查阅《量刑前报告》和附录，还能据此提出评论性意见。因此，20世纪中叶的美国量刑法官的量刑实践很大程度受缓刑监督官出具的《量刑前报告》具体内容的影响，不免发生量刑自由裁量权由法官向缓刑监督官游离的担忧，淡化审判机关从事量刑活动的主体资格。而以德国为代表的大陆法系国家，曾于20世纪80年代中期在刑事诉讼法草案中加入"公判二分制"，试图实现定罪与量刑程序的分离，但遭到实务部门的强烈反对，该法

---

　　〔1〕　See Greenblatt K.，"What You Should Know Before Your Client's Interview：A Former Federal Probation Officer's Perspective"，https：//www. federalrulesofcriminalprocedure. org/ table-of-contents/，最后访问日期：2019年8月21日。

　　〔2〕　一般情况下，为保护被告人隐私，该机密文件须在密封状态下提交和归档，其内容不得向公众披露。参见 The National Court Rules Committee. Federal Rules of Criminal Procedure，§ 32（c）（d）（e）.

案最终未能获得通过。[1]日本刑事领域向来遵循定罪量刑一体化模式，为此有学者提出有必要立足时间视角对诉讼结构进行分析，将刑事诉讼程序二分为"罪责认定阶段"和"刑罚认定阶段"，即首先确定被告人的罪责，作出有罪或无罪的宣告，在有罪宣告基础上进行刑罚选择。日本学者认为将定罪与量刑程序相分离，一方面有助于在定罪阶段排除量刑情节证据，使犯罪认定过程更为简练；另一方面，消除量刑依附于定罪的地位偏见，有助于刑罚个别化目的之实现。[2]

简言之，随着程序公正理念在我国刑事司法领域的逐渐渗透和民众对公正公开量刑程序的热烈期盼，理论和实务界均展开了对传统"重定罪、轻量刑"模式的反思，社会各界对公正、透明、高效的量刑程序的热烈期盼，助推着量刑规范化命题的蓬勃发展。综上所述，伴随着日益显著的量刑偏差和传统"估堆式"量刑方法对司法实践的消极影响，以及包括司法实务人员在内的广大民众完善量刑程序的急迫需求，量刑规范化命题随之进入大众视野。

（三）量刑规范化的内涵解读

面对日益严重的量刑偏差现状，"量刑规范化"成为"各国为解决量刑问题、确保量刑程序公正与一致而进行的改革总结"[3]，逐渐走入刑事法学者视野。其中，量刑规范化的目标存在不同观点的分野。有观点认为，量刑规范化是实现"刑之量化"，旨在通过尽可能详实精细的量刑规则，压缩法官在量刑实践中的自由裁量空间，降低法官能动性，追求量刑形式均衡；另有观点认为，量刑规范化是实现"刑之裁量"，力求通过提升个案裁量标准的统一性与程式性，鼓励法官发挥能动性，相对规范其自由裁量权，追求量刑的实质均衡。[4]尽管当前信息科技极速发展，刑事法学界也从未停止对"精确量刑"的探讨，作为司法活动具体表征的量刑实践，也绝非对各因素精确量化、求算（刑期）数值的过程。事实上，某些量刑因素本身即存在较大的量化难度，例如，我国现行《刑法》第61条规定了量刑的一般原则，其中量刑事实根据既包含犯罪的社会危害性因素，又包含犯罪人的人身危险性因素，而后

---

〔1〕参见李玉萍：《程序正义视野中的量刑活动研究》，中国法制出版社2010年版，第90页。

〔2〕参见［日］田口守一：《刑事诉讼法》，刘迪等译，法律出版社1999年版，第165页。

〔3〕李晓林主编：《量刑规范化的理论与实践》，人民法院出版社2015年版，第4页。

〔4〕参见皮勇等：《量刑原论》，武汉大学出版社2014年版，第316页。

者至少在实践层面难以通过数值精确量化。[1]因此，量刑应当是法官能动地辨别案情因素、遵循量刑规则和司法规律的个别化的司法活动，是"刑之裁量"的能动过程。在此基础上，何为"规范"，何为"规范化"，"量刑规范化"包含哪些内容？带着对这些问题的思考展开有关量刑规范化的内涵解读，有助于加深对基于该命题而衍生发展的有关量刑规范化改革的认识和理解。

1. 文义层面的"量刑规范化"

任何概念解读或定义诠释，都应遵循"由表及里"的解释路径，对量刑规范化的解读也应遵循"文义→实质"的解释路径。文义层面的"规范"指代"约定俗成或明文规定的标准、典范规则成例、使合乎规范"。[2]而"规范化"则指的是通过制定、发布和实施标准（规范、规程和制度等），对重复性事务和概念达到统一。因此，"量刑规范化"体现为量刑过程的"有规可循"和量刑结果的"合乎标准"。

实质层面的"量刑规范化"蕴含实体侧面的规范化和程序侧面的规范化，前者要求量刑实践应当依据具体的法律规定和量刑规则，即将抽象法律法规与具体案件动态结合的过程；后者是对参与量刑活动的方式方法之规范，旨在充分体现量刑活动的公正与合理，确保法官的量刑主体地位和控辩双方以及被害人有效参与量刑活动，进而使裁量结果在遵循量刑规律的基础上，彰显司法公正。只有实体与程序的彼此交织、互为支撑，方能提升刑罚裁量的合理性和可预期性，才能降低量刑歧异，促进量刑均衡。

2. 实体侧面的"量刑规范化"

司法实质意义上的量刑，绝非依据量刑规则进行的纯粹刑期计算，而是法官在辨别具体案情基础上，依据统一法律规范，秉持理性与正义、合理行使自由裁量权的判决生成过程。[3]其中，量刑规范化实体侧面强调量刑规则的科学设置、普遍遵守和量刑方法的灵活运用，即要求量刑规则在设置过程中体现对具体量刑情节设置、时效性与可适性量刑政策的应用、量刑基准的确立程式等的综合考虑。而量刑规则的合理设置，既需要契合我国刑法目的，又需要贴合我国经济社会发展实际，必要时还需针对不同地区法治发展实际

---

〔1〕　参见石经海：《"量刑规范化"解读》，载《现代法学》2009年第3期。

〔2〕　参见中国社会科学院语言研究所词典编辑室编：《现代汉语词典》，商务印书馆2016年版，第490页。

〔3〕　参见石经海：《"量刑规范化"解读》，载《现代法学》2009年第3期。

和量刑经验，进行符合地区刑事司法实践特征的调整。

另外，由于法规范在确立过程中不可避免地表现出抽象性与一般性之特征，面对千人万面的社会百态，难以兼顾特殊案件的全部细节，针对这类"规则真空"，则需要法官合理行使自由裁量权加以克服。但正如前文所述，受传统"估堆式"量刑方法的影响，加之不同时期刑事政策的更迭，法官易受其自身长期累积的审判经验、个人习惯、职业素养和刑罚观念等方面的影响，形成对特殊案件量刑情节认定上的偏颇也不无可能。因此，有必要在肯定法官自由裁量权的同时，做好防范其在司法实践中可能出现的专断或恣意的准备。[1]例如，在法官依据统一的量刑规则和标准的同时，引入科学证据标准，根据刑事案件的具体情节、危害后果和行为人主观意图等，作出经得起法理考验和逻辑推理的量刑裁决。

最后，对量刑规则的规范适用应当允许量刑统一化和量刑个别化共存。这是因为，量刑统一化并非"同案同判"或"同罪同罚"的机械体现，而是在不考虑其他量刑情节的情况下，对此类犯罪适用同样的量刑基准；量刑个别化也绝非对量刑规律的背离，而是对具体案件中所渗透出的社会危害性、犯罪人的人身危险性和其他方面事实的具象化呈现。我国是幅员辽阔的多民族国家，不同地区的经济社会发展情势不尽相同，对于诸如经济类犯罪的数额认定，不可避免地存在地域间的细微差异，因此，不同地区的法官在刑事量刑实践中，对所谓相同案件作出差异性的违法性与有责性评价，必然导致量刑结果的差异。这类量刑结果的差异并不必然与"量刑公正"背道而驰，将"量刑均衡"狭义地理解为量刑统一化，不仅是对量刑规范化的误读，还是对个别化情节和客观社会环境的忽视。

3. 程序侧面的"量刑规范化"

"量刑规范化"命题的另一个重要侧面，则是量刑程序方面的规范、合理、民主与公开。如前所述，受司法领域"重实体轻程序"的传统观念影响，我国量刑实践也表现出对程序性规则的轻视，加之法院采用定罪与量刑并合主义审理模式，导致依附性量刑程序饱受非议。事实上，仅注重对量刑规则适用和结果适正的"量刑规范化"，所体现的"量刑公正"必然是固封于表面的。这种缺乏独立、公开的量刑程序的形式公正，缺少各量刑参与方的积

---

〔1〕 参见李晓林主编：《量刑规范化的理论与实践》，人民法院出版社 2015 年版，第 6 页。

极互动和对量刑理由的充分阐释，难以经受社会公众的考验，可能会折损司
法公信力。

相对独立的规范化量刑程序不仅有助于调动各方量刑参与主体积极主动
地推进量刑公正，还极大地促进了人民法院、人民检察院和辩护方各司其职、
相互合作制衡的工作实效，是搭建"阳光透明"之量刑活动格局的应有之义。
首先，允许被告人和辩护律师了解案情、证据，保障证人出庭作证以及其他
法定诉讼权利，通过完善量刑程序制度，鼓励和保障辩护律师主动开展辩护
工作；其次，围绕量刑设置合理的事实调查、辩论环节，强调量刑信息采集
和量刑建议制度的优化，明确刑事判决释法说理尤其是量刑结果的解释论证，
使量刑活动环环相扣、互为支撑；最后，量刑程序的规范化不能忽视量刑监
督，不仅要发挥检察机关对量刑偏差结果提出抗诉的事后监督功能，还要加
强检察机关根据具体情节提出量刑建议的事前监督和促使法官正确裁量刑罚
的事中监督。此外，规范化的量刑程序还包含增强量刑程序的适度对抗性、
提高刑事诉讼效率、树立司法权威和公信力等方面的内容。秩序井然、多方
互动的量刑参与机制，有助于形成并巩固良性对抗的量刑程序，进而在一定
程度上防止法官刑罚裁量权的滥用，提高量刑信息搜集的广泛性和全面性，
压缩人情关系和金钱财物对量刑活动的影响空间，并最终促进量刑结果适正、
均衡。

二、量刑规范化改革的蕴含剖析

如前所述，量刑偏差的频繁出现、量刑方法的滞后以及量刑程序的缺失，
不仅是各个国家和地区刑事司法领域长期存在的问题，还是推动各地积极探
索量刑规范化改革的重要因素。随着地方法院量刑改革初探和部分法院试点
工作取得阶段性成果，两高三部反复论证、几经修改，分别通过《量刑指导
意见（试行）》和《量刑程序意见（试行）》，并于 2010 年 10 月 1 日起在
全国法院展开全面试行。同年 11 月 6 日，"两高三部"联合公布《关于加强
协调配合积极推进量刑规范化改革的通知》，要求各部门在深刻领会量刑规范
化改革重要意义的基础上，更新执法理念、加强协同配合和组织协调，深入
推进量刑规范化改革并取得实效。

基于前文对量刑规范化命题的文义、实体和程序侧面的内涵解读，对量

刑规范化改革的蕴含认识不能仅停留在"中央确定的重大司法改革项目"层面，而应结合改革的具体任务、目的，从量刑依据的规范、两极化的扬弃和改革范畴的对合等方面加以展开。

　　（一）量刑依据的规范：立法化与司法解释化

　　如前所述，量刑规范化改革旨在"提高量刑的科学化和规范化，以促进量刑均衡和量刑公正"。[1]其中，通过完善量刑指导规范、刑事立法和司法解释，以规范量刑依据，使法官在量刑实践中能够灵活适用设置得当的量刑规则和科学量刑方法，是量刑规范化改革的首要任务。也即，我国量刑规范化改革的重要内容，是制定一套兼具合理性、适时性和可操作性的量刑实体标准和程序规范，以增强量刑结果可预测性和刑罚导向功能，提高公民对量刑裁判的认同度。

　　尽管我国刑法对量刑的基本原则、量刑情节及适用、具体个罪量刑幅度及特别量刑情节的适用情况等作出了明文规定，但在刑法及其司法解释中对从轻、减轻、从重处罚幅度、具体量刑情节的适用幅度和法官自由裁量权的适用限度等方面还存在空白，粗糙的规范化导致量刑空间过大和量刑恣意等情况时有发生。[2]此外，量刑规范化改革主要参照的指导意见多为规范性法律文件，法律效力低于司法解释和部门法律，虽在规范量刑实践、明确常见量刑情节适用和个罪量刑规范等方面发挥指导功能，但在适用位阶上仍低于法律和司法解释，因此须紧密围绕刑事法律、司法解释、业务指导文件和审判实际，发挥指导量刑规范化改革具体司法实践的功能。以2010年全面试行的《量刑指导意见（试行）》为例，不同于"解释""规定""批复""决定"等最高人民法院制定的规范性司法解释，此处的（指导）意见表现为司法解释性质文件的属性。[3]司法解释性质文件虽在法律意义上区别于司法解释，但却同源于司法解释，是最高人民法院表达司法权力的重要途径，往往被用于指导各地人民法院的司法实践。鉴于量刑规范化改革是一项庞大的系

---

〔1〕 皮勇等：《量刑原论》，武汉大学出版社2014年版，第227页。

〔2〕 参见姜涛：《认知量刑规范化》，中国检察出版社2010年版，第6~7页。

〔3〕 "司法解释"与"司法解释性质文件"的区别在于，前者是法定的有权解释；后者则是法院对具体法律适用问题所作的决定，虽不属于司法解释范畴，但能在一定程度上指引和规范各级人民法院的司法裁判。参见彭中礼：《最高人民法院司法解释性质文件的法律地位探究》，载《法律科学（西北政法大学学报）》2018年第3期。

统工程，在此过程中实现量刑公正，不仅需要科学的量刑方法和量刑规则，更有赖于刑法、刑事诉讼法以及审判制度的不断完善，如充实和丰富刑罚制度、判前羁押制度、辩护制度，调整和细化具体犯罪的法定刑和情节的处罚功能等。[1]

简言之，量刑规范化促进了刑事立法、司法解释的发展。[2]以此为核心的量刑规范化改革更是在完善和丰富量刑指导意见的同时，促进刑事法律和相关司法解释的发展，使刑事法律中有关量刑基本原则、量刑情节及适用、个罪量刑幅度及特殊情节的适用等内容更加明确，使从轻、减轻、从重处罚的幅度、具体量刑情节的适用幅度和量刑程序更加合理，使我国量刑规范化改革契合我国法治发展需要。

（二）两极化的扬弃：量刑统一化与量刑个别化

如前所述，基于辩证统一视角的量刑统一化和量刑个别化，是量刑规范化意欲实现的量刑均衡。[3]量刑规范化改革需要尤其注意协调法官自由裁量权和量刑规范之间的关系，既要规避因量刑规范的繁琐和冗杂而导致对量刑基准、具体情节的机械性适用，又要防止法官因被赋予过度的自由裁量权而作出"类案异判"的裁量，实现两极化的扬弃。

一方面，缺少量刑规范的指引会导致法官对宽泛的法定刑幅度产生差异性理解，不利于量刑公正的实现。众所周知，法官被赋予自由裁量权是基于执行和诠释法律的需要，若缺少相应的规范和制约，加之法官群体在业务基础、法学素养和实务经验方面的参差不齐，极易造成法官在适用具体量刑情节和选择从轻、从重幅度上出现迥异的判断，进而导致罪刑失衡。而量刑规范化改革正是在限制宽泛的法定刑幅度的基础上，改进量刑方法，规范法官自由裁量权，使其受到宽严相济刑事政策的有序指引，进而维护国家法律的统一实施。

另一方面，法官应基于个案具体情节，在量刑规范的指导下，合理、适度、有序、规范地行使自由裁量权，维护量刑公正的动态平衡。这是因为，法律规范的滞后性与具体案件的多义性共同构成法官行使自由裁量权的价值

---

〔1〕 参见熊选国主编：《〈人民法院量刑指导意见〉与"两高三部"〈关于规范量刑程序若干问题的意见〉理解与适用》，法律出版社 2010 年版，第 10 页。

〔2〕 参见吴晓蓉：《量刑规范化改革中的误区与前景展望》，载《量刑研究》2014 年第 1 期。

〔3〕 参见石经海：《"量刑规范化"解读》，载《现代法学》2009 年第 3 期。

基础，而刑罚裁量权又为法官开展量刑实践之必需，对法官依法裁决意义重大。不论是在查明案件事实的基础上，对定罪事实和量刑事实加以界定，以确定量刑起点和条件基准刑，还是对不同量刑情节的界定，以确定参照量刑规范的合适比例，都不得脱离法官自由裁量权的合理配置。由于不同年龄、性别或社会经济地位等被告人个人情境和法官工作情绪、量刑理念等非法规"偏见"的存在，才导致影响法官可能作出影响量刑公正和量刑均衡的差异性判决。[1]为促使法官形成规范量刑意识，只有其依照法律规定，运用个人智慧和实务经验，合理规范地行使自由裁量权，才能使"案件事实和证据的认定、定罪事实和量刑事实的界定、量刑起点和基准刑的具体确定、量刑情节的具体适用等"[2]不脱离综合裁量的合理空间，才能作出充分兼顾法律效果和社会效果的量刑裁决。不论是法律法规还是量刑规范，其制定与具体实施必然存在时空上的跨度，不可避免存在契合程度的差异，此时就需要发挥法官们的经验智慧，通过审慎行使自由裁量权，让法律法规和量刑规范落于实际。

然而，在肯定法官行使自由裁量权的必要性和重要性之余，还需警惕该权力可能存在的专断和恣意属性。这是因为，当法官不加限制地行使自由裁量权，或自由裁量权的边界泛化，均有可能得出导致法律权威受损、法律价值倾覆的差异化的裁判结果。因此，量刑规范化改革除了转变传统"估堆式"的量刑方法、统一法律适用标准外，还特别需要强化法官自由裁量权的规范适用，只有借助于"法官的智慧、公正和良心"[3]，才能让冰冷的量刑规范服务于鲜活的刑事案例。

（三）改革范畴的对合：实体与程序

完善程序是制约司法自由裁量权、实现量刑公正的必要途径。当缺乏科学的量刑方法、指导规范和透明的量刑程序时，法官不当行使自由裁量权可能导致类案异判，进而减损刑事司法权威性、公正性。[4]事实上，量刑攸关

---

〔1〕　See Exum J J., "Why March to a Uniform Beat? Adding Honesty and Proportionality to the Tune of Federal Sentencing", *Texas Journal on Civil Liberties & Civil Rights*, Vol. 15, No. 2., 2010, pp. 142-143.

〔2〕　熊选国主编：《〈人民法院量刑指导意见〉与"两高三部"〈关于规范量刑程序若干问题的意见〉理解与适用》，法律出版社2010年版，第26页。

〔3〕　姜涛：《认知量刑规范化》，中国检察出版社2010年版，第8页。

〔4〕　See Lin Z Q., "Advancements and Controversies in China's Recent Sentencing Reforms", *China Information*, Vol. 30, No. 3., 2016, pp. 357-376.

方或能对量刑结果产生重要影响的诉讼参与方，若无法有效参与量刑决策过程或提供完整量刑事实，势必会影响量刑结果之公正。针对这些问题，我国量刑规范化改革特别注重实体与程序方面的协调，强调量刑实体公正与程序公正的统一。作为人民法院刑事司法改革的重要组成部分，量刑程序改革是我国量刑规范化改革的又一重要面向。2005 年，《人民法院第二个五年改革纲要（2004-2008）》即提出"贯彻罪刑相适应原则……研究制定关于其他犯罪的量刑指导意见，并健全和完善相对独立的量刑程序"的改革目标。[1]其中，实体公正要求法院根据刑法相关规定对犯罪人不偏不倚地裁量刑罚，量刑结果须与犯罪的客观危害和犯罪人的主观恶性相适应，做到罚当其罪、罪刑相当；程序公正则要求法院严格依照刑事诉讼法行使量刑权。[2]程序规范化与实体规范化是形式与内容的关系，量刑规范化改革应遵循"实体与程序并重"的思路，将定罪公正与量刑公正、实体公正和程序公正提升至同等重要的层面。[3]

　　实体标准和程序规范的对合，是实现量刑规范化改革目标的必要前提。设置独立的量刑程序乃为量刑规范化改革之关键，这是基于量刑程序独立价值的考虑。事实上，量刑的实体标准和量刑的程序规范共同铺就了量刑均衡和量刑公正的实现路径，其中，实体标准是程序规范的基础，程序规范是实体标准的载体。[4]具体而言，在实体层面，量刑实践应依据相对明确的标准，而不能完全诉诸法官的自由裁量和主观判断，学界为此展开了确定基准刑、筛选量刑情节和划分量刑情节影响力的探讨；在程序层面，量刑应遵循刑事诉讼的普遍逻辑，在量刑攸关方的共同参与和充分开展事实调查的基础上，注重对量刑信息和证据的筛选和过滤。此外，完善量刑程序，有利于提升控辩双方的量刑参与度，便于为法官搭建有助于其合理行使自由裁量权的信息交互平台。而量刑信息的充分交汇，一方面降低了法官在"办公室作业"模式下不受约束地行使自由裁量权的可能性；另一方面，极大压缩了司法腐败和"暗箱操作"的空间，使法官的刑罚裁量权得到有效控制，并最终为量刑

　　〔1〕　参见苏彩霞、崔仕绣：《中国量刑规范化改革发展研究——立足域外经验的考察》，载《湖北大学学报（哲学社会科学版）》2019 年第 1 期。

　　〔2〕　参见石经海：《"量刑规范化"解读》，载《现代法学》2009 年第 3 期。

　　〔3〕　参见吴晓蓉：《量刑规范化改革中的误区与前景展望》，载《量刑研究》2014 年第 1 期。

　　〔4〕　参见皮勇等：《量刑原论》，武汉大学出版社 2014 年版，第 227 页。

公正的实现提供了卓富意义的程序保障。

简言之，量刑规范化改革不仅致力于实体上完善量刑方法和指导规则、规范法官的量刑活动，同时还致力于程序上提升量刑过程的公开性和透明度，使原本晦涩、模糊的量刑程序更加生动、鲜活，最终使量刑结果以"看得见的方式"为社会民众和量刑参与方所信服和认同。

第二节　我国量刑规范化改革的发展脉络

量刑歧异是各个国家和地区刑事司法领域长期存在且备受关注的问题。[1]如前所述，为"规范裁量权，将量刑纳入法庭审理程序"，"两高三部"在地方法院长期探索的基础上反复论证，于 2010 年出台《量刑指导意见（试行）》和《量刑程序意见（试行）》，并于 2010 年 10 月 1 日起在全国法院全面试行，自此在全国范围内拉开了量刑规范化改革的序幕。作为中央在新时期形势下认真总结司法实践经验、对人民群众迫切渴望实现司法公正的有力关切所作的决策部署，我国的量刑规范化改革发展体现在规范化量刑思维萌芽、发展与成熟的不同阶段，表现出"自下而上"的地方积极探索促进学理论证和"自上而下"的中央统一领导推行的特征。对此，有外国学者评价称，"在未得到刑事司法领域和社会民众关注数十载之后"，中国刑事体制改革探索特别是围绕量刑问题的量刑规范化改革的萌芽与发展，是"应得的、久违的关注"。[2]事实上，我国的量刑规范化改革经历了艰苦卓绝的发展历程，在规范法官自由裁量权的行使、增强量刑实践的可操作性和可预测性、建立相对独立的量刑程序、缩减量刑差异以及提升裁判质量和司法权威等方面的贡献显著，基于前文对量刑规范化改革的蕴含解读，对我国量刑规范化改革的探索试错、局部试点、全面推行、深入推进各发展过程进行展开，将有助于我们理解和完善各个阶段的量刑政策，总结和提炼改革经验。

---

〔1〕　See John K H, Ulmer J T. , "Sentencing Disparity and Departures from Guidelines", *Justice Quarterly*, Vol. 13, No. 1. , 1996, p. 81.

〔2〕　See Cohen J A. , "Reforming China's Criminal Procedure：An Introduction to this Symposium", *Columbia Journal of Asian Law*, Vol. 24, No. 2. , 2011, p. 220.

一、量刑规范化改革的探索试错阶段

我国的刑事法治建构起步较晚，在正式推行量刑规范化改革之前，各个地区案情类似但量刑结果歧异的情况时有发生，社会民众纷纷表现出对量刑公正的关切和期盼。该阶段规范量刑以及法官自由裁量权的学理研究和实践分析，可概括为刑法理论界的积极论证和地方法院的自行探索两个方面。

（一）"自下而上"：地方积极探索促进学理论证

如前所述，在量刑规范化命题酝酿之初，"估堆式"经验主义量刑方法常被法官用于司法实践，且只要定罪无误，法官依据裁判经验和技巧在刑法规定限度内所作的裁决即被认为是可接受的。[1]如此"倚重定罪、忽视量刑"的刑事审判特征具有时代局限性，这是由于 1979 年 7 月 1 日第五届全国人民代表大会第二次会议审议通过的《中华人民共和国刑法》（以下简称《79 刑法》），受彼时政治、经济、文化和社会发展情况限制，不免存在立法观念保守、内容粗疏等问题。尔后，随着国内改革开放政策的实施和国际交往的日渐频繁，《79 刑法》面对不断丰富的犯罪类型和复杂的经济社会环境，逐渐暴露出应对效能低、防控犯罪不显著等弊端，难以契合社会形势的发展要求。尽管在立法层面为解决国家改革开放初期的新问题，我国于 1981 年至 1995 年先后通过了 24 部单行刑法和 107 部涉及经济、民事、行政、军事、环境与资源保护、社会保障等方面的附属刑事条款（附属刑法），在刑事司法实践上起到了缓释作用，但冗杂的刑法体系不免影响实务应用。[2]简言之，《79 刑法》颁布施行于我国刑事法制的建立初期，体现了贯彻正确政治路线、以经济建设为中心的时代要求，能够基本满足彼时同犯罪作斗争的规范需要，但由于理论和实务上存在诸多空白，彼时的刑法并未过多关注量刑规范化与法官自由裁量权之间的衡平关系，以至于法律文本多体现为概括性、纲领性、原则性的术语，对具体量刑情节的描述相对模糊。过于笼统的法律规定直接促使彼时法官在开展量刑实践时，多采用"估堆式"的量刑方法，即主要根

---

〔1〕　参见苏彩霞、崔仕绣：《中国量刑规范化改革发展研究——立足域外经验的考察》，载《湖北大学学报（哲学社会科学版）》2019 年第 1 期。

〔2〕　参见高铭暄、马克昌主编：《刑法学》，北京大学出版社 2016 年版，第 10 页。

据过往的裁判经验和个案理解，在法律规定的范围内"上下协调、左右兼顾"，综合估量出罪犯应当判处的宣告刑。[1]尽管在当时的司法环境下，估堆量刑方法因符合彼时刑事法立法模式、社会国情而占据了支配地位，但不可否认其存在的显著弊端，尤其是对法官个体素质的高度依赖，使得估堆量刑常常被诟病为导致量刑失衡的"始作俑者"。

直至 20 世纪 80 年代，我国量刑失衡的现象已十分明显，为填补立法层面的空缺，改善量刑司法状况，刑法学家和刑事司法实务工作者围绕量刑均衡命题展开学理讨论。1983 年，史建三教授与胡继光教授首开先河，通过初步设计盗窃案电脑量刑软件，展开有关量刑规范化理论的开拓性探索。3 年后，苏惠渔教授等进一步展开利用电脑技术辅助法官行使自由裁量权和规范刑罚裁量的研究，并对电脑辅助量刑专家系统的必要性、可行性、基本框架和预期工作流程进行了论证。自此，一套利用计算机技术和审判经验，通过建立数学模型而设置的电脑辅助量刑专家系统应运而生。[2]

1987 年，赵廷光教授着手探索电脑技术与量刑实践相结合的可行性，经过 16 年艰辛探索，初步完成人工智能软件"辅助量刑系统"的研制。[3]这套系统一方面通过对被告人的犯罪行为和案件确有量刑情节之合理评价，运用电脑技术进行智能识别、推理、研判和运算，自动生成内容丰富、论理充足的《量刑建议报告书》，为法官裁量刑罚提供颇具针对性、可预测性的宣告刑参考依据；另一方面，还运用丰富的语言、设计方案和程序代码储备，对彼时《刑法》规定的 436 个罪名和 847 个罪行进行了合理归纳。可以说，动态的刑事法律更新，配以司法解释和论理的支撑，使这套"辅助量刑系统"基本具备定期调整设备参数和充实知识库的功能，有效提高了司法实践中宣告刑的可预测性与重复验证性，较好地提升了量刑的公正与透明。[4]此外，量刑规范化提出之前的刑法理论界，特别注重对量刑均衡问题的法理探讨，数次召开相关主题学术研讨会和座谈会，集学界之力，共同商讨促进量刑均衡、

---

〔1〕 参见皮勇等：《量刑原论》，武汉大学出版社 2014 年版，第 291 页。

〔2〕 参见苏惠渔等：《量刑与电脑——量刑公正合理应用论》，百家出版社 1989 年版，第 136 页。

〔3〕 参见崔仕绣、张博闻：《机遇与挑战：人工智能刑事量刑辅助系统的风险防控》，载赵秉志等主编：《新中国 70 年刑法的变迁与发展》（上卷），中国人民公安大学出版社 2019 年版，第 668 页。

〔4〕 参见赵廷光：《论"电脑量刑"的基本原理》，载《湖北警官学院学报》2007 年第 2 期。

规范量刑实践的应用对策，不仅提高了地方法院和科研院所进行量刑改革初探的积极性，还使得学理研究与司法实务之间相得益彰。

概言之，20 世纪 80 年代，数个刑事法学研究团队从量刑偏差的司法现状入手，对造成量刑偏差的主要原因进行了深入调研和分析，运用定量方法和电脑技术手段，开量刑辅助系统的研究先河，从全新领域探索了规范量刑实践的可行性。但无论是部分科研院所的量刑辅助系统开发，还是研讨会形式的量刑改革探索，都只是在理论层面展开的试图规范量刑的局部尝试，和司法实践层面实现量刑均衡的期盼仍存在较大差距。

（二）地方法院的自行探索——以上海徐汇、山东淄川和江苏姜堰法院为例

彼时唯经验论的量刑方式深受"重定罪、轻量刑"的传统量刑思维影响，不仅轻视量刑工作在刑事审判中的重要地位，还难以对个案的量刑情节作出准确把握。由于缺乏易于量化的量刑标准和步骤，造成刑事司法实践中量刑失衡现象频发，过剩的量刑空间也给法官行使自由裁量权留有腐败可能，不仅无益于民众对法院司法裁判的尊崇，减损司法权威，还不断助长司法腐败风气，阻碍我国刑事法治建设和司法改革的深入推进。[1]为维护司法权威，引导法官合理行使自由裁量权，回应民众对司法公正的热烈关切，21 世纪伊始，我国地方法院开展了一系列旨在创新量刑模式、提高量刑效率和促进量刑公正的广泛探索，以下仅就上海徐汇法院、山东淄川法院和江苏姜堰法院的改革初探概况进行介绍。

2002 年，上海市徐汇区人民法院首次建立"量刑答辩"制度，以期促进量刑参与方的信息交流，便于法官全面掌握量刑信息进而居中公正裁判。该制度一方面在借鉴英美法系国家有关"辩诉交易"制度的可取经验基础上，创制了"量刑答辩"制度作为庭审的必经程序，并于庭审辩论中进行，明确了检察机关的量刑建议权和被告人、辩护人所享有的量刑请求权，确保控辩双方在量刑阶段充分互动，强化了法官居中裁判的审判功能；另一方面，"量刑答辩"制度给检察机关所提出之量刑建议设置了更高要求，即要求检方在法庭上就量刑建议形成的具体理由加以阐述，特别是从轻、减轻或从重处罚

---

〔1〕　参见姜涛：《认知量刑规范化》，中国检察出版社 2010 年版，第 3~4 页。

的量刑幅度和理由等，法官制作判决书时同样须对从轻、减轻或从重处罚的理由进行解释说明，以实现罪犯认罪服判。

2003年，山东省淄博市淄川区人民法院出台《常用百种罪名量刑规范化实践细则》，用以配合"智能数字化量刑辅助系统"，帮助法官提高量刑效率。该系统正是受前文所述电脑量刑系统之启发，结合该法院既往已决的数千份刑事判决书，进而用于法官量刑实践的早期智能辅助系统。尽管电脑技术嵌入量刑活动为代表的司法实践，引起理论界"可能取代法官刑事裁判"的担忧，但该系统在基层法院的构想、开发直至使用，仅在一定程度上验证了电脑技术辅助司法活动的可行性，也即"信息化发展驱动下的精准量刑正逐渐替代了传统经验主义量刑模式的事实，已被多数学者所察觉"。[1]无独有偶，江苏省泰州市姜堰区人民法院同年出台了包含30种个罪量刑规范的《规范量刑指导意见》，不仅吸收了刑事法律和对应之司法解释的规范内容，还对法定、酌定量刑情节的适用情况进行详细说明。此外，《规范量刑指导意见》的制定具备一定的科学性，不仅体现了实务部门善用量刑数据寻找量化依据的优势，还在量刑幅度的层次划分中体现了犯罪不同主客观情形下的量化特征。如姜堰区人民法院从日常刑事实务中的量刑经验出发，对常见的27个具体犯罪进行量化分析，形成对应的量化积分，并在刑法和司法解释规定的量刑幅度内划分档次，最终确定各个量刑情节要素重处、轻处比率。[2]除了上述三例颇具代表性的量刑改革初探之外，福建宁德市和河南郑州市法院机关分别展开"判前说理"制度和量刑理由展示制度初探，不仅在一定程度上促进了量刑公正，更提升了服判息诉比率，有力地回应了人民群众对量刑公正的新要求、新期盼。

概言之，不论是探索创制旨在保障被告人诉讼权利的"量刑答辩"制度，还是研发设计智能化量刑辅助系统和指导规范，地方法院的初创性改革举措

---

〔1〕 参见苏彩霞、崔仕绣：《中国量刑规范化改革发展研究——立足域外经验的考察》，载《湖北大学学报（哲学社会科学版）》2019年第1期。

〔2〕 事实上，泰州市姜堰区人民法院在制定《规范量刑指导意见》过程中，已经逐步建立起"以定量分析为主、定性分析为辅"的量刑方法，这一点从常见犯罪量化分析和确定各情节要素的重处、轻处比例中即可发现。正是通过对常见的犯罪行为和量刑情节的量化分析，才得以提取法定和酌定的量刑情节要素，并通过"同向相加、逆向相减"的计算方法，得出一套体现量刑经验、便于操作、反映量刑实践特征的规范量刑模式。参见臧冬斌：《量刑自由裁量权制度研究》，法律出版社2014年版，第53页。

均为量刑规范化改革提供了丰富的实践经验，推动了最高法领导下的量刑改革调研，加快了全国性量刑改革的试点进程，对我国量刑改革理论和实践探索具有重要意义。

（三）探索阶段的量刑规范化改革发展述评

20世纪80年代逐步踏入我国法治发展进程的地方量刑改革探索，体现了刑事法学研究者和基层司法实务工作者敢于创新、不畏艰难的探索精神。这一可贵的探索精神不仅体现在理论研究领域，更贯穿于基层法院的司法实务中，形成了理论界与实务界鼎力互助、群策群力的良好氛围。

在理论研究领域，以彼时华东政法学院苏惠渔教授和武汉大学赵廷光教授的科研团队为例，面对彼时经济发展并不全面、高新技术特别是电脑科技尚未普及的历史时期，理论研究者已然着手利用电子计算机技术、数字建模，结合专业审判人员的裁判经验，探索实务操作层面减少量刑歧异、促进量刑公正的可行性路径。尽管彼时电脑科技普及度还不高，且研究团队多依托课题经费支出和实务调研单位的协助，对案例进行搜集、识别、研判和运算等过程的专业性仍有待提升，且经程序代码演绎的"辅助量刑系统"的可操作性也十分有限，但此番探索不仅为以法学为代表的哲学社会科学学科研究"另辟"出一条量化研究思维的"蹊径"，更是向社会公众展现了刑事法学家们始终坚持"理论联系实际"和"理论指导实践"的严谨研究态度。

在司法实务领域，以江苏省泰州市姜堰区法院和山东省淄博市淄川区法院为代表的基层法院的量刑改革探索，不仅克服了地方法院在制定量刑细则和指导意见的重重阻碍，更首开地方法院在司法实践中开展量化分析的先河，为后续中央层面总结调研经验、制定和出台更具代表性、实用性、时效性和广泛适用效力的量刑规则提供了实质性的论证思路。如果说量刑规范化改革探索阶段的学理研究是科研人员运用专业知识进行探索性假设和严密逻辑论证的过程，那么该阶段的实务探索，则是在此基础上着眼于审判机关量刑实践中面临的切实难题，通过创设便于法官重复操作的指导规则和量刑程序，实现理论研究的真正"落地"。基层法院的量刑改革探索，不仅是实务部门对现行刑法量刑制度粗放化和个罪法定刑幅度宽泛化的具体回应，更是在保持立法格局相当稳定的基础上，通过提高量刑规则、程序和结果规范化，对社会民众所关切的量刑公正的有效回应，体现了司法为民的本质属性。

但值得注意的是，基层法院量刑改革力量毕竟受到经济、人力和理论研究水平等多种因素的制约，因此量刑规范化改革探索阶段的量刑改革经验，对于其他法院效仿和学习的作用有限，过于注重定量分析的量刑规则，不免存在违背社会科学研究规律和无视社会现实风险的隐患，有碍实质层面量刑公正的实现。

二、量刑规范化改革的局部试点阶段

地方法院的量刑改革探索，为后续量刑规范化改革的提出积攒了宝贵经验，促使刑事司法领域围绕规范量刑问题展开广泛的学理研究和学术讨论。在刑事法学界有关"辅助量刑系统"的理论论证和地方法院的果敢试错下，中央层面凝聚研究力量，围绕量刑规范化改革的目标、手段方式和实现途径展开深入调研。鉴于量刑改革对刑事审判实践的深远影响，随着中央层面数个量刑指导意见的出台，为了进一步凝练前期改革探索经验，稳中有序、逐步推进量刑规范化改革，中央层面采取"局部试点先行、全面试点跟进"的改革策略，旨在试点过程中及时总结经验、调整思路，通过大胆探索和小心求证，为后续改革的全面铺开奠定坚实基础。

（一）"自上而下"：法院初步试点奠定全局基础

2005 年 10 月，最高法印发的《人民法院第二个五年改革纲要（2004—2008）》要求"研究制定关于其他犯罪的量刑指导意见，并健全和完善相对独立的量刑程序"，并组织刑事审判第三庭（以下简称"刑三庭"）、研究室和法律研究所（以下简称"法研所"）等多方研究力量，着手起草常见犯罪的量刑指导意见和构建独立量刑程序。由此可见，出台量刑指导意见与建立相对独立的量刑程序共同构成量刑规范化改革局部试点阶段的两个重要侧面，与前文所述之改革范畴形成呼应。2006 年初，最高法组建量刑规范化改革课题组，凝聚理论研究力量，围绕基层法院的量刑改革探索经验，在江苏、山东二省高级人民法院协同参与下，共同开展实证调研。任何司法实务改革都离不开科学合理且兼具时效力的规范指引，为了契合我国刑事量刑实践需求，合理借鉴国外量刑改革经验，最高法刑三庭在广泛征求意见和充分论证的基础上八易其稿，起草《人民法院量刑指导意见（第八稿）》，为量刑规范化改革的试点工作顺利展开奠定基础。2007 年 8 月，由最高法研究室和法研所组织的量刑规范化试点工作会议于山东省淄博市召开，多个基层法院围绕山东省淄博市淄川区基层法院的量刑改革经验展开讨论，随着调研的逐步深入，"定性和定量分析相结合"的量刑方法的科学性、实用性和可操作性得以验证。

2008年7月，最高法在深圳市召开全国部分法院的量刑规范化试点工作会议，在总结各地区调研经验基础上，部署后续规范化量刑改革试点工作。同年8月，最高法下发《关于开展量刑规范化试点工作的通知》，指定了广东省深圳市、福建省厦门市等4个中级人民法院和北京市海淀区、上海市浦东新区等8个基层人民法院作为量刑规范化改革的首批试点法院。这8个基层法院具有分布区域广泛、所属辖区法制水平较高、员额配比均衡和刑事案件来源充足等特征，基本能够满足首批改革试点所需的技术要求。除了在试点法院的确定上面遵循"由点及面""逐步推进"的发展逻辑，为了促进局部试点法院有序开展工作，项目组还对试点罪名加以限定，将试点案件限制在判处有期徒刑的交通肇事、故意伤害、抢劫、盗窃和毒品犯罪案件之内，并在前期修改稿基础上，制定并下发了适用本阶段的指导意见——《量刑指导意见（试行）》和《量刑程序意见（试行）》。由此可见，试点单位在不同级别法院上的配比和地区的选择，体现了中央层面力求通过改革试点全面了解各地区、各级别法院在量刑实践中可能存在的问题。

2009年3月，最高法在《人民法院第三个五年改革纲要（2009—2013）》中，正式将"规范自由裁量权，将量刑纳入法庭审理程序"确立为完善我国刑事审判制度的重要司法改革项目。[1]同月，最高法时任院长的王胜俊同志在十一届全国人民代表大会第二次会议上强调，要将"规范法官裁量权"作为完善司法体制和工作机制的重点，"强化审判管理环节对法官刑事裁量权的约束和规范机制……开展量刑规范试点，统一裁判标准"。[2]同年，最高法公布《关于在全国法院开展量刑规范化试点工作的通知》，并在福建省厦门市召开了全国法院刑事审判工作座谈会，确立了从各高级人民法院所在辖区内确定1个中级人民法院和3个基层人民法院为试点单位的总步调，逐步扩大量

---

〔1〕　参见苏彩霞、崔仕绣：《中国量刑规范化改革发展研究——立足域外经验的考察》，载《湖北大学学报（哲学社会科学版）》2019年第1期。

〔2〕　参见王胜俊：《最高人民法院工作报告（2009年）》，载 http://www.gov.cn/test/2009-03/17/content_ 1261386. htm，最后访问日期：2019年8月30日。

刑规范化改革的试点范围。尔后，为了突出代表性常用罪名的规范化量刑地位，2009 年 11 月，最高法在《新增十个罪名的量刑指导意见（试行）》文件中，增加了强奸罪，非法拘禁罪，诈骗罪，抢夺罪，职务侵占罪，敲诈勒索罪，妨害公务罪，聚众斗殴罪，寻衅滋事罪和掩饰、隐瞒犯罪所得、犯罪所得收益罪的规范化量刑指导意见，并要求全国 120 多家试点法院拓宽试点范畴。

（二）地方法院试点效果显著

得益于前期地方法院的改革探索经验和最高法宏观领导下的量刑基础理论研究，部分试点法院取得了斐然的改革试点成效，不仅树立了法官规范量刑的法律思维，还大大降低了上诉率、抗诉率、改判率和重审率，既提高了刑事量刑效率，又节约了司法资源。[1]如最高法刑三庭负责人在针对量刑规范化改革局部试点效果的采访中总结称，试点过程中，法官的自由裁量权得到有效规范，"暗箱操作"的现象被遏制，受案外因素干扰的"人情案、关系案、金钱案"得到有效控制；姜堰区、淄川区、浦东新区人民法院在前期量刑规范化试点阶段，取得了"零上诉、零抗诉、零信访"的显著效果，其他试点法院的上诉率、抗诉率、二审改判率和发回重审率也均大幅降低；广大刑事法官的规范量刑意识进一步增强，初现的改革实效提高了试点法院推进量刑规范化工作的自觉性，为后续全面试点的铺开增强了改革信心。[2]

除了有效控制上诉率、抗诉率和二审改判率外，试点法院在落实量刑规范化改革前后的量刑意见采纳率也呈现显著的正增长。以某试点法院改革前后的结案数、上诉率、发改率和量刑建议的提出及采纳情况为例，Y 法院于 2009 年 5 月被 G 省高级人民法院确定为全省 4 家开展量刑规范化改革试点的法院之一。有司法实务工作者从法官量刑思维转变着手，对基层法院量刑规范化改革的总体实施情况进行了统计分析，对试点前后 Y 法院的刑事案件结案数、上诉率和发改率，以及试点后检察院针对试点案件提出检察建议数量

---

〔1〕 参见石经海、严海杰：《中国量刑规范化之十年检讨与展望》，载《法律科学（西北政法大学学报）》2015 年第 4 期。

〔2〕 参见陈秀军：《严格程序 规范量刑 确保公正——最高人民法院刑三庭负责人答记者问》，载《人民法院报》2009 年第 6 月 1 日，第 2 版。

和采纳率进行统计。(详情请见下表)[1]

表1-1　Y法院量刑规范化改革前后司法实践概况表

	刑事案件结案数	试点案件结案数	上诉率	发改率	量刑建议案件数	采纳率
2008.06-2009.05	2029件	——	5.56%	1.25%	——	——
2009.06-2010.05	2052件	1074件	5.23%	1.21%	805件	85.12%
2010.06-2011.05	2674件	1646件	5.12%	1.13%	1317件	87.01%
2011.06-2012.05	2478件	1595件	5.01%	1.04%	1355件	88.23%
2012.06-2013.05	3613件	2512件	4.97%	0.99%	2345件	89.35%
2013.06-2014.05	3281件	2385件	4.65%	0.78%	2194件	90.67%
2014.06-2015.05	3541件	2468件	4.23%	0.71%	2243件	92.98%
2015.06-2016.05	3753件	2791件	3.96%	0.65%	2568件	95.38%

统计显示，自2009年6月起施行量刑规范化改革试点后，在刑事案件数量呈基本上升趋势的同时，上诉率和发改率均呈现下降趋势；检察院提出检察建议的案件数自试点开始呈现逐年上升趋势，量刑建议采纳率也逐年稳步递增，抗诉率呈下降趋势。该表各项数据清晰体现出Y法院开展量刑规范化改革试点后司法实践层面的良好反馈。在中央层面量刑规范化改革试点部署下，Y法院的刑事案件上诉、发改比例持续降低，诉讼参与方对量刑结果的认可度得以巩固和提升。

除了上诉、改判和重审比率的明显回落外，量刑规范化改革的局部试点的服判息诉效果同样瞩目。例如，经过法官详细释明认罪对量刑结果的影响，长春市宽城区人民法院2009年审理的6件被告人不认罪案件均当庭认罪，并服从判决不再上诉；广州市白云区人民法院2009年审理了共计204件刑事附带民事案件，经调解或撤诉结案的共计166件，占比81.37%，同比增长50.55%，其中调解的落实效果显著，兑现率达100%。[2]此外，量刑规范化

---

〔1〕　参见严剑飞、陈思佳：《基层法院量刑规范化改革的检视与修正——以法官量刑思维的转变为视角》，载《中山大学学报（社会科学版）》2017年第3期。

〔2〕　参见熊选国主编：《〈人民法院量刑指导意见〉与"两高三部"〈关于规范量刑程序若干问题的意见〉理解与适用》，法律出版社2010年版，第15页。

改革的局部试点阶段还释放出对量刑程序朝向更加公开、透明方向发展的积极信号，如将量刑标准向公众开示、将量刑纳入法庭审理程序，不仅有助于提高诉讼各方参与庭审的积极性，还着重在法庭审理阶段查明量刑事实和强化量刑辩论，保障了诉讼各方和民众对量刑程序的知情权、参与权和监督权。

（三）局部试点阶段的量刑规范化改革发展述评

相较于量刑规范化改革探索初期地方法院和科研院所的"各自为阵"，局部试点阶段则是在最高法的统筹领导下，整合科研力量并作出符合一般发展规律的试点部署，体现了"地方微观规范量刑探索"与"中央宏观制度决策"之间的"共振"。[1]这种"共振"得益于改革探索阶段地方法院围绕规范化量刑的宝贵经验，以及中央层面整合理论力量积极开展的理论调研。从量刑规范化改革局部试点阶段的发展轨迹不难发现，中央层面高度重视量刑规范化工作，不仅在政策上高度重视，强调多部门协同配合，还十分注重试点范围的"由寡及多、由点及面"，调研力量持续汇入相关指导意见的修改与完善之中。一方面，由最高法牵头成立的领导小组和调研团队，及时汇总试点法院实践中遇到的各类问题，做到指导意见与司法实践的互验互鉴，并根据试点情况及时调整和完善本阶段的《量刑指导意见（试行）》和《量刑程序意见（试行）》的修改内容；另一方面，试点法院统一思想认识、提高改革积极性，通过培训加强法官对试点文件的理解和认识，帮助法官熟练采用"定量分析和定性分析相结合"的量刑方法、基准刑的确立步骤和宣告刑的确定方法，提高量刑效率。

然而，在充分肯定局部试点的改革成效的基础上，还需冷静辨别试点法院所取得的上诉、抗诉、二审改判和发回重审等领域的良好效果，是否出于"试点效应"或"工作聚焦"等原因，即需要辨别倾向性"试点效应"与一般性司法实践之间的落差。另外，"三零效果"可能受多种因素影响，量刑规范化改革的试点作用是否占据支配地位，也需要理论研究者和实务工作者们长期考察方得验证。[2]这是因为，改革局部试点效果往往受到试点单位及其

---

〔1〕 参见苏彩霞、崔仕绣：《中国量刑规范化改革发展研究——立足域外经验的考察》，载《湖北大学学报（哲学社会科学版）》2019年第1期。

〔2〕 参见刘静坤：《量刑规范化面临的难题及破解——以两个〈指导意见〉为基础的分析》，载《法治论丛》2010年第5期。

上级法院的重点关注，在工作安排和人员配置上也会获得更多倾斜和侧重，为获得预期的改革效果如降低因量刑问题而上诉、改判或发回重审的情形，试点法院恐在量刑实践中脱离指导意见的要求，出现为了实现预期结果而开展试点的情形。此外，局部试点法院多位于法治发展完备、司法资源丰富和政治经济水平突出的直辖市、省会城市等，因此预测全国量刑规范化改革的试点效果时，还需兼顾其他经济欠发达地区政治经济、法制环境和人文因素的消极影响。

事实上，理论界已出现不同于司法实务领域盛赞良好试点效果的声音，如有学者对 2008 年某试点地区同期案件进行对照发现，上诉率和抗诉率并未出现明显减少，甚至出现单纯因不服量刑结果而提出上诉的案件数增加的情形。[1]此外，访谈调研结果显示，量刑规范化改革的局部试点并未发挥提高刑事诉讼效率的作用，且繁琐的量刑程序性事项如量刑信息收集与确认、量刑证据的举证质证以及增加的审判环节，均未能在司法成本控制方面表现出稳健效果。尽管这些体现量刑改革试点效果不显著的比照案件还有待进一步丰富，但这些至少从侧面证明，量刑规范化改革局部试点阶段并非仅存在"实际效果俱佳、改革成效显著"的情况。

量刑规范化改革是一项浩大而深远、艰巨且漫长的工程，一蹴而就或是指望在试点阶段就出现完全积极的实效，显然是缺乏对量刑改革事业深刻了解的表现。正因为工程浩大，才需要特别注意改革步履严格依据我国法治发展状况和试点实效来调整；正因为改革任务艰巨、过程漫长，才应切忌揠苗助长和因循守旧，防止出现因改革推进节奏混乱而造成脱离现实或收效甚微的局面。客观地看，量刑规范化改革的局部试点取得了较为积极的实际效果，即使在极个别试点法院效果不佳，也不能否认其对新中国刑事法治发展进程的里程碑意义。随着局部试点的逐步深入，中央层面的宏观制度决策与地方法院微观改革探索之间的"共振"愈发强烈，下一阶段即是在总结经验的基础上，扎实稳妥地推进全国范围内的改革试点。

三、量刑规范化改革的全面推行阶段

改革势头犹如开弓之箭，局部试点正如司法实践试点探索中不断"瞄准"

---

〔1〕　参见左卫民：《中国量刑程序改革：误区与正道》，载《法学研究》2010 年第 4 期。

和"调整"的过程。鉴于量刑规范化改革局部试点获得了广泛的良好反馈，以最高法牵头的司法改革项目组在认真考察试点工作、广泛开展改革培训和组织理论力量反复检验的基础上，完善量刑指导意见的具体细则，筹备全面推行量刑规范化改革的相关事项。值得一提的是，在全国法院推行与深化量刑规范化改革阶段，两份试行的指导文件发挥了重要作用，下文将逐一详述。

（一）全国法院的全面推行

2010年3月，最高法时任院长王胜俊同志在《最高人民法院工作报告（2010年）》中肯定了过去一年全国法院系统在深化司法体制改革、创新工作机制等方面取得的突破，并强调进一步在全国范围内推进量刑规范化改革。同年4月上中旬，最高法量刑改革项目组会同最高检公诉厅、公安部、国家安全部等部门，对量刑规范化改革局部试点工作进行考察。除了对试点法院的改革成效加以汇总、检验，项目组同时还兼顾理论研究的跟进，如结合北京大学白建军教授项目团队所提交的《量刑规范化改革实证研究》，对试点文件落实过程中可能存在的问题进行及时解答。2010年7月，中央政法委员会在第十四次全体会议暨司法体制改革第六次专题汇报中，听取了最高法关于量刑规范化改革的情况汇报，几经论证和修改的《量刑指导意见（试行）》以及由"两高三部"联合印发的《量刑程序意见（试行）》经会议讨论通过，并于2010年10月1日在全国范围内全面试行。

为了在消化、吸收试行文件的基础上，更好地契合各地的法治发展状况，全国各省高级人民法院在吸收前述文件的主旨精神基础上，结合本省、自治区、直辖市的经济发展情况、犯罪发展趋势和司法实践，对常见量刑情节的适用情况、量刑步骤和方法进行细化，进而制定了符合本地区发展实际的实施细则。如辽宁省法院系统结合试点过程中的积极成效和突出问题，制定了便于本省司法实践的改革方案，下发《辽宁省高级人民法院关于〈人民法院量刑指导意见（试行）〉实施细则》为法官量刑实践提供参考。该细则不仅在最高法指导意见基础上，对量刑步骤、确定宣告刑的方法分别作出"四步"和"八步"细化，还对诸如未成年人罪犯、年满七十岁的老年犯、预备犯、未遂犯、黑恶势力犯罪以及自首情节、立功情节、赔偿情节等二十二个常用量刑情节作出二十余项具体的规范量刑规定，以提高细则的适用性。从实施效果上看，辽宁省量刑规范化指导意见实施细则的颁布施行，为本省法官实践操作提供了便利，截至 2011 年 3 月底，辽宁省辖区内 114 个基层法院共审结涉及规范化量刑的 15 类罪名案件 13 206 件，占刑事案件总数的 85.3%，社会各界和人民群众对辽宁省各法院的量刑认可度普遍提升。[1]

除了各省先后出台量刑细则对推进量刑规范化改革试点工作产生积极作用，为了方便法官理解规范化量刑方法在司法实践中的影响，最高法于 2010 年 11 月印发《关于案例指导工作的规定》，要求各审判业务单位对该院和地方各级人民法院已经发生法律效力的裁判进行推荐，由最高法审判委员会讨论决定的指导性案例，要求各级人民法院审判类似案例时应当参照。其中，"类似案例"不仅限于结果类似、数额类似或者某一情节类似，还包括行为、性质和争议等方面的类似；"参照"是参考、遵照指导性案例所运用的裁判方法、裁判规制、法律思维、司法理念和法治精神等，是遵循指导性案例的裁判尺度和裁判标准。自此，在形成量刑指导意见的规范参照之余，刑事指导性案例的参考价值也得以在量刑规范化改革试点过程中显现。

2013 年底，为进一步规范刑罚裁量权，巩固量刑规范化改革成果，补足量刑规范的时效性和可操作性，最高法在《量刑指导意见（试行）》的基础上加以完善，发布《常见量刑意见》，并宣布自 2014 年 1 月 1 日起在全国法院正式实施量刑规范化工作。自此，萌芽于地方法院的创新探索、发展于最高法的统筹调研，历经数年局部试点的量刑规范化改革在全国法院范围内开始施行，我国的量刑规范化改革正式进入全面推行和快速发展阶段。

（二）指导文件的提炼与发展——突出学理支撑和实践需求

客观来说，历经数年的量刑规范化改革，不仅在量刑方法上实现了由传统经验式的估堆向定性与定量相结合的方式过渡，更是发挥出"中央层面决策部署"与"地方法院积极探索"之间的能动作用，显著促进了量刑程序的公正、公开和量刑工作的规范、有序，有力推动我国刑事司法实践特别是量刑裁判朝向科学、公正的方向发展。国内外学者对我国量刑规范化改革的全面推行普遍给予积极评价，特别是数个指导意见的公布施行，为改革从试点向全面实施的过渡提供了卓富实用性和可操作性的参考依据。例如，有学者高度评价前述两个量刑指导意见称，"虽不具有如证据规则般强制性的法律约

---

〔1〕 参见李晓林主编：《量刑规范化的理论与实践》，人民法院出版社 2015 年版，第 24 页。

束力，但却代表了中国刑事司法领域涵盖全国范围的一次严肃认真的改革尝试，旨在明确界定现行法律所允许的量刑自由裁量权的边界"，并称赞相关指导文件的出台和实施"是对长期以来公众渴望刑罚处罚更具理性和公平的有力回应"[1]。另有学者称，最高法组织的量刑规范化改革体现出"公平、合理处罚对维护社会稳定、促进社会和谐的重要意义"[2]。值得肯定的是，作为中央层面凝练司法经验、数次修改而形成的量刑规范化改革指导意见——《量刑指导意见（试行）》《量刑程序意见（试行）》和《常见量刑意见》不仅内容丰富、层次分明，还十分注重对学理论证的提炼和同司法审判实际的结合。具体而言，上述量刑指导意见不仅包含量刑指导原则、基本方法、常见量刑情节的适用等原则性规定，还对超过法院审理案件总数90%的15种常见犯罪[3]的量刑幅度、量刑起点、基准刑的设定作了细化处理，还结合刑事诉讼法、相关司法解释和司法工作实际，要求法院保障量刑活动的相对独立性，并对收集、移送证据、检察机关提出量刑建议，当事人和辩护人、诉讼代理人提出量刑意见，适用简易程序和普通程序等不同问题说明。

实体规范层面，《量刑指导意见（试行）》和《常见量刑意见》实现了从刑法总则规定到总则与分则罪名同时规定的转变、从单纯定性规定到定性与定量相结合的适度扩张，以及从繁琐条款向相对简约的规定的变化。首先，在局部试点阶段，2007年首先围绕盗窃罪、故意伤害罪等五个罪名展开规范量刑的规定，尔后在最高法刑三庭、研究室和法研所课题组的调研、论证基础上，新增强奸罪、非法拘禁罪和诈骗罪等十个罪名，以丰富规范量刑的个罪范畴。随后，2010年的《量刑指导意见（试行）》继续遵循"先易后难、由点及面"的思路，确定了15个常见多发且在司法实务中频繁使用的罪名。其次，2007年的指导意见使用的定性分析法在实用性和可操作性上有待进一步研究。2008年2月，为规范和统一全国的量刑活动，法研所与研究室课题

〔1〕 Cohen J A.，"Reforming China's Criminal Procedure：An Introduction to this Symposium"，*Columbia Journal of Asian Law*，Vol. 24，No. 2.，2011，pp. 219-220.

〔2〕 Lin Z Q.，"Advancements and Controversies in China's Recent Sentencing Reforms"，*China Information*，Vol. 30，No. 3.，2016，p. 364.

〔3〕 这十五种常见犯罪是经改革局部试点和扩大试点阶段分批部署而产生的，分别是交通肇事罪、故意伤害罪、强奸罪、非法拘禁罪、抢劫罪、盗窃罪、诈骗罪、抢夺罪、职务侵占罪、敲诈勒索罪、妨害公务罪、聚众斗殴罪、寻衅滋事罪，掩饰、隐瞒犯罪所得、犯罪所得收益罪，走私、贩卖、运输、制造毒品罪。

组就量刑程序改革的必要性、定罪与量刑程序分离的合法性、社会调查报告的可行性等问题展开讨论，并对原量刑指导意见进行修改，引入"定性与定量相结合"的量刑方法。该量刑方法继而在 2010 年和 2013 年的量刑意见中得以承继。最后，量刑意见的实体规范经过数次论证、调整和简化，由局部试点阶段对量刑基准、量刑情节、刑罚适用要求详实，逐渐简化为围绕量刑起点和基准刑而确定量刑步骤的模式，把具体细化量刑步骤的工作交由各省高级人民法院，允许其在试点意见总体规划下，结合本地区司法审判需求来丰富和完善。

程序规范层面，《量刑程序意见（试行）》同样经历了繁琐条文规定简约化、粗糙规定精确化以及内容精简化的发展过程。首先，2007 年的《量刑指导意见》内容，围绕审前、一审、二审和审判监督程序等四个主要量刑程序规定了共计 56 个条文，且每个条文项下另有细化规定，如将审前程序细化为检察机关庭前准备程序、普通审和简易审的被告人认罪案件的庭前准备程序以及委托社会调查程序等。[1]这些繁琐的量刑程序规定未能减轻法官刑事审判工作压力，还平添程序违法情况下的司法资源浪费风险。鉴于此，经项目组结合量刑实效的数次论证，相关部门自 2008 年起对量刑程序指导意见作出精简处理，不仅删除量刑准备程序并将量刑程序浓缩为四部分，在共计 20 个条文中也省去了对二审和再审程序的单独规定。其次，粗糙规定精确化主要体现在，法院审理刑事案件时所应予保障量刑活动相对独立性的基本要求上，特别是在法庭辩论和法庭调查环节应分别对定罪、量刑事实展开调查和辩论。最后，量刑程序意见的内容也得到逐步精简，2008 年版的量刑程序意见颇费笔墨地对"量刑诉讼原则""量刑程序规则""量刑事实调查顺序""量刑证据规则"进行阐释和说明，在某种程度上形成了对我国刑事诉讼法律相关规定的重复。对此，2010 年印发《量刑程序意见（试行）》提纲挈领地站在相对独立的量刑程序立场，总结了共计 18 条量刑活动可能涉及的程序问题，省去了与刑事诉讼法和司法解释重复的内容。

（三）　全面推行阶段的量刑规范化改革发展述评

总的来讲，我国量刑规范化改革的全面推行，得益于局部地区法院的试

---

〔1〕　参见皮勇等:《量刑原论》，武汉大学出版社 2014 年版，第 303~304 页。

点反馈和包括科研院所、基层法院和中央调研力量在内的学理研究基础。在地方法院关于规范量刑活动创新探索驱动下，中央层面组建调研力量，经过反复论证和检验，作出"由下至上、由点及面、由浅入深、由外到内"的量刑规范化改革的总体部署，从少数法院的改革试点出发，逐步向更广范围的试点直至全国法院系统的量刑规范化改革推进。由前文对我国量刑规范化改革的局部试点和全面推行的脉络铺陈可知，以最高法牵头成立的项目组为起草、修改乃至定稿《量刑指导意见（试行）》《量刑程序意见（试行）》做了大量工作，期间不乏同实务部门密切联络、调研论证、征求意见，以及召开专题座谈会，协同全国人大常委会、法工委、最高检、公安部、国家安全部、司法部等单位，根据试点单位的反馈整改、完善。例如，为了便于法官准确、合理地裁量刑罚，在数易其稿的基础上，最终在《量刑指导意见（试行）》的条文结构中突出对量刑指导意见规定的量刑方法、量刑步骤的具体运用，通过合理的逻辑排布，帮助法院准确理解、掌握量刑方法。[1]另外，有关量刑程序的指导意见也经历了由繁及简、由粗糙变精确的发展，对相对独立的量刑程序的确立，提供了有效的程序规范支撑。

除了中央层面注重结合学理论证对量刑指导意见进行精简和完善外，量刑规范化改革全面推行阶段还尤其注重发挥各省高级人民法院因地制宜地制定符合本地区法治发展和审判需要的量刑改革实施细则。这一方面反映了中央层面对量刑改革事业的高度重视，力求通过规范裁量权，树立司法权威，促进量刑公开与量刑均衡，回应人民群众对刑事审判工作的社会关切；另一方面，又体现了我国量刑规范化改革推进过程的理性有序、实事求是，我国地域宽广、各地发展不统一，允许各省高级人民法院在最高法试点指导意见的原则性规定基础上，因地制宜地进行细化，有利于作出便于操作、符合各地刑事审判需要的改革创新。

然而，任何司法制度改革都难以一蹴而就。最高法于 2013 年发布的《常见量刑意见》，虽对彼时 15 种占比超九成的常见犯罪作出量刑指导，但这不意味着其他数百种犯罪类型不具有常见性或多发性。随着经济社会发展，这类犯罪的量刑规范问题还有待进一步解决，且量刑规则体系还未涉及管制、

---

〔1〕 参见熊选国主编：《〈人民法院量刑指导意见〉与"两高三部"〈关于规范量刑程序若干问题的意见〉理解与适用》，法律出版社 2010 年版，第 196 页。

无期徒刑、死刑等难以量化的刑种，也反映出量刑规范之范畴特别是刑种之选择，还留有商榷和研究空间。此外，作为量刑规范化改革亮点之一的量刑情节调节比例，尚缺乏设置上的实证依据，以及区分从宽从严处罚情节、减轻处罚情节与免除处罚情节等调节刑罚作用的法律规定。[1]最后，我国刑法分则所涉罪名超过 430 种，随着立法的逐步完善，绝大多数未归于量刑规范调整范围之内的罪名该如何实现罪刑均衡，也是量刑规范化改革深化阶段需要思考的重要问题。一言以蔽之，我国的量刑规范化改革步伐远未停滞，也必定持续推进。

四、量刑规范化改革的深入推进阶段

随着量刑规范化改革在我国刑事司法领域的深入推进，2015 年 2 月，最高法在《人民法院第四个五年改革纲要（2014—2018）》（以下简称"四五"改革纲要）中提出"完善刑事诉讼中认罪认罚从宽制度"和"推动裁判文书说理改革"两个改革目标。为落实"以审判为中心"的刑事诉讼制度改革和司法责任制，促进量刑规范化工作的常态化、制度化，最高法于 2017 年 4 月 1 日实施修订后的《常见量刑意见》，对建立完善量刑规范化长效工作机制提出新要求。此外，最高法还就进一步扩大量刑规范化范围作出部署，提出全面深入推进量刑规范化改革的战略目标，于同年 5 月 1 日实施《常见量刑意见（二）（试行）》，在此基础上开展第二批试点法院的新增罪名规范化量刑试点。

（一）新增常见罪名契合时代发展

深入推进阶段的量刑规范化改革，首先对《常见量刑意见》的内容进行扩充，新增的 8 个罪名分别是危险驾驶罪，非法吸收公众存款罪，集资诈骗罪，信用卡诈骗罪，合同诈骗罪，非法持有毒品罪，容留他人吸毒罪和引诱、容留、介绍卖淫罪，符合当代刑事审判实践需要。一方面，为落实"以审判为中心"的刑事诉讼制度改革和司法责任制，最高法于 2017 年实施了修改后

---

〔1〕 直接对具体量刑情节规定调节比例还存在修改刑法的嫌疑，可能引发量刑指导意见等规范性法律文件与部门法之间的位阶冲突。参见皮勇等：《量刑原论》，武汉大学出版社 2014 年版，第 314 ~315 页。

的《常见量刑意见》，对抢劫罪、盗窃罪、故意伤害罪等原有 15 个常见罪名的量刑意见进行规范；另一方面，结合近年来我国社会经济发展需要，将本阶段常见多发且与广大群众生命财产安全关系密切的犯罪，如危险驾驶罪、非法集资罪、信用卡诈骗罪等 8 个罪名纳入量刑规范化的范围，此外，刑罚种类的规范也不限于有期徒刑或拘役，还包含罚金等附加刑和缓刑宣告。

除了扩大规范量刑的常见罪名至 23 个，此次试点沿循全面推进阶段的改革策略，即一方面，中央层面在总结前期经验的基础上，采取小范围试点逐步向全国法院系统施行的路径；另一方面，各地试点法院在遵循《常见量刑意见（二）（试行）》的基本原则和精神基础上，纷纷出台便于司法实践应用的实施细则。以广东省为例，就在最高法试点通知后不到 3 个月，广东省高级人民法院即印发《〈关于常见犯罪的量刑指导意见（二）实施细则（试行）〉》，结合本省刑事审判实践，作出规范量刑的细化处理。如就危险驾驶罪的 15 种危险驾驶行为对刑罚量的增幅和基准刑的确定方式进行细化，包括追逐竞驶、行驶速度超过规定时速、醉酒驾驶机动车、驾驶大中小微型载客汽车从事校车业务或者旅客运输、从事校车业务或者旅客运输在高速公路、城市快速路上行驶超过规定时速、违反危险化学品安全管理规定运输危险化学品等具体情形。由此可见，随着量刑规范化改革的深入推进，全国法院系统绝大多数法官的规范化量刑思维逐渐形成，能够迅速总结量刑经验并落实试点意见，这不仅得益于数十年地方法院量刑实践探索的有益经验，更与中央层面逐步推进、循序渐进、渐次升级的量刑规范化改革总方针密不可分。

（二）各地量刑创新促进模式聚合

在全面深化量刑规范化改革的进程中，各地法院系统结合本地区的经济发展状况和司法实践情况，响应最高法全面深化量刑规范化改革的号召，因地制宜地实施量刑改革具体举措，此处对河南省高级人民法院、新疆维吾尔自治区高级人民法院、海南省高级人民法院和广州市越秀区人民法院的改革实践进行简要概述。

2014 年，河南省高级人民法院结合本省司法实践需要，出台了量刑指导意见的细则，在明确基本原则基础上，详细介绍量刑方法和常见量刑情节的适用情况，要求法官严格遵循罪责刑相适应原则，落实宽严相济刑事政策，以提高司法实践效率，实现量刑公正公开。[1]该细则旨在向河南省各级人民法院提供细化的量刑实践指导，除了包含《常见量刑意见》的基本规定，还结合河南省刑事司法实践特征，进行便于实际操作的提炼，以期为其他罪名的规范化量刑提供经验。

2017年4月起，新疆维吾尔自治区高级人民法院（以下简称"新疆高院"）为实现量刑均衡的改革目标，进一步规范量刑方法、统一量刑步骤、完善量刑程序的工作要求，着手设计量刑服务系统。同年6月，旨在促进量刑均衡的量刑规范化系统上线，基本符合"无需重复录入案件信息、切换系统"[2]的操作要求，为本自治区内各级法院系统提供了一定的便利，即法官无须在案件信息录入等程序性事项上耗费大量时间，有利于其围绕个案定罪和量刑等核心问题进行裁判。可以说，将量刑规范化系统与审判信息管理系统对接，有效提升了量刑信息应用的快捷性和高效性，便于法官对常见的15种罪名进行量刑计算，通过录入具体案件的法定情节、酌定情节，自动生成量刑取值范围，规范法官量刑酌处权的行使，量刑规范化系统和审判信息系统对接并行。此外，为了配合法官学习、应用，新疆高院专门下发《关于推进全区人民法院量刑规范化系统应用方案》，并组织诉前调查、电子卷宗制作、文书直报、电子档案以及跨院立案系统等专门培训，所在辖区的量刑信息化办案应用能力得到提升。

与此同时，海南省高级人民法院于2017年7月向社会各界通报，有关信息化技术服务量刑规范化改革的重要成果——量刑规范化智能辅助办案系统的应用情况。该系统涵盖最高法《常见量刑意见》和《常见量刑意见（二）（试行）》共计23个常见犯罪的量刑意见，具有智能识别提取犯罪事实、量刑情节和多维数据维护等功能，能够根据历史量刑数据自动推送关联法条和类案，并自动生成程序性法律文书和框架性裁判文书，对缓解中级和基层人民法院办案压力、提高审判效率效果显著。[3]也就是说，该系统能够节省至

---

[1] 参见《河南高院出台细则规范常见犯罪量刑》，载 https://www. Chinacourt. org. /article/detail/2014/07/id/1352816. Shtml，最后访问日期：2019年9月30日。

[2] 《新疆量刑规范化系统上线》，载 https://www. cqn. com. cn/cj/content/2017-06-22/content_4464179. htm，最后访问日期：2019年9月30日。

[3] 参见《海南法院大数据人工智能助力司法改革——量刑规范化智能辅助办案系统效果明显》，载 https://www. chinacourt. org/article/detail/2017/07/id/2936709. shtml，最后访问日期：2019年9月30日。

少一半用于提取犯罪事实和量刑情节的粗筛时间，并协助法官完成框架性裁判文书撰写任务，以便提高司法效率。

2016 年 10 月，广州市越秀区人民法院作出统一安排和部署，一方面强化人权保障、规范量刑协商，实现刑事辩护全覆盖，保障被追诉方的合法权益；另一方面，制定便于司法实践的操作规范，结合常见罪名的量刑经验，制定分段式量刑激励从宽机制，增加裁判结果的可预期性。[1]另外，越秀区人民法院在总结过去 3 年常见罪名量刑经验的基础上，不仅起草可供辩护律师参照的量刑指引文件，还在司法实践中落实分段从宽政策，鼓励不同诉讼阶段的嫌疑人或被告人及早认罪。最后，旨在提升法律援助律师参与量刑协商专业技能的法律援助律师量刑协商培训班项目也在稳步推进。

由此可见，各地法院在深入推进量刑规范化改革阶段，其所开展的改革措施不再拘泥于创制指导法官量刑实践的规则，而是向提高多方量刑参与度和司法效率等方向发展，如前述多种旨在提高办案信息化水平的量刑辅助系统、法律援助律师培训制度、被告人分段从宽量刑激励机制等措施的落实。另外，深入推进阶段的地方法院探索，再次印证了量刑规范化改革作为一项浩大的系统工程，始终需要多方力量协同参与、持续推进的客观事实。

（三）深入推进阶段的量刑规范化改革发展述评

随着《常见量刑意见（二）（试行）》的出台和第二批量刑规范化试点的部署，我国量刑规范化改革进入到深入推进阶段。在这一期间，学理论证和实践试点的双层驱动依旧发挥着至关重要的作用：一方面，为契合最高法"四五"改革纲要中有关"完善刑事诉讼中认罪认罚从宽制度"和"裁判文书说理改革"任务，最高法牵头的项目组结合近几年的量刑改革经验，修订了《常见量刑意见》，并结合审判需要，制定了包含另外 8 个多发易发且与人民群众生命财产安全密切相关的罪名的《常见量刑意见（二）（试行）》，扩大规范化量刑试点的部署；另一方面，地方法院根据指导意见精神，相继出台便于本区域刑事案件量刑实践的实施细则，对 8 个新增常见罪名的刑罚量增幅和基准刑确定方式加以明确，另外，随着互联网信息技术、大数据、人工智能的繁荣，已有法院开启量刑规范化辅助办案系统的创制，在集合量刑

---

〔1〕 参见《强化人权保障 规范量刑协商——广州越秀区法院推进认罪认罚从宽制度改革纪实》，载 https://www.chinacourt.org/article/detail/2017/12/id/3103614.shtml.

信息、生成量刑取值、提高办案效率等方面取得不俗的成效。

不论是定性与定量相结合的量刑方法的确立、"量刑起点→基准刑→宣告刑"量刑步骤的成型，还是在相对独立的量刑程序方面的突破，都体现了十余年来我国刑事法学研究者为量刑规范化改革贡献的智慧力量。目前，第二批试点还在稳步推进，随着经济社会的发展、新型科技的升级、高新技术的应用和国内外政治贸易互动的增多，我国刑事司法制度特别是量刑实践的发展将面临更加严峻的挑战。尽管近年来我国中央层面司法改革重心出现一定偏移，但不论是认罪认罚从宽制度试点、推动裁判文书说理改革，还是"以审判为中心"的刑事诉讼制度改革，其中都包含规范量刑之意蕴。事实上，作为一项规模浩大且内容丰富的改革项目，量刑规范化改革肩负着促进量刑均衡、提升程序透明度与公正性之重任[1]，其重要性、必要性和急迫性从未降低。鉴于此，我国量刑规范化改革的前进步伐并未放缓，而将会遵循中国特色社会主义法治发展的时代要求，继续昂首阔步、蓬勃发展。

第三节　量刑规范化改革发展进程的经验总结

纵观我国量刑规范化改革的发展进程，可谓声势浩大、成效可观。这一"亘古之大变革"之所以能在我国这一幅员辽阔、各地发展相对不平衡的国家顺利推进，得益于探索试错、局部试点、全面推行和深入推进各阶段的学理论证与实践探索，得益于地方法院和科研院所的果敢试错，得益于中央层面反复多次组织调研力量草拟和修改指导意见，得益于"由下至上、由点及面、由外到内"的统筹推进。本节将从地方试错促进学理论证、局部试点加快模式聚合和宏观决策与微观探索之共振三个方面，展示我国量刑规范化改革各个阶段的"本土经验"。

一、地方试错与学理论证推动改革发展

试错是一种获取知识、解决问题的常用方法，它采用随机或系统的方式，尝试性地探寻各种可能的答案。试错从方法论意义上看并不必然表现为乱试

---

〔1〕　See Lin Z Q., "Advancements and Controversies in China's Recent Sentencing Reforms", *China Information*, Vol. 30, No. 3., 2016, p. 367.

解法，反倒是存在使用者有条理地运用各变因来解决实际问题的可能。地方法院围绕量刑问题开展试错分析，事实上是结合不同时期、不同区域的法治发展状况，根据审判的实际需求和各个法院的现实情况，所作的旨在促进量刑公正、减少量刑歧异的创新探索。

而在地方法院的量刑改革试错过程中，学理论证和依据调研形成的完善意见发挥着举足轻重的重要作用。正如国际社会给予我国量刑规范化改革的积极评价——对中国刑事体制的一次"应得的、久违的关注"[1]，这种关注源起于地方法院的积极探索，并最终与中央宏观量刑规范化改革的统筹部署形成耦合。地方试错对学理论证的促进主要可具象化为量刑方法的更迭、基准刑的概念革新和量刑指导意见的逐步完善三个方面。

（一）"估堆式"量刑方法的更迭

如前所述，20世纪中后期频繁出现的量刑偏差，成为困扰国内外刑事法学研究者和司法实务工作者的普遍难题。其中，对性质相同、情节相当的犯罪的差异化量刑结果，不仅减损我国刑事审判权威，更导致一系列不必要的上诉和二审改判，社会民众对量刑结果的怀疑态度还会对息诉服判效果产生消极影响。正是由于法官常年凭借司法实践、裁判技巧和法律素养等共同作用而形成的经验主义价值判断，才使得彼时法院只简单考虑案件事实和量刑情节便得出无需经过详细论证的宣告刑结果。为消除此种法官经验本位的"估堆式"量刑方法所带来的消极影响，学理界和实务界均进行了艰辛探索。

20世纪80年代上海和武汉高校及科研院所的研究团队率先展开有关电脑辅助量刑系统的研究，如通过电脑技术辅助法官行使自由裁量权和规范刑罚裁量，并就电脑技术融入刑事量刑实践的基本框架、设计方案和程序代码进行设置。初步创制的"辅助量刑系统"能够快速消化和动态展现彼时的刑事法规，能够整合设备参数和专业知识，并为法官量刑提供具有针对性和可预测的宣告刑参考依据。然而，这种早期的电脑量刑方法实际上是借助电脑技术，使法律专家的丰富量刑经验对法官司法实践的产生积极影响，但无论是"辅助量刑系统"还是"电脑辅助量刑专家系统"，均是将专家们的量刑理解予以类型化和预先设定的过程，并试图通过技术支撑研判和运算的预测概率，

---

[1] Cohen J A., "Reforming China's Criminal Procedure: An Introduction to this Symposium", *Columbia Journal of Asian Law*, Vol. 24, No. 2., 2011, p. 24.

以期提高法律效果的可预期性。尽管作者肯定这种技术创新为刑事审判事业提供的全新研究视角，但任何过往经验都不能作为决定未知案件的唯一因素或主要因素。

另外，这种高度依赖操作技术的量刑辅助系统，在中基层法院的应用效果也不甚理想。以江苏省泰州市姜堰区基层法院和山东省淄博市淄川区人民法院为代表的地方法院，发挥实务系统运用量刑数据探寻量化依据的优势，先后制定量刑细则和指导意见，对具体犯罪量刑幅度作出格次划分。但这种分格式的量化方法也存在疑问，分别是量刑数据来源的可靠性和全面性之疑，以及对量刑情节按照轻重程度进行划分的科学性之惑。例如，姜堰区基层法院结合日常审判工作情况，制定《规范量刑指导意见》对 27 个具体犯罪进行量刑细化和量刑幅度的分格，这些据以划分量刑幅度的审判数据是否充足和全面，或直接影响该指导意见的可适性。再如，在淄川区人民法院出台的《常用百种罪名量刑规范化实践细则》中，刑种转换方法在系数赋值的论证和增减幅度所对应的刑种和刑期的解释说明中，均存在不足或值得商榷的地方。

尽管存在些许缺憾，地方法院和科研院所围绕规范量刑的初探，不可否认地为中央层面"自上而下"推进量刑规范化改革局部试点和全面实施工作部署作出了巨大贡献。2007 年 4 月，最高法刑三庭广泛征求意见，并在反复研究的基础上，认为传统定性式的量刑方法难以解决基层法院审判实践中的难题，更无益于规范全国各级人民法院的量刑活动。事实上，正是地方法院在量刑方法上的突破和持续不断的学理论证，为 2010 年最高法印发的《量刑指导意见（试行）》和《量刑程序意见（试行）》提供了设计蓝本和强大动力。特别是《量刑指导意见（试行）》下发后，主张"在继承和发扬定性分析方法合理性的同时，注重以定量的方法进行量刑"[1]的量刑方法，被学者们普遍认为能够对法官的刑罚裁量权起到约束和规范效果，因为该量刑方法是建立在基准点基础上的定量分析，具备一定的准确性、透明性、高效性和可操作性优势。此后，随着量刑规范化改革的局部试点、全面实行和深入推进，相继出台的《常见量刑意见》和《常见量刑意见（二）（试行）》，均沿循了定性与定量相结合的量刑方法。

---

〔1〕 臧冬斌：《量刑自由裁量权制度研究》，法律出版社 2014 年版，第 89 页。

（二） 量刑基准向基准刑的革新

围绕量刑基准和基准刑展开的学理研究，同样对我国量刑规范化改革发展具有重要意义，特别是取代量刑基准之基准刑概念的提出，更体现了我国刑事法学界的集体智慧。

如前所述，科研院所和地方法院的试错探索为中央层面开展量刑规范化改革奠定了坚实基础，确立了"定量分析和定性分析相结合"的量刑方法。也就是说，在认可法院定性分析方法合理性的同时，所引入的定量分析内容有二：一是对犯罪事实适当量化并确定基准刑；二是对量刑情节适当量化以确定从轻或从重的幅度。其中，确定基准刑是规范化量刑步骤之必要环节。2010 年，最高法在《量刑指导意见（试行）》中确立了"量刑起点→基准刑→宣告刑"的量刑步骤，便是对此前数份指导意见中有关"量刑基准"概念的创新。事实上，基准刑是连接量刑起点与各个法定或酌定量刑情节的中间概念，是量刑起点与增加的刑罚量之合集，同时又受到量刑情节的调节，为其提供"基准"。[1] 而明晰量刑基准向基准刑的发展路径，首先需要对发源于德日刑法理论的"量刑基准"概念加以理解。

有关量刑基准的学理探讨由来已久。广义的量刑基准指的是法官量刑时考虑的对象和据以裁量刑罚的原则，这是德、日刑法理论的主流观点；狭义的量刑基准则被视为法官裁量刑罚时的参照，即在排除包括法定或酌定量刑情节等个案因素的情况下，依据犯罪构成事实所科处的刑罚量。量刑规范化改革的初探阶段主要是针对狭义量刑基准展开的讨论。然而，脱离具体犯罪事实情况，在抽象个罪的法定刑之外寻求量刑基准作为裁量参照的思路，本身存在局限性。一方面，法官裁量刑罚是在严格遵守刑法和相关司法解释的基础上，结合个案的实际情况灵活运用自由裁量权的动态过程，任何量刑情节仅有在与个案具体犯罪事实相结合的情况下，才能发挥调节功能，而这种凌驾于具体案件情形、脱离具体犯罪事实的刑罚确证路径恰恰背离了法官朴素的量刑思维；另一方面，围绕量刑基准概念衍生出如中线论、分格论、形势论、重心论等一系列确定模式，然而，不论是主张在法定刑幅度二分之一处确定量刑基准的中线论，还是主张将犯罪行为危害性大小作为抽象个罪重

---

〔1〕 参见张向东：《从量刑基准到基准刑：量刑方法的革新》，载《中国刑事法杂志》2011 年第3 期。

心的中心论，尽管在刑法理论探讨中不可或缺，其在司法实践运用中仍缺乏方法论上的可操作性。为此，最高法刑三庭课题组多次组织实务界和科研院所法学研究者，就量刑基准、量刑情节的科学分类以及适用等问题进行商议，并最终明确了修改方向和重点，其中就包括淡化量刑基准的规定和细化量刑情节适用规则等。[1]为克服量刑基准概念于司法实践中可能出现的歧异，课题组作出从个案具体犯罪事实中确定基准刑的思路转变，随着定性分析与定量分析相结合的量刑方法的引入，在对狭义量刑基准概念扬弃的基础上，最高法项目组创新性地提出了基准刑概念，即在排除法定或酌定量刑情节基础上，依据既遂的基本犯罪事实所判处的刑罚。2009 年起，量刑规范化改革进入局部试点阶段，从试点成效上看，各试点法院基本认可基准刑的确定方法，并对其参与量刑的实践效果予以肯定，但同时也指出基准刑与量刑基准存在概念混同的可能。为此，2010 年的《量刑指导意见（试行）》仅就基准刑确定方法进行规定，以期实现规范法官量刑的指引效果，后续的指导意见均依循基准刑的确定思路。

综上所述，基准刑概念的提出可谓我国量刑规范化改革本土经验之升华。它不仅吸收了量刑基准研究的学理性，更紧贴司法实践需求和法官量刑规律，实现了由静态概念向动态操作的跨越。围绕基准刑的学理探究事实也成为推动量刑规范化改革在初探、局部试行、全面实行和深入推进各阶段发展的不竭动力。

（三）量刑程序的逐步完善

长期以来，受"重实体轻程序"传统观念的影响，我国刑事审判实行"定罪与量刑并合程序"，即在连续审理过程中对定罪、量刑问题一并审理。然而，彼时的刑事诉讼立法和司法解释甚少涉及量刑程序原则和具体规则，使得量刑程序融入法庭审理的实效欠佳，不仅损害量刑参与人的合法权利和刑事辩护的有效性，在量刑信息不充足、法庭调查不充分的情况下，法官"办公室作业式"的量刑模式还徒增法官权力寻租的可能。针对这类情况，一些地方法院于 21 世纪初开展了一系列完善量刑制度的探索，如 2002 年上海市徐汇区人民法院建立的"量刑答辩"制度，不仅有力地提升了控辩双方的

---

〔1〕　参见熊选国主编：《〈人民法院量刑指导意见〉与"两高三部"〈关于规范量刑程序若干问题的意见〉理解与适用》，法律出版社 2010 年版，第 629 页。

对抗性，还发挥出法官居间裁判的功能。

在地方法院的积极推动下，最高法于 2004 年和 2009 年的《人民法院第二个五年改革纲要（2004—2008）》和《人民法院第三个五年改革纲要（2009-2013）》中分别提出"健全和完善相对独立的量刑程序"，强调"实体与程序并重"的改革思路，以及"规范自由裁量权，将量刑纳入法庭审理程序"，从中央层面梳理了我国量刑程序的完善面向。在此期间，改革项目组还分别就量刑程序改革的必要性、定罪与量刑程序合法性和社会调查报告制度的可行性等问题展开论证。2010 年，经过简化和提炼的《量刑程序意见（试行）》始得应用，并在量刑实践中获得不俗反响。最高法之所以选择"相对独立的量刑程序"的改革发展方向，主要基于以下几个方面的考虑：首先，在认可量刑程序独立地位的同时，遵循我国诉讼制度和司法体制，这是因为量刑活动中控辩审三方的诉讼关系不同于定罪活动，但不可断然割裂三者之间的紧密联系；其次，符合中国特色量刑制度的构建需求，不论是大陆法系普遍采取的定罪量刑合一模式，还是英美法系国家精细化、多层次的分离模式，都不可脱离我国司法现状而进行缺乏论证的盲目借鉴；再其次，符合我国现行法律要求，在当前我国诉讼法未有明文规定定罪与量刑程序相分离的情况下，量刑程序的独立化应是相对的；最后，出于提高诉讼效率的考虑和权衡，相对独立的量刑程序有利于定罪与量刑程序的有机结合，也符合增强量刑程序的适度对抗性要求，便于司法公正与效率的实现。[1]2015 年，最高法在"四五"改革纲要中提出了"完善刑事诉讼中认罪认罚从宽制度"和"推动裁判文书说理改革"目标，也体现了量刑规范化改革的深入推进阶段对量刑程序所提出的更高要求。

二、分阶段协同推进加快模式聚合

纵观我国量刑规范化改革的发展历程，可以清楚地看到，作为我国本土化的量刑制度探索，改革遵循了"由下至上、由点及面、由浅入深、由外到

---

〔1〕 我国刑事诉讼法规定的法庭审判程序包括开庭、法庭调查、法庭辩论、被告人最后陈述、评议和宣判这几个步骤，其中法庭调查居于核心位置，该阶段各方参与人通过提出证据和质证、调查，为法庭作出正确裁判提供重要根据，而法庭辩论则是控辩双方在审判长主持下，依据法庭调查中已调查的证据和法律规定，对证据证明力和被告人是否有罪、所犯何罪、罪责轻重、应否处刑和如何刑罚等问题，提出自己的意见或理由，当庭进行论证和反驳。参见汪贻飞：《量刑程序研究》，北京大学出版社 2016 年版，第 91~92 页。

内"发展路径，不仅契合各时期法治发展实际，更遵循事物发展的普遍规律。在改革逐渐走向纵深发展的过程中，分阶段的协调推进是加快规范化量刑模式聚合的重要支撑，主要包括局部试点促进改革全面实行并深入推进和多部门协同合作两方面。

（一）局部试点促进改革全面实行与深入推进

首先，如前所述，最高法于 2009 年 4 月公布《关于在全国法院开展量刑规范化试点工作的通知》，随后确定覆盖式地从各高级人民法院所在辖区内确定 1 个中级人民法院和 3 个基层人民法院作为首批试点单位。这是因为该阶段"定性与定量相结合"的量刑方法始得确立，在司法实践中应对复杂案情的效果还不清楚，为了避免各审级法院的理解出现极端化的偏差，有必要根据小范围的局部试点情况，对后续改革工作进行调整。事实上，试点初期不少办案法院也存在对试点文件的差异性理解，特别是在运用定性与定量相结合的量刑方法时，如何依次确定量刑起点、基准刑和宣告刑等都不可避免地显得生疏。为此，试点法院专门围绕量刑规范化改革试点文件的理解与应用开展阶段性培训，加强办案法官适用量刑方法的灵活性，使试点方案的简便易行、规范高效等特征得以显现。

其次，局部试点又经历了范围上的"由少及多"的过程，即在小范围的局部试点基础上，逐步扩大到由 120 多个法院参与的大范围试点。这是由于试点工作基本达到了预期的目的，不仅得到参与法院的高度重视，相继结合单位需要和实际情况，制定了试点工作方案和具体实施意见，还在精心部署下促进刑事法官形成规范化的量刑思维，实现了各审级法院参与量刑规范化改革的意识从"抗拒与抵抗"逐步向"接受与支持"的方向发展。

最后，不同程度和范围的改革试点都是为向全面推行进行过渡。在对 120 多个试点法院改革情况进行统计时发现，"试点前与试点后的量刑情况总体上保持均衡"，未出现量刑结果畸轻或畸重的两极化现象，"个案之间、地区之间的量刑更加均衡"，如湖北省试点法院在审理参与量刑规范化的 2405 件案件和 3129 人中，上诉和二审改判发回的分别是 193 件和 37 件，占总数的 8% 和 1.5%，且未出现抗诉和上访等情况。[1]基于普遍试点的良好反馈，在实体

---

〔1〕　参见熊选国主编：《〈人民法院量刑指导意见〉与"两高三部"〈关于规范量刑程序若干问题的意见〉理解与适用》，法律出版社 2010 年版，第 15 页。

和程序试点意见的修改基础上，全国法院系统于 2010 年 10 月 1 日起开始全面实行量刑规范化改革。

值得一提的是，在量刑规范化常用罪名的选择上，也体现了分阶段协同推进的工作布局。在小范围的局部试点阶段，项目组将试点案件限制在判处有期徒刑的交通肇事、故意伤害、抢劫、盗窃和毒品犯罪案件之内；随着试点法院的扩张，最高法经调研选取具有突出代表性的十个罪名，如强奸罪、非法拘禁罪、诈骗罪、抢夺罪、职务侵占罪、敲诈勒索罪等；2017 年的改革深化阶段，因经济社会发展时代特征和出于保护人民群众生命财产安全的需要，最高法另将危险驾驶罪、集资诈骗罪、信用卡诈骗罪等 8 个罪名纳入量刑规范化的常见罪名中，与此同时，新一轮的"二次试点"也得到有序推进。

概言之，在试点初期，对于量刑方法和未来量刑规范化制度的发展趋势，最高法领导下的项目组、刑事法官和理论研究者均无答案可循，其他国家的法制经验和量刑改革模式也难以提供直观的对照，为此，最高法才提出"由点及面""由浅入深"的改革试点规划，以期从试点效果中总结经验。局部改革范围的逐渐扩张，直至全国范围法院的全面推行，体现了中央层面推行改革时的严谨慎重。

（二）多部门协同合作

量刑规范化改革最初是在最高法牵头的学理论证和实证调研基础上，通过下发指导性文件，组织局部试点加以推进，其中不乏多部门的共同参与、彼此配合。

为了推进多部门协同合作，保证各项改革措施落到实处，2010 年底，经过多个部门反复论证、数次修改，在出台《量刑指导意见（试行）》的基础上，配套制定《关于加强协调配合积极推进量刑规范化改革的通知》，要求各相关单位积极参与量刑规范化改革过程中，各司其职、齐心协力，共同推进全国范围的量刑规范化改革。例如，调查取证环节，不仅要加强犯罪嫌疑人和被告人有罪和无罪的证据收集，还要加强证明其罪质轻重的证据收集；审查起诉环节，应始终秉持客观、全面、公正的审查态度，兼顾有关犯罪嫌疑人的定罪和量刑证据的审查工作；在提出量刑建议环节，同样要在全面衡量案件的具体情况和严格依据刑事法律的基础上，作出兼顾法理和情理、质量与效果的量刑建议，并对建议形成的具体过程进行全面且详实的解释说明。

由此可见，前述有关量刑程序指导文件和通知的下发、落实，以及量刑规范化改革特别是程序方面的推进，不仅离不开最高法统领的学理论证和实践调研，更离不开刑事诉讼环节中多个部门的共同参与和逐步落实。

简言之，量刑规范化改革并非某一个地方法院的"独舞"，更不是某一地区的"政绩工程"，而是多部门、多领域上下联动、相互配合、协同合作的发展过程。改革之所以能够顺利推进并取得显著成效，除了党委的正确领导和人大的有力监督外，还得益于公安、检察、司法行政等相关部门的大力支持，以及全国法院共同的努力。

三、量刑规范化改革推动量刑制度不断完善

量刑规范化改革历时多年、成果丰硕，积聚着万千法学研究者和司法实务工作人员的心血。在这项需要适时更新、与时俱进的改革进程中，应当审慎分析和总结现有成效，并将其转化为完善符合新时代法治要求的量刑制度的不竭动力。

（一）实体规范与程序规范的协同发展

如前所述，量刑公正是量刑规范化改革旨在达成的目标之一，而实现该目标需依靠实体标准与程序规范的对合。人民法院依照法定程序对被告人公允地裁量刑罚，进而排除个人情感，实现罚当其罪、罪刑相当，是量刑公正在司法实践中的直观体现。既包含了对法院依照法定程序量刑的程序性要求；又包含对量刑结果适当、均衡的实体要求。其中，实体公正的衡量指标有二，分别是个案自身的量刑公正和相对于其他案件的量刑公正，也就是量刑适当与量刑均衡的一体化。[1]

1. 实体规范层面

在实体规范层面，前文以量刑规范化改革的探索试错、局部试点、全面推行和深入推进等阶段为脉络，详述了不同发展时期地方法院、科研院所乃至最高法刑三庭牵头的课题组，为规范法官自由裁量权，而进行量刑规范调研、创制、修改和完善之过程。

---

〔1〕　参见熊选国主编：《〈人民法院量刑指导意见〉与"两高三部"〈关于规范量刑程序若干问题的意见〉理解与适用》，法律出版社 2010 年版，第 29 页。

首先，探索试错阶段，苏惠渔教授团队和赵廷光教授团队早在20世纪80年代便启动"电脑辅助量刑系统"研制项目，运用计算机技术和数字建模，设计出了有别于传统"估堆式"的电脑量刑方法。然而，受限于彼时法院整体滞后的信息化水平和实务操作能力，辅助量刑系统在诞生之初，便遭到理论界的诸多批判。但不可否认的是，蕴含量化研究思维的技术策略，不仅体现出法学专家们尝试依托信息技术，来解决量刑失衡问题之良苦用心，还为当前法院信息化发展指明了实务方向。此外，以姜堰区人民法院和淄川区人民法院为代表的基层人民法院，结合司法实践经验，推出便于法官适用的量刑规则，也体现出改革发轫之始，基层人民法院勇于探索的钻研精神。

其次，局部试点阶段，地方法院和科研院所的量刑改革初探得到中央层面的重视。2005年至2009年期间，最高法刑三庭量刑规范化改革课题组组织科研力量，在广泛征求意见和充分论证的基础上，出台相关量刑指导意见文件并指定中、基层试点法院有序推进局部试点工作。正是基于前一阶段的试错经验，我国量刑规范化改革"由点及面"的总基调才得以确定，"定性和定量分析相结合"的量刑方法才得以验证。

再其次，全面推行阶段，最高法在考察和研判试点法院的司法实践情况后，加强了对量刑实体规范的提炼和完善。如《常见量刑意见》对量刑指导原则、基本方法、常见犯罪情节适用情况和首批15种常见犯罪的量刑情况分别加以详述。其中，首批15种常见犯罪的确定也非一蹴而就，而是结合试点法院的实际情况和我国刑事犯罪的整体趋势，分批次、有针对性地扩充而成。另外，各省、直辖市高级人民法院在量刑规范化改革全面推行阶段，结合本地区司法审判需求而出台的量刑意见细则，也体现改革实体规范层面的因地制宜。

最后，深入推进阶段，随着《常见量刑意见（二）（试行）》出台，第二批共计8个常见犯罪的量刑规范化改革试点工作继而铺开。学理论证和实践试点持续在此阶段为改革注入动力，前者体现在对新增常见犯罪的筛选上，即结合经济社会发展的客观形势，筛选出危险驾驶罪、非法集资罪、信用卡诈骗罪等8个不仅多发易发、更与人民群众生命财产安全密切相关的罪名；后者则体现在各地高级人民法院基于指导意见精神，相继出台便于本地区量刑实践的实施细则。

2. 程序规范层面

与此同时，量刑规范化改革还促使程序规范朝着"理性且公正"[1]的方向发展。除了"两高三部"印发之《量刑程序意见（试行）》在精简条文、提炼内容和简化流程等方面所付出的努力，量刑程序规范还渗透在量刑程序公正与个案裁判、类案处理和整体改革目标的契合上。

首先，量刑程序公正体现了个案量刑公正之必须。量刑规范化改革对量刑程序的完善，不仅有助于向控辩双方全面呈现量刑信息，还为其提供了合理辩论的机会。法官在良性的多方互动诉讼程序中，能够掌握更为全面、详实的量刑事实，并以此形成判罚证立的逻辑过程，通过精练、朴实的裁判说理，使公众在其居中裁判和判决说理中，体会个案间量刑情节的差异，为实现个案量刑公正奠定基础。

其次，量刑程序公正体现了同类案件量刑均衡之必须。司法实践中，法官不可避免地受到个人量刑理念、职业素养、裁判经验等因素的影响，这是由于成长环境、所受教育、信仰乃至性别、性格等方面的差异所导致的。加之刑事政策可能对法官审判环境产生的刑事司法社会化影响，往往导致其前后量刑趋向不一，而减损裁判的权威性和法律实施的连贯性。故量刑规范化改革建立相对独立量刑程序制度，有助于法官在严格遵循程序规定过程中，尽可能排除个人素质、经验、刑罚理念的影响，达到均衡裁判同类刑事案件之目的。

最后，量刑程序公正契合实体与程序并重的改革目标。这是因为，片面追求实体公正而忽视程序公正，会导致量刑演变为冰冷、机械的刑期计算过程；追求程序公正而忽视实体公正，则会导致量刑环节"华而不实"，量刑结果"品质"欠佳。量刑规范化改革发展过程中，不论是积极探索试错的地方法院，还是最高法刑三庭主导的项目组，无时无刻不关注着程序公正与实体公正的有机统一。例如，《量刑程序意见（试行）》分别对证据的搜集和移送、检察机关提出量刑建议、当事人和辩护人、诉讼代理人提出量刑意见以及简易程序和普通程序等量刑程序问题予以廓清，保障法官量刑活动的相对独立性，提高其接受量刑信息之全面性与完整度，进而兼听则明、居中裁判。

---

[1] Cohen J A., "Reforming China's Criminal Procedure：An Introduction to this Symposium", *Columbia Journal of Asian Law*, Vol. 24, No. 2., 2011, pp. 219-220.

然而，尚未完全纾解的量刑程序非透明化、量刑指导规范和量刑方法的滞后性，以及法官素质差异所导致的自由裁量权边界模糊等问题，在某种程度上仍是导致量刑歧异的主要原因。[1]鉴于我国司法审判长期存在的"重实体、轻程序"观念，更有必要对量刑程序公正多加关注，以实现其应有的保障实体公正的价值功能。

（二）量刑规范化与刑罚裁量权的辩证统一

除了对量刑程序和实体的关注外，量刑规范化改革的发展进程实际上还要求学界辩证地看待量刑规范化与刑罚裁量权之间的关系。必须明确的是，量刑规范化绝非对法官刑罚裁量权的剥夺或过度限制，而是在法律允许的范围内逐步规范的过程，即使从某种程度上呈现出法官裁量空间和范围的缩小，也是出于规范法官依法适度行使刑罚裁量权的考虑。

一方面，量刑规范化是对法官刑罚裁量权的规范。裁量权的正当行使除了要按照法律明确规定，还依托于法官对其裁判经验的合理使用，即法官依照审判逻辑，运用经验和法律技能，对具体个案中不同量刑情节以及其对量刑结果的作用力，进行裁判的过程。正如《量刑指导意见（试行）》《量刑程序意见（试行）》《常见量刑意见》等改革进程中下发的文件，有关宣告刑的确定方法、常见量刑情节的适用比例等均源于司法实践，是对法官量刑实践中的共性现象加以凝练的结果。

另一方面，应认识到量刑规范化与刑罚裁量权之间的对立统一。社会生活的瞬息万变，必然导致法律规范滞后于复杂案件的实际需要。另外，人对客观事物的认识，也受个人教育水平、社会发展情况以及其他因素的影响。因此，法官依法行使自由裁量权是为解决法律规范的滞后难题，通过行使裁量权来弥补法律的不足，实现实质正义。在肯定法官自由裁量权必要性和合法性的同时，还要警惕法官自由裁量过剩而导致的恣意判罚。此外，频繁的法律修改或规范制定，同样不利于法律规范的稳定，缺乏实证调研和学理论证的立法难以发挥出其应有的规范作用。因此，随着量刑规范化改革的深入推进和司法实践的丰富，法官刑罚裁量权的行使将逐渐规范化，并将在丰富量刑指导意见的同时，促进刑事法律和相关司法解释的发展。

---

〔1〕 See Lin Z Q., "Advancements and Controversies in China's Recent Sentencing Reforms", *China Information*, Vol. 30, No. 3., 2016, pp. 357-376.

综上所述，量刑规范化改革并非对法官刑罚裁量权剥夺的过程，而是通过涉及实体和程序的量刑规则，促使法官合理、谨慎、规范、有序地行使刑罚裁量权。合理规范法官的刑罚裁量权，在案件事实认定和证据认定、定罪事实和量刑事实的界定、量刑起点和基准的确定、量刑情节的具体适用等方面，仍然存在上升空间。

（三）　量刑统一化与刑罚个别化的辩证统一

如前所述，量刑规范化改革旨在实现的量刑均衡和量刑公正，实际上是量刑统一化与刑罚个别化的辩证统一。一方面，量刑的统一化可理解为量刑的一般化，指的是在排除量刑情节的前提下，具有相同犯罪构成事实的行为人应被判处相同基准刑；刑罚个别化在量刑活动中体现为量刑的个别化，是指个案应依据不同情况裁量刑罚，以确保量刑结果与犯罪人的人身危险性相适应。量刑规范化改革力求实现的量刑均衡是允许存在合法合理差异的，这是基于对个案犯罪事实和量刑情节充分考虑的评价结果。作为幅员辽阔、人口众多且各地经济社会发展相对不均的国家，我国不同地区的法官在相同案件的违法性判断上存在细微差异，造成这种情况的原因不限于各地司法现状、法官个人素质和客观地域差异等。但此类客观事实影响下的看似"同案异判"的情形，只要在合法合理差异内，也不妨碍其对量刑均衡的体现。

另一方面，量刑规范化改革要求在司法实践中防止对量刑统一化或刑罚个别化的过度纠偏。具体而言，不得因追求个别化的刑罚结果而忽视法律明示的规定和量刑的一般规律，亦不得因追求统一的量刑结果，而过度限缩法官的自由裁量权，造成对个案情境中存在的现实差异的罔顾。因此，量刑规范化改革肩负着协调量刑统一化与刑罚个别化辩证关系的任务，不仅要在实体层面完善量刑方法和指导意见，规范法官自由裁量权的行使，还要在程序层面提高量刑过程的公开性和透明度，以期达致量刑一般化与刑罚个别化的辩证统一。[1]

---

〔1〕　参见石经海：《"量刑规范化"解读》，载《现代法学》2009 年第 3 期。

我国量刑规范化改革的理论基础

第一节　量刑规范化改革的论理支撑

刑法的制定是基于国家实行惩罚的需要，是为了处理不服从与惩罚的关系。[1]而作为"一系列社会行为的产物"[2]，刑罚的本质则是刑罚所具有的根本属性和基本特征，是一定的制裁之所以能够被认为是刑罚的根本理由。[3]刑罚的本质是具有严厉性的痛苦与恶害，而量刑的任务就是要针对特定的犯罪展现和实现刑罚的报应本质。[4]其中，量刑规范化改革旨在实现刑罚本质之过程与结果的均衡、适宜且合乎法规。作为治理社会的重要手段，刑罚的正当性根据或合理性基础成为刑罚理论的重要论题。如何在量刑过程中体现刑罚的正当性，并在此基础上理解我国推行量刑规范化改革秉持的刑罚理念，离不开对刑罚价值、刑罚目的和罪刑均衡理论等方面的探讨。

一、刑罚价值观

作为我国量刑规范化改革探索试错、局部试点、全面推行和深入推进各个阶段都需要考虑的论理基础，内涵丰富的刑罚价值观应予以充分阐释和体

---

〔1〕 参见 ［法］卢梭：《社会契约论》，李平沤译，商务印书馆 2011 年版，第 61 页。

〔2〕 Nora V. Demleitner, et al. , *Sentencing Law and Policy*: *Cases*, *Statutes*, *and Guidelines* (3rd ed), Wolters Kluwer Law & Business, 2013, p. 64.

〔3〕 参见皮勇等：《量刑原论》，武汉大学出版社 2014 年版，第 11 页。

〔4〕 参见夏勇：《关于量刑根据的反思》，载《法治研究》2012 年第 4 期。

现。众所周知，刑罚是犯罪的法律后果，犯罪具有塑造刑罚的作用。[1]鉴于量刑乃为犯罪人落实刑事责任、实现罪责自负的过程，那么明确刑罚本身所具有之正、负价值，将有助于规范量刑过程中相应刑罚价值之实现。

　　一般而言，西方国家惯常秉持之基本法律价值有三：社会秩序、公平和个人自由，刑法作为重要的部门法，当然也包含这三个要素。[2]也就是说，刑法作为一部规定什么行为应该处以刑罚、处以何种刑罚的法律，其价值与刑罚价值具有同一性。而所谓价值，是事物（作为本性、特性或本质）固有的有用性或所追求的属性，存在于主体需要与客体能够满足此需要的特定关系中。[3]字义层面的"价值"，除了体现在商品里的社会必要劳动，还有"用途或积极作用"[4]之义。文义层面的价值内涵进而要求刑罚价值须以满足主体需要为前提，即符合社会及其成员自由、有序和公平地生存和发展的需要，体现了价值本身与主客体之间的一种平衡状态。社会生活中的价值系统因主体的差异而表现出不同的特质。刑罚的价值又存在正负之分，其中，正价值主要体现在对公民自由的保护、对国家秩序的维护和对公平正义的促进等方面；而负价值则是刑罚的创制、裁量和执行过程中不可避免产生的成本耗损，以及刑罚权过度或错误行使对公民权利的损害等方面。

（一）刑罚的负价值

　　所谓负价值，是指客体依据主体的认识实践活动，而显现的属性和据此产生的规律性变化，其中"负"体现了客体与主体发展相悖的特点。[5]刑罚的负价值，即刑罚随着社会的发展所暴露出的与社会进程相违背的消极效应，如刑罚可能给司法资源造成浪费、刑罚权的过度或错误发动可能对公民权利造成的损害等。

---

　　[1]　参见童德华、张斯珂：《轻刑化及其时代向度》，载《净月学刊》2018年第4期。

　　[2]　参见［美］彼得·斯坦、约翰·香德：《西方社会的法律价值》，王献平译，中国人民公安大学出版社1990年版，第7页。

　　[3]　参见谢望原：《欧陆刑罚制度与刑罚价值原理》，中国检察出版社2004年版，第303～304页。

　　[4]　参见中国社会科学院语言研究所词典编辑室编：《现代汉语词典》，商务印书馆2016年版，第629页。

　　[5]　参见谢望原：《欧陆刑罚制度与刑罚价值原理》，中国检察出版社2004年版，第311～312页。

从刑罚可能对司法资源造成浪费来看，首先必须肯定的是，刑罚的创制离不开立法的研讨、调查、起草、征求意见和反复修改，也即从刑罚规范的创制到其落地施行，这期间都会消耗大量人力物力。其次，刑罚创制后还需要运用到社会生活中，也就是通过刑事侦查、审查起诉、刑罚裁量等过程予以现实化，在这期间离不开公安机关、国家安全机关、检察机关、法院刑事审判机关等部门的协同配合。最后，待刑罚裁量确定之后，还需要专门的机关予以执行，必要的场所、设备以及执行监督费用也成为必要开支。以2017年全国法院审理刑事一审案件情况为例，即体现了审判机关积极行使审判权，特别是在维护公共安全、保护公民人身权利民主权利以及保护财产权等方面，一审收案数目显著。（详情见下表）〔1〕

表2-1　2017年全国法院审理刑事一审案件情况统计表（单位：件）

案件类别	收案	结案	未结
危害公共安全罪	346 856	344 409	13 213
破坏社会主义市场经济秩序罪	59 461	59 748	12 191
侵犯公民人身权利民主权利罪	172 203	174 573	15 152
侵犯财产罪	329 175	331 522	18 323
妨害社会管理秩序罪	55 179	354 583	20 219
危害国防利益罪	341	348	25
贪污贿赂罪	25 443	25 757	6899
渎职罪	5278	5262	1858
其他	441	448	86
合计	1 294 377	1 296 650	87 966

再如，截至2017年12月底，全国检察机关人员的分类管理情况，也可从侧面反映出全国各地检察机关的员额检察官、检察辅助人员和司法行政人员的招聘和管理财政投入。（详情见下表）〔2〕

〔1〕　参见《中国法律年鉴2018》，中国法律年鉴社2018年版，第1180页。注：该表格第二列"收案"各类罪统计相加为994 377，与1 294 377不对应，应是该书编辑笔误所致。
〔2〕　参见《中国法律年鉴2018》，中国法律年鉴社2018年版，第1187页。

表 2-2　全国检察机关人员分类管理统计表（单位：人）

职　务		人　数
合计		249 822
检察人员	员额检察官	87 664
	检察辅助人员、司法行政人员	162 158

由此可见，无论是刑罚的创制、裁量还是执行，都需要大量具有专门知识的人才，招聘、培训和管理专门机关的工作人员都需要消耗庞大的人力物力资源。值得一提的是，为了促进刑罚裁量过程的规范化、体系化和高效化，在司法实践之余还有诸多旨在完善我国司法管理体制和司法权力运行机制的改革，如量刑规范化改革、认罪认罚从宽制度改革、裁判说理制度改革和以审判为中心的诉讼制度改革等，都是为了促进司法公正、提高司法公信力，也都需要大量中央和地方财政的支持。

从刑罚权的过度或错误发动可能对公民权利造成损害来看，刑罚的产生在某种意义上，就是为了限制公民部分自由与权利。刑罚并非与人类同时诞生，而是当政治经济和人文发展到一定阶段且社会贫富差距开始显现时，才具备产生之条件。[1]正如卢梭主张的，社会契约的目的在于保全缔约者，这使得出自理性的普遍正义需要人们的相互认同，否则在缺少制裁的情况下，正义法则将形同虚设。因此，只有秉持公众利益优先的国家治理路径，才能使法律的制定具备意志的普遍性和（适用）对象的普遍性。[2]反之，若违背公众利益，擅自或错误发动刑罚权，则不可避免产生刑罚的负价值。

正是因为刑罚的发动带来对公民自由与权利的一定程度的限制，才存在国家恣意或错误发动刑罚权，给公民权利造成损害之可能。例如，《79 刑法》所主张的类推原则，即是违背社会政治、经济发展规律，损害公民自由和权利且体现刑罚负价值的适例。[3]此外，若在司法活动中出现错判、误判，或未在刑事侦查、起诉、审判或刑罚执行过程中合理、全面地保障犯罪嫌疑人、

---

〔1〕　参见谢望原：《欧陆刑罚制度与刑罚价值原理》，中国检察出版社 2004 年版，第 315～316 页。

〔2〕　参见［法］卢梭：《社会契约论》，李平沤译，商务印书馆 2011 年版，第 42～43 页。

〔3〕　参见谢望原：《欧陆刑罚制度与刑罚价值原理》，中国检察出版社 2004 年版，第 317～318 页。

被告人或罪犯的合法权益，当然也从整体上形成了对刑罚价值的消极影响。本书所强调之量刑规范化改革的深入推进，也不失为降低刑罚负价值的动态过程，通过确立科学的量刑方法和量刑步骤，完善相对独立的量刑程序，以促使法官将抽象法律法规与具体个案相结合，规范其自由裁量权的行使，从而降低量刑歧异，实现量刑均衡。

从下表显示的近几年我国法官审理刑事案件宣告无罪的情况看，至少体现了每年法院审理刑事案件，都不可避免地存在被告人无罪的事实，且还基本呈现逐年缓慢递增的趋势。（详情见下表）[1]

表 2-3　2013-2017 年全国法院审理刑事案件被告人判决生效情况统计表

（单位：人）

年　份	本年度生效判决总人数	宣告无罪人数	宣告无罪人数占比
2017 年	1 270 141	1156	0.091%
2016 年	1 220 645	1076	0.088%
2015 年	1 232 695	1039	0.084%
2014 年	1 184 562	778	0.066%
2013 年	1 158 609	825	0.071%

（二）刑罚的正价值之对公民自由的保护

作为刑罚基本价值的又一重要面向，其正价值要求对公民权利自由加以保护、对国家秩序加以维护和对公平正义予以促进。在洛克看来，人类社会设置法律的目的，不在于废除或限制自由，而是保护和扩大公民所能享有的自由。[2]也即，无论是刑罚的设置，还是其裁量与执行，都应体现国家层面保护公民权利与自由之努力。其中，又有已然与应然层面之区分。

一方面，已然层面的刑罚对公民权利与自由的保护表征为"一国现行刑

---

〔1〕　参见《中国法律年鉴 2018》，中国法律年鉴社 2018 年版，第 1185 页；《中国法律年鉴 2017》，中国法律年鉴社 2017 年版，第 1160 页；《中国法律年鉴 2016》，中国法律年鉴社 2016 年版，第 1297 页；《中国法律年鉴 2015》，中国法律年鉴社 2015 年版，第 1014 页；《中国法律年鉴 2014》，中国法律年鉴社 2014 年版，第 1133 页。

〔2〕　参见［英］洛克：《政府论》（下篇），叶启芳、瞿菊农译，商务印书馆 1996 年版，第 36 页。

罚制度对公民自由已经做出的确认与保护"〔1〕,并受特定时期国家政治经济发展状况之约束。宪法作为国家的根本大法,包含对国家根本任务、根本制度之确认,而公民所享有之政治、经济、文化和人身等方面的基本权利与自由,也经由宪法明文规定得以确立。在此基础上,我国公民的基本权利与自由得到具体部门的保护,其中,刑罚乃具有兜底性的最有力的保障手段。例如,为确保我国公民依法享有的选举权、被选举权免受侵犯,我国《刑法》第254条和第256条,分别规定了报复陷害罪和破坏选举罪,以保护公民依法行使申诉、控告或检举权利而免受报复陷害,以及其自由行使选举权和被选举权的权利。再如,刑法向来重视对公民人身权利与自由的保护,不仅包括对公民生命与健康权利的保护,还有人身自由、人格尊严、通信自由和秘密以及住宅免受非法搜查等方面的刑法保护。

另一方面,应然层面的刑罚对公民权利与自由的保护体现为,对国家刑罚制度应该在何种程度或范围内对公民的自由给予确认和保护,即包含国家应在何种范围和程度内保护公民自由权利,以及在何种范围内确认公民的自由权利。前者要求刑罚根据社会形势,及时对侵犯公民自由权利的严重危害行为予以打击,进行刑罚制裁;后者则是对国家刑罚权的必要限制,即在何种程度和范围内允许公民自由行使权利,而不触犯刑法。鉴于刑罚是一种最为严厉的处罚,在维护社会秩序和保障公民合法权利的同时,又存在着侵害公民自由权利的危险。刑罚作为规范个体或单位违反刑事法律规范的行为所采取的"最后的手段",应当谦抑而审慎地发动。以互联网金融犯罪为例,随着金融市场网络化进程的实质推进和金融体制改革的不断深化,互联网金融创新逐渐成为支撑我国金融服务行业的重要力量,为了保障公民自由参与互联网金融活动的合法权利,对于该领域潜藏的违法风险,不能过早启动刑罚措施,只有在行政、民事等前置法律监管失效的情况下,"才能进行有序且必要的刑罚规制"〔2〕,否则可能对我国投资者的利益造成损害,也不利于金融创新的发展。

---

〔1〕 谢望原:《欧陆刑罚制度与刑罚价值原理》,中国检察出版社2004年版,第393页;赵秉志、陈志军:《刑罚价值理论比较研究》,载《法学评论》2004年第1期。

〔2〕 崔仕绣:《我国互联网金融领域的涉罪分析与刑法规制》,载《广西大学学报(哲学社会科学版)》2018年第4期。

（三） 刑罚的正价值之对国家秩序的维护

秩序，又言"有条理、不混乱的情况"。[1]秩序体现自然界与社会进程运作中存在的某种程度的一致性、连续性和确定性的解读。[2]法理学意义上的"法律秩序"指的是，"通过法律和制度建立起来的社会中人们相互关系的有条理的状态"[3]，又称为法律所保护的社会秩序。《牛津法律大辞典》对该词的解释是，从法律的立场进行观察，并从其组成部分的法律职能进行考虑的、存在于特殊社会中的人与机构之间的关系原则和规则总体。[4]另有学者主张，法律秩序是"人类生产方式发展到一定历史阶段下产生的法律与社会其他政治、经济、文化等因素互动所产生的社会主体间与法律相关的社会关系的现实状况"[5]，其实现过程受制于社会政治、经济文化状况。由此可见，现代社会的法律秩序应当是受法律调节下的社会关系，是法律调整的产物，以人们的社会关系为内容，"因社会需求和人们的行为推动而产生"，是"以法律为经纬的人类秩序本身"[6]。

刑罚代表着强制性的处罚或制裁，秩序作为刑罚的基本价值，不仅因为刑罚是实现法律秩序的基本方式之一，更在于刑罚的功能包含对社会秩序的维护。正所谓"在法律信仰者的心目中，法律是正义与力量的结合，是合理的社会秩序，是刚与柔、疏与密、宽与严的均衡配置"[7]，刑罚对秩序的维护更是如此。刑罚的严厉性、强制性和最后手段性要求，当社会秩序足以通过非法律规范维持平衡时，国家不得以诉诸刑事法律和启动刑罚权的方式来解决矛盾。此外，即使社会秩序的异动突破了非法律规范的平衡壁垒，刑罚因其最后手段的属性，只有在其他法律制裁不足以维护社会安宁时，国家才能启动刑罚制裁。这是因为，刑罚可能对公民造成极端严重的后果，如生命

---

〔1〕 参见中国社会科学院语言研究所词典编辑室编：《现代汉语词典》，商务印书馆 2016 年版，第 1691 页。

〔2〕 参见 ［美］E·博登海默：《法理学：法律哲学与法律方法》，邓正来译，中国政法大学出版社 1998 年版，第 207 页。

〔3〕 乔伟主编：《新编法学词典》，山东人民出版社 1985 年版，第 641 页。

〔4〕 参见 ［英］戴维·M·沃克主编：《牛津法律大辞典》，邓正来等译，光明日报出版社 1988 年版，第 539 页。

〔5〕 肖北庚：《法律秩序的概念分析》，载《华东政法学院学报》2002 年第 2 期。

〔6〕 谢晖：《论法律秩序》，载《山东大学学报（哲学社会科学版）》2001 年第 4 期。

〔7〕 吕世伦、邓少岭：《法律·秩序·美》，载《法律科学》2002 年第 2 期。

的剥夺，为了避免错误并最大限度地发挥刑罚效用，国家另外为刑罚的启动设置了严格的程序。

（四）刑罚的正价值之对公平正义的促进

"正义是社会制度的首要价值"[1]。作为社会制度的重要组成部分，刑罚当然地具备促进公平正义的正价值。鉴于刑罚的严厉性，国家一旦发动刑罚权，或对公民带来财产、人身自由的剥夺，或危及生命。而推进量刑规范化改革所欲实现的重要目标之一，即为促进量刑公正、树立司法公信力。其中，量刑公正包含量刑的确定性、一致性和公平性。

国家发动刑罚权的合理根据，在于实现公正的正义。但即使国家拥有刑罚权是公正的，也不代表国家的刑罚就必然公正，这就需要进一步将"公正的正义"作为衡量刑罚善恶的准则，其精神实质就在于"要求国家在自己与公民之间合理地分配权利与义务，即合理地确定个人自由与社会秩序的比重"[2]。

在此基础上，将刑罚权的正义理念进一步划分为制刑、量刑和行刑三个层次。首先，制刑权被国家使用以确定公民自由与社会秩序的比重。不同的历史发展时期，国家在公民自由与社会秩序间的偏倚也随之改变，例如在奴隶、封建社会，刑罚制度倾向于对社会秩序的维护，而在民主时代，公民的自由逐渐受到统治阶级的关注和重视。当前各国刑罚制度都体现出对公民自由权利的关注，并将秩序限制在绝对必要的范围内。其次，量刑过程也需要体现公平公正，如果说制刑是一个相对静态的概念，量刑则是动态地将制刑现实化的过程。量刑是法官判决的重要环节，其本质涉及法律规范评价的相对性问题。[3]因此，在审判机关依法进行量刑实践过程中，不仅需要法官严格按照法律规范进行裁量，还需要协调法官自由裁量权与量刑规范之间的关系，既要避免对法律的机械性适用，又要避免裁量权的恣意行使，以实现量刑统一化与量刑个别化的统一。最后，国家通过对犯罪人执行其应得的刑罚，来实现行刑权。作为国家制刑权、量刑权的延续，行刑权同样肩负着落实国

---

〔1〕　[美] 约翰·罗尔斯：《正义论》，何怀宏等译，中国社会科学出版社 1988 年版，第 1 页。

〔2〕　谢望原：《欧陆刑罚制度与刑罚价值原理》，中国检察出版社 2004 年版，第 458 页。

〔3〕　参见柯耀程：《刑罚裁量的变迁与展望》，载法学丛刊杂志社主编：《跨世纪法学新思维——法学丛刊创刊五十周年》，元照出版公司 2006 年版，第 528 页。

家刑罚制度公平正义精神的重要使命，主要体现在各国为确保犯罪人的人身和其他合法权利免受侵害，而在监狱法等法律中规定的保护犯罪人合法权利的条款。

二、刑罚目的论

刑罚与犯罪一样，是个"复合的概念"，刑罚目的也具有多元性。英国著名法理学家哈特教授将刑罚理论问题分为三类，即一般目的、责任该当和刑量的确定。[1]其中，刑罚目的作为刑罚理论研究的重要论题之一，不能对其内涵作固化或僵硬解读。在不同的历史时期，从不同的角度来分析，会产生诸多极具差异性的刑罚目的。此外，量刑决定刑罚运用的方式与分量，因此有必要在其理论研讨中对刑罚所要达到的目的有所顾及。法官基于何种刑罚目的进行刑罚裁量，是实现量刑公允、降低量刑歧异的重要前提。在量刑过程中，同样的犯罪行为，法官若秉持威吓目的，往往陷入结果论的囹圄，即着重于对犯罪人所造成的实害及其对社会的影响从重处罚；若法官秉持矫正主义刑罚目的，则倾向于依据犯罪人回归社会之所需来裁量刑罚。鉴于此，作为深入推进我国量刑规范化改革的理论基石，有关刑罚目的论的剖析对于后文依次展开有关我国当前量刑规范化改革面临的阻碍、指导理念、实体和程序层面障碍克服之探讨，将大有裨益。

各国对刑罚目的的讨论常常存在用语上的差异，如美国刑法理论采用"刑罚的正当理由"（justification of punishment）作为刑罚目的概念。另以 20 世纪 80 年代卓富权威的《犯罪和司法全书》为例，其中占优势的两种理论分别是报应主义（retributivism）和功利主义（utilitarianism），即主张同时符合报应和功利标准，乃为刑罚正当理由之必须。[2]随着时代的发展，当前美国刑法理论界关于刑罚目的或刑罚正当化根据的理论主要围绕以下四个方面：

---

〔1〕 哈特教授（H. L. A. Hart）认为，国家公权力应面对和解决的问题，不仅包括建立和运行一个可行性刑事司法制度过程中可能面临的诸多障碍，还有在对违法者进行具体刑罚裁量时可能面临的问题等。在他看来，刑罚理论的主要问题可以概括为一般的刑罚目的（general justifying aim）、责任该当（the question of liability）和刑量的确定（the question of amount）。其中，一般的刑罚目的体现为国家刑罚制度的基本目标；责任该当用于确定科处刑罚的具体对象及其行为；刑量则是在确定有责的前提下，对应予科处刑罚的种类和数量的确定。See Nora V. Demleitner, et al., *Sentencing Law and Policy: Cases, Statutes, and Guidelines (3rd ed)*, Wolters Kluwer Law & Business, 2013, p. 36.

〔2〕 参见储槐植、江溯：《美国刑法》，北京大学出版社 2012 年版，第 251 页。

报应（retribution）、威慑（deterrence）、犯罪遏制（incapacitation）、康复矫治或教养改造（rehabilitation）。其中，报应主义理论具有追溯性，着眼于对行为人先前行为进行适正处罚；而威慑主义、犯罪遏制主义和康复矫治主义理论则具有前瞻性，侧重于对未来犯罪行为的预防。如果减少未来犯罪（或降低犯罪率）被视为刑罚的适当目标之一，那么威慑、犯罪遏制、康复矫治或教育改造等刑罚正当化理论均会产生明显的经验主义效果。[1]而以耶塞克教授和罗克辛教授为代表的德国刑法学者，则是在"刑罚的意义"中讨论刑罚目的。[2]并由此产生了一系列有关刑罚目的的理论，如报应理论（又称正义理论或赎罪理论）、特殊预防理论、一般预防理论、报应性的综合理论以及预防性的综合理论。[3]也就是说，国家基于彼此兼顾的双重目的而设立刑罚，即保护法益和保障规范效力，规范服务于法益保护，而国家则通过刑罚来保障该规范得以遵守。通过刑罚来恢复规范的效力，主要是运用刑罚手段向所有规范的对象者传达这一信息，即"规范是有效的，继续遵守规范也是正确的"，如此便形成积极的一般预防功能。[4]

　　刑罚是对犯罪者施加的具有惩戒性的法律后果。[5]作为刑罚基础理论的重大命题，反映刑罚目的的正当化根据贯穿于包括制刑、量刑和行刑的整个刑罚制度运行的始末。如前所述，国家通过发动刑罚权实现阶级统治，从而要求刑罚必须服务于一定的目的，量刑作为刑罚权实现的关键步骤，理应在量刑方法的选择、量刑步骤的适用和量刑程序的贯穿中，体现刑罚所服务之目的。刑罚的根据即证明刑罚的正当性的理由，不同学者观点各异、莫衷一是，观点间的相互碰撞最终导致报应论（Retribution）和功利论（Utility）的世代对垒。[6]报应论和功利论的关注视野存在差异，前者在于纯粹正义的实现，即通过作为报应的刑罚实现正义，而后者则关注防止其再次犯罪的功利

---

〔1〕　See Oleson J C. , "Risk in Sentencing: Constitutionally Suspect Variables and Evidence-Based Sentencing", *Southern Methodist University Law Review*, Vol. 64, No. 4. , 2011, p. 1333.

〔2〕　参见皮勇等：《量刑原论》，武汉大学出版社 2014 年版，第 22 页。

〔3〕　参见 ［德］ 克劳斯·罗克辛：《德国刑法学总论》（第 1 卷），王世洲译，法律出版社 2005 年版，第 36~51 页。

〔4〕　参见 ［德］ 乌尔斯·金德霍伊泽尔：《法益保护与规范效力的保障——论刑法的目的》，陈璇译，载《中外法学》2015 年第 2 期。

〔5〕　参见童德华：《外国刑法导论》，中国法制出版社 2010 年版，第 327 页。

〔6〕　参见邱兴隆：《关于惩罚的哲学：刑罚根据论》，法律出版社 2000 年版，第 1 页。

价值，即发动使人感到痛苦的刑罚是为了形成犯罪的阻力，进而达到预防犯罪的目的。但刑罚是一个浓缩了众多社会制度，并累积了相当深度的历史定义，绝非单一意义或目的能够涵盖。[1]报应论与功利论或预防论之间也并非泾渭分明、毫无联系的。根据各国刑罚目的理论的普遍分类，下文将对报应刑理论、目的刑理论和综合理论分别进行展开。

（一）报应刑理论的刑罚目的观

1. 报应刑理论的发展

字义层面的报应源自"善有善报、恶有恶报"的朴素伦理观念，"是对所受损害的回复、回报或补偿"[2]。报应刑论的支持者主张，刑罚的目的在于报应行为的不法与衡平犯罪行为人的罪责，即刑罚是对犯罪恶害的公正报应。

报应刑理论以因果报应为其立论依据，主张刑罚的目的在于对实施恶行的罪犯进行报复与惩罚，符合人类追求公平正义的朴素思想，对各国的刑罚制度都产生了深远的影响。报应刑论起始于人类最原始的时期，发端于初民的神意报复说，即犯罪是对神这个正义与道德的守卫者的冒犯，刑罚目的在于消灭犯罪者。[3]正如《荀子·正论》所云，"杀人者不死而伤人者不刑，是为惠暴而宽贼也，非恶恶也"，即体现了古代社会"以牙还牙、以眼还眼"的刑罚报复思想。近代以来，康德哲学中的因果决定论为报应刑论奠定了哲学基础。他主张刑罚的目的是通过惩罚犯罪人来"矫正道义罪恶"，并称"规定刑罚的法律是一种绝对的命令"[4]，若为了世俗的目的而免除一个恶行者的刑罚，则是对正义的毁灭。此外，康德还认为刑法是践行理性的绝对命令，因而对犯罪人进行报应的刑罚是正义的、必然的。黑格尔虽不同意康德所采用同态复仇的观点将刑罚解释为因果报应的产物，而是主张刑罚是对犯罪的"否定之否定"，但这种解释刑罚目的的观点依旧属于报应刑论的范畴。例如，黑格尔认为，刑罚是侵犯了自由和法的暴力行为的报复或强制，正是通过对

---

〔1〕 参见［美］大卫·德葛兰：《惩罚与现代社会》，刘宗为、黄煜文译，商周出版社2006年版，第28页。

〔2〕 齐文远、熊伟：《对我国刑罚正当性根据的反思》，载《中南林业科技大学学报（社会科学版）》2007年第1期。

〔3〕 参见谢望原：《欧陆刑罚制度与刑罚价值原理》，中国检察出版社2004年版，第334页。

〔4〕 ［德］克劳斯·罗克辛：《德国刑法学总论》（第1卷），王世洲译，法律出版社2005年版，第37页。

犯罪的否定和强制，才使得法和正义得到维护。[1]

随着国家的建立，刑罚报复色彩逐渐黯淡，取而代之的是代表国家强制力的刑罚权。例如，以罗克辛教授为代表的德国学者主张，刑罚应发挥"弥补性报应"[2]功能，行为人因自身罪责而遭受具有正义性的处罚的赎罪过程，即为报应之体现。也就是说，刑罚须与犯罪人主观恶性以及其实施犯罪行为之严重程度相适应，才得以体现国家刑罚权行使之适正。可以说，国家作为"世俗正义的维护者和道德思想的集中体现"，通过刑罚保护社会，且在"确有此需要"的情况下，总是以"公正的方式来进行"，这便是报应刑论的"真理性"之体现。[3]又如，《德国刑法典》第46条规定了量刑的基本原则，其中就要求"行为人的罪责是量刑的基础"[4]，以此确定了犯罪人罪责与刑罚之间的报应关系。再如，《意大利刑法典》虽未直接规定量刑原则，但该法典第133条对法官行使自由裁量权应予考虑的相关因素进行了划定，包括但不限于行为人实施犯罪行为的手段、地点和行为造成的危害后果或危险程度等。[5]此外，美国法律要求法官在量刑时应考虑犯罪行为的严重性，并依据遏制犯罪、预防再犯、保护社会和教育矫治的需要综合裁量刑罚。例如，美国《量刑指南》的"基本方法（政策说明）"强调，"国会试图通过对不同严重程度的犯罪行为判定适当刑期使量刑与罪行相适应"[6]。

由此可见，报应刑论主张以"惩罚—报复"为目的的刑罚，长久以来持续影响着各国的刑事司法。报应刑论不仅蕴含着实现社会正义的思想，其主张将刑罚作为犯罪的报应，要求刑罚的严厉程度与犯罪人的罪责程度相适应，一定程度上呼应了罪责刑相适应原则，即通过限制刑罚严厉程度，防止国家刑罚权的过度行使。此外，尽管各种报应刑论之间存在差异，但均体现了

---

〔1〕 参见吴宗宪：《西方犯罪学史》（第一卷），中国人民公安大学出版社2010年版，第172~178页。

〔2〕 ［德］克劳斯·罗克辛：《德国刑法学总论》（第1卷），王世洲译，法律出版社2005年版，第36页。

〔3〕 参见［德］汉斯·海因里希·耶塞克、托马斯·魏根特：《德国刑法教科书（总论）》，徐久生译，中国法制出版社2001年版，第88~89页。

〔4〕《德国刑法典》，徐久生、庄敬华译，中国方正出版社2004年版，第17页。

〔5〕 参见《最新意大利刑法典》，黄风译注，法律出版社2007年版，第48~49页。

〔6〕 吕忠梅总主编：《美国量刑指南——美国法官的刑事审判手册》，逢锦温等译，法律出版社2006年版，第2页。

"根据已然之罪确定刑罚及其惩罚程度"[1]的逻辑思路。

2. 对报应刑理论的质疑

尽管报应刑论作为刑罚目的理论具有一定的合理性，但报复中心主义的刑罚目的理论也存在着难以忽视的弊端。具体而言，对将报应刑作为刑罚目的的质疑主要包括以下几个方面。首先，刑法的基本任务是保护法益，即保护公民共同的和平与自由，在此意义上，刑罚不能置社会目的于不顾，而应积极寻找适应于对社会利益的维护路径。其次，报应刑论主张对犯罪人施加同等于其犯罪恶害的刑罚，常常无力于消除"经常是犯罪事实原因的心理性社会化损害"[2]，不利于遏制犯罪。犯罪人心理上"赎罪"需要通过非报应性的、帮助性的惩罚才有望实现，报应刑论无法促成犯罪人心灵上反悔的形成。[3]最后，并非所有反映严重道义罪恶的行为都受到刑罚制裁，那些不必受到刑事处罚的特殊情况，难以通过报应刑论所秉持的"刑罚目的是矫正道义罪恶"[4]观点进行解释，实际上国家惩罚犯罪人的目的很大程度上并非基于恢复道德秩序的目的。

（二）预防理论的刑罚目的观

预防刑理论主张刑罚的目的为预防犯罪，而非对犯罪的报复和惩罚。即主张刑罚为预防将来犯罪行为之手段，而不是为了实现世间的公正。预防刑论的思想基础可追溯至孟德斯鸠、伏尔泰、贝卡里亚等人的刑法思想。其中，孟德斯鸠将预防视为刑罚最重要的功能；而伏尔泰则强调刑罚的人道性、适应性和有效性；贝卡里亚认为，相较于惩罚犯罪，预防犯罪乃是一切优秀立法的主要目的，需要制定明确且通俗的法律内容通过国家司法权威集中捍卫，刑罚的目的在于预防犯罪，刑罚的裁量也应有利于刑罚目的的实现。这是因为，刑罚的目的仅在于"阻止罪犯重新侵害公民，并规诫其他人不要重蹈覆辙"，而"完善教育"是预防犯罪的"最可靠但也是最艰难的措施"，只有通过搭建情感捷径，将广大民众的心灵引向道德正轨，才能发挥正本清源之效

---

〔1〕 齐文远、熊伟：《对我国刑罚正当性根据的反思》，载《中南林业科技大学学报（社会科学版）》2007年第1期。

〔2〕 皮勇等：《量刑原论》，武汉大学出版社2014年版，第25页。

〔3〕 参见［德］克劳斯·罗克辛：《德国刑法学总论》（第1卷），王世洲译，法律出版社2005年版，第38页。

〔4〕 储槐植、江溯：《美国刑法》，北京大学出版社2012年版，第252页。

果。[1]

英国著名的功利主义哲学家、犯罪学家杰里米·边沁（Jeremy Bentham）坚持"幸福计算"（felicific calculus）理论，认为人类的一切行为都是追求快乐和避免痛苦的结果，"获得快乐的期望或免受痛苦的期望构成动机或诱惑"，同时构成了一切不道德行为包括犯罪行为的原因和动力。[2]边沁从功利主义出发，提出四个刑罚目的：首先，预防一切犯罪，即刑罚最广泛、最适当的目的即为尽可能预防犯罪；其次，预防最严重的犯罪，即当有两种犯罪可以实施时，对较严重的那种犯罪的刑罚必须足以使个人选择进行较轻的犯罪，从而减轻其犯罪的危害性；再次，减轻危害性，即防止犯罪人造成超过其犯罪目的的、多余的损害；最后，以最小的代价预防犯罪，即应尽可能使用低廉的费用，通过刑罚预防犯罪发生。此外，边沁还强调，衡量犯罪严重性时，应考虑行为人实施犯罪时的心理状态、给犯罪人造成犯罪机会的信任程度、犯罪后的被害人状况以及犯罪期间被害人所受的侵害等。正是由于改善和教育是预防犯罪最可靠也是最困难的手段。据此，应当通过恰当的裁量刑罚达到预防犯罪的目的，因为只有犯罪人权衡了犯罪可能带来的利益和可能造成的痛苦后，才能做出"求乐避苦"的选择。但刑罚的恰当裁量并非单纯意义上的"对同样的犯罪处以同样的刑罚"或"刻意追求刑罚与犯罪的相适应"，

---

〔1〕 参见［意］切萨雷·贝卡里亚：《论犯罪与刑罚》，黄风译，北京大学出版社2008年版，第29、102~109页。

〔2〕 边沁认为，对每个犯罪人所处的刑罚的量，应当与大体相似的犯罪人可能受到的刑罚的量相适应，尽量考虑到影响刑罚感受性的各种情况，如不可避免性（certainty）、接近性（proximity）和等级性（magnitude）等。另外，从刑罚与犯罪相适应的要求出发，边沁总结出刑罚具有以下本质特征：1. 变异性或变化性（variability），即根据犯罪带来的好处或造成的损害的量的不同，处以差异性的刑罚；2. 均等性（equability），即要使刑罚对处境相似的犯罪人产生同样的效果；3. 公度性（commensurability），即犯罪越严重，受到的刑罚就应当越严厉；4. 特征性（characticalness），即某种刑罚应当与特定的犯罪相联系，从而使犯罪人和旁观者都能发现和记住刑罚与犯罪之间的联系；5. 示范性或模范性（exemplarity），即能够使公众认识到什么样的行为要受到惩罚；6. 节俭性（frugability），即刑罚不能过多地超过犯罪的严重程度；7. 利于改造性（subserviency to reformation），即应当根据犯罪人的性格和习惯进行分类关押，以便实现教育改造目的；8. 致残性（efficacy with respect to disablement），即在断肢可以导致犯罪人死亡的情况下，无使用死刑的必要；9. 可补偿性（subserviency to compensation），即科处刑罚能使犯罪人给予被害人补偿；10. 大众性（popularity），即犯罪科处刑罚应得公众的认可和欢迎；11. 可宽恕性（remissibility），即当发现犯罪人无罪时，所使用的刑罚能够加以挽回或补救。See Bentham J., *An Introduction to the Principle of Morals and Legislation*, The Clarendon Press, 1823, p. 41. 转引自吴宗宪：《西方犯罪学史》（第一卷），中国人民公安大学出版社2010年版，第135~142页。

而必须注重不同犯罪人"对刑罚的不同感受性"，考虑诸如年龄、性别、地位等其他情节，最大限度地发挥刑罚的威慑效果。[1]另外，英国空想社会主义者罗伯特·欧文（Robert Owen）也是预防理论刑罚观的支持者，其所主张之"预防犯罪远胜于惩罚罪行"，认为强化教育将有助于纠正人们的主观谬误，以实现预防犯罪的目的。[2]

预防刑论基于预防目的的不同又存在一般预防和特殊预防的分野。前者将刑罚作为教育社会大众、促使一般人尊重法律的手段，通过警告社会大众的案例，吓阻具有犯罪倾向的普通民众以达到普遍预防犯罪的一般目的；而后者则认为刑罚是促成犯罪人回归社会的有效工具，应根据犯罪人"再社会化"的需求来确定刑罚的种类与内容。

1. 一般预防理论的刑罚目的观

所谓一般预防，指的是通过惩罚已经犯罪者，使社会上的可能犯罪者"畏而知警"，明白刑罚之苦紧随犯罪，克制他们以身试法的冲动。[3]也即，刑罚通过对犯罪人的惩治，向社会其他民众灌输对刑罚的敬畏之情，进而起到防止一般人实施犯罪之目的。美国刑法理论称之为普遍威慑（general deterrence），即通过惩罚已经犯罪的人，使可能犯罪人知道实施这种行为的后果是遭受痛苦的刑罚处罚，为了免于自己遭受此类痛苦，最好的办法就是不去犯罪。[4]总的来说，一般预防理论客观地反映了普通人的心理过程，即当行为人意图通过实施法律所不允许的行为来达到心理的满足时，只有知晓将要遭受更沉重的痛苦时，才能抑制其内心的违法意愿。

然而，刑罚的普遍威慑力必然在强度上受到限制，否则过剩的刑罚将导致犯罪行为人基本权利受到侵犯。另外，一般预防理论缺乏具体的刑度标准，或者说一般威慑和预防效果难以通过不同刑度量化，也可能导致公权力放任采用严厉刑罚，造成社会一般民众的恐慌。如有观点称，基于对公众一般威

---

[1] 参见吴宗宪：《西方犯罪学史》（第一卷），中国人民公安大学出版社2010年版，第145~146页。

[2] 在欧文教授看来，这类"主观谬误"包括但不限于人们对无知、贫困和迷信的认识。参见吴宗宪：《西方犯罪学史》（第一卷），中国人民公安大学出版社2010年版，第167~168页。

[3] 参见谢望原：《欧陆刑罚制度与刑罚价值原理》，中国检察出版社2004年版，第337页。

[4] 参见储槐植、江溯：《美国刑法》，北京大学出版社2012年版，第253页。

慑的目的，超过犯罪人再社会化标准的刑罚是"多余且不具有正当性的"。[1]

2. 特殊预防理论的刑罚目的观

所谓特殊预防，就是通过用刑罚处罚罪犯本人，使其不能或不敢再度侵害社会。也即，刑罚旨在剥夺或消除犯罪行为人再次犯罪之能力，并据此实现特殊的威慑效果。正如洛克主张，刑罚目的在于"自我保存和保安，重视犯人的改善和无害化"。[2]不论是以德国为代表的大陆法系国家，还是以美国为代表的英美法系国家，特殊预防理论的刑罚目的观都得到一定程度的认可和发展。

在大陆法系国家，德国学者高尔曼从犯罪人犯罪性格入手，认为刑罚的目的在于防止犯罪人将来的犯罪行为，因此，运用刑罚应受到犯罪人犯罪行为所揭示出来之性格的指导。[3]在他看来，刑罚是由犯罪人的永久性格所决定的，犯罪人的罪过倾向越大，他将来再犯的可能性就越大，随之施加的刑罚也应当越重。随着19世纪传统报应刑无法遏制日渐猖獗的犯罪现象，以德国刑法学者李斯特为代表的法学研究者们提出，刑罚除了衡量犯罪行为与损害大小之外，还应考虑犯罪行为的实情及行为人的性格，即刑罚是对"危险状态的体现者"所采取的防止其危害社会的预防措施，因而刑罚目的之正当化根据应为法益保护和社会防卫。因此，刑法的公正需要严格遵守目的思想要求的刑度。[4]

在英美法系国家，美国刑法学界将特殊预防理论称为个别威慑（individual deterrence），即一个人的自身痛苦所造成的心理影响要比他人经验的影响更为深刻，这也使得刑罚的个别威慑的作用要强于普遍威慑。此外，功利主义的个别威慑理论还认为，刑罚必须严厉到使犯罪人痛苦到不敢再以身试法的程度，方能发挥效用，因此主张对累犯采取按其判刑次数逐级加重刑罚。[5]例

---

〔1〕　参见［美］约书亚·德雷斯勒：《美国刑法精解》，王秀梅等译，北京大学出版社2009年版，第19~20页。

〔2〕　参见何勤华、夏菲主编：《西方刑法史》，北京大学出版社2006年版，第233页。

〔3〕　参见谢望原：《欧陆刑罚制度与刑罚价值原理》，中国检察出版社2004年版，第337~338页。

〔4〕　参见［德］汉斯·海因里希·耶塞克、托马斯·魏根特：《德国刑法教科书（总论）》，徐久生译，中国法制出版社2001年版，第92~93页。

〔5〕　参见储槐植、江溯：《美国刑法》，北京大学出版社2012年版，第254页。

如，英国政治哲学家威廉·葛德文（William Goldwin）在其代表作《政治正义论》中提出，刑罚是"为了防止未来的危害，而对一个被判过犯有有害行为的人所加的痛苦"。[1]葛德文还对古典学派所主张的"罪刑相适应""罪刑相称"刑罚目的观予以批驳，认为很难确切了解和衡量由表面行为和内心活动组成的犯罪行为，因而"没有发现过也永远不可能发现衡量罪刑的任何标准"。[2]

然而，特殊预防理论也难掩其潜在的缺陷：首先，它并未给出限制刑罚适用的方案，且基于特殊预防目的而科处犯罪人不定期刑，即使是出于促使其回归社会的考量，也难以掩盖此种刑罚的恣意性；其次，按照该理论，若犯罪人的再犯危险能够被预判，则无需等待再犯便可介入刑罚，而直接予以再社会化的刑罚处罚势必会损害个人的合法权利；最后，特殊预防理论对诸如过失犯、轻微偶犯、无再犯危险的严重犯罪等不存在再社会化需要的行为人难以发挥作用。

（三）综合理论的刑罚目的观

如前所述，由于报应刑理论、预防刑理论之间彼此均存在明显的优点和各自无法克服或解释的缺陷，因此在刑事古典学派与近代学派之间展开了漫长的学理辩论。进入20世纪中后期，系统论与信息论逐渐取代传统的哲学方法论，一跃成为占据主导地位的方法论。[3]随着新的哲学方法论对刑罚理论研究范式的渗透，一种"舍弃纯粹报应主义和纯粹功利主义本身的弱点而吸收两者合理的要素所形成的最有说服力的刑罚理论"[4]的综合立场得以形成。

1. 报应本位的综合理论

坚持报应本位的综合理论认为，相较于一般预防或特殊预防目的，报应应在刑罚的正当化根据中占据支配地位。然而，这种观点暴露出"简单相加式的综合理论"之短板，即如果满足于把罪责弥补、特殊预防和一般预防简单放置在一起作为刑罚的目的，不仅缺乏理论基础，还会导致各个刑罚目标

---

〔1〕　参见［英］威廉·葛德文：《政治正义论》，何慕李译，商务印书馆1991年版，第523页。

〔2〕　参见吴宗宪：《西方犯罪学史》（第一卷），中国人民公安大学出版社2010年版，第161～162页。

〔3〕　参见邱兴隆：《刑罚的哲学与法理》，法律出版社2003年版，第115页。

〔4〕　储槐植、江溯：《美国刑法》，北京大学出版社2012年版，第256页。

在各自立场间游离。事实上，不论是一般预防还是特殊预防，都未能提出限制刑罚的原则，反而出于为了达致防范一般人犯罪的一般预防目的或实现犯罪再社会化的特殊预防目的，可能使用的刑罚幅度过宽、程度过重。

2. 预防本位的综合理论

预防本位的综合理论主张，刑罚应致力于防止犯罪人再犯以及威慑一般民众，即致力于"保护个人自由以及为其服务的社会秩序"[1]，是为刑罚存在的正当化依据。而且，犯罪行为通过对个人和对一般公众共同作用才得以遏制，使得特殊预防和一般预防目的作为刑罚的目的必须同时存在。但值得注意的是，若在具体刑罚中难以实现对一般预防和特殊预防的兼顾，如在刑罚幅度上出现相互冲突的情形，则必须区分两者的优先次序。

3. 其他综合理论的划分与评析

换个角度看，肯定报应刑加入综合理论还体现在"应得惩罚"（deserts）的必要性上，而肯定预防刑加入综合理论则是基于对功利目的必要性的考量。据此，美国刑法学界较为主张"受到报应主义制约的功利主义"，即用功利主义体现刑罚的基本理由，并从应得惩罚的角度考虑刑罚的轻重。

此外，关于综合理论的划分标准，还有学者按照"刑罚内外层次"与"刑罚运行阶段"的种类划分。就刑罚层次而言，一方面，作为对内面向，应以报应作为其刑罚的正当化依据，即科处之刑罚应以犯罪人的罪责为限，通过施以与之犯罪程度相称的痛苦，体现对犯罪恶害等量的公正报应。另一方面，作为对外面向，还要兼顾刑罚处罚对社会民众的一般威慑效果。[2]此外，对犯罪人施以刑罚，还渗透着通过教育和矫治，促使其放弃再犯并回归社会的特殊预防目的。就刑罚运行阶段而言，其刑罚目的随着立法、司法阶段的延展而发生变化，首先，刑罚的创制主要出于威慑一般民众，主要目的是防止潜在的犯罪人实施侵害法益的行为，而对具体犯罪设置梯度性刑种和刑度，则是体现了刑罚的报应和特殊预防目的。其次，在司法裁判中，法官根据犯罪人罪责以及其回归社会的矫治需求，作出的裁判应以报应为主、预防辅之。最后，在刑罚执行过程中，行刑的目的应以降低犯罪人的再犯可能性为主，

---

〔1〕　参见［德］克劳斯·罗克辛：《德国刑法学总论》（第1卷），王世洲译，法律出版社2005年版，第45页。

〔2〕　参见李川：《刑罚目的理论的反思与重构》，法律出版社2010年版，第19~20页。

通过教育矫治使其早日回归社会。

总的来说，不论是报应本位还是预防本位的综合理论，都在相当程度上肯定了彼此参与刑罚目的讨论的妥适与必要。无论是刑罚的内外层次还是在不同阶段的运行过程中，综合理论都要求体现报应与预防并合的刑罚目的。可见，综合理论一方面以等价主义者倡导的公正为基础；另一方面，又将一般预防和特殊预防所需要的功利作为调节，体现了刑罚目的理论的系统性与复杂性。[1]

三、罪刑均衡理论

罪刑均衡作为刑法的一项基本原则，贯穿刑事定罪与量刑活动之始末。罪刑均衡作为一个关系范畴，其核心要素是罪与刑，即在犯罪与刑罚之间建立一种对等、适应和相当的关系。正如启蒙思想家格劳秀斯在其代表作《战争与和平法》中主张，惩罚之苦与罪行之恶应当对等，这是因为"正义的首要原则之一无疑应是在惩罚与罪行之间建立一种等量关系"[2]。罪刑均衡的思想精髓是实现犯罪与刑罚之间的比例性、平衡性。但罪刑相称并不意味着罪刑相同，也就是说，不应单纯强调犯罪造成的危害与刑罚造成的痛苦之间的对等，因为仅通过施加刑罚的痛苦来抵消犯罪带来的利益，难以发挥刑罚的威慑力，而只有通过对特定的犯罪处以特定的刑罚，才能实现罪刑相适应。[3]对罪刑均衡理论的演变路径、体系蕴涵以及在立法、司法领域的实现模式的梳理，有助于理解和把握罪刑均衡理论的本质。

（一）罪刑均衡思想的演变路径

随着社会发展形态的更迭，罪刑均衡思想也发生了显著的变化。比如原始时期同态复仇思想、封建专制时期的罪刑擅断特征和伴随近代民主社会而萌生的初态罪刑均衡的期待，无一不表征出社会发展需求引导下的罪刑均衡思想的变迁。

---

〔1〕参见邱兴隆：《刑罚的哲理与法理》，法律出版社 2003 年版，第 118 页。

〔2〕［荷］格劳秀斯：《战争与和平法》，何勤华等译，上海人民出版社 2005 年版，第 278 页。转引自何勤华、夏菲主编：《西方刑法史》，北京大学出版社 2006 年版，第 232 页。

〔3〕参见吴宗宪：《西方犯罪学史》（第一卷），中国人民公安大学出版社 2010 年版，第 118~119 页。

1. 同态复仇思想之萌芽

在国家和刑法产生之前的原始社会，由于尚未出现犯罪和刑罚的概念，并不存在现代社会对罪刑的均衡要求。但受到罪刑均衡思想源头的纯粹公正、平等观念的影响，彼时原始社会倡导人们遵循相互交往的"平等交换"原则，即某人以某种方式对待他人，他人也将以此种方式对待此人。平等交换的交往模式可二分为等利交换和等害交换，前者指的是一定量的利换取另外相匹配的一定量的利，如货物交换等；后者则是一定量的害之间的交换，如"以牙还牙、以眼还眼"。〔1〕同态复仇形态的"等害交换"是基于原始社会的本体结构和对个人权利的当然捍卫的考虑。这是因为，国家尚未出现以前，人们彼此的行为受自然法约束，当社会成员的权利遭受侵害时，由被害人或其亲属乃至部落的私力救济对伤害行为予以报复。这种同态复仇一般要求报仇方式和结果与侵害行为和侵害结果之间的对等，被害人或其亲属等通过与侵害行为一致的方式，对被害人造成同等的损害。

同态复仇可以被视作为罪刑均衡思想之根基，是原始社会的朴素感情体现。作为一种先验的理性观念，同态复仇并不通过任何功利目的予以证成，因为彼时人们依据"对等"的交往习惯，不对他人作出无缘由的侵害，也当然地不受他人无缘由的侵害，否则，便造成对被害人的不公和对朴素公正理念的践踏。

2. 罪刑擅断思想之发展

发展至封建专制时期，国家在阶级矛盾冲突中产生，统治阶级随之制定了刑法工具，并通过刑罚来维护统治、镇压反抗。但该时期罪刑擅断和残酷的刑罚等非理性的刑事法制先行破坏了罪刑之间的平衡。刑法的残酷性导致犯罪与刑罚之间的失衡，具体表现为轻罪重罚和无罪施罚。例如，古巴比伦的《汉谟拉比法典》就规定了异常宽泛的死刑适用范围，且多采用溺死、烧死、刺死和绞死等极度残酷的死刑执行方式。〔2〕此外，彼时的罪刑擅断主要依据犯罪人的身份。如中国古代遵从"出礼入刑"，因此唐律中大不敬、不孝、不睦和内乱等并没有严重社会危害性的行为，均被规定为"十恶"并施以重刑。此外，若拥有贵族官僚等显赫身份，还享有"请、减、赎、当"等量刑优惠。可见，中国古代刑罚极力维护统治阶级与被统治阶级之间刑法适

---

〔1〕　参见皮勇等：《量刑原论》，武汉大学出版社2014年版，第36~37页。

〔2〕　参见陈兴良：《刑法的价值构造》，中国人民大学出版社1998年版，第448~449页。

用的不平等性，并为统治者规避刑法制裁提供各种便利。总的来说，封建的刑法制度表现出法与宗教道德的交叉性、身份不平等性、罪刑擅断性和刑罚残酷性等特征。

尽管封建专制时期的罪刑擅断情况十分严峻，我们也不能否认专制社会隐含着的罪刑均衡思想。例如，《十二铜表法》规定："如果故意伤人肢体，而又未与（被害人）和解者，则他本人亦应遭受同样的伤害"[1]。由此可见，尽管专制社会的刑法因残酷性和犯罪人身份而出现罪刑失衡的整体特征，但通过等量复仇的方式实现量刑均衡不失为该思想的萌芽形态。

3. 罪刑均衡思想之确立

受西方文艺复兴和宗教革命的影响，被封建专制社会长期压抑和漠视的人性思潮得以复苏，在近代民主社会中，启蒙思想家和早期自然法学者们高举"自由、民主、理性"的旗帜，开始揭露专制制度的黑暗与腐朽。针对前一个历史时期普遍的罪刑擅断现象，启蒙思想家和随后产生的古典刑事法学家们，基于自由主义的立场，从保障人权的角度对罪刑擅断和罪刑失衡思想逐一批判。例如，社会契约论从国家刑罚权的根据出发，否定了刑罚权的神意基础。此外，还有观点从主张犯罪和刑罚必须由刑法明文规定着手，反对罪刑擅断，以及从刑罚和犯罪的对等性出发，反对残酷重刑的滥用等。再如古典刑事法学派代表人物贝卡里亚认为，严酷的刑罚违背了公正和社会契约的本质，是有违人性的。在他看来，对于犯罪最有力的约束源于必定的刑罚，而非严苛重刑。[2]随着资本主义民主制度的建立，西方刑事法制建设取得了巨大成就，启蒙思想家们的主张基本上得到实现。其中，罪刑均衡、罪刑法定以及刑法人道要求逐渐形成现代刑法的基本原则。简言之，"对罪刑均衡的孜孜追求，是人类基于公正的朴素理念而对刑罚的一种永恒的冲动"[3]，罪刑均衡从一种价值观念到刑罚原则的确立过程，充分显示了其内在基本人性要求的强大生命力。此外，罪刑均衡的衡量标准，还应基于国家政治经济发展水平、人民群众的物质精神生活状态等多重因素，进行综合考量。下文将立足刑事法视域，对罪刑均衡理念的体系蕴涵、立法与司法的具体实现方式加以展开。

---

〔1〕 皮勇等：《量刑原论》，武汉大学出版社 2014 年版，第 36~37 页。

〔2〕 参见［意］切萨雷·贝卡里亚：《论犯罪与刑罚》，黄风译，北京大学出版社 2008 年版，第62 页。

〔3〕 陈兴良：《刑法的价值构造》，中国人民大学出版社 1998 年版，第 594 页。

（二）量刑均衡的体系蕴涵

在对不同社会发展时期的量刑均衡理念的梳理基础上，当代刑事法制对其赋予了更加全面和具体的内容，分别包括罪质与刑质的均衡、罪量与刑量的均衡以及罪度与刑度的均衡三个维度。

1. 罪质与刑质的均衡

罪质指的是犯罪的本质，也即对何种行为构成犯罪的判断；刑质是刑罚的本质，即何种惩罚才能成为刑罚的判断。一方面，犯罪行为人只有在既具有人身危险性，其犯罪行为又具有社会危害性的情况下，才是符合犯罪均衡系统所要求的犯罪元素。[1]另一方面，刑罚的本质体现在报应刑论与目的刑论的对立上。如近代报应刑理论认为，刑罚是对犯罪的报应。例如，康德主张，刑罚不得具有教育或改造犯罪人的目的，裁量刑罚须秉持公共的正义或平等原则，根据犯罪人造成的危害轻重，采用"同态报复"的方式科处相应的刑罚。在此基础上，黑格尔主张刑罚是"否定的否定"，其目的一方面是扬弃犯罪，恢复法的原状；另一方面是尊重犯罪人的理性。[2]而目的刑论则主张刑罚的本质在于对犯罪的预防。事实上，正如前文对刑罚目的之铺陈，不论是单纯强调对犯罪的报应，还是纯粹对预防犯罪目的的追求，都不能独立且完整体现刑罚之全部，刑罚本质应包含惩罚性的报应和对犯罪的预防两个方面的内容。

2. 罪量与刑量的均衡

同一类罪或相同犯罪在不同情况下，所表现出的社会危害性和人身危险性的差别，即为罪量；而刑量的差异则体现在不同刑种之间或相同刑种在不同情况下的"轻重"。罪量与刑量之间的均衡主要通过量刑情节予以调控，即犯罪数额、造成损害的后果、实施犯罪行为的具体动机等情节，都在一定程度上直接或间接反映犯罪人的人身危险性及其行为的社会危害性，法官也正是依据法定和酌定量刑情节，依法对其裁量刑罚。

3. 罪度与刑度的均衡

"度"有"表明物质的有关性质所达到的程度"之意，体现了"一定事

---

〔1〕　参见刘守芬等：《罪刑均衡论》，北京大学出版社 2004 年版，第 47 页。

〔2〕　参见吴宗宪：《西方犯罪学史》（第一卷），中国人民公安大学出版社 2010 年版，第 172～178 页。

物保持自己质的数量界限"[1]的哲学范畴。一般来说，"度"是"量"达到一定程度后的临界点。罪度顾名思义是指此罪与彼罪之间的限度，而刑度则是表征刑罚自己质的量的限度。罪度与刑度之间也需要相互均衡，"一定罪质的罪量变化相应引起一定刑质内的刑量变化"[2]，超出相应的罪度或刑度，则会导致罪质或刑质的变化。

（三）罪刑均衡的立法与司法实现

如前所述，罪刑均衡不仅包含罪质与刑质的相称，还包括罪量与刑量、罪度与刑度的相互协调。这些作为罪刑均衡的系统性范畴，主要通过罪质的确定和法定刑的配置，在立法层面予以实现。其中，罪质的确认主要包括基于同类犯罪客体的章节分类、基于个罪犯罪构成的罪状描述、基于个罪罪质的刑种配置以及有关宣告刑的计算依据。[3]而罪质的立法实现则反映在类罪的章节划分和基本犯罪构成和加重或减轻构成的划分上。

在对罪质进行确认后，还需要配置适宜的法定刑以实现立法上的罪刑均衡。由于个罪罪质是由其基本犯罪构成所决定，罪刑均衡首先反映在基本构成与法定刑之间。如《刑法》第270条侵占罪的基本法定刑是2年以下有期徒刑、拘役或者罚金，而第271条职务侵占罪基于特殊主体的从严处罚精神，将基本法定刑规定为5年以下有期徒刑或者拘役。

即使在立法层面作出趋向罪刑均衡的罪质确认和法定刑配置，仍然需要有效的司法活动予以实现。罪刑均衡的司法实现有赖于科学的量刑步骤和全面的量刑根据。具体而言，量刑首先要在排除各种法定或酌定量刑情节基础上，根据抽象犯罪的一般既遂形态的犯罪构成基本事实判断基础刑期，尔后，根据量刑情节调整基础刑期，并最终获得宣告刑。[4]此外，《刑法》第61条对量刑根据予以规定，即应当根据犯罪的事实、犯罪的性质、情节和对于社会的危害程度依法对犯罪分子判处刑罚。也就是说，要以符合刑法规定的犯罪构成的主客观事实、犯罪性质（犯罪的质的规定性）、情节和对社会的危害

---

〔1〕　中国社会科学院语言研究所词典编辑室编：《现代汉语词典》，商务印书馆2016年版，第324页。

〔2〕　刘守芬等：《罪刑均衡论》，北京大学出版社2004年版，第55页。

〔3〕　参见刘守芬等：《罪刑均衡论》，北京大学出版社2004年版，第103~106页。

〔4〕　参见陈兴良：《本体刑法学》，商务印书馆2001年版，第116页。

程度为依据，以刑事法律为准绳进行综合裁量。此外，罪刑均衡还需要发挥量刑对定罪的制约功能，而犯罪行为又多以不同形式予以体现，行为人不会也无可能按照立法规定的构成要件标准去实施犯罪。

事实上，司法领域的罪刑均衡主要通过恰当的量刑结果予以实现，让犯罪人获得其应有的与罪行相称的公正处罚，才是符合社会民众朴素的公正理念的体现。因此，通过提高量刑方法和量刑步骤的科学性，改善粗放式的刑罚制度和宽泛的法定刑幅度，规范法官自由裁量权的行使，以减少量刑偏差，也同样有利于司法领域罪刑均衡目的之实现。

第二节　量刑规范化改革的功能探究

一、消除无根据量刑偏差

在贝卡里亚看来，若破坏了"精确的、普遍的犯罪与刑罚的阶梯"，对两种不同侵害程度的犯罪科处同等刑罚，必然会造成裁量其他犯罪时的刑罚无能。[1]量刑规范化改革的目的之一，就是要促进量刑均衡和量刑公正的实现，确保法律的统一施行，消除无根据的量刑偏差。也就是说，相同时期的相同地区里，法官在裁判相近或相同案件的刑罚时，不应存在歧异。

一方面，对于相同时期相同地区的相近或相似的案件，其刑罚裁量结果应基本均衡；另一方面，应当允许刑罚个别化的存在，即尊重不同时期不同地区的经济社会发展差异。[2]因此，在消除无根据量刑偏差时，需要依靠对法定刑的合理配置、对量刑情节的精密细化和对量刑规则的科学制定。按照犯罪行为对社会危害程度配置法定刑是现代法治国家制定刑法所必须考虑之因素，对某种重罪配置轻刑或者对某种轻罪适用重刑，都不利于法制建设。

鉴于此，首先应在合理配置法定刑时注意对"质"与"量"的把握，既要保证其与罪刑法定之间的相互协调，又要体现个罪刑度的合理设置。其次，

---

〔1〕　这是因为，缺乏衡量刑罚的公正标准，便无法找到更有力的手段去制止实施能带来较大好处的较大犯罪，进而导致刑罚在惩治犯罪上的无能。参见［意］切萨雷·贝卡里亚：《论犯罪与刑罚》，黄风译，北京大学出版社 2008 年版，第 18~19 页。

〔2〕　参见罗华：《量刑规范化改革困境及破解》，载《人民论坛》2016 年第 23 期。

我国刑法条文中有许多犯罪情节较轻、严重、恶劣、特别恶劣等缺乏确切内容的规定，给司法实践带来法律适用上的偏差，加之司法解释的相对滞后，往往成为导致无根据量刑偏差的原因。因此，按照不同标准对量刑情节进行精密划分，将发挥不同种类量刑情节对法官自由裁量权行使的合理引导作用，如法定情节与酌定情节、从宽情节与从严情节、罪前、罪中和罪后量刑情节、应当情节与可以情节、单功能情节与多功能情节、同向量刑情节与逆向量刑情节等。例如，量刑规范化改革的重点之一，就是对自愿认罪、主动退赃、退赔等量刑情节进行量化，并确定各情节从轻处罚的具体幅度，以此鼓励被告人认罪伏法，明确法律导向功能，提升服判息诉效果。最后，无根据的量刑偏差的消减还有赖于量刑规则的科学制定。如前所述，正是由于相同案件中可能存在数个不同种类的逆向量刑情节，因此，总结一套体现量刑规律和刑事法精神的量刑规则尤为关键，这也正是量刑规范化改革在试点期间数次修改《量刑指导意见（试行）》并制定《常见量刑意见》和《常见量刑意见（二）（试行）》的原因。另外，我国于 2011 年设立了案例指导制度，经由各审判业务单位推荐和最高法审判委员的遴选确认，其中的刑事案例对于全国各审级法院均具有参考和指导作用。通过参考权威单位确立的指导性案例，促进近期相同或相似案件的量刑的一致性与均衡性，同样体现了消除无根据量刑差异之目的，且与后文创制便于法官参考的量刑判例制度相呼应，均体现了对无根据量刑偏差的合理控制。

二、培养规范化量刑思维

规范化量刑思维就是法官总结其从事司法职业所积累的体验、感悟和量刑理念及技艺所形成的量刑经验，并从"对法律规范的洞见、对量刑情节的直觉、对量刑情节的游刃"[1]等方面促进其司法实践习惯的优化。

量刑规范化改革对法官规范化量刑思维的铸造，使量刑更具可预测性，促进公民自愿遵循和认同法律，从而达到消解矛盾、服判息诉的良好社会效果。量刑的可预测性指的是，社会公众及法官对刑罚的比较与估量，即在此时此地所发生的犯罪和在彼时彼地所发生的相似犯罪，应受到大致相同的刑罚惩罚的合理预期。法官规范化量刑思维的形成，离不开科学的量刑方法和

---

[1] 冯骁聪：《量刑的生命在于经验》，西南政法大学 2017 年博士学位论文。

步骤，值得注意的是，量刑规范化使法官更为有效地采用逻辑推理这一理性量刑方法，相较于传统"估堆式"量刑方法具有长足的进步，但也要警惕其中可能存在着的对逻辑推理的完全依赖，而忽视了法官量刑过程中的个人经验判断和裁量权的合理使用。规范化的量刑思维并非机械化、标准化量刑思维的代称，这是因为，标准化处理模式介入司法实践时，虽能一定程度消除司法腐败的生存空间，但也一并对法官基于个案事实和道德良知作出的适宜判断给予排斥。[1]局限于量刑规则框架内得出量刑结果的方法，虽可以消除法官量刑的任意性，但也带来了可能拘泥于规则的机械化倾向。[2]事实上，量刑并非纯粹的推理、运算或证明，而是逻辑推理与经验判断的结合，法官通过规范化量刑思维既可以严格遵循法律规范的相关要求，又能够结合案件具体情况进行综合考虑和权衡，还能兼顾参考长年审判工作而形成的具有相当逻辑性、合理性的量刑经验。

三、贯彻宽严相济刑事政策

作为我国基本刑事政策，宽严相济刑事政策贯穿于我国量刑规范化改革的各个发展阶段，同时发挥着重要的量刑指导作用。政策是法律的灵魂，法律是政策的具象化表现。量刑与刑事政策均是与国家刑权力密切相关的范畴。

然而，刑权力的过度扩张和强化同样会导致个体的权利处于无价值的状态，并对社会的整体发展产生消极影响。[3]这一点，从新中国成立初期"严打"刑事政策所带来的犯罪现象之变化即可得证，即在"严打"政策影响下，我国犯罪形势虽在短时间内得到控制，但却随着政策的消弭而再次骤涨。随着人们对"严打"政策弊端的认识和对犯罪涨幅规律的逐步理解，该项刑事政策随后也被更为理性的宽严相济刑事政策所取代。"宽严相济"并非宽与严的简单结合，而是在宽与严之间寻找平衡、衔接的过程，两者互为协调，既

〔1〕参见王利荣、张孟东：《记载量刑经验的制度方式——以〈最高人民法院量刑指导意见〉为分析样本》，载《人民司法》2012年第23期。

〔2〕参见严剑飞、陈思佳：《基层法院量刑规范化改革的检视与修正——以法官量刑思维的转变为视角》，载《中山大学学报（社会科学版）》2017年第3期。

〔3〕参见孙万怀：《在制度和秩序的边际：刑事政策的一般理论》，北京大学出版社2008年版，第199页。

不能宽大无度、放纵犯罪，又不可过于严苛、处罚无度。[1]事实上，无论是刑法的立法、司法还是执行环节，罪名与罪状的确立、刑罚配置与执行都不可逾越现阶段社会的一般条件和客观要求。[2]不论是刑罚规范，还是宽严相济刑事政策，在指导量刑的过程中，都要兼顾当前的社会治安状况和包括法定、酌定量刑情节在内的案件具体情境。其中，宽与严的边界不仅须与社会客观发展情况相协调，还应当反映具体案情的判罚需要。

宽严相济刑事政策就是要求法官透过案件的表面现象，综合分析犯罪行为的社会危害性和犯罪人的主观恶性，公平合理地为犯罪人确定一个与其犯罪行为的社会危害性和其自身危险性程度相适应的宣告刑，体现了对刑罚个别化和刑法个别正义的呼应。[3]在宽严相济刑事政策的指导下，法官不仅仅是案件的审理者，更是社会关系的调控者，通过依法行使自由裁量权，实现纾解民愤、缓和矛盾、改造犯罪人以及实现一般预防的社会效果。鉴于我国刑法规定的法定刑幅度较为宽泛，法官刑罚裁量权较大，加之法官的业务能力、法律学识和个人素质的差异，罪刑失衡的情况时有发生。此外，由于法定量刑情节的适用没有具体的量化标准，尤其是审判实践中大量的酌定量刑情节没有明确规定，以及从重或从轻的幅度的程度不清，导致法官在量刑时偶有相互矛盾的情况发生，均影响着宽严相济刑事政策的实施。

量刑规范化改革的全面推行与不断深化，即是旨在规范法官适当行使自由裁量权，贯彻落实宽严相济刑事政策，增强量刑的实践可操作性和可预测性，以提升裁判质量和司法权威等。在量刑规范化改革过程中，应准确把握宽严相济刑事政策的"宽""严"两个层次，即一方面，当行为人具有轻微或从轻、减轻、免除处罚的量刑情节时，应当从宽处罚，即使是在犯罪严重的情形下，如果行为人存在自首、立功等从宽处罚情节，也应当依法从轻或者减轻处罚；另一方面，对于累犯或性质极为恶劣的犯罪分子，则应当依法严惩，以达到维护良好的法律效果与社会效果的目的。[4]量刑规范化的过程就是践行宽严相济刑事政策的过程，宽严相济、互为协调，两者不可偏废，不能一味地从严或从宽，而是要根据不同社会环境的不同犯罪具体情况，做到"罚当其罪"。

---

〔1〕 参见魏东主编：《刑事政策学》，四川大学出版社 2011 年版，第 86 页。

〔2〕 参见童德华、张斯珂：《轻刑化及其时代向度》，载《净月学刊》2018 年第 4 期。

〔3〕 参见臧冬斌：《量刑自由裁量权制度研究》，法律出版社 2014 年版，第 75 页。

〔4〕 参见皮勇等：《量刑原论》，武汉大学出版社 2014 年版，第 332 页。

　　具体而言，在实体方面，《常见量刑意见》根据犯罪事实的社会危害程度的不同，规定了 15 种常见犯罪的量刑起点和基准刑，符合我国刑法根据宽严相济刑事政策制定的重罪重罚、轻罪轻罚的刑罚体系，如对于抢劫等暴力性犯罪的量刑起点高于盗窃、抢夺等侵财性犯罪，故意伤害等故意性犯罪的量刑起点高于交通肇事等过失性犯罪。此外，对于盗窃罪而言，另有关于不同数额所对应的轻重有序的量刑幅度，交通肇事罪也根据可能发生的肇事后果设置了不同层次的量刑幅度。最后，量刑指导规范还根据法定量刑情节和酌定量刑情节对社会危害性和人身危险性的影响，划分从宽和从重量刑情节，并就定量分析的相应的调节幅度进行了合理的设置，明确了量刑起点、基准刑和宣告刑以及量刑情节对基准刑的调节幅度，无不体现出宽严有度、宽严有据的刑事政策精神。在程序方面，量刑程序作为量刑规范化改革的程序侧面，也作出了体现宽严相济的积极调整，如确保控辩双方参与庭审、开展辩论，并就存在争议的问题如从宽或从严量刑情节等合理性展开辩论，促使法官获得更加全面、详实的量刑信息，并严格遵循宽严相济刑事政策精神进行判罚。

四、完善相对独立的量刑程序

　　正义的实现离不开信赖之基石，而信赖又建立在公开透明的程序之上。量刑规范化改革在优化量刑方法、步骤和指导规则的基础上，更加突出对相对独立的量刑程序之建构，即通过提高刑罚裁量过程的参与度、公开性和透明度，将原本模糊、难以叙明的量刑过程予以明确。量刑规范化改革的深入推进，不仅有利于审判公开原则的落实，还有利于促进法官提高量刑裁判说理质量，增强量刑实践的可操作性和可预测性，并对裁判质量的提升和司法权威的树立作出积极贡献。这是因为，不注重对量刑结果形成的说理和论证，将不利于控辩双方和社会公众理解和把握量刑结果的生成逻辑，进而形成对司法裁判的公正性的质疑。因此，将量刑纳入法庭审理程序并不断完善相对独立的量刑程序，成为我国量刑规范化改革程序侧面旨在实现的目标之一。事实上，前文列举出的诸多改革试点阶段的良好反馈，无不体现了相对独立的量刑程序对"人情案、关系案、金钱案"的有效预防和对量刑参与人合法权利的保障。在推进量刑规范化改革进程中，要树立实体公正与程序公正并重的理念，突破司法实践中"重实体、轻程序"的思维藩篱，使量刑公正所要求的程序公正与实体公正达致统一。

第三节　量刑规范化改革的理念

任何司法活动都离不开多种法律理念的支撑。公平、正义等理念在法律应用的链条中，处于比法律规定更为前端的位置，应当贯穿法律适用的始末。[1] 量刑规范化改革作为我国刑事司法改革的重要面向，是一项需要长期坚持和不断深化的改革事业。量刑规范化改革所秉持的法律理念从价值法则的判断出发，包含了突出改革基本价值的公正理念、协调各方诉求的和谐理念、改善量刑实践的效率理念和凸显实质正义的人权理念等方面的内涵。

一、公正理念突出改革基本价值

随着时代发展的轮轴高速转动，民众对规范化量刑实践、公开透明量刑程序和客观公正的量刑结果的强烈追求，共同铸就了民众渴望司法公正的基本理念，最终成为推动我国量刑规范化改革的内在动因。公正理念因而成为量刑规范化改革的基本价值之一。

众所周知，公正是人类社会产生以来孜孜以求的道德理想和法律目标。[2]它犹如普罗透斯的变幻莫测的脸，随时展现不同的形状和样貌，无法通过类似数学的方法准确测评。[3]其中，司法公正反映出法治之基本要求。当前市场经济环境下，司法发挥作用的关键在于达到裁判结果严格的公正性和终审性要求，因而出现了对更高水平的司法技术的追求。[4]法律的终极目标是实现社会公平与正义，而量刑公正作为刑事司法正义的重要表现，无论是实体规则制定还是程序制度构建，均为现代法治国家所普遍追求。[5]

---

〔1〕　参见储槐植、魏颖华：《刑法应用观念》，载《法律科学（西北政法大学学报）》2009年第3期。

〔2〕　参见戴乾涨：《契合与冲突：社会效果司法标准之于司法公正——一个关于法律至上司法理念的话题》，载《法律适用》2005年第5期。

〔3〕　参见［美］E·博登海默：《法理学：法律哲学与法律方法》，邓正来译，中国政法大学出版社1998年版，第459页。

〔4〕　See Ji W D., "The Judicial Reform in China: The Status Quo and Future Directions", *Indiana Journal of Global Legal Studies*, Vol. 20, No. 1., 2013, p.186.

〔5〕　参见皮勇等：《量刑原论》，武汉大学出版社2014年版，第82~83页。

　　国际社会对司法公正的普遍要求表现为，司法机关应在排除外界干扰的前提下，根据客观事实依法裁决案件。[1]而人民群众对刑事审判工作的评价和认同程度，已然成为衡量刑事个案量刑是否均衡、公正的重要判断标尺。在司法实践中，被告人不仅关心定罪情况，更关心被判处的刑罚种类和期限，被害人不服刑事判决的理由，也多集中于量刑偏轻的争议。量刑实务领域对公正理念的价值追求，最直接的体现即为量刑结果的适正。这是因为，量刑适当与否是衡量刑事审判质量的重要标准，不仅影响着刑罚功能的发挥，还关系着国民对刑事判决的尊崇或贬抑。[2]然而，基于稳定性和明确性的考虑，法律不可避免地存在滞后于社会发展的特性，也即法律规定无法涵盖复杂社会的方方面面。人类理性、智识不可避免地存在局限性，任何构建"垂范永久之法典的幻觉"势必受限于复杂多变的社会情势，立法者为确保法规范之间相互契合、符合逻辑和系统完整，往往会将个人经验、价值观念糅杂在立法活动中。[3]为了实现司法公正，法官被赋予相当空间的自由裁量权，倚仗其法律知识、个人智慧、实务经验和职业道德等开展司法实务。这也导致出现疑难复杂案件时，由于相关法律规范的缺失，法官未能妥善行使自由裁量权，而导致判决结果公正与否的界限呈现边缘化和模糊化，民众对裁判结果合法性与正当性的质疑也接踵而至。[4]此外，非独立量刑程序和缺乏保障的量刑参与机制，阻断了辩护方就量刑问题展开辩论的可能，导致部分量刑结果未能得到当事人和民众的认可，上诉、申诉等情况时有发生，甚至还出现极少数上访等矛盾激化的情况。

　　司法公正包含实体公正和程序公正两个方面，前者要求案件审理的结果符合实体法规定；后者是对审理案件的程序和过程的合理性、公正性要求。[5]量刑公正也包含实体侧面的公正和程序侧面的公正。量刑规范化改革正是为了明确法官自由裁量权的行使边界，通过对刑量确定和程序控制等方面加以规范约束，实现量刑公正、均衡。[6]近年来，随着我国经济政治文化的繁荣发

---

〔1〕　See Ashworth A J. , "Sentencing Reform Structures", *Crime and Justice*, Vol. 16, 1992, p. 220.

〔2〕　参见张明楷：《刑法学》，法律出版社 2016 年版，第 543 页。

〔3〕　参见童德华：《刑法再法典化的知识路径及其现实展开》，载《财经法学》2019 年第 1 期。

〔4〕　参见戴乾涨：《契合与冲突：社会效果司法标准之于司法公正——一个关于法律至上司法理念的话题》，载《法律适用》2005 年第 5 期。

〔5〕　参见房清侠：《司法公正与司法和谐关系解读》，载《河北法学》2009 年第 12 期。

〔6〕　参见李晓林主编：《量刑规范化的理论与实践》，人民法院出版社 2015 年版，第 6 页。

展，民众的法律素养得到稳步提升，人民群众对刑事审判工作更是提出了新要求和新期待：既要求法官在刑事裁量中依法准确定罪，又期待通过"定性分析和定量分析相结合"的量刑方法，规范法官的自由裁量权，从而获得公平公正的量刑结果；既要求法官严格依据法律法规和量刑指导意见，统一法律适用标准，又要求构建控辩审三方互动的庭审模式，合理采纳量刑建议和量刑意见，做到"兼听则明"；既要求建立相对独立的量刑程序，又期待裁判文书的全面公开和量刑结果释法说理的不断完善。毋庸置疑，量刑公正的实现程度逐渐成为评价量刑规范化改革成效和法治发展的基本指标，任何背离公正理念的改革模式或路径都缺乏合理性依据。[1]

二、和谐理念调和改革各方诉求

和谐理念不仅是当今中国社会发展和法律变革的主色调，还是我国刑事司法改革的主要目标之一。[2]作为社会正义的最后防线，司法和谐为构建社会主义和谐社会提供着有力的司法保障。司法领域的和谐理念是和谐社会理论的必然延伸，是构建社会主义和谐社会的当然选择。

如前所述，我国在开展量刑规范化改革前面临着诸多折损司法和谐的困境，不论是人情关系案和钱权交易加剧的司法腐败形势，法官自由裁量权边界模糊而导致的"类案异判"情况频发，还是非透明量刑程序所导致的程序正义日渐式微，都表现为刑事量刑过程中的不和谐现象。事实上，量刑和谐含有量刑均衡之义，即不仅体现了个案量刑系统中各个要素间的协调统一，还体现了量刑结果依法与犯罪行为和犯罪人具体情况相适应。并非对量刑差异的纯粹排除，而是实现具体个罪的量刑系统中各要素的规律性排列，追求"量刑结果依法与犯罪行为和犯罪人的具体情况（即罪和责）相适应"[3]。因此，作为司法和谐的重要体现，量刑均衡不仅要求法官行使刑罚裁量权时兼顾法律效果与社会效果的统一，还要求量刑结果在尊重法律权威的基础上获得广泛的公众认同。因此，量刑规范化改革的深入推进，即旨在强化刑事量刑实践的民主性和参与性，对过往法官"估堆式"的量刑方法进行纠偏，

---

〔1〕 参见姜涛：《认知量刑规范化》，中国检察出版社 2010 年版，第 11 页。
〔2〕 参见姜涛：《认知量刑规范化》，中国检察出版社 2010 年版，第 11 页。
〔3〕 石经海：《"量刑规范化"解读》，载《现代法学》2009 年第 3 期。

统一法律的适用标准，规范法官自由裁量权，通过完善量刑程序，引入量刑建议和保障量刑参与方的合法权益，强化量刑结果论证的释法说理，运用科学合理的量刑方法、量刑依据和透明公正的量刑程序，降低直至消除被告人、被害人及其家属对量刑结果的歧意。

三、效率理念体现改革工作实效

除了对公正理念和和谐理念的价值追求，我国量刑规范化改革还尤其注重对刑事量刑工作效率的追求。量刑规范化改革作为中央部署的重要司法改革项目，当然地包含了对司法效率的思考，力求通过完善量刑方法和设置相对独立的量刑程序，合理运用刑事司法资源，满足人民对可操作性、可预测性的量刑制度的合理期盼。刑事司法效率不仅体现在公诉权力的运作成本和产出上，还体现在公众对量刑结果的接受速度和信仰生成时间上。[1]这是因为，作为刑事审判的重要环节，量刑必须契合司法效率的朴素要求，即在保证获得准确、权威裁判结果的前提下，降低司法权力之消耗，并且加快公众服判息诉的接受过程。

众所周知，作为司法制度设计与运作的基本价值面向，公正与效率分别体现了对司法活动正当性和对司法活动所产生之效益的追求。[2]尽管国内外学者对法律效率和司法效率存在不同见解，但其核心应当是围绕节约或有效利用司法资源的思考。[3]司法效率是世界各个国家和地区法治改革永恒追求的重要目标之一。高效的刑事诉讼要求司法资源在刑事诉讼各环节得到合理配置，力求通过最少资源消耗获取最多的司法收益。[4]我国司法领域开展的多项改革皆旨在建立一套既适宜中国特色社会主义市场经济发展，又能体现

---

〔1〕　参见姜涛：《认知量刑规范化》，中国检察出版社 2010 年版，第 12~13 页。

〔2〕　参见姚莉：《司法效率：理论分析与制度构建》，载《法商研究》2006 年第 3 期。

〔3〕　有学者称，法律效率是法律作用于社会生活所产生的实际结果与颁布该法律时所要达到的社会目的之间的比值；另有学者称，法律调整的现实结果与人民期望通过法律而实现的社会目标之间的比值，即为法律效率；还有学者认为，法律的效率是案件审理的社会价值同案件审理成本与诉讼成本之和的比值。参见孙国华：《法律的效率》，山西人民出版社 1988 年版，第 293 页；胡卫星：《论法律效率》，载《中国法学》1992 年第 3 期；王勇飞、王启富主编：《中国法理纵论》，中国政法大学出版社 1996 年版，第 310 页。

〔4〕　参见汪贻飞：《量刑程序研究》，北京大学出版社 2016 年版，第 76 页。

司法公正和诉讼效率的司法制度和运行模式。[1]在司法效率所包含的时间、资源成本和边际这三个基本价值内涵中，时间效率是司法效率最直观、最基本的表现方式，体现在迅速而有效地解决争端上；资源成本效率反映了司法活动力求以最小的资源投入实现效益最大化的追求；边际效率则是重点从司法边际成本和边际收益角度出发，对如何在司法活动中贯彻效率理念进行思考。不论是国家投入司法活动的社会成本，还是公民个人参与司法活动投入的诉讼成本，都与司法效率密切关联。[2]因此，如何通过量刑规范化改革完善法官的量刑方法、引入量刑规范化机制和构建相对独立的量刑程序，提高量刑的裁判速度和量刑结果公众认可及接受水平，是量刑实践领域提高司法效率的必要思考。

然而在司法实践中，因不服量刑裁判结果而由被告人提出上诉、检察机关提出抗诉，或认为一审法院量刑结果显失公允而在二审发回重审，或由于被害人不服量刑结果而上访申诉等情况仍时有发生，不仅体现了量刑实践司法效率较低的事实，还表现出量刑失衡对息诉服判的消极影响。在确保量刑公正的前提下，改善刑事量刑司法效率较低的现状，协调公正与效率之间的关系，成为我国刑事司法领域推行量刑规范化改革的内在动力之一。其中，改变传统的"估堆式"量刑方法，通过设置科学合理、相对明确的量刑规范和量刑程序，保证法官能够在合理行使自由裁量权的基础上，得出体现量刑规律、符合法律规定的裁判结果，才能够提升被告人、被害人及其各自亲属、检察机关以及广大人民群众对量刑结果的认同感，才能发挥司法机关通过息诉服判消除社会矛盾的价值，才能在确保量刑公正的基础上，逐步提高量刑实践之效率。

四、人权理念凸显改革实质正义

保障人权已成为当前我国刑事法治的基本精神内涵。[3]除了特别注重对

---

〔1〕 参见钱弘道：《论司法效率》，载《中国法学》2002年第4期。

〔2〕 其中，国家投入司法活动的社会成本包括但不限于建设和维护法院设施运行的费用、支付法官和其他法律辅助人员工资的费用、司法活动制定规则的费用、任命法官的程序性费用、错案赔偿费用，以及开展各项司法改革的运筹费用等；公民个人参加司法活动投入的司法成本包括但不限于诉讼费用、聘请律师及代理人的支出费用、参与诉讼活动的费用、因采取诉讼保全和强制执行而支出的费用等。参见姚莉：《司法效率：理论分析与制度构建》，载《法商研究》2006年第3期。

〔3〕 参见齐文远、熊伟：《对我国刑罚正当性根据的反思》，载《中南林业科技大学学报（社会科学版）》2007年第1期。

公正理念、和谐理念和效率理念的贯彻和渗透，我国量刑规范化改革作为刑事司法领域的重大改革项目，不论是实体层面，还是程序层面，都应始终坚持尊重和保护人权。"尊重和保障人权"是《中华人民共和国宪法》（以下简称《宪法》）第 33 条第 3 款和《中华人民共和国刑事诉讼法》（以下简称《刑事诉讼法》）第 2 条明文规定的内容，而我国刑法的任务是禁止和惩罚侵犯法益的犯罪行为。此外，刑法的人权保障机能（或自由保障机能）是指刑法保障公民个人的人权免受国家刑罚权的不当侵害。[1]刑事诉讼人权保障不仅是人权保障的重要组成部分，更是人类社会文明的象征和维护社会和谐稳定的内在动力，反映了国家和个人在诉讼人权领域的价值取向。事实上，刑事诉讼中的人权保障水平已然成为衡量民主法制发展状况的重要尺度，主要通过政府的刑事司法行为和个人在诉讼中享有的诉讼权利实现。[2]

在量刑规范化改革试行以前，学界不乏对我国刑事司法制度工具主义的批评和质疑。例如，有学者认为，"过于强调刑事定罪的重要性，而忽略了被告人诉讼权利保护，使法官在量刑阶段侧重于对社会秩序的维护，而有目的地进行量刑裁判"。[3]此外，量刑程序的附随性导致被告人及其辩护人在量刑环节鲜少有提出量刑意见的机会，甚至在法庭调查、法庭辩论环节和裁判说理部分，法官不对定罪证据和量刑证据进行区分，而同时进行出示、质证和询问，控辩双方围绕定罪和量刑问题共同展开辩论，法官并不会就量刑理由进行专门阐释。

作为刑法贯彻落实的主要体现，刑事量刑环节理应严格遵循人权保障理念。量刑规范化改革正是一方面规范法官自由裁量权的规范行使，提高量刑质量和效果，竭力做到个案量刑要素间的协调统一，使量刑结果依法与犯罪行为和犯罪人具体情况相适应，避免作出畸重或畸轻的裁决，以维护社会正常秩序、保障民众的人身财产安全；另一方面，量刑规范化改革强调对量刑程序的重塑，通过统一量刑标准，建立相对独立的量刑程序，提升辩控双方的量刑参与程度，确保被告人在量刑阶段的各项权利。只有不断明确法官行

---

〔1〕 参见张明楷：《刑法学》，法律出版社 2016 年版，第 20~21 页。

〔2〕 参见杨宇冠：《论刑事诉讼的人权保障》，载《中国刑事法杂志》2002 年第 4 期。

〔3〕 该学者表示，尽管中国在实体刑法和刑事诉讼改革中朝着保护被告人诉讼权利的方向发展，但与理想的被告人诉讼权利的制度化保护还有相当大的差距。Lin Z Q., "Advancements and Controversies in China's Recent Sentencing Reforms", *China Information*, Vol. 30, No. 3., 2016, p. 358.

使自由裁量权所参照的规范依据，建立并遵循相对独立的量刑程序，充分保障被告人的辩护权，才能使控辩双方在法庭审理过程中充分进行量刑抗辩，才能减少直至消除法官"办公室作业式"的量刑习惯。另外，量刑规范化改革的深入推进，有助于法官、检察官、被告人及其辩护律师、被害人及其亲属和广大民众的保障人权整体觉悟的提高，进而极大增强实施量刑规范化的社会动力。[1]

---

〔1〕 参见姜涛：《认知量刑规范化》，中国检察出版社 2010 年版，第 14 页。

我国量刑规范化改革的现存障碍

如前所述，地方法院的创新探索和果敢试错极大地促进了最高法对量刑规范化改革统一调研，"地方法院的微观规范量刑探索最终与中央司法改革的宏观制度决策形成共振"〔1〕。总的来讲，在最高法的统领和最高检、其他各部委的协同合作下，历经十余年的量刑规范化改革，为消减量刑歧异、促进量刑均衡、巩固相对独立的量刑程序作出了巨大贡献。具体而言，不仅确立了"定性分析和定量分析相结合"的量刑方法，在提升量刑方法的科学性方面成效显著，还结合社会发展实际出台数个量刑指导规范，巩固了法官的规范量刑思维，并且进一步完善了相对独立的量刑程序，提升了裁判质量和司法权威。

但结合我国量刑规范化改革实现量刑公正的最终目的和司法实践中表现出的机械化运作的现实情况，我国的量刑实践仍存在诸多方面的不足：除了趋于报应刑偏向的刑罚目的对法官量刑实践的影响外，过于细密的量刑规则也导致法官刑罚裁量权的不当限缩。此外，由于缺乏统领量刑改革的专职机构，导致以量刑规则和具体情节设置为研究对象的实证性论证缺乏持续性和周期性，加之量刑建议、量刑听证、量刑裁判说理和量刑判例制度等程序改革的不充分，均限制了深化我国量刑规范化改革的成效。本章将围绕我国量刑规范化改革指导观念、领导机制、规则建制和程序延伸等方面，对改革现存障碍进行剖析，以期为后文障碍克服之展开指明必要的方向。

---

〔1〕 李晓林主编：《量刑规范化的理论与实践》，人民法院出版社 2015 年版，第 23 页。

第一节 指导观念层面：报应刑本位不利于人权保障

一、刑罚目的观影响法官量刑

裁判的目的在于公平正义的实现。法官对犯罪类型相似的行为人裁量适宜的刑罚，首先需要准确把握相关量刑因素及其权重，而众多量刑因素及其量刑影响权重又取决于刑罚目的。[1]如前所述，国家的刑事活动包括制刑、定罪、量刑和行刑。其中，国家通过设置具体且多层次的刑罚体系，完成刑罚的静态确立过程，而静态的制刑阶段仅为实现刑罚目的的前提与基础，还需通过量刑实现刑罚由静态向动态的过渡，使刑法的预期目的现实化、罪刑关系具体化。[2]因此，在刑事审判特别是量刑裁判中，法官之裁量受到各种错综复杂的因素的影响，虽然法官被社会期待必须在司法审判中保持情感中立，但作为"触动法官量刑的思维起点"[3]，法官所秉持的刑罚目的观直接影响着最终判定的量刑结果。

基于前文对量刑规范化改革论理支撑的叙述，不难发现，差异立场的量刑目的之间不可避免存在冲突，而量刑均衡原则（proportionality principle）与个案犯罪控制（case-specific crime-control）或恢复性司法目的（restorative-justice purpose）之间的冲突最为突出。其中，量刑均衡原则既服务于报应主义或应得惩罚目的（retributive or just deserts），又服务于实际功利主义刑罚目的（practical or utilitarian）；报应主义刑罚观主张罪犯应根据其受谴责程度进行制裁，罪责程度相同的罪犯应受到同等严厉的制裁。[4]因此，深入推进量刑规范化改革进程中，不得背离刑罚在其理论基础上所欲达到之目的。

二、报应刑本位有碍人权保障

前文对数百年来刑罚理论和刑罚政策的发展变迁进行了检视，不难发现，

---

〔1〕 See Frase R S. , "Punishment Purposes", *Stanford Law Review*, Vol. 89, 2005, p. 67.

〔2〕 参见臧冬斌：《量刑自由裁量权制度研究》，法律出版社 2014 年版，第 13~14 页。

〔3〕 郭豫珍：《量刑与刑量：量刑辅助制度的全观微视》，元照出版公司 2013 年版，第 156 页。

〔4〕 See Frase R S. , "Punishment Purposes", *Stanford Law Review*, Vol. 89, 2005, p. 68.

法官在量刑实践中所秉持之刑罚目的观，一直在徘徊于"敌视、畏惧、威胁"与"怜悯、同情、宽恕"之间。[1]

报应刑本位的刑罚目的观不仅受到法官等司法职务者的青睐，更备受刑事古典学派的追崇。封建时期将报应作为刑罚正当化依据，间接体现了发动刑罚权的客观标准，即与犯罪行为实害及其损害后果相伴而生。受"重刑主义"刑罚观指引，刑罚万能主义思想使得量刑实践过度追求刑罚报应目的之实现，而忽略了刑罚应有的改造属性。古代中国社会不仅将刑罚作为解决社会纠纷的主要手段，更突出对重刑的倚重。如商鞅主张"禁奸止恶，莫过重刑"，呼吁通过施以重刑的方式制止犯罪，达到"以刑去刑，刑去事成"的目的。[2]韩非子亦是重刑主义的坚定支持者，他认为重刑使"民不以小利蒙大罪"，有利于实现"重一奸之罪，而止境内之邪"的预防效果。[3]封建社会的重刑主义倾向，对我国近代社会刑罚思想产生深远影响。

新中国成立初期，刑法理论研究曾对重刑主义思想进行过清算，但由于文化与习俗的沿袭状况和改革开放后的犯罪态势，彼时的民众与法律工作者仍更多地秉持"重典治乱世"的重刑思想。[4]尽管数轮"严打"斗争取得了一定成绩，但社会治安形势并未得到根本性地扭转。这是因为，以刑罚万能主义为基础的重刑思想，忽视了刑罚资源的有限性和刑罚活动的消耗性，即刑罚作为社会资源，在抑制犯罪的同时须消耗相当的社会成本，而社会发展水平、国家政治经济能力决定了社会资源并非无限，因而科学的刑罚观须破除刑罚万能主义和刑罚唯一思想，"以最小的社会成本将犯罪控制在社会所能容忍的限度内为目标"[5]，实现犯罪与刑事审判之间的成本衡平。

在当今社会，随着时代的发展和刑罚理论的完善，过多强调"惩前"而忽略"警后"的报应刑论不仅难以调动全社会同犯罪作斗争的积极性，还固化了"人类具有完全自由意志"的立论基础。尽管折衷论的刑罚目的观逐渐

---

〔1〕　参见郭豫珍：《量刑与刑量：量刑辅助制度的全观微视》，元照出版公司2013年版，第162页。

〔2〕　参见《商君书·赏刑》；《商君书·靳令》。转引自张明楷：《刑法格言的展开》，北京大学出版社2013年版，第482页。

〔3〕　参见《韩非子·六反》。转引自张明楷：《刑法格言的展开》，北京大学出版社2013年版，第482~483页。

〔4〕　参见苏彩霞：《中国刑法国际化研究》，北京大学出版社2006年版，第131页。

〔5〕　苏彩霞：《中国刑法国际化研究》，北京大学出版社2006年版，第133页。

成为现代刑法学理论的通说，对于我国来说，如何在契合国家社会发展水平、政治经济现状、文化需求的同时，选择适合我国法治发展需要的刑罚目的，才是有助于指导量刑规范化改革的根本之观念。

事实上，量刑应予考虑的犯罪事实方面的因素和犯罪人方面的因素，分别体现了对已然犯罪的报应和基于预防的功利需要和行刑可行性考量。[1]例如，法国刑法要求，在通常情况下，当法官适用包含最高刑的刑罚时，应当在充分考虑犯罪行为对社会造成的混乱程度和犯罪人实行罪过严重性的基础上，在具体明确的量刑起点与最高刑限度内作出裁量。[2]根据以行为作为评价基础的刑法属性可知，刑法非难的根本架构、行为可罚性的认定和刑罚的发动，均须以行为作为基本判断之前提。也就是说，"刑法认定犯罪成立与否的适用关系"以及"从其得以适用之范围、是否形成刑法的不法、责任的认定，以及可罚性及刑罚之作用"，均须坚守以行为作为评价基准。[3]由此延伸的有关刑法可罚性的探讨、刑罚形成和加重事由等，最终都需要落实到关于行为的评价上。[4]

总的来讲，强调偏重报应刑论且兼顾预防刑论的并合折衷主义，是基于辩证立场对刑罚报复属性和教育、改造属性的平衡，它既强调已然之罪对刑罚的决定性作用，并据此产生刑罚裁量的客观标准，又面向未然之罪，突出刑罚在预防犯罪中的价值导向，将一般预防和特殊预防对刑罚的作用限制在报应所允许的范围内，实现了惩罚犯罪和保障人权的统一。另外，值得注意的是，主张将预防犯罪作为刑罚正当化的唯一根据的观点，为了实现功利目标，通常依据犯罪主观恶性来定罪量刑，甚少考虑危害结果和行为人罪责，导致量刑尺度模糊、处遇基准偏颇，使得量刑歧异的裁判结果时有发生。[5]实现刑罚的一般预防功能是立法者的责任，即通过传媒报道强化国民尊崇法律的

〔1〕 参见夏勇：《关于量刑根据的反思》，载《法治研究》2012 年第 4 期。

〔2〕 参见［法］卡斯东·斯特法尼等：《法国刑法总论精义》，罗结珍译，中国政法大学出版社1998 年版，第 529 页。

〔3〕 参见柯耀程：《行为刑法》，载《月旦法学教室》2002 年第 1 期。

〔4〕 "行为刑法"将客观认定标准的行为作为刑法评价之核心。基于此种语境的刑罚体系建立在可罚性基础上，而可罚性又以行为评价的不法作为前提。参见柯耀程：《行为刑法》，载《月旦法学教室》2002 年第 1 期。

〔5〕 参见齐文远、熊伟：《对我国刑罚正当性根据的反思》，载《中南林业科技大学学报（社会科学版）》2007 年第 1 期。

意识，而非为法官裁量刑罚所应予考虑的主要因素。与此同时，法官在量刑实践中若仅注重报应刑本位的刑罚目的观之实现，势必会减损刑罚的预防犯罪功能，不利于社会利益的维护和社会秩序的恢复。这是因为，刑罚作为国家抑制与预防犯罪的强制手段和实现正义的必要手段，具有强烈的目的性和不容忽视的伦理性，国家行使刑罚权"当然应以伦理性与正义为主，以目的性为辅，不应全部顾及目的性而违背伦理性的正义理念"[1]。

第二节　领导机制层面：缺乏专门机构统领量刑规范化改革

一、最高法刑三庭统领量刑改革的职能有限

量刑改革是一项庞大冗杂的系统工程，具有独特的适时性、复杂性和专业性特征。我国量刑规范化改革砥砺前行十余载，虽已构建出一套囊括量刑指导原则、基本方法、具体情节和常见犯罪量刑规范的内涵丰富、层次鲜明的本土性量刑体系，但随着社会经济文化发展和社会主义法治建设的不断推进，刑事司法领域的量刑规范化改革势必会面临更加严峻的挑战。

遗憾的是，不同于美国、英国和加拿大等国家均设置有统领量刑改革的专职部门，我国着手量刑规范化改革之初，并未设立专门负责改革实务的专职部门。目前，我国量刑规范化改革虽由最高法统领，但具体改革措施是由其下设的刑三庭落实。最高法对各业务庭的工作安排制定了精细的部署。作为我国最高审判机关，最高法肩负着重要的案件审理、司法解释和审判监督职责，还需对全国各审级法院工作进行统一管理和协调。而最高法内设五个专门审理刑事案件的审判庭，其中，除了刑事审判第二庭主要负责危害国家安全、职务犯罪、涉外、涉港澳台犯罪等案件的复核及有关审判指导工作外，其余四个刑事审判庭均主要负责所辖地区普通刑事案件的复核及有关审判指导工作。然而，刑三庭作为最高法的下属业务庭，其基本职责与除刑二庭外的其他刑事审判庭并无本质差异，面对当前繁重的量刑规范化改革任务和新增 8 种常见犯罪的试点任务，在成员组成、专业水平和独立性方面略有欠缺，

---

[1]　郭豫珍：《量刑与刑量：量刑辅助制度的全观微视》，元照出版公司 2013 年版，第 182 页。

很难保证我国量刑规范改革的有序推进。[1]

简言之，作为最高法下设的普通业务庭，刑三庭不仅肩负本庭的具体刑事审判职责，还需要落实全国各审级法院量刑规范化改革的繁重任务。尽管最高法刑三庭为我国量刑规范化改革积累了大量极具价值的工作经验，但不论从员额组成、经费支持、科研需要角度，还是从案例指导等角度，刑三庭都不足以承担后续漫长而艰巨的深化改革重担。

二、量刑实证调研缺乏周期性论证

缺乏统领量刑规范化改革的专职部门不利于我国量刑实证的周期性论证。而这些系统性、持续性地针对量刑信息的实证研究，又是制定和修改量刑规则和标准的重要依据。

无需赘述的是，量刑依据和标准随着司法实践中层出不穷的情状而变化，且在不同时期、不同地域，同样的量刑依据可能会对量刑产生不同的影响。[2]而在我国这样一个幅员辽阔、各地经济发展和治安状况不平均的国家中，即使是相同的量刑情节，在不同地域、不同群体中所展现的社会危害性也会出现程度上的差异。此外，各地风俗习惯和文化传统不尽相同，经济发展也不均衡，使得各地、各民族对同一行为的评价存在差异。而对于这些差异的研判，有赖于专门力量对量刑信息进行整理汇总和实证调研分析。如前文所述之许霆案，1998年一审裁判作出时，"数额特别巨大"的认定标准符合彼时的经济水平，但该数额却与2006年二审时的经济实际相背离，致使二审量刑结果直接忽视了飞速上涨的客观物价特征和涉案财产所表征出的大幅降低的社会危害性，以至于彼时针对此案的社会舆论十分激烈。[3]当然，造成此类案件的原因并非缺乏一个专职的量刑改革统领部门，但不可否认的是，若专职部门能够提前发现涉案数额与颇显滞后的数额认定标准之间的矛盾，并结合量刑规律的实证分析，更新适宜同类案件适用的具体标准，则至少可以避免

---

[1] 参见苏彩霞、崔仕绣：《中国量刑规范化改革发展研究——立足域外经验的考察》，载《湖北大学学报（哲学社会科学版）》2019年第1期。

[2] 参见彭文华：《美国联邦量刑指南的历史、现状与量刑改革新动向》，载《比较法研究》2015年第6期。

[3] 参见（2007）穗中法刑二初字第196号；（2008）粤高法刑一终字第5号；（2008）穗中法刑二重字第2号；（2008）粤高法刑一终字第170号；（2008）刑核字第18号。

该案一、二审量刑结果悬殊所造成的社会对司法公正的误解。

此外，缺乏周期性的量刑实证研究不利于对公众诉求的回应。2013年11月12日，党的十八届三中全会通过《中共中央关于全面深化改革若干重大问题的决定》，其中明确强调将司法公开落实在审判和检察工作的全过程、各方面，并要求加强包括裁判文书在内的法律文书说理水平，促进人民有序参与司法。[1]作为刑事审判活动的重要组成部分，刑事量刑活动有必要充分分析公众舆情并回应公众诉求，酌情吸纳公众评价以保证量刑公正，而这个量刑分析的重任也亟需组建统领量刑规范化改革的专门机构，进行统筹部署和渐次展开。

简言之，缺乏统领量刑规范化改革的专职化机构，不可避免地导致司法实践各类问题丛生：不仅不利于最高法在改革进程中顶层优势之发挥，还无益于各级人民法院根据司法实践作出量刑规则或标准的细微调整，在刑事法律、司法解释和量刑指导意见的完善以及回应社会关切等方面，更难以发挥积极作用。

三、"中央政策转向" 与 "地方经验凝练" 对接不畅

缺乏统领量刑规范化改革的专职部门，不利于"中央政策转向"与"地方经验凝练"的及时对接。从前文对我国量刑规范化改革探索试错、局部试点、全面实行和深入推进各阶段的发展沿革进行的梳理可知，地方量刑改革的探索一直以来都是滋养和促进中央层面整体改革发展的不竭动力。然而，不仅中央层面没有设置专职的量刑规范化改革统领部门，各地的审判机关同样缺少专门研判本地区量刑实践规律的量刑改革指导委员会、办公室或研究室。也就是说，缺少专职的量刑改革领导机构的统一筹措，相当大程度会影响到各级人民法院的量刑实证调研。

事实上，各省、自治区、直辖市的人民法院对本辖区的经济发展社会治安、民众素质和地区风俗最为熟悉，各级人民法院的量刑规范化改革领导部门在制定适合本辖区的量刑指导意见或指导规范时，可以且有能力紧密结合辖区经济文化需要和刑事审判实践，作出因地制宜的调整。因此，缺少各地的量刑规范化改革领导机构，势必会影响量刑实践中针对各地区政治经济发

---

〔1〕　参见《中共中央关于全面深化改革若干重大问题的决定》，载 http://www.gov.cn/jrzg/2013-11/15/content_ 2528179. htm，最后访问日期：2019 年 10 月 30 日。

展、文化风俗和刑事审判实践的综合调控。由于经济发展、社会治安、民众素质、地区风俗等方面的地域性差异的客观存在，刑罚裁量存在区域性差异不可能避免，如何确保地域差异下的量刑偏差在合理限度内，已然成为深入推进量刑规范化改革的重要论题。作为量刑规范化改革总体部署，中央的量刑政策和指导规范还需要各级人民法院的消化吸收，而缺少量刑规范化改革的领导机构和对应在各级人民法院的组织部门，同样难以及时、准确地将量刑政策对接至各地区的量刑实践中。

在政策制定和规范落实层面均缺少统领量刑规范化改革的专门机构，不可避免地会造成"中央政策转向"与"地方经验凝练"对接上的断层。在中央层面缺少统领量刑规范化改革的专职机构，地方各级人民法院也不具有与之对应的量刑规范化改革专职部门，不仅不利于我国量刑实践的周期性论证，还不利于量刑规则的修改和完善。例如，2014年起施行的《常见量刑意见》就存在各罪量刑起点起算值确定依据不详、常见量刑情节的代表性不突出和认定标准不清晰等问题，有待最高法结合司法实践进一步解释说明。[1]对于地方法院来说，在缺乏专职的量刑规范化改革委员会或办公室的指导的情况下，也很难结合本地域的量刑特征对统一的量刑规则作进一步的细化处理，进而导致改革推进缓慢，相关量刑政策和规则难以落到实处。

此外，忽视地域差别和各地量刑规律的独特性，不利于地方法院凝练量刑改革经验，同样会对量刑规范化改革全局的发展带来消极影响。在此背景下，要求对相同犯罪行为进行机械一致的量刑，显然难以满足各异的犯罪预防的需要，更有违个别正义的实现。这是因为，量刑规范化改革的理论探索、局部试点和全面推行向来是以各地实际的刑事量刑情况为基础，"过分地强调地域因素为量刑偏差进行辩护，可能导致地域歧视"[2]。因此，应当承认不同罪行在地域性、时间性与条件性等方面的差异对个罪量刑的适当影响，并将这些影响通过各地区人民法院的量刑规范化改革领导部门进行汇总，进而通过各地区的量刑指导规范予以体现，以此与最高法的量刑规范改革纲领性政策形成具有延续性的"上下呼应"。

---

〔1〕 参见彭文华：《布克案后美国量刑改革的新变化及其启示》，载《法律科学（西北政法大学学报）》2015年第4期。

〔2〕 白云飞：《规范化量刑方法研究》，中国政法大学出版社2015年版，第20页。

第三节　规则建制层面：过度机械化倾向

我国开展量刑规范化改革的目的之一，就是帮助法官准确把握量刑根据，如在实体方面细化各种量刑情节和程序方面增加专门的量刑辩论环节等。[1] 在我国量刑规范化改革探索阶段，诸如量刑立法滞后、刑罚规定模糊和法定刑区间宽泛等法律规定上的不健全，业已被多数学者认为是导致量刑失衡的重要原因。正是由于刑罚规定和量刑规则的滞后，才使得改革过程中极为重视相关量刑指导意见的起草、修订和施行。从 2005 年 10 月至 2008 年 7 月，最高法专门成立项目组对量刑规范化改革进行实质性的调研论证和文件起草，仅《量刑指导意见（试行）》就八易其稿，最终经调研确定了定性和定量相结合的量刑方法。随着量刑规范化改革的局部试点、全面实行和深入推进，格局细密且内容丰富的量刑规则逐渐成为指导法官量刑实践的重要依据。

然而，这些日渐细密的量刑规则，导致不少法官在司法实践里常常"迷失"在个罪规则的找寻中。例如，量刑规则就盗窃罪达到数额特别巨大起点或者有其他特别严重情节的，确定了一定的量刑起点，尔后根据其是否有立功、自首或退赃、退赔情节，综合个案情况作出基准刑的折减，并最终确定宣告刑，量刑活动似乎成为法官疲于计算个罪量刑起点和各个情节对基准刑增减的"数字计算"，法官的裁量空间受细密化的量刑规则影响而被压缩。

一、量刑规则细密化压缩法官裁量空间

刑罚裁量权是法官被赋予的意义深远的权力之一。[2] 曾有学者坦言，面对"客观"、"透明"、"精准"和"均衡"等眼花缭乱的刑罚价值追求时，量刑方法在选择上难免出现两极化的尴尬，或陷入量化的泥潭，或落入规则的窠臼。[3] 而检验刑事法官的最佳尺度不是定罪水平，而是其量刑水平。[4] 量

---

〔1〕　参见夏勇：《关于量刑根据的反思》，载《法治研究》2012 年第 4 期。

〔2〕　See R. Michael Cassidy, Robert L. Ullmann, "Sentencing Reform: The Power of Reasons", *Massachusetts Law Review*, Vol. 97, No. 4., 2016, p. 82.

〔3〕　参见石经海、骆多：《量刑过程视角下量刑方法分段构建研究》，载《中国刑事法杂志》2015 年第 1 期。

〔4〕　参见赵秉志、赵晨光：《略论国际刑事法院的量刑制度》，载《河北法学》2007 年第 5 期。

刑水平的高低、能否做到量刑的规范化、科学化以及量刑过程和量刑结果是否公正，是衡量一个刑事法官理论水平和法律实践能力的重要标尺。[1]法官的量刑水平是其个人法律素养、司法裁判能力、法理运用水平、现代法治理念的综合体现，而法官综合体现量刑水平的过程离不开对依法赋予的自由裁量权的合理适用。如果说立法技术的完善和合理量刑规则的施行能够有效实现量刑的整体平衡，那么量刑的个别平衡则需要依赖法官自由裁量权的妥善行使。[2]

（一）法官行使自由裁量权的法律依据

关于法官的自由裁量权（judicial discretion）的理解，学界众说纷纭、莫衷一是。《牛津法律大辞典》认为，法官自由裁量权是法官在公正、合理的情况下酌情做出决定的权力；而《布莱克法律词典》认为，法官或法庭对法律原则或法律规则的界限予以把握并自由斟酌之行为，是为法官行使自由裁量权的过程；《元照英美法词典》将"法庭或法官在诉讼当事人无权请求其作出某种行为的情况下，自由决定做或不做的权力"也划归为法官应享有的自由裁量权范畴。[3]

《中华人民共和国法官法》（以下简称《法官法》）总则第2条规定了法官的身份属性，即依法行使国家审判权的审判人员，但并未对其自由裁量权加以明示。但正是由于自由裁量是法官行使审判权的主要方式，因而使得自由裁量权由审判权衍生成为法官连接法律与现实的重要权力。我国法学理论界对法官之自由裁量权的定义，存在以下观点：有学者认为，法官的自由裁量权是其在诉讼活动中，依法自由斟酌以确定法律规则或原则的界限的权力；另有学者称，法律赋予法官根据罪刑相适应原则和刑罚目的，在法定范围内公正合理地自行对刑事被告人裁量刑罚的权力或责任，即为法官的刑事自由裁量权；也有主张自由裁量权是裁判人员在没有法律规定、法律规定不明确或无判例可循的情况下，根据案件事实和证据情况，依据职权对案件灵活裁

[1] 参见臧冬斌：《量刑自由裁量权制度研究》，法律出版社2014年版，第2页。
[2] 参见李兰英：《量刑的技术与情感——以许霆案为例》，载《政法论坛》2009年第3期。
[3] 参见［英］戴维·M·沃克主编：《牛津法律大辞典》，邓正来等译，光明日报出版社1988年版，第262页；Black H C., *The Black's Law Dictionary with Pronunciations* (5th ed), West Publishing Co., 1979, p.419；薛波主编：《元照英美法词典（缩印版）》，北京大学出版社2013年版，第1243页。

量，并作出符合法理要求和法律精神的裁判结果的权力；还有学者认为，在没有明确可适用规则的情况下，法官详细阐述判决理由并创设规则的权力即为行使自由裁量权；对于自由裁量权的表现方式，有学者主张，法官充分运用其自由意志发现"活法"，并灵活运用以解决具体案件的过程，是为其自由裁量权的法律适用过程。[1] 简言之，尽管学者们对法官自由裁量权之内涵存在认识上的细微差别，但普遍认可法官依据法律法规及其职权，基于法理要求和正义理念，对案件进行灵活裁量之观点。

（二）法官刑罚裁量权的过度限缩

值得肯定的是，自我国量刑规范化改革局部试点和全面推行以来，围绕量刑实体侧面和程序侧面的数个指导意见的相继出台，对规范法官自由裁量权的行使和量刑均衡的促进发挥了显著的积极作用。然而，量刑规则体系的建构要充分尊重法官的主观能动性，不能单方面排除法官自由裁量权的价值和功能，防止出现规则体系僵化和刑罚个别化在量刑环节的式微等情形。[2]

换句话说，细密化的量刑规则并未在司法实践层面给予法官预期的量刑指导，反倒是压缩其裁量空间，致使法官所作的量刑裁决呈现出两极化的尴尬。这是因为，细化规则创设了过多的适用条件，法官在依据案件诸多情节适用具体规范时，会不自觉产生对规则的依赖和对案情的忽视，形成"根据规则寻找所需的案件情节"的错误逻辑，让原本充满法律理性的量刑过程变成按图索骥的"规则填充游戏"。

我国目前量刑规范化的理论基础、规范文本以及具体操作均建立在反经验的立场上，一定程度上，对法官个体量刑经验的发挥产生了不合理的压制效果。[3] 量刑规范化改革采用"三步骤"，即"量刑起点→基准刑→宣告刑"的量刑方法，其中对"量刑起点"及量刑情节的作用力均被视为可具体量化的因素，根据《量刑指导意见（试行）》《量刑程序意见（试行）》《常见

---

〔1〕 参见杨开湘：《法官自由裁量权论纲》，载《法律科学（西北政法学院学报）》1997年第2期；李志平：《法官刑事自由裁量权及其合理控制探析》，载《中国法学》1994年第4期；李正华：《论"自由裁量权"》，载《当代法学》2000年第4期；井涛：《法律适用的和谐与归一：论法官的自由裁量权》，中国方正出版社2001年版，第1页；郭华成：《法律解释比较研究》，中国人民大学出版社1993年版，第32页。

〔2〕 参见林亚刚、邹佳铭：《关于量刑基准的几个基本问题》，载《学术界》2009年第3期。

〔3〕 参见冯骁聪：《量刑的生命在于经验》，西南政法大学2017年博士学位论文。

量刑意见》《常见量刑意见（二）（试行）》等量刑规范性文件中预先设定的数值或比例范围，按照一定的顺序对法官的刑罚裁量权进行限制，事实上存在将量刑数量化并排斥法官个人经验的可能性。换言之，对量刑规范化改革的片面、狭义理解，使得法官的自由裁量权难以正常行使。例如，有学者直言，法官将量刑规范化错误地解读成对"合适"计算公式的探寻过程，即使是权力寻租得到的量刑结果，也要寻找一个"各步骤的数字计算都在规定范围内的公式"，以证明量刑结果的"合法性"。[1]

鉴于此，确保法官在量刑实践中合理规范地行使自由裁量权，一方面要依循刑事法律规范和量刑指导意见的文本要求，另一方面需克服严格规则的僵化局限，这是量刑规范化改革进程中有关法官自由裁量权合理释宽的命题的由来。这是因为，量刑规范化所倡导的用数值加减获得结果的裁量方式，是对法官理性经验分析和评价的排斥，特别是数据样本充足与否、基准刑量设定是否科学可靠，都还有待进一步检验。[2]诚然，法治社会需要对法官滥用或然性的自由裁量权进行规制，但并非用机械冰冷的量刑规范束缚住法官的手脚，过于精密的法律规范恐导致法官自由裁量权向其他部门不当移转。在肯定量刑规范化改革过程中相继下发的量刑规范的积极意义的基础上，仅强调对法官自由裁量权的限缩，而忽视其自身能动地运用量刑经验，可能也是存在局限的。事实上，量刑规范所设计的"三步骤"量刑方法在酌定情节的提取和量刑情节作用力的判断上，均存在置法官广泛运用自由裁量权所累积的宝贵判罚经验于不顾之嫌。此外，明确列举常见犯罪所有可能涉及的酌定量刑情节，并且限定各个情节对基准刑的影响幅度，未免体现了规范制定者过于主观和理想化的立场。

二、忽视量刑基准的学理价值

如前所述，我国量刑规范化改革实行过程中出台的《量刑指导意见（试行）》在确立量刑步骤时采用了基准刑的概念，旨在克服量刑基准概念在司

---

〔1〕 参见周力娜：《透视量刑规范化进程中的微观成像 反思形式主义遮掩下的改革进路》，载《法律适用》2013 年第 2 期。

〔2〕 参见童德华：《以现代刑法理念推进刑事法治化建设》，载《检察日报》2017 年 12 月 13 日，第 3 版。

法实践中可能存在之歧异，乃是对狭义量刑基准概念的扬弃。然而，作为德、日刑法理论所主张的量定刑罚的主流观点，跟进量刑基准为主题的相关研究对于我国量刑规范化改革进程中基准刑的概念辨析，也具有积极意义。事实上，我国司法实务领域早有关于量刑基准的应用和研讨，早在 2003 年，江苏省泰州市姜堰区基层法院在《规范量刑指导意见》采用法定刑中线项下或幅度内的具体比值所对应的结点取值为量刑基准。[1]此外，在量刑规范化改革局部试点阶段，也不乏试点单位作出对量刑基准与基准刑概念混淆的反馈，即使相关量刑指导意见中对量刑基准概念进行模糊处理，也不能武断否定该概念对我国量刑规范化改革深入推进阶段的宝贵学理价值。事实上，"量刑基准具有了统一量刑基底和确保量刑均衡等重要功效"[2]，为了促进量刑活动的统一性和协调性，实现量刑公正，明晰并辨别量刑基准和基准刑的内涵，对于我国量刑规范化的未来探索将有所助益。

如前所述，量刑基准改革源于德、日刑法理论，在量刑规范化改革部署前即受到学理界众多学者的关注。广义的量刑基准被取作量刑原则之义，但这种将量刑基准视为法官在量刑时应考虑的事项以及根据何种原则裁量刑罚的观点，其蕴含的内容远超出"量刑基准"所涵摄的范畴，不能对量刑起到具体的指导作用，"除了徒增新的概念和理论的复杂化外，并没有多大的理论意义和实践价值"[3]，因而不为实践所采纳。目前对量刑基准的探讨多围绕狭义层面的理解，其目的是通过规定具体的量刑标准来规范和限制法官的自由裁量权，促进量刑均衡的实现。

事实上，广义层面的量刑基准更多是围绕法官量刑的原则和根据的考虑，即法官量刑时应考虑哪些因素以及评价各量刑情节对调节刑量的参考标准，因含义过于宏观而甚少能够对个案量刑实践发挥指导作用；而狭义层面的量刑基准所蕴含的学理价值更为细致和丰富，其中不仅涉及对量刑基准是具体精确的"点"或一定范围的"域"的讨论，还排除了法定或酌定量刑情节对抽象个罪的基本犯罪构成应当判处的刑罚（量）的影响。总的来看，量刑基准的概念从逻辑证成上更趋向基准刑的确立路径，至少在讨论两者联系与区

〔1〕　参见汤建国主编：《量刑均衡方法》，人民法院出版社 2005 年版，第 14 页。
〔2〕　姜涛：《认知量刑规范化》，中国检察出版社 2010 年版，第 101 页。
〔3〕　王联合：《量刑模型与量刑规范化研究》，中国政法大学出版社 2015 年版，第 53 页。

别层面上是具有学理价值的，这也是量刑规范化改革相关指导意见刻意弱化量刑基准概念而被忽视的。

相比之下，基准刑概念的提出，是最高法项目组为了避免法官在司法实践中深陷狭义的量刑基准概念的囹圄，而提出从个案具体犯罪事实中确定作为承接量刑起点和最终宣告刑的基准刑概念，是从实践出发淡化量刑基准概念的折衷之举。作为承接量刑起点和宣告刑的中间步骤，基准刑的确定不仅发挥着为具体个案量刑提供参照点的作用，还具有基准量刑的功能，且它本身不应超出具体罪行单元的法定刑幅度。

同理论界围绕量刑基准展开的如火如荼的讨论相比，基准刑问题的研究显得平淡而冷清。其中最主要的原因即是对两者概念的混同。早在量刑规范化改革的地方探索时期，以江苏省高级人民法院为代表的量刑改革探索中，就将量刑基准的概念纳入量刑指导意见的起草中，因而当最高法在地方法院量刑探索经验基础上出台全国适用的量刑指导意见时，对有关量刑基准和基准刑的概念未加具体区分。还有学者将基准刑直接替换为量刑基准，并称在司法实践中，法官在对个案裁量刑罚前预先拟定一个没有从重从轻处罚情节的事实，该事实对应的基准刑即为量刑基准。这种将各个法官主观意识中的基准刑客观化、统一化的结果，无论是隐现于法官的观念里，还是显现于立法或司法文件中，均为法官在法定刑宽泛的刑法框架内，提供了可行的量刑参照点，在限制法官刑罚裁量权的恣意行使和促进量刑整体规范效果等方面作用显著。[1]然而，这种混同不仅导致基准刑合法性与有效性缺失，无益于其在具体个案中发挥量刑参照点的作用，还是盲目的对广义量刑基准、狭义量刑基准和基准刑概念的纯粹混淆，置诸多学者前期研究探讨之共识于不顾，有违哲学社科研究的思辨逻辑。事实上，量刑基准和基准刑是一对具有相似性但又彼此区别的概念。其中，量刑基准不同于现实的量刑活动，应面向法条规定中的个罪抽象事实，而非现实生活中具体存在的犯罪事实，基于确立方式的差异，不论是通过逻辑推演形成的相对精确的点，还是通过实证调查获取的体现某一刑罚密集区域的幅度，都无碍于量刑基准功能的实现。

作为我国量刑规范化改革的本土经验的智慧结晶，基准刑概念本身具有

---

〔1〕 参见林亚刚、邹佳铭：《关于量刑基准的几个基本问题》，载《学术界》2009 年第 3 期。

丰富内涵，它不仅与量刑起点和宣告刑共同组成了定性与定量相结合的量刑方法的确立路径，还体现了综合的刑罚目的以及犯罪构成事实应判处的刑罚量，是同个案紧密相连且对法官量刑实践具有积极作用的法学概念。将基准刑与量刑基准的概念混淆，不仅不利于这两者各自的学理研究，更不利于两者辩证关系的梳理，无益于量刑规范化改革的深入推进。

三、量刑规范适用存在多义性冲突

（一）不同量刑情节与量刑指导原则的冲突之惑

在量刑规范化改革深入推进阶段，还需要注意量刑指导意见自身以及量刑指导意见与刑法适用可能存在的冲突。尽管最高法在 2010 年印发的《量刑指导意见（试行）》中，对 15 种常见罪名的量刑起点作出相应规定，但却没有针对刑罚量增值的详细、具体描述，导致某些犯罪的基准刑难以确定，如故意伤害罪增加刑罚量的"其他影响犯罪构成的犯罪事实"包括伤亡后果、伤残等级、手段残忍程度等，指导意见均未对这些犯罪事实所对应增加的刑罚量比重作出统一的规定。[1]换言之，《量刑指导意见（试行）》并未解决量刑实践中长期存在的问题，即对两项重要量刑原则——责任主义和禁止双重评价的忽视。[2]

前文已述，不论是刑法规范、司法解释还是量刑指导意见，都无法涵盖社会生活的方方面面。因此在量刑实践中，行为人可能存在数罪情形、多个法定或酌定量刑情节，而最高法下发的《常见量刑意见》关于基准刑调整方法的规定，仅限于"具有单个量刑情节""具有多个量刑情节""被告人犯数罪，同时具有适用于各个罪的立功、累犯等量刑情节的"三种情形，而未明示应当型情节与可以型情节竞合下的适用位阶或抵消途径。再如，《常见量刑意见》规定，综合考虑"退赃、退赔的数额及主动程度等……可以减少基准刑的 30%以下"，对于"没有赔偿，但取得谅解的，可以减少基准刑的 20%以下"，这便使得"未赔偿下的被害人谅解"与"未谅解下的积极赔偿"两种情

---

〔1〕　参见孙春雨、李斌：《量刑规范化改革的现状与出路》，载《国家检察官学院学报》2013 年第 5 期。

〔2〕　参见熊秋红：《中国量刑改革：理论、规范与经验》，载《法学家》2011 年第 5 期。

形在情节认定上的差距难以体现。[1]

（二）量刑指导意见与刑法适用的冲突之惑

《常见量刑意见》和目前正处于试点阶段的《常见量刑意见（二）（试行）》分别对 14 种常见量刑情节和 23 种常见犯罪的量刑情况作了较为细致的规定。然而，立足刑法适用的角度，不难发现其中的不妥之处，先不论两份量刑指导意见中关于常见量刑情节和常见犯罪的量刑情况规定是否科学、合理且兼具代表性，"仅就其单独罗列出来予以特别对待，本身就存在问题"[2]。这是因为，对于其他未被罗列在上述量刑指导意见中的情节和犯罪，似乎是从指导意见层面暗喻其"不够重要"，这使得法官在司法实践适用过程中，被动地割裂出优先次序。然而，量刑实践在参照指导意见之前，首先受到刑法规范的调整，因此量刑规范的适用不仅要在刑法规范这个整体中进行考量，在适用《常见量刑意见》或《常见量刑意见（二）（试行）》以外的犯罪或其他量刑情节过程中，也应当兼顾整个刑法体系，不得出现相悖于刑法规则的量刑适用情形。

然而，从形式上看，当前的量刑指导意见似乎都是通过类比刑法规范而制定的旨在辅助法官司法实践的量刑规范。当出现过于强调地方司法实践需要的个性，而忽视了刑法规则这个有机整体之共性的情况时，不论是《常见量刑意见》《常见量刑意见（二）（试行）》《量刑程序意见（试行）》，还是各地基于实务需要而制定的实施细则，均可能出现有违刑法目的的情况。[3]

（三）量刑规则和标准的设置之惑

在量刑规则设定方面，另外还存在规则与标准间的设置困惑，即当数个量刑情节同时存在时，确定基准刑所采用的同向相加、逆向相减的计算方法也不无问题。众所周知，最高法和"两高三部"于 2010 年印发施行的《量刑

---

[1] 参见崔仕绣：《美国量刑改革的源起、发展及对我国的启示借鉴》，载《上海政法学院学报（法治论丛）》2020 年第 1 期。

[2] 彭文华：《美国联邦量刑指南的历史、现状与量刑改革新动向》，载《比较法研究》2015 年第 6 期。

[3] 参见石经海、严海杰：《中国量刑规范化之十年检讨与展望》，载《法律科学（西北政法大学学报）》2015 年第 4 期。

指导意见（试行）》和《量刑程序意见（试行）》，主要采用抽象方法来规定事实和对应的法律后果。但随后几经完善的《常见量刑意见》又尽可能详尽地规定了各量刑情节对基准刑的影响幅度，其中便存在着不同位阶的量刑情节之间影响程度的差别。

以常见犯罪之一的抢劫罪为例，若被告人既具有累犯情节，又具有坦白情节，则在适用不同量刑情节的位阶和程度上出现分歧。按照《常见量刑意见》关于坦白情节的适用规定，要求参酌行为人如实供述罪行的阶段、轻重和悔罪态度等情形，并就不同情形划归了对应的基准刑下降幅度，若行为人如实供述自己罪行和司法机关尚未掌握的同种重罪的，分别可以折减基准刑的20%和10%~30%。而当出现累犯情节时，则可能根据行为人所实施的前后罪的性质、间隔时间长短等，增加10%~40%的基准刑。如此，当两个不同向度的量刑情节同时存在，采取不同的量刑位阶顺序，可能在刑罚裁量的折抵效果上产生分歧。[1]

再如，立功情节理应考察立功的性质、次数、产生的效果以及行为人实施犯罪的轻重，并且一般立功对基准刑的降低幅度，应当小于相同情形下重大立功情节对基准刑的影响。根据《常见量刑意见》的规定，一般立功和重大立功可以分别减少20%以下和20%~50%的基准刑，对于坦白且避免严重后果的，则该减幅数值为30%~50%。这不禁让人疑惑，重大立功和重大自首所折减的20%~50%和30%~50%基准刑的幅度因何得来？如此设置基准刑的折减幅度是否客观、合理地体现了两者在量刑评价中的区别？[2]

另外，《常见量刑意见》关于多个量刑情节共存下所采用的"同向相加、异向相减"基准刑调节方法，也存在"量刑情节减少幅度的加减"和"基准刑经各个量刑情节依次调节后刑期上的加减"等多重解读。

第四节 程序延伸层面：量刑程序改革任重道远

现代刑事诉讼对程序公正的崇尚已然成为最具代表性的时代特征之一，

〔1〕 参见苏彩霞、崔仕绣：《中国量刑规范化改革发展研究——立足域外经验的考察》，载《湖北大学学报（哲学社会科学版）》2019年第1期。
〔2〕 参见彭文华：《美国联邦量刑指南的历史、现状与量刑改革新动向》，载《比较法研究》2015年第6期。

这也使得量刑程序模式的障碍克服成为深入推进我国量刑规范化改革程序侧面的关键之举。如前所述，实质的正当程序在维护美国自由经济稳定发展的基础上，更加强调对宪法明示的公民基本权利的保障，美国联邦法院更是通过展开实质正当程序的违宪审查，来实现司法权对立法权的有效限制。[1]量刑实体规制再科学、合理，若缺乏应有的程序保障，也难以实现实质层面的公正。[2]尽管"两高三部"下发的《量刑程序意见（试行）》在一定程度上促进了相对独立的量刑程序之发展，但在检察机关提出量刑建议、各量刑参与方的互动、量刑裁判说理和量刑判例指导制度建制等方面，指导意见仍未有系统或全面的涉及，使得量刑程序遗留较大的发展空间。加强量刑程序侧面的建制，不仅是深入推进量刑规范化改革的应有之义，更是实现量刑公正的必要保障。

一、量刑建议实践效果不佳

（一）量刑建议的内涵意蕴

量刑建议权作为公诉权的一项独立权能，是检察机关公诉部门在公诉活动中妥善行使公诉职能的特定方式，包含被告人"应当判处的刑种、刑度、执行方式等"[3]内容的具体建议，在规范审判机关量刑活动和强化刑事审判监督等方面发挥重要作用。量刑建议权丰富的价值蕴含可具象化为以下几个方面：第一，量刑建议权与定罪请求权同为检察机关依法享有的公诉权，相比于从事实上揭露犯罪、证实犯罪的定罪过程，请求法院通过审判对被指控人适用刑罚的过程更能反映公诉权的实质；第二，我国刑法规定的量刑幅度普遍较大，不同法院之间、甚至是相同法院，对于相似事实和情节的案件，都有可能作出颇具悬殊的量刑判决，而仅依靠检察机关提出抗诉进行事后监督，显然不利于司法公正的实现，因而需要构建量刑建议制度，提升刑事审

---

〔1〕 作为美国宪法中最具生命力的条款——正当程序条款，经历了由仅具有程序性内涵向兼具程序和实质内涵的发展过程，对保障和发展美国公民基本权利的意义深远。参见苏彩霞：《罪刑法定的实质侧面：起源、发展及其实现——一个学说史的考察》，载《环球法律评论》2012 年第 1 期。

〔2〕 参见彭文华：《美国联邦量刑指南的历史、现状与量刑改革新动向》，载《比较法研究》2015 年第 6 期。

〔3〕 樊崇义、杜邈：《检察量刑建议程序之建构》，载《国家检察官学院学报》2009 年第 5 期。

判的监督力度；第三，在独立的量刑程序框架下，检察机关提出的量刑建议和辩护方提出的答辩意见，能够形成对法官自由裁量权的有力制约，促进司法公正的实现；第四，我国合理借鉴了英美法系国家当事人主义的诉讼模式，力求在庭审中形成控辩双方相互对抗的局面，而检察机关提出的量刑建议有利于确立被告人的诉讼主体地位并维护其合法权益；第五，构建量刑建议制度是加快我国刑事诉讼制度国际化进程的迫切要求，我国于 1997 年先后签署并加入联合国《公民权利和政治权利国际公约》等国际条约，其中就包含对我国刑事诉讼制度向国际准则平稳过渡的要求，因此，构建量刑建议制度已然成为履行国际公约义务的必然选择。[1]

（二）量刑建议采纳率畸高

1. 量刑建议高采纳率体现控方"胜诉结局"的倾向

从理论上讲，定罪与量刑权力属于审判权的范畴，而检察机关的量刑建议权作为一项程序性权力，其本身不是最终的处置结论。[2]检察机关虽有权提出量刑建议，但最终采纳与否应由法官裁断。从这层意义上看，对检察机关而言，量刑建议权与提起公诉的权力的本质别无二致，只存在针对对象之不同。也就是说，检察机关提起公诉是为了申请法官确定被告人有罪，而量刑建议权则是为了申请法官确定被告人的刑罚。

然而，如前所述，我国司法实践中量刑建议采纳率畸高的情况较为普遍。例如，某量刑规范化改革试点法院对 2009 年至 2016 年年度的量刑建议采用情况进行统计分析，数据显示该法院 2015 年至 2016 年年度的量刑建议采用率为 95.38%，相比 2009 年至 2010 年年度的 85.12%增加了约 10 个百分点。[3]另外，重庆市检察机关共 31 个检察院自 2009 年 6 月起试行该制度以来，共提出量刑建议 2924 件，法院作出判决的 2589 件中，采纳案件数达到 2252 件，采纳率达到 87.0%。[4]此外，大量基层法院实施量刑建议制度以来，量刑建

〔1〕 参见樊崇义、杜邈：《检察量刑建议程序之建构》，载《国家检察官学院学报》2009 年第 5 期。

〔2〕 参见汪贻飞：《量刑程序研究》，北京大学出版社 2016 年版，第 187 页。

〔3〕 具体论述请见本书第一章第二节。参见严剑飞、陈思佳：《基层法院量刑规范化改革的检视与修正——以法官量刑思维的转变为视角》，载《中山大学学报（社会科学版）》2017 年第 3 期。

〔4〕 参见沈义等：《量刑建议让被告人心里有了底——重庆市检察机关量刑建议法院采纳率超八成》，载《检察日报》2010 年 1 月 4 日，第 2 版。

议采用率也都基本达到八成或九成。〔1〕但仅根据法院对量刑建议的高采用率，就作出量刑建议制度实施效果良好的判断，不免陷入"裁判结果控制"的评价误区，过于强调量刑建议对法院量刑裁决的实质影响，而忽视了有关量刑建议内容合理性、完整性的探讨。事实上，作为量刑规范化改革程序侧面的重要组成部分，当前我国量刑建议制度过于强调法庭采用检方量刑建议与否，而甚少顾及量刑信息的完整性和各法定、酌定量刑情节的作用，量刑建议的论证说理也不完备，导致类似"重量刑结果、轻量刑信息调查过程"〔2〕的情况出现。目前动辄高达八九成的量刑建议采纳率，不仅反映了法院对检察机关诉讼请求的高认同率，还体现出检察机关对"胜诉结局"的盲目追求。

2. 量刑建议高采纳率引发裁判权让渡的担忧

除了体现出公诉方"胜诉结局"倾向，畸高的量刑建议采纳率还会引发法官被依法赋予的刑罚裁量权向检察机关让渡的担忧。若法官对量刑建议"照单全收"，则有可能沦落为"盖章单位"，潜存着失去量刑公正底线的风险；若法官拒绝或排斥量刑建议，那便是阻碍认罪认罚从宽制度的有效推行，更可能导致当事人对刑事裁判的不认同。虽然立法对法院采纳量刑建议的要求为"一般应当"，但对于精准化不足的量刑建议而言，无论是基于量刑实体公正而作出低采纳的选择，还是基于认罪认罚从宽制度共识而选择广泛采纳，这都可能违背认罪认罚从宽制度的设立初衷，与国家治理能力现代化目标与要求背道而驰。

事实上，尽管随着我国量刑规范化改革的逐步深入，检察机关提出量刑建议的表述形式、建议内容和论证思路逐渐完善，但个案中量刑建议具象化倾向仍然愈渐显著，实证数据显示法院采纳量刑建议的比率持续走高，由此便引发了学界对量刑建议加剧量刑权向检方过度倾斜的担忧。具体而言，法

〔1〕 例如，四川省彭山县检察院自2008年7月起试行量刑建议以来，共提出量刑建议197件297人，法院采纳178件269人，采纳率达90%，判处实刑率上升10%，上诉率下降52.4%；又如，江苏省常州市新北区检察院自2003年采用量刑建议制度以来，截至2007年7月20日共提出量刑建议1042件1603人，其中法院在量刑建议幅度内采纳969件1490人，采纳率高达93%。参见肖敏奇等：《彭山量刑建议：一年197件 九成被采纳》，载《检察日报》2010年9月20日，第7版；符冰言、蔡亮亮：《常州新北：千余量刑建议九成被采纳》，载《检察日报》2006年7月24日。
〔2〕 陈瑞华：《论量刑信息的调查》，载《法学家》2010年第2期。

官对检察机关提出的量刑建议的高度认可，必然会表现出对辩护方所提之量刑意见的轻视。加之，量刑建议因具有"法律监督"效果而被检察机关所推行，这也使得辩护方提出的量刑意见很难在影响力层面与量刑建议抗衡。此外，检察机关在向法院提交检察建议前，由于围绕量刑事实所进行的法庭调查和法庭辩论尚未展开，以至于法院所掌握的案件量刑信息并不全面，此时量刑建议对法官量刑裁决发挥出的绝对支配作用，很难不让人担忧法官的刑罚裁量权的偏移问题。

此外，在畸高的量刑建议采纳率背后，除了体现出检察机关被赋予的量刑建议权在一定程度对法官的刑罚裁判权形成制约外，还可能存在检察机关将高采纳率作为其业绩考核重要指标之可能。这不仅会产生"检察官竭力追求法官对量刑建议的采纳"[1]，检察机关在量刑结果方面愈发具有"话语权"，更让法官在司法实践形成采纳量刑建议的惯性，无疑证实了"公诉方的量刑建议确实可能会干扰法官的裁判权"[2]。

3. 量刑建议高采纳率导致量刑辩护"无效化"

畸高的量刑建议采纳现状，已然从实质层面造成了量刑辩护的乏力甚至无效。例如，有学者担忧高量刑建议采纳率可能对律师量刑辩护实效产生消极影响，不仅导致法庭审理流于形式，还降低律师无罪辩护和轻罪辩护的成功率。[3]若检察机关的量刑建议在法官裁量刑罚时占据绝对支配地位，律师量刑辩护效果不佳的状态将持续下去，那么是否会导致大量可能影响量刑结果的信息或酌定量刑情节无法出现在法庭审理环节，也犹未可知。另有学者对此持保留意见，认为单纯从量刑建议的高采纳率反推律师量刑辩护过于形式的观点"是草率的"，其论证理由是"没有看到统计数据所涉及的具体案件，无法对具体案件中检察机关的量刑建议是否科学、公正发表意见"[4]，因此存在当检方提出的量刑建议公正且科学时，被高比率甚至全面采纳的合

---

〔1〕　如某地检察院就将量刑建议的采纳情况作为该院检察官业绩考核的重要指标，将量刑建议准确率达80%及以上的归类为"优秀"；量刑建议准确率在60%与80%之间的归类为"合格"，不足60%的归类为"未达标"。此外，还给予"优秀"档次的检察官物质奖励和单位评优争先上的优待。参见宋琳琳：《规范量刑建议 质量考评制度不可或缺》，载《检察日报》2010年1月12日，第3版。

〔2〕　赵阳：《中国量刑建议制度八年探索历程披露》，载《法制日报》2007年11月30日，第3版。

〔3〕　参见陈瑞华：《论量刑建议》，载《政法论坛》2011年第2期。

〔4〕　臧冬斌：《量刑自由裁量权制度研究》，法律出版社2014年版，第59页。

理性。

然而，法庭审理量刑问题"流于形式"，从来都不止量刑建议高采纳率这一个原因。其中，还牵涉"重定罪轻量刑"的司法实践传统观念、模糊的"估堆式"量刑方法和法官个人素质和司法经验的差异等多重因素。所以，对法庭审理量刑问题形式化的诉病，也不能仅归咎于检察机关量刑建议的普遍适用上。事实上，此处所要讨论的问题，是检察机关提出的量刑建议是否在法官裁量刑罚时产生不合理的支配性作用，以致限制法官量刑裁判范围？以及量刑建议的采用会否挤压律师量刑辩护的空间，继而影响辩护方的量刑辩护效果？

4. 量刑建议高采纳率导致信息呈现失之偏颇

虽然当前我国量刑建议制度取得了一定成绩，但在搜集量刑信息的完整性和全面性上，还存在较大的提升空间。有学者担忧当前量刑建议制度徒有程序之躯壳，并分析了造成公诉方量刑信息搜集匮乏的多方原因，如公诉使命和影响绩效要求、对酌定量刑情节和被害人情况的忽视等。具体而言，首先，受现行绩效考核制度的影响，公诉机关致力于对犯罪的顺利追诉，因此缺乏全面搜集量刑信息的积极性；其次，公诉人秉持"有罪必罚、罚当其罪"的态度，主要聚焦于法定的量刑情节，如犯罪人家庭背景、健康情况和前科劣迹等酌定情节被忽略；最后，有关被害人所受到的犯罪侵害后果、犯罪发生后生理心理恢复情况、是否获得民事赔偿以及被害人对犯罪人的仇恨或谅解程度，通常也难受公诉方重视。[1]就我国目前检察官的整体素质而言，不可避免地存在个人能力、立场偏向、地域发展等客观差异，因此，难以确保其具备作出准确无误的量刑建议之能力。就公诉人员而言，若要求其提出准确无误的精准化量刑建议，不仅意味着业务量的成倍增加，还是对其以中立身份居中衡平案内外各量刑事实和法律因素的背离。公诉方在公诉阶段提出精准化的量刑建议，既有违刑罚权的运行规律，又在客观上缺少法律和证据的支撑。与此同时，辩护方难以进行有效辩论或提出具有价值的量刑信息，均无益于法官获取详实而全面的量刑信息。

---

〔1〕 参见陈瑞华：《论量刑信息的调查》，载《法学家》2010年第2期。

二、量刑听证制度尚待明晰

量刑听证是法院针对特定案件，在基本了解案情和掌握必要量刑情节的基础上，采用面谈会、听证会等形式，邀请量刑关联人参加并发表意见，经过充分辩论，帮助法官全面了解案件并公正裁判的司法活动。[1]尽管部分基层法院曾有"量刑听证会"的尝试，以及有关"社会调查报告""量刑引入社会评价""人格调查制度"等量刑听证前置调查的探索，但我国目前并未在制度层面对量刑听证程序进行规定，这也给我国司法实践的量刑程序侧面造成不少理论和实务操作方面的困扰。

首先是法律规范依据之欠缺。当前我国的量刑听证制度并未实现规范化和制度化的重要原因，在于缺乏规范依据。尽管量刑听证制度广泛应用于英美法系国家，并通过充分展现被告人个人背景、犯罪历史、行为习惯和家庭工作情况等信息，为法官裁量刑罚提供了充分的信息范畴，但该制度暂未得到我国司法制度的重视，欠缺相关法律或司法解释的体系性支撑。这种规范空白是造成基层法院多次本土化尝试也难以形成体系性、规范性量刑听证制度的原因所在。

其次是实施模式较为混乱。实施模式的混乱和冲突的原因在于，实务部门和科研院所的法学研究者对于我国量刑听证制度的功能定位、运行方式等的认知存在偏差。实务部门将其视为司法改革的非必要组成部分，而忽视了量刑听证的实施效果；学理界则多援引英美刑法的量刑程序，多以介绍为主，而忽视了该制度移植到我国司法实践的必要性和差异性。此外，由于缺乏法律规范和规范的实施模式，鲜有法院会在探索量刑听证制度的同时，结合当前量刑规范化改革程序侧面的发展实际，探索一体化的改革路径。

最后便是理论研究匮乏。如前所述，学理界对量刑程序特别是量刑听证制度的研究多浮于表面，即主要围绕制度运行的过程进行描述，而不涉及本土化的可行性研究。更有学者认为，量刑听证制度与我国审判独立原则相悖，可能损害被害人的基本权利。[2]正因为学理研究的匮乏，即使是卓富法律技能和专业知识的法律工作者，也都存在对量刑听证制度的不同理解，社会公

---

〔1〕 参见姜涛：《认知量刑规范化》，中国检察出版社 2010 年版，第 269 页。
〔2〕 参见俞亮：《"缓刑听证"应该缓行》，载《南方周末》2003 年 7 月 3 日，第 3 版。

众更显示出对其不甚了解的其它国家和地区制度的偏见与排斥。[1]

三、量刑裁判说理流于形式

（一）量刑裁判说理不足的具体表现

尽管量刑规范化改革在全国各级人民法院全面推行并取得显著成效，但在刑罚裁量说理方面的进展甚微。有学者对自 2013 年推行裁判文书网络公开以来，涉及多种犯罪的 75 份一审刑事判决书中量刑说理情况进行整理，通过对刑罚裁量的用语、刑种刑度的裁量依据、涉及量刑建议和量刑意见的采用情况等进行分析。经分类统计发现：说理充分且能够指出证据具体内容和所论述事实的只有 24 份，仅占全部案件数的 32%；而在 49 份 55 人并处罚金刑的裁判文书中，没有一份对罚金刑的科罚进行量刑说理；明确提及辩方量刑意见的仅有占总数 28% 的 21 份。[2]

根据上述样本的数据分析，量刑裁判说理在刑事审判过程中的形式化、片面化集中体现在以下两个方面：一方面，裁判说理用语机械，未能对量刑理由进行充分解释说明，导致普遍缺乏法学专业知识的民众，在理解量刑结果产生过程上出现分歧，加剧了量刑偏差的现实感知。例如，法官在裁判文书中普遍采用概括性文字进行陈述，未对具体刑种或刑度选择的依据加以解释。另一方面，对量刑建议和量刑意见的采用缺少针对性的论理支撑，部分案件的审理法官仅筛选出容易处理的问题予以笼统地回应，甚至存在未提及检察机关提出量刑建议的情形。

（二）量刑裁判说理不佳的原因

当前我国刑事量刑裁判说理情况并不理想，是多方面原因共同作用的结果。其中，颇具代表性的原因有抽象描述的思维传统、量刑信息不完善和法官说理惰性。

1. 抽象描述的思维传统

中国古代社会崇尚"以和为贵"，注重对事物整体的宏观把握。先哲们追

---

[1] 参见姜涛：《认知量刑规范化》，中国检察出版社 2010 年版，第 279 页。
[2] 参见焦悦勤：《刑事判决书量刑说理现状调查及改革路径研究》，载《河北法学》2016 年第2 期。

求"经验上的贯通与实践上的契合"〔1〕，主张以模糊的经验评价取代具体的逻辑论证。这种立足于外部轮廓的抽象描述，倾向于对事物的含蓄认知，而排斥理性的逻辑分析和推理。这种倾向于对事物进行抽象描述的思维方式对法官的量刑裁判说理潜移默化地产生了影响。如法官在裁判文书中未能体现被告人"认罪态度良好"、"有悔罪表现"或"犯罪情节较轻"相关事实的解释说明，或未对适用缓刑的案件充分说明采纳何种量刑情节的原因。

2. 量刑信息不完善

量刑裁判说理流于形式的另一重要原因，即是法官据以量刑的事实信息的不完整。此外，如前所述，我国目前没有统领量刑规范化改革的单独机构或独立部门，因而在量刑数据的统筹搜集、汇总和分析研判上，难以达到系统化、周期化的效果。多数搜集和研究量刑数据的学理研究，或源于法学研究者的自身兴趣，或因如量刑规范化改革、认罪认罚从宽制度等司法改革试点的工作需要。这也使学者们或实务工作者将量刑信息整理视为阶段性的任务，目的是完成相关的科研考核或试点工作总结，一旦科研成果落地或试点阶段告一段落，便甚少再有对后续的量刑信息进行整理和研究的情况出现。为此，已有学者指出，应在鼓励法官在立足量刑政策的基础上，尽可能地洞悉被告人的特殊环境和隐藏信息，司法系统应避免隐藏相关信息或阻止法官感知罪犯实施犯罪的具体行为和情境。〔2〕

当然，量刑信息不完善与法官自身素质不无关系。裁判文书的质量高低取决于说理论证过程是否完整、透彻和有理、有据。当存在法官没有能力全面掌握量刑信息，且未能在诉讼过程中加以补充时，则难以获得支撑其充分论述的信息基础，更难以通过法言法语描述其裁量权形成的内部逻辑。另外，受制度监督和裁判负责制压力的影响，一部分法官在司法实践中倾向于作出模糊、概括的裁判理由，以防止案件被上诉或抗诉。

3. 法官的说理惰性

长久以来，法官在我国诉讼模式中占据支配地位，即法官在审判中处于

〔1〕　袁贵仁、梁家峰：《中西法律价值观比较的哲学反思》，载《北京师范大学学报（人文社会科学版）》2000年第3期。

〔2〕　See Webber J M. , "United States v. Brady: Should Sentencing Courts Reconsider Disputed Acquitted Conduct for Enhancement Purposes Under the Federal Sentencing Guidelines", *Arkansas Law Review*, Vol. 46, 1993, p. 471.

"绝对中心"，而其他诉讼参与方则多选择配合。这种职权主义诉讼模式，使法官产生这种错误认识，即只要确保案件处理结果公正，程序等其他问题即使出现些许偏差或疏忽，也都是未超出可允许的范畴，因此在裁判文书的制作中，职权主义的诉讼模式滋生了法官的说理惰性。[1]加之"重定罪、轻量刑"这一传统思想的消极影响，使得法官判罚时注重对案件性质的认定，而忽视了量刑结果的形成过程和论理解释，且控辩双方在法庭上的质证和辩论亦多是围绕控方指控能否形成、被告是否有罪以及所犯何罪的讨论。这直接导致法官在撰写判决书时，更着费笔墨在定罪的辨别和说理上，对量刑问题则倾向于使用笼统的语言加以概括。

四、量刑判例体制尚待建制

（一）既有案例指导制度存在缺憾

我们知道，案例指导具有两层含义，一方面，它强调案例的典型性和示范性，具有一定的指导作用；另一方面，案例的作用仅在于指导，而不具有法律上的拘束力。[2]党的十八届四中全会强调要"加强和规范司法解释和案例指导，统一法律适用标准"。我国最高法于 2011 年正式建立案例指导制度，经过各审判业务单位的案例推进和最高法审判委员会的讨论、遴选，并对法官参照类似案件统一裁判发挥了重要的保障作用。截至 2019 年 2 月，最高法共发布 21 批指导性案例，其中刑事指导性案例仅含占比 19.6%的 22 个。相较于每年数目庞大的刑事案件来说，指导案例的援引效果不尽如人意，2018年指导性案例应用数据显示，法官主动检索指导性案例，并在发现与待决案件具有类似性的情况下主动援引的比例较低，当事人或诉讼代理人根据自身诉请要求法官被动援引的情况，以及未援引的案例比例较高。[3]事实上，法官对指导性案例的参照率不仅被自身裁判习惯所左右，还受指导性案例本身是否具有普遍性、代表性的影响。在缺乏强制性规范约束或不具有检索指导性案例的法定义务的司法环境下，很难苛责法官未能主动检索可能具有参考

---

〔1〕 参见焦悦勤：《刑事判决书量刑说理现状调查及改革路径研究》，载《河北法学》2016 年第2 期。

〔2〕 参见龚稼立：《关于先例判决和判例指导的思考》，载《河南社会科学》2004 年第 2 期。

〔3〕 参见陈福才、何建：《我国案例指导制度的检视与完善》，载《中国应用法学》2019 年第 5 期。

性的指导案例，加之法官未参考指导性案例的裁判结果未必有失公允，这些均导致指导性案例的参照功能被架空。

当前我国案例指导制度的缺憾主要体现在对案例遴选的行政化倾向、逐级申报模式缺乏针对性和对案例普遍性的形式主义要求三个方面，直接导致指导性案例"设无可用"的尴尬局面时有发生。

1. 案例遴选带有些许行政化色彩

案例遴选行政色彩导致案例难以体现普遍性、代表性。根据《中华人民共和国人民法院组织法》第 37 条的规定，发布指导性案例，可以由审判委员会专业委员会会议讨论通过。最高法对指导性案例遴选、审查和报审工作的负责部分逐一作出规定，层级推荐、审查和遴选的过程具有一定的行政化色彩，并非司法权的行使过程，而是司法权行政化运作的结果。这是因为，拥有审判经验且对案例选择具有敏锐洞察力的法官，通常都在审判一线开展业务工作，而遴选和报审的工作则交由各法院研究室的法官助理和书记员处理，因此在选择具有代表性的指导案例时，相较于参与裁判全程、熟悉各领域司法动态的法官而言，在把握案例指导价值方面之能力略显欠缺。

2. 逐级申报的案例搜集模式缺乏针对性

除了在案例遴选过程中表现出的显著的司法行政化倾向，逐级申报案例的搜集模式也降低了案例指导的针对性。具体而言，一方面，鉴于人民法院每年处理案例的庞大基数，仅通过逐层呈报的方式遴选案件，缺乏实证分析和统计基础，势必会折损案例指导审判的作用；另一方面，允许社会各界人士在一定条件下推荐案例的遴选模式同样存疑，除了少量从事过法律工作、教学的律师和高校科研人员有机会参与司法审判或调研工作中，其他的社会民众对于司法活动了解甚少，在推荐案例过程中易被民意中非理性方面的情感影响，不利于对应发挥指导裁判的案例的遴选。

3. 对案例普遍性的形式主义要求

形式上对案例普遍性的追求可能产生相反的指导作用。例如，最高法在遴选、审查和确定指导案例时会照顾各省市、自治区、直辖市等不同地域和不同审级法院的报审情况，并会在案例种类上作出均衡的分布。这对于我国幅员辽阔、多民族、发展相对不均的现状来说，具有现实意义。但不可否认的是，遴选出的案件或多或少在审判质量、释法说理程度上存在差异，而指导性案例的衍射范围应顾及全国所有法院系统，因此在遴选案例时应避免对形式普遍性的过度关注。

（二）刑事判例指导效用不佳

1. 判例与案例的关系

判例，顾名思义是指"判决的先例"，英文通常表述为 case 或 precedent。其中，case 作判例时，主要侧重于对整个案情的叙述或报告；而 precedent 作判例时，则主要指代先例，即先前的判例。尽管案例与判例在依据属性上存在共通性，但两者在内涵及偏重上存在差异。如判例制度的核心是遵循先例，以确保同样的事项得到同等的处断，案例偏重对案情的陈述，是案件相关的事实和证据的总称，通常不具有法律约束力；而判例比案例更为确切，因为它是以某一判决作为处理同类案件的前例，"是对有效判决进行理性加工的范例而不是事实上的案件或者案例"〔1〕，"是其他法官以后审理类似案件的参考、借鉴甚至遵循的范例，侧重判决或裁定"〔2〕。

2. 刑事判例与刑事司法解释的关系有待明晰

在理解了判例与案例之间的差异后，还需要围绕刑事判例和刑事司法解释之间的联系展开论述。我国现阶段的刑事司法解释属于一种旨在通过解释形成具有普遍法律效力的抽象法律解释。

尽管刑事司法解释能够为不同地区适用法律提供相对统一的适用标准，能够在一定程度上避免定罪量刑的失衡，但它仍然具有缺陷。这是因为，我国现阶段的刑事司法解释是为了便于刑法的实施，而在刑法实施过程中所作的解释，也即缺少了对立法抽象化结果的个案还原的过程。目前司法实践中偶有出现的司法解释仍需进一步解释的尴尬局面即为适例。鉴于静态刑法立法规范的天然滞后属性，司法实践中更需要对立法抽象化结果进行个案化还原的具体法律解释。

而刑事判例正是经过法官综合考量所作的裁判，体现出该法官在具体案情中冷静思考、结合法条的理解所形成的特殊形式的刑事法律解释。鉴于目前我国刑事司法解释基本属于规范性范畴，对量刑规范化和限制法官的自由裁量权的滥用所能够发挥的作用还十分有限，有必要展开对刑事判例制度的探索，"以作为具体刑事司法解释的刑事判例来辅助刑法的适用"，既可以保

---

〔1〕 张影：《刍议刑事判例制度》，载《行政与法》2006 年第 7 期。
〔2〕 臧冬斌：《量刑自由裁量权制度研究》，法律出版社 2014 年版，第 200 页。

持成文法的主导地位，又能在具体审判中引入刑事判例制度的辅助机制。

（三）　当前案例制度不利于深入推进量刑规范化改革

如前所述，刑事判例的形成凭借的是法官个体基于主观思维、进行自由裁量，通过个案的处理形成对法律规范的解释。刑事判例能够结合具体案例阐明对案件量刑的要求和量刑目标、基准等量刑相关因素，便于法官结合类案进行裁判，助益于刑事审判效率之提升。[1]也就是说，聚焦于量刑领域的刑事判例，由于融合了法官定性分析和定量分析的过程，将对规范量刑发挥更强的针对性作用。

事实上，我国量刑规范化改革表现出的"自下而上"的地方积极探索促进学理论证和"自上而下"的中央统一领导推行的特征，本身就具备刑事判例量刑部分的"准判例"制度的设立可能性。我国的法院数目众多、分布均匀、审级明确，对各区域刑事量刑情况的整理和研究，不仅有利于及时反馈量刑规范化的成效，还便于在量刑规范化改革深入推进的过程中，进一步扩大规范的范畴，既符合第二批常见罪名"二次试点"的研究需要，还能为中央层面第三、四批常见罪名的确立，奠定全面的调研基础。然而，结合我国量刑规范化改革的发展历程，尽管在探索试错阶段已有高校和科研院所的研究者针对少数犯罪的案例进行过搜集、整理，并据以结合电脑技术进行识别、研判和运算，但仅限于技术层面对量刑辅助系统的探索，并未出现法官或是审判机关对个罪的刑事判例进行整理，更没有对量刑部分进行归纳。就算山东省淄博市淄川区人民法院和江苏省泰州市姜堰区人民法院根据本地区刑事犯罪量刑情况，对数千份量刑裁判数据进行分析，相比于我国每年数目庞大的刑事案件数，也仅能对各自区域发挥较小的指导作用。

---

〔1〕　参见臧冬斌：《量刑自由裁量权制度研究》，法律出版社 2014 年版，第 215 页。

我国量刑规范化改革指导观念的完善

第一节 其他国家和地区量刑改革指导观念的参考

一、美国："直觉驱动"与"规则武断"的折衷

纵观美国量刑改革的发展历程，其指导观念经历了如下变迁，即由"直觉驱动"下的"康复矫治主义"刑罚观向"规则武断"下的"机械主义"刑罚观发展，并最终呈现出当代的"衡平主义"刑罚观。

（一）前量刑指南时期："直觉驱动"下的"康复矫治主义"刑罚观

20世纪30年代至70年代中期，美国刑事量刑呈现出浓厚的"不确定性"和"刑罚个别主义"色彩，以"康复矫治主义"为特征的量刑格局盘踞于美国刑事司法领域。在这种量刑思想指引下，矫正罪犯犹如根据"病人"的"治愈进度"和"医治效果"来"对症下药"，由量刑法官宣告幅度刑，再由监狱和假释委员会的司法工作人员根据罪犯执行过程的改造情况，逐步预测未来危险性程度，从而决定实际执行刑期。[1]研究显示，被告人在康复机构的矫治时间长短，对其顺利回归社会有"轻微的负面影响"。[2]由于报复主义刑罚思想在康复矫治时期被广泛认为是"残忍且不合时宜的"，因而法官在量刑裁决中会充分考虑犯罪人获得的普遍同情、重返社会需要和社会福利等

---

〔1〕 参见储槐植、江溯：《美国刑法》，北京大学出版社2012年版，第268页。

〔2〕 See W. J. Genego, et al., "Parole Release Decision-making and the Sentencing Process", *The Yale Law Journal*, Vol. 84, No. 4., 1975, p. 827.

潜在价值观，尽可能采取"最低限度替代措施"（the least restrictive alternative）。[1]

在前量刑指南时期，由于《美国法典》（the United States Code）和其他刑事法规范针对量刑问题的规定十分粗疏、概括，加之法律并未要求法官量刑时必须考虑特定的量刑情节或个案因素，致使该时期美国刑事司法领域的"类案异判"情况屡见不鲜。联邦刑事法律赋予法官宽泛的自由裁量权，允许法官在量刑过程中广泛开展司法事实调查，"以获得被告人社会背景、受教育程度、犯罪前科、雇佣情况等信息，作出有利于罪犯康复目的的个性化量刑，帮助其回归社会"[2]。如联邦最高法院在苏利文诉艾西亚（Sullivan v. Ashe）案的司法意见中强调，"鉴于被告人的犯罪前科表征其犯罪目的和倾向，均显著影响量刑结果，法官在裁量刑罚时，不仅要考虑被告人被控之罪行，还需综合考量行为人的特殊情境以及犯罪人的性格、习性"[3]。在这种泛化的自由裁量权引导下，法官的量刑裁决既受被告的具体犯罪情况影响，又受法官的个人偏见或其他影响因素的干预。[4]可以说，20世纪中叶，无论是联邦层面，还是各州量刑法官，无不"肆意挥霍"着宽泛的刑罚裁量权，以至于立法者所提供的宽泛裁量范围，并未向法官提供具有实践意义的法律指导或可用于解释量刑结果的详细说明。[5]

彼时的不确定性量刑机制要求，法官裁量刑罚时须将罪犯的康复需求作为首要考虑，通过对罪犯个人信息的全面考察，"如医者从事临床诊断般"[6]为罪犯"对症下药"。在法官"直觉驱动"（intuition-driven）的量刑思维指引下，法官根据"病人"的"治疗需求"和"康复进度"宣告幅度刑，再由假释委员会的工作人员根据罪犯的具体改造情况，预测其未来危险性，进而决

---

〔1〕　See Tonry M H., "Sentencing in America, 1975-2025", *Crime and Justice*, Vol. 42, No. 1., 2013, pp. 147-149.

〔2〕　崔仕绣：《美国量刑改革的源起、发展及对我国的启示借鉴》，载《上海政法学院学报（法治论丛）》2020年第1期。

〔3〕　See Pennsylvania ex rel. Sullivan v. Ashe, 302 U. S. 55 (1937).

〔4〕　See Broderick S. Blakely v. Washington Confuses Federal Courts: A Look into the Constitutionality of Federal Sentencing Guidelines〔J〕. Western State University Law Review, 2005, 32: 244.

〔5〕　See Nora V. Demleitner, et al., *Sentencing Law and Policy: Cases, Statutes, and Guidelines*, Wolters Kluwer Law & Business, 2013, p. 85.

〔6〕　United States v. Mueffelman, 327 F. Supp. 2d 79, 83 (D. Mass. 2004).

定实际执行的刑期。[1]联邦最高法院在诸如威廉姆斯诉纽约州（Williams v. New York）[2]案、合众国诉塔克（United States v. Tucker）[3]案和合众国诉格雷森（United States v. Grayson）[4]案等数个判例的司法意见中，均不吝笔墨地强调了在量刑裁决中体现康复矫治目的和量刑个别化的重要性。如威廉姆斯案的主审法官认为，基于犯罪人特殊情境而作的量刑裁决，体现了"由惩罚主义向康复矫治过渡"[5]（retribution to reformation and rehabilitation）的量刑观；塔克案则确立了法官在量刑过程中依法行使司法调查权，即允许法官依据法律赋予的宽泛的自由裁量权，进行广泛地司法事实调查，以获取便于量刑实践的各种信息；格雷森案的审理法官强调，为了综合考虑被告人未被定罪的行为对其他被控罪行的量刑影响，有必要关注康复主义刑事处罚核心与最大限度的司法自由裁量权之间的关系。此外，除了法官在裁量刑罚时的"随心所欲"，彼时几乎不存在针对量刑结果的书面司法意见或裁判综述，且量刑听证会仅采用口头陈述的方式，鲜有书面材料供法官进行量刑参考。[6]由此可见，由于缺乏法规范的必要约束，法官在量刑实践中享有宽泛的刑罚裁量权，受其个人良知、法律观念和康复矫治需要的影响，形成了驱动司法实践的"直觉冲动"。

简言之，法官基于罪犯需要的个别化、差异化康复矫治需求，在"直觉驱动"下过分注重罪犯的再社会化和人权保障，不仅导致无根据的量刑差异频繁发生，还遭到理论界和实务界的严厉批判。如有学者称该时期的量刑制度"毫无法纪"可言，法官自由裁量权的无序行使，不仅使量刑结果缺乏依据，还使得被告人所享有的上诉权变得模糊，无根据的量刑差异的常态化，导致种族歧视形势严峻。[7]在美国刑事司法领域正式展开大规模量刑改革之前，法官在司法实践中被要求全面考虑犯罪人的特殊情境，实际上是以法官的个人裁判直觉为驱动的"康复矫治主义"刑罚观的体现。

---

〔1〕 参见储槐植、江溯：《美国刑法》，北京大学出版社 2012 年版，第 268 页。

〔2〕 See Williams v. United States, 337 U. S. 244-251 (1949).

〔3〕 See United States v. Tucker, 404 U. S. 443 (1972).

〔4〕 See United States v. Grayson, 438 U. S. 41 (1978).

〔5〕 Williams v. United States, 337 U. S. 248 (1949).

〔6〕 See Nora V. Demleitner, et al., *Sentencing Law and Policy：Cases, Statutes, and Guidelines*, Wolters Kluwer Law & Business, 2013, p. 86.

〔7〕 See Tonry M H., "Sentencing in America, 1975-2025", *Crime and Justice*, Vol. 42, No. 1., 2013, pp. 142-143.

（二）强制性量刑指南时期："规则武断"下的"机械主义"刑罚观

为了有效应对前述美国刑事司法实践中频现的无根据量刑偏差和量刑失衡，限缩法官泛化的刑罚裁量权，完善量刑程序，美国国会于 1984 年通过了《量刑法案》。《量刑法案》进一步依照"量刑改革之父"弗兰克尔（Frankel）大法官的构想，设立了由司法部门及两党法律专家组成的，独立于司法系统的美国量刑委员会（The Sentencing Commission）。此外，为了指导和规范法官的量刑实践，《量刑法案》赋予委员会颁布和定期修改具有强制性适用效力的《量刑指南》之权力。另外，为了促进周期性、长效性的量刑数据搜集和实证研究，委员会还负责系统性地收集、分析和报告量刑数据，评估联邦量刑政策，并根据实践需要及时加以调整。[1]

作为《量刑法案》的重要组成部分，强制性《量刑指南》的颁布施行，"旨在通过规范法官自由裁量权，减少个别化量刑中的可变性和无理由差异"[2]，"促进量刑统一性，以便处境相似的被告获得相似的量刑裁决"[3]。值得一提的是，尽管学者们在强制性《量刑指南》是否有效降低区域间量刑差异这一问题上缺乏共识，但委员会内外的法律研究者均一致认可指南在降低法官之间量刑差异的积极贡献。[4]如有学者评价称，强制性《量刑指南》的颁布施行旨在根据被告人所涉罪行的相关法律因素，进行公正、一致地量刑裁决，以减少甚至消除因被告人社会特征而产生的无根据量刑差异。[5]除了颁布具有强制性适用效力的量刑指南规范，用以约束法官泛化的自由裁量权外，量刑程序价值在强制性《量刑指南》时期同样得到了包括美国刑事司法实务界和学理界的足够重视。除了在指南规范中明确提出了"消除量刑失衡与司法偏见"这一核心目标外，还通过完善量刑听证程序以搭建法官与缓刑监督官

---

〔1〕　See United States Sentencing Commission, "United States Sentencing Commission's 2018 Annual Report", at https://www.ussc.gov/about/annual-report-2018, 最后访问日期：2019 年 8 月 27 日。

〔2〕　Frank O. Bowman Ⅲ., "Dead Law Walking: The Surprising Tenacity of the Federal Sentencing Guidelines", *Huston Law Review*, Vol. 51, 2014, p. 1267.

〔3〕　Carol A. Pettit, "Writing the Booker on Blakely: The Challenge to the Federal Sentencing Guidelines", *Tulsa Law Review*, Vol. 41, No. 2., 2005, p. 377.

〔4〕　See James M. Anderson, et al., "Measuring Inter-judge Sentencing Disparity: Before and After the Federal Sentencing Guidelines", *Journal of Law and Economics*, Vol. 42, No. 51., 1999, p. 294.

〔5〕　See Jill K. Doerner, Stepher Demuth, "Gender and Sentencing in the Federal Courts: Are Women Treated More Leniently?", *Criminal Justice Policy Review*, Vol. 25, No. 2., 2014, pp. 242-243.

之间的信息沟通渠道，使法官能够在全面了解量刑信息的基础上合理判罚，进而保障控辩双方提出意见的合法权利。[1]

强制性《量刑指南》在美国量刑改革进程中占据支配地位，对各个司法管辖区的量刑实践影响深远。有学者充分肯定了美国量刑改革实践，称"规范性《量刑指南》为实现当代刑事量刑改革的系统性目标提供了充分灵活的文本依据，包括增加中间制裁措施比例（intermediate sanction）、采用恢复性司法项目和社区服务项目、进行罪犯风险管控等"。[2]据粗略估计，美国境内共计94个司法管辖区和12个巡回法庭均适用《量刑指南》，也即法官在量刑时严格遵循指南的政策声明和各罪的建议区间来计算判决刑期。（详情请见下图）[3]

图4-1 美国各司法管辖区边界图

概言之，以《量刑法案》和《量刑指南》颁布施行为标志的美国量刑改革，在十几年的时间里，让量刑法官被赋予的自由裁量权经历了由"宽泛无度"向"机械紧缩"的过渡。在强制性《量刑指南》时期，法官的量刑实践

----

〔1〕 参见苏彩霞、崔仕绣：《中国量刑规范化改革发展研究——立足域外经验的考察》，载《湖北大学学报（哲学社会科学版）》2019年第1期。

〔2〕 See Richard Frase, "State Sentencing Guidelines: Diversity, Consensus, and Unresolved Policy Issues", *Columbia Law Review*, Vol. 105, 2005, p. 1232.

〔3〕 该图显示了美国上诉法院和地区法院的地理边界。参见 United States Sentencing Commission: "Federal Courts", at https://www.ussc.gov/about-page，最后访问日期：2019年8月27日。

受"规则武断"的影响，逐渐表现出浓厚的"机械主义"倾向，主要表现为以下三个方面：

首先，具有强制性适用效力的《量刑指南》，立足美国判例法体系遵循先例的传统，在统计和演算上万份判例的基础上，兼顾被告人犯罪前科历史、常见量刑因素和其他量刑情节（如罪犯教育背景、就业情况、家庭邻里关系和身心情感状况等），立足服务量刑实践的根本立场，制定了包含43个犯罪等级、6个犯罪前科类别和258个具体量刑区间的联邦量刑指南框架。[1]量刑幅度的二维网格分别以"犯罪前科种类"（criminal history category）和"罪行危害等级"（seriousness of the crime）作为横纵轴，通过犯罪基准等级来确定准确的监禁刑期。[2]据统计，委员会颁布和施行的《量刑指南》，不仅吸纳和包含了《美国法典》数百条刑事法规，还结合了约四万份的刑事案件裁判摘要和一万份刑前调查材料[3]、假释指南和政策判决等。[4]

其次，这种格式化、数据化明显的量刑规则和量刑区间表，为量刑实践披上了高度量化的"外衣"，无形中造成了对未被考虑在量刑区间内的其他情节的忽视。这是因为，只要确定了具体的犯罪事实、量刑情节和被告人个人情况，法官便可通过个罪的《量刑指南》规范"按图索骥"，并在对应的量刑幅度内行使极为有限的刑罚裁量权。[5]此外，指南确定的强制最低刑（mandatory minimums）给特定罪犯设置了最低量刑限制[6]，要求法官对被判有罪或具有特定犯罪历史的罪犯，所量处的监禁刑期不得低于法律规定的最低刑期，如此便严格限制了法官自由裁量权的行使。受强制性量刑指南的约束，法官裁

---

〔1〕 See Richard Frase, "State Sentencing Guidelines: Still Going Strong", *Judicature*, Vol. 78, 1995, p. 176.

〔2〕 See Julian V. Roberts, Oren Gazal‐Ayal, "Statutory Sentencing Reform in Israel: Exploring the Sentencing Law of 2012", *Israel Law Review*, 2013, p. 455.

〔3〕 此处所指之"刑期调查材料"，是缓刑监督官基于被告人的"量刑前调查"，充分考察其被诉之罪的相关事实、未起诉罪行、犯罪历史、家庭情况和其他可能影响量刑裁决的个人信息情况，作出的包含"犯罪人情况"和"犯罪行为情况"的"量刑前调查报告"，旨在向法官提供及时、全面的量刑信息。有关"刑期调查材料"的论述将在本书第六章详细展开。

〔4〕 See The United States Sentencing Commission. Guidelines Manual (Nov. 2018), § 1A1. 5.

〔5〕 参见汪贻飞：《量刑程序研究》，北京大学出版社2016年版，第257页。

〔6〕 See Weis J F, "The Federal Sentencing Guidelines-It's Time for a Reappraisal", *American Criminal Law Review*, Vol. 29, 1992, p. 823; Luna E, Cassell P G., "Mandatory Minimalism", *Cardozo Law Review*, Vol. 32, 2010, pp. 8-9.

量刑罚通常受到指南规定的幅度限制，超出强制区间裁量刑罚的司法实践几乎凤毛麟角。[1]

最后，在强制性《量刑指南》时期，为了获得增加被告刑期的特定事实，法官可依需要展开司法事实调查（Judicial Fact-Finding），且仅需达到"优势证据标准"（Preponderance of the Evidence）即可不受"排除合理怀疑规则"[2]或陪审团事实裁判的限制。这便造成被告人经陪审团裁判"无罪开释行为"[3]（Acquitted Conduct），再次进入其量刑裁判的考虑范畴，并由此引发"禁止双重危险"[4]（Prohibition Double Jeopardy）之违反的讨论。

换言之，受"规则武断"的量刑制度约束，一方面，《量刑指南》的强制性愈发凸显出量刑区间在实践运用中的机械和僵硬；另一方面，法官采用司法事实调查结果加重量刑的判例，遭到了理论界和实务界的合宪性质疑。例如，有学者称，对量刑结果均衡的片面追求，成为一种为避免围绕惩罚目的而派生的实质性政策辩论的中立方式，不仅未对刑罚目的起到任何规范性指引作用，还对量刑结构产生意外影响。[5]其中，刑罚目的规范性指引的缺失体现在对威慑和丧失能力这两个刑罚目的畸重，进而忽视了对康复矫治、报应的主观因素和程序正义的考量；量刑结构的影响表现为对结果的形式控制，牺牲了实际上已纳入量刑宪法框架的权力制衡、程序分解、实践探索和地方主义等方面的考虑。强制性《量刑指南》几乎使法官的自由裁量权消失

---

〔1〕 有学者总结了强制性《量刑指南》时期，法官偏离强制区间进行刑罚裁量可能面临的数个挑战：第一，超出强制性指南规定的刑罚幅度量刑，可能导致被告人提出上诉，初审判决存在被推翻的可能；第二，在强制性指南规定的刑罚幅度下量刑，可能招致检控方上诉（可以理解为抗诉），初审判决同样容易被推翻；第三，偏离于指南规定区间的量刑结果，易受到上诉法院的重点审查，判决被推翻的可能性大增。参见汪贻飞：《量刑程序研究》，北京大学出版社 2016 年版，第 249~250 页。

〔2〕 美国刑事司法审判的证明标准主要有三：优势证据标准、清楚确信标准和排除合理怀疑标准。其中，优势证据标准的严格程度最低，排除合理怀疑标准的证明要求最高。参见吕泽华：《美国量刑证明标准的变迁、争议及启示》，载《法学杂志》2016 年第 2 期。

〔3〕 See Johnson B L, "If at First You Don't Succeed-Abolishing the Use of Acquitted Conduct in Guidelines Sentencing", *North Carolina Law Review*, 1996, pp. 157-158.

〔4〕 美国宪法第五修正案有关"禁止双重危险"（Double Jeopardy Prohibition）条款，旨在保障犯罪人免受双重处罚的宪法权利，即任何人不得因同一犯罪而两次受生命或者健康的危险。See Ngov E, "Judicial Nullification of Juries: Use of Acquitted Conduct at Sentencing", *Tennessee Law Review*, Vol. 76, 2009, pp. 288-289.

〔5〕 See Bierschbach R A, Bibas S, "What's Wrong With Sentencing Equality?", *Virginia Law Review*, Vol. 102, 2016, pp. 1446-1447.

殆尽，法官疲于在繁密的区间"地图"中寻求出路，甚少考虑个案的具体量刑情节，此外，刑罚裁量权更出现由法官转移至检察官和缓刑监督官的尴尬局面。

简言之，《量刑法案》《量刑指南》的先后颁布，对减少美国量刑实践中无根据的量刑差异和促进公正、一致的量刑裁决，起到了一定程度的推动作用。但由于《量刑指南》数字化、格式化的结构性缺陷持续暴露，法官受机械的量刑区间限制和低证明标准的司法事实调查影响，在强制最低刑约束下对罪犯多量处监禁刑，不仅引起公众对相关判例的合宪性的担忧，还导致监狱服刑人数井喷，运营和维护成本连年增长。针对判例的违宪争议、监狱负荷过重和罪犯矫治效果不佳等困境，学者们纷纷呼吁委员会重新综合评估和审视《量刑指南》的强制性约束效力。[1]

（三）参考性量刑指南时期："衡平主义"刑罚观

受机械、僵硬的强制性《量刑指南》影响，法官一方面被要求严格遵循量刑区间进行个罪裁量，另一方面，又肆意开展司法事实调查并依据低标准的"优势证据规则"加重被告人的量刑，导致相关判例的违宪质疑十分激烈。其中，最具代表性的判例有阿普伦蒂诉新泽西州（Apprendi v. New Jersey）[2]案、布莱克利诉华盛顿州（Blakely v. Washington）[3]案和合众国诉布克（United States v. Booker）[4]案。鉴于上述判例多涉及美国量刑改革的实体和程序方面的论述，故将于后文第五章和第六章障碍克服方面逐一详细展开，此处暂且按下不表。

美国联邦最高法院在布克（Booker）案的终审意见中，裁定将《量刑指南》的适用效力由强制性降格为实质参考性。自此，美国刑事量刑改革进入

---

[1] See Zachary W. Prison, "Money, and Drugs: The Federal Sentencing System Must be More Critical in Balancing Priorities Before It Is Too Late", *Texas A&M Law Review*, 2014, p. 323.

[2] See Apprendi v. New Jersey, 530 U. S. 466 (2000).

[3] See Blakely v. Washington, 542 U. S. 296 (2004).

[4] 对美国量刑改革影响较大的代表性案例如合众国诉布克（United States v. Booker）案，正式将《量刑指南》强制适用属性降格至参考性；丽塔诉合众国（Rita v. United States）案允许法官将指南规范作为地区法院裁判案件的合理性依据；盖尔诉合众国（Gall v. United States）案则是从判决自由裁量的角度界定上诉复审的合理性审查；合众国诉金不罗（United States v. Kimbrough）案阐明了量刑审查的谦抑属性。See United States v. Booker, 543 U. S. 220 (2005); Rita v. United States, 551 U. S. 338 (2007); Gall v. United States, 552 U. S. 38 (2007); United States v. Kimbrough, 552 U. S. 109 (2007).

全新的发展阶段。在参考性《量刑指南》时期，联邦最高法院既强调指南规范对量刑实践的指导和参考作用，又强调法官自由裁量权的重要性，在具有实质参考属性的《量刑指南》影响下，美国量刑实践在"直觉驱动"与"规则武断"之间相互徘徊，体现了对前《量刑指南》时期不确定量刑模式和强制性《量刑指南》时期机械量刑模式的扬弃。

首先，为了实现《美国法典》第 3553 节 a 条规定的"处罚适正、犯罪威慑、基于保护社会需要的犯罪遏制和提升教育矫治的实效"[1]的量刑目的，法官在量刑时"有必要避免具有相似犯罪记录、实施相似犯罪行为的被告人之间出现无理由差异"，同时，该条款还补充"法庭应综合考虑被告人的犯罪性质、犯罪历史和个人情境"。[2]于是，法官被紧缩的自由裁量权得到适度的释放，量刑区间的规范效力也随之降低。[3]为了确定《量刑指南》中各个犯罪的恰当量刑幅度，委员会不仅对前《量刑指南》时期的量刑实践中每一种犯罪适用的平均刑罚进行了评估，还仔细参照了联邦法律、假释指南以及其他相似法律文件中有关刑罚的规定，及时消除量刑中的同罪异罚情况。虽然量刑法官在裁量刑罚时，仍须计算和考虑个案各罪的指南区间范围，但他们已被赋予了超出该区间范围合理裁量刑罚的权力。[4]《量刑指南》允许法官对作出认罪答辩的被告人量处较轻的刑罚，对于在警方侦查或检控方起诉其他人过程中提供"实质性帮助"的被告人，在警方或检控方提出偏离动议的情况下，法官也可以在指南建议的刑期之下进行偏离量刑。

其次，法官在参考适用《量刑指南》进行刑事裁判的同时，需接受量刑结果合理性的上诉复审监督。[5]通过上诉法院的实质性审查，有助于提高立法机关或委员会的政策立场对法官量刑实践的影响，尤其是在法官基于偏离

〔1〕 Amy Baron-Evans, "The Continuing Struggle for Just, Effective and Constitutional Sentencing after United States v. Booker: Why and How the Guidelines Do Not Comply With § 3553 (A)", *The Champion*, 2006, p. 33.

〔2〕 See 18 U. S. Code, § 3553 (a); Sara Sun Beale, "Is Now the Time for Major Federal Sentencing Reform?", *Federal Sentencing Report*, 2012, p. 382.

〔3〕 See Rabinowitz A B, "Post-Booker Judicial Discretion and Sentencing Trends in Criminal Intellectual Property Cases: Empirical Analysis and Societal Implications", *Journal of Intellectual Property and Entertainment Law*, Vol. 2, 2012, p. 53.

〔4〕 See Gall v. United State, 552 U. S. 38-39 (2007).

〔5〕 See Levy D M. Defending Demaree, "The Ex Post Facto Clause's Lack of Control Over the Federal Sentencing Guidelines after Booker", *Fordham Law Review*, 2009, p. 2624.

事由（向上或向下）作出超出指南建议的区间范围的裁决的情况中。[1]可以说，布克（Booker）案为委员会与法院之间的良性互动创造了宝贵的话语契机，按照《量刑法案》制定者们的设想，开创性地使"量刑法院与上诉法院的持续性发展"[2]成为可能。

最后，当前美国量刑指导观念和政策也体现了对"直觉驱动"和"规则武断"的协调。根据委员会最新发布的《2018 年度美国联邦量刑数据资源手册》（2018 Annual Year Report and Sourcebook of Federal Sentencing Statistics），当前美国刑事司法领域的量刑指导观念和量刑政策的更新体现在以下三个方面：第一，促进刑罚目的之融合与实现（如惩罚、威慑、犯罪遏制或使丧失犯罪能力、康复矫治或社会复归等）；第二，在充分且灵活地考虑加重和减轻量刑因素的基础上，避免相似犯罪行为及特征的罪犯之间无根据的量刑差异，以实现量刑公正与量刑均衡；第三，在切实可行的范围内，不断完善包括量刑程序在内的刑事司法程序。[3]此外，根据《美国法典》第 28 篇第 994 节（d）款项的规定，委员会要求量刑法官在司法实践中"确保量刑指南和政策声明体现出的对被告人种族、性别、国籍、宗教信仰和社会地位的完全中立（entirely neutral）态度"。[4]

当然，学界仍存在质疑参考性《量刑指南》违宪的声音。如道格拉斯·伯曼（Douglas A. Berman）教授坦言，尽管联邦最高法院在布克（Booker）案后降格了《量刑指南》的适用效力，但量刑制度运行过程中仍有诸多不透明且未知的合宪性疑虑。[5]大卫·鲍尔（W. David Ball）教授认为，委员会所期望实现的众多量刑改革目标中，如量刑统一与量刑均衡、法官自由裁量权

---

〔1〕 See Bibas S, et al., "Policing Politics at Sentencing", *Northwestern University Law Review*, 2009, p. 1371.

〔2〕 美国量刑委员会与法院之间的良性互动表现有二：一方面，委员会可通过"全面的证据考虑、有效的推理和前后一致的政策声明，以及其他缺乏控制力的情况下具有说服力的因素"，让法院遵循量刑规则；另一方面，法院也可以说服委员会去修改和解释不合理的量刑规范。See Amy Baron-Evans、Kate Stith, "Booker Rules", *University of Pennsylvania Law Review*, Vol. 160, No. 6., 2012, p. 1671.

〔3〕 See United States Sentencing Commission, "United States Sentencing Commission's 2018 Annual Report", at https://www. ussc. gov/about/annual-report-2018, 最后访问日期：2019 年 8 月 30 日。

〔4〕 See 28 U. S. Code, § 994 (d); Nora V. Demleitner, et al., *Sentencing Law and Policy: Cases, Statutes, and Guidelines* (3rd ed), Wolters Kluwer Law & Business, 2013, p. 37.

〔5〕 See Berman D A, "Federal Sentencing Challenges Post-Booker", *Huston Law Review*, 2014, p. 1207.

的扩张与限缩、真实量刑与罪责相当、康复矫治与犯罪威慑、种族中立、保留极端犯罪的监禁刑、简化刑法、宣传刑罚替代措施、犯罪威慑、降低司法成本和维护受害者权利等，存在相互冲突的情况。[1]正如南希·特纳（Nancy Gertner）法官看来，后布克时代（Post-Booker Period，即参考性《量刑指南》时期）的参考性《量刑指南》体系，是现存《量刑指南》框架与法官自由裁量权的结合，是过去近20年美国量刑改革宝贵的经验总结，不仅打破了机械适用量刑规则的司法实践习惯，使量刑结果更具均衡性、比例性和个别性，还更加注重在量刑目的上向提升改造效果（rehabilitation）、减少再犯发生（minimization of recidivism）等方面过渡。[2]

可以说，无论是出于实现量刑目的的需要、开展上诉复审的实践需求，还是量刑政策转向等方面，后布克时代的美国量刑改革指导观念均反映了"直觉驱动"与"规则武断"相结合的"衡平主义"刑罚观。如布克（Booker）案的审理法官在司法意见中强调，尽管《量刑指南》作为"有效的参考性文本"不再具有强制性适用效力，但法官在量刑时"仍然有义务参考指南规定的量刑幅度和区间"。[3]可见，指南规范在规则约束层面的"削弱"，使法官在量刑实践中的自由裁量权得以释放。对此，美国刑事法学界主要存在两派观点，即主张法官刑罚裁量权优先以及强调《量刑指南》应继续坚持稳健影响的观点。[4]不难看出，如何在重视参考性《量刑指南》基础上，简化量刑规范和保护法官的自由裁量权，已然成为布克（Booker）案之后，美国刑事法学界和司法实务领域深化联邦量刑改革的探讨核心。

简言之，在前《量刑指南》时期，法官被赋予宽泛的自由裁量权，倾向于对罪犯作出康复矫治主义的量刑裁决，体现了"直觉驱动"下的"康复矫治主义"刑罚观；在强制性《量刑指南》时期，受严格的量刑规范和区间明确的量刑幅度的限制，法官鲜少能够行使自由裁量权，这个阶段的量刑模式体现为"规则武断"下的"机械主义"刑罚观；布克（Booker）案后的参考

---

〔1〕 See Ball W D, "Redesigning Sentencing", *McGeorge Law Review*, 2014, p. 827.

〔2〕 See Gertner N, "Supporting Advisory Guidelines", *Harvard Law and Policy Review*, Vol. 3, No. 2., 2009, p. 261.

〔3〕 See United States v. Booker, 543 U. S. 250 (2005).

〔4〕 See Adelman L, Deitrich J, "Rita, District Court Discretio, and Fairness in Federal Sentencing", *Denver University Law Review*, Vol. 85, No. 1., 2007, p. 85.

性《量刑指南》时期，法官在《量刑指南》建议的幅度内充分运用自由裁量权开展量刑实践，法官的"直觉驱动"因指南的柔性约束而更显理性，指南的规则和标准也因法官的灵活裁量而摈除了"规则武断"，逐渐形成了"在纯粹的直觉驱动与规则武断之间寻求平衡与折衷"[1]的"衡平主义"刑罚观。

二、英国："量化量刑格局"的发展成熟

（一）英国刑罚理论的变迁

英国量刑体系的发展与其刑罚理论的沿革密不可分。总的看来，英国刑罚理论包括五种，分别是报应理论（Retribution）、剥夺理论（Incapacitation）、社会复归理论（Rehabilitation）、谴责理论（Denunciation）和补偿理论（Restitution）。[2]

其中，第一种报应理论强调刑罚对犯罪的自然且恰当的回报，即"对所受损害的回复、回报或补偿"[3]。该理论的立论前提是对犯了罪的行为人施以当然的报应，体现了同态复仇的朴素伦理观。在报应刑论看来，刑罚的量的决定因素有二，分别是行为人的罪过或罪责和犯罪行为的严重性程度。前者要求对实施犯罪但无罪责的行为人，如未成年人或精神病人，由于缺乏罪责而不得进行刑罚处罚；后者要求根据犯罪行为的严重性程度，均衡地施以报应的刑罚。值得一提的是，这种要求根据犯罪行为严重性程度施以报应的均衡理念在英国 1991 年和 2003 年的《刑事判例法》（Criminal Justice Act 1991&2003）中均有体现，也是英国刑事量刑的基本原则之一。

第二种刑罚理论是剥夺理论，也称为隔离理论（restraint）和公共利益保护理论（public protection），或者犯罪遏制理论，强调对犯罪人进行必要的控制。在剥夺理论看来，刑罚是对于严重妨碍社会安定的犯罪人所采取的必要的隔离措施，通过限制犯罪人的人身自由或生命，减少甚至完全剥夺其再犯

---

[1] See Krauss R, "Neuroscience and Institutional Choice in Federal Sentencing Law", *Yale Law Review*, Vol. 120, No. 2., 2010, p. 378. 转引自彭文华：《美国联邦量刑指南的历史、现状与量刑改革新动向》，载《比较法研究》2015 年第 6 期。

[2] 参见杨志斌：《中英量刑问题比较研究》，知识产权出版社 2009 年版，第 57~67 页。

[3] 齐文远、熊伟：《对我国刑罚正当性根据的反思》，载《中南林业科技大学学报（社会科学版）》2007 年第 1 期。

的可能，如施以一定期限或终身期限的监禁刑或剥夺生命。剥夺理论对英国刑事法律的指导包括 1908 年《预防犯罪法》介绍了防止惯犯再次犯罪的预防性拘禁措施，主要针对以犯罪为生的人员或者年满 16 岁并已 3 次因犯罪被罚的常习犯；1967 年《刑事审判法》采用延长刑替换预防拘禁刑；1997 年《犯罪（量刑）法》对毒品走私罪设置了最低监禁刑，并对一些重罪规定了终身监禁刑。此外，还有如严重交通肇事罪取消驾驶资格、对严重欺诈罪和其他商业罪犯罪人剥夺商业执照或从事商业资格、对虐待动物罪犯剥夺其饲养动物的资格等。[1]剥夺理论与报应理论在一定程度上存在量刑目标和后果层面的对立，其通常以监禁刑的形态展现在世人面前，也带来理论界对刑罚残酷性的反思。为此，英国法律引入了美国的"三振出局"量刑政策（Three-strikes laws），即对于被控实施第三次重罪的行为人，应被判处不低于一定期限的强制监禁刑，但并未达到预期的犯罪预防效果。[2]

　　第三种刑罚理论是社会复归理论，该理论蕴含矫正思想，主要采取对罪犯的性格或者行为进行改进的方式，促使其不再犯罪并复归社会。社会复归理论与犯罪学理论的犯罪断念（Criminal Desistence）理论具有相似性，具体而言，犯罪学领域的犯罪断念主要针对青少年犯罪防控，其中，"断念"指的是越轨者在一段时期内对犯罪偏好明显且确定的拒绝，即更加关注越轨者停止危险行为并重新融入社会，通过合规范的社会行为影响越轨者，消解其不法行为动意。[3]作为 20 世纪中叶英国最为流行的刑罚理论，该理论主要立足对犯罪人的考量，认为其犯罪是由于缺乏社会生活的技能，因而为了实现犯罪人复归社会，会开展一系列旨在提高其生活技能的教育培训，以期达到减少其未来再犯的可能性的效果。社会复归理论同美国前《量刑指南》时期的"康复矫治"主义刑罚理念如出一辙，都是"通过个别化刑罚对罪犯进行康复

---

〔1〕 参见杨志斌：《中英量刑问题比较研究》，知识产权出版社 2009 年版，第 59~60 页。

〔2〕 事实上，包括"三振出局"在内的量刑政策，并未对遏制美国社会犯罪率起到明显效果，反倒使刑罚裁量权由法官向检控官转移，普遍增加了被告的刑期，导致产生行为人"被从严从重惩处"的主观感受，如 1972 年至 2007 年间，美国监狱的监禁人数总量增长了 5 倍即为适证。See Tonry M H., "Sentencing in America, 1975~2025", *Crime and Justice*, Vol. 42, No. 1., 2013, pp. 144~147.

〔3〕 参见崔仕绣：《我国青少年犯罪防控的体系性建构》，载《黑龙江省政法管理干部学院学报》2020 年第 1 期。

矫治"〔1〕，将犯罪视为反社会的"病态"表现，并将法官量刑作为促进犯罪人回归社会的"诊断"。

第四种刑罚理论是威慑理论，该理论主张通过对犯罪人科处刑罚，达到对社会一般人的普遍威慑效果，防止类似犯罪的再度发生。同社会复归理论和剥夺理论类似，该理论旨在减少相似犯罪的再犯可能性，其本质是包含一般预防和特殊预防的预防理论。当然，威慑理论所体现的预防价值也遭受诸多质疑，除本书前文对该刑罚目的理论的叙述外，以大卫·鲍尔（W. David Ball）教授为代表的学者主张，该理论在实现量刑均衡、法官自由裁量权的扩张与限缩、罪责相当、康复矫治与犯罪威慑、种族中立、保留极端犯罪的监禁刑、简化刑法、宣传刑罚替代措施、犯罪威慑、降低司法成本和保护受害者权利等方面，存在不可调和的冲突。〔2〕

第五种刑罚理论是谴责理论，该理论主张刑罚作为刑事司法体系的工具，应发挥对犯罪人公开的谴责作用，并关注量刑在社会中的影响。谴责理论通常认为，量刑表示的是国家对犯罪行为的反对和社会对犯罪行为的公开指责，量刑的关键在于对公众所不能接受的行为模式的描绘，并向社会传达"何种行为是对或错"的共同观念。在谴责理论引导下，法官裁量刑罚的过程可以视为国家对巩固道德的描述，而社会对量刑判决的反响又提供了更加具体的细节。〔3〕不难看出，这种过于强调刑罚对道德的非难和对公众道德观念塑造的刑罚理论，已然脱离了现代民主社会的刑罚要求，在司法实践中形成这种"形而上"标准，恐怕会给公众带来量刑难以预测的不安感，因而不再受到重视。

第六种刑罚理论是补偿理论，该理论主张罪犯应就其犯的罪错进行弥补，并在弥补的过程中认识到犯罪行为的错误。补偿理论立足对被害人利益之关注，要求法官在量刑时，要充分考虑被害人的利益并在对犯罪人的刑罚判决中予以体现，如要求被告人给予经济上的赔偿等。补偿理论通常表现为法官颁发补偿令，或要求被告人对被害人进行经济赔偿，或判令被告人参与社区计划进行一定时限的无偿劳动等。此外，补偿理念的上位概念的"修补性审

---

〔1〕　See Tonry M H., "Sentencing in America, 1975-2025", *Crime and Justice*, Vol. 42, No. 1., 2013, p.141.

〔2〕　See Ball W D, "Redesigning Sentencing", *McGeorge Law Review*, 2014, p. 827.

〔3〕　参见杨志斌：《中英量刑问题比较研究》，知识产权出版社2009年版，第65~66页。

判"（Restorative Justice），其目的有二：一方面，对被告人判处经济上赔偿或参与无偿劳动，使其理解被害人所受的痛苦和伤害；另一方面，试图在被告人和被害人之间进行调和。当前，补偿理论通常在英国审判实践中采用，并多针对适用于青少年犯罪者的处罚。[1]

（二）英国量刑模式："先例的普遍遵循"同"偶然的偏离"相结合

作为英美法系国家的代表，英国的量刑模式表现出同美国量刑格局相似的特征，即对先例的普遍遵循和在特定情况下被允许偏离于先例裁量刑罚。下文将分述论述：

1. 先例的普遍遵循

判例传统赋予先例较为强大的约束力，法官在审理案件时不仅要对法律问题予以解答，还要遵循先例对类似案件的判决精神，此外，下级法院还要遵循上级法院在类似案件中所确定的法律原则。在英国刑法中，判决是判例形成的前期形式，当判决多为判例出现时，即具有法律渊源层面的约束力。具体而言，遵循先例的基本原理包含三个方面的含义：首先，上级法院的判决对下级法院具有约束力；其次，下级法院的判决不能针对上级法院，因而没有约束力；最后，法院自己审理的先前判例，对该院后来的案件在某些情况下具有约束力。

2. 偶然的偏离

当然，同美国量刑模式类似，这种遵循先例的普遍要求存在特例，即在特定情况下，法院可以偏离先例进行裁判。

申言之，允许偏离先例的情形有三：第一，两个案例存在显著不同。如果法院拟审理的案件与先例存在显著不同，法院可以不遵守判例，如案件的事实认定或法律规定存在实质性的差别。换言之，作为偏离先例的最为常见的类型，法官有权以案例存在显著差异为由灵活使用自由裁量权，以实现法律的实质正义。当然，因案例间存在显著差异而不遵循原判例，并不影响该先例对其他类似的案例的普遍拘束力。与此情况类似的是，美国量刑模式虽然也允许法官在特殊情况下偏离《量刑指南》的刑罚幅度量刑，但该情况往往较为苛刻。例如，在强制性《量刑指南》时期，尽管法官享有一定偏离指

---

〔1〕 参见杨志斌：《中英量刑问题比较研究》，知识产权出版社 2009 年版，第 66~67 页。

南区间科处刑罚的自由裁量权，但该项权力受到严格的限制。[1]具体而言，《量刑指南》严禁法官在量刑过程中考虑被告人的种族、性别、国籍、信仰、宗教和社会经济地位等个人因素，同时还禁止少年法庭法官因青少年缺乏管教而偏离量刑。[2]此外，委员会严格限制法官将被告人其他个人因素纳入刑罚考量的范畴，这些个人因素包括但不限于犯罪同伙的年龄、受教育程度、职业技能、精神情绪状况、身体状况（如有无吸毒史、滥用管控药物或酗酒情况）、就业记录、家庭关系与抚养情况、军事服役或公民服务史、慈善工作或公共服务史等。[3]第二，先例被撤销。若上级法院撤销了下级法院的判决，该判决当然地丧失了作为先例的约束力，那么下级法院、同级法院或该院的其他案例不再受该判例的判罚立场的影响。第三，先例被否决。由于英国法院系统呈现出多层级的"命令式"结构，这种垂直的高度形式化的司法体系，使得法律可以通过立法机关或上级法院"自上而下地颁布"，并为下级法院法官忠实地遵循。因此，当上级法院否决了下级法院的判决，该案例不再具有先例的约束功能。

(三) 英国"量化量刑格局"的逐步确立

同美国量刑体制类似，英国也设置有专门用于统领量刑各项事务以及起草、颁布和修改量刑指南的量刑委员会，并据此形成了颇具特色的"量化量刑格局"。其中，英国量化的量刑格局有其运作基础和规范基础，包括历经发展的量刑专门机构和程序严谨、内容规范的量刑指南。

1. 量化量刑格局的运作基础——量刑专门机构的确立

20世纪80年代，英国上诉法院提出，通过对特定罪名量刑规定的审查，参酌减轻和加重因素后制定了便于指导司法实践的量刑准则，约束原审法院法官在量刑实践中自由裁量权的行使。然而，不论是上诉法院对初审法院的个案调整，还是制定特定罪名的量刑准则，这些举措还不足以发挥规范量刑活动的整体性作用。鉴于此，英国刑事法实务部门着手打造指导量刑的专门

---

〔1〕 See The United States Sentencing Commission. Guidelines Manual（Nov. 2018），§ 5K2.0；18 U. S. Code，§ 3553（b）（2012）.

〔2〕 See The United States Sentencing Commission. Guidelines Manual（Nov. 2018），§ 5H1. 10-12.

〔3〕 See Berman D A，"Distinguishing Offense Conduct and Offender Characteristics in Modern Sentencing Reforms"，*Stanford Law Review*，2005，pp. 283-285.

机构。1998年，英国国会首次在《犯罪与违反秩序法》（Crime and Disorder Act 1998）中授予上诉法院制定新的刑事犯罪量刑指南的规制权，并在第81条规定设立"量刑建议咨询小组"（Sentencing Advisory Panel），负责向上诉法院提供经过深入研究后确认的客观建议，辅助上诉法院制定量刑指南，以促进英国刑事量刑实践的一致性。[1]

随后，为了更好地发挥"对所有刑事犯罪制定量刑标准"的职责，英国政府于2002年7月发布《所有人的正义》（Justice For All），通过立法设置"量刑指南委员会"（Sentencing Guidelines Council），并颁布了一系列具有强制性适用效力的量刑规范。2009年，为了促进前述两个指导量刑机构的协同配合，英国在《裁判官与司法法案》中提出设置统一指导量刑工作和推进量刑改革的"量刑委员会"（Sentencing Council）的具体构想，并于2010年4月整合成立。自此，英国完成了量刑建议咨询小组向量刑指南委员会的发展，并最终形成统领英国量刑改革、理论研究和司法实务各项工作的专门机构——量刑委员会。

2. 量化量刑格局的规范基础——量刑指南的制定与效力

在英国量刑体制发展的各个阶段，无论是量刑建议咨询小组、量刑指南委员会还是量刑委员会，不仅配备了兼具法学理论知识和实务经验的成员，更承担着制定量刑指南的职责。其中，英国量刑改革发展各阶段的量刑机构的员额配置和机构组成，将作为指导我国量刑规范化改革实体侧面的重要经验，在后文予以展开，在此不再赘述。除了设置有专门的量刑改革领导组织，英国量刑指南的起草、征求意见和确定的过程同样十分严谨。在量刑委员会的统筹规划下，量刑指南的制定过程主要表现为以下几个步骤：首先，量刑指南委员会会在确定的量刑指南课题基础上，交由量刑建议咨询小组进行商讨，就具体的量刑标准起草相关意见；其次，量刑建议咨询小组在网上发布征求意见稿，经过12周的意见汇总，将反馈意见形成建议案；再其次，量刑指南委员会就建议案进行讨论，形成量刑标准草案，并报内政大臣、国会和相关部门审议，同时于网上公布该标准草案，进行为期2个月的意见征集；最后，量刑指南委员会会结合征集的意见对量刑指南进行最后修订并颁

---

〔1〕 参见郭豫珍：《量刑与刑量：量刑辅助制度的全观微视》，元照出版公司2013年版，第25页。

布，并适时地根据法官司法实践的适用情况，对量刑指南进行修改和调整。[1]

3. 量化量刑格局的特征

在英国刑事司法活动中，法官始终作为"确定被告人应判处何种刑罚"的主体，陪审团或检察官均无权要求或建议法官判处何种刑罚。2003 年颁布的英国《刑事审判法》（Criminal Justice Act 2003）第 172 条规定，"任何法院在对某一被告量刑时，应注意与此罪名有关的量刑指南"，即说明量刑指南对法官量刑实践具有普遍的约束力。2004 年 3 月，英国"量化量刑格局"随着量刑指南体系的正式启动而确立，并通过同年 12 月的三项量刑指南标准予以具象化。

2009 年颁布的《裁判官与司法法案》为英国量化的量刑格局提供了法规范层面的依据，主要包括以下几个方面：其一，该法案强调量刑指南"应根据罪行严重程度提供（梯度性）量刑幅度"，法官"应结合犯罪人的具体罪责、行为造成的危害后果以及其他因素来判断罪行的严重程度"；其二，该法案还要求量刑指南细化"（犯罪）行为范畴"（offence range）和"类别范畴"（category range），以体现罪行严重程度所对应的量刑区间；其三，对于拒不认罪或不作认罪答辩的犯罪人，在法官考虑加重或减轻量刑因素之前，量刑指南还应规定相应的量刑起点（starting point）；其四，为确保加重和减轻量刑因素在同种类型犯罪中获得相似的评价，量刑指南除了需要列明体现罪行严重程度增减的加重、减轻量刑因素外，还需要对加重或减轻量刑的权重予以科学设置；其五，基于优化司法资源配置和提高刑罚特殊预防效果的考虑，量刑指南还会对作出有罪答辩的犯罪人予以规范层面从轻量刑的倾斜。[2]

值得一提的是，相较于美国刑事量刑体系一度陷入精密数值化量刑模式之囹圄，英国量刑体系更加注重除犯罪行为和损害后果之外的其他的量刑情节的考量，并将量化的思维贯穿其中。具体而言，首先，以被告人的认罪量刑减让制度为例，为提高诉讼效率、鼓励被告人尽早认罪，被告人在较早时期（如侦查阶段或提起公诉前）、开庭审理前和法院开始审理案件后，认罪的减刑幅度分别为 1/3、1/4 和 1/10，此种降幅用以体现被告人在不同阶段认罪

[1]　参见杨志斌：《中英量刑问题比较研究》，知识产权出版社 2009 年版，第 173~174 页。
[2]　See United Kingdom. Coroners and Justice Act 2009, § 120 (3) -121 (6).

时，其人身危险性的折减程度。[1]其次，法官在具体案件量刑时一定程度上还会考虑判罚对公众舆论的影响。这是因为，法官量刑时除了要参考上诉法院的量刑指导性材料，还受到大众传媒的监督，公众舆论要求对恶劣犯罪进行严厉打击的社会期待，在某种程度上会对法官判罚产生影响。[2]最后，被告人的个人情况如年龄、工作状态、生活习性（包括有无酗酒史、吸毒史或滥用药物史等）、悔过程度、初犯或惯犯情况等，均影响着法官裁处刑罚的种类及轻重。这些涉及被告人的个人情况，通常会在量刑听证阶段，由检察官在介绍犯罪事实概要时提出。同美国的量刑听证程序类似，英国法官应在充分了解被告人的个人情况和履历前科的基础上考虑定罪和量刑问题，这是因为包括个人背景、犯罪历史和行为习惯等可能充分展现被告人生活和特征的信息，可以被法官作为裁量被告人刑罚的信息来源进而采用。由此可见，英、美两国在刑事量刑过程中，均会充分考虑犯罪的性质、情节、被告人的个人品格、有无犯罪记录情况及适应刑罚的必要性等因素。

概言之，目前英国部分司法管辖区广泛适用量刑指南，以提高量刑裁决的合理性、一致性和量刑程序的公正、公开，即为最合适的范例。此外，量刑指南在英国全境多数司法管辖区的推行，还有利于降低类案异判的发生概率，在降低犯罪率、提升居民安全感和提高量刑效率、司法资源管理效能等方面，均发挥着重要作用。[3]尽管反映英国刑事司法领域"量化量刑格局"的量刑指南还存在较大的完善空间，如减少文本赘述、提升量刑信息可视化水平和更大范围的量刑结构的改进等，但对于"提升法官量刑实践的认知和对判决结果的信心"[4]，量刑指南已然并将持续发挥着重要作用。

〔1〕 参见苏彩霞、崔仕绣：《中国量刑规范化改革发展研究——立足域外经验的考察》，载《湖北大学学报（哲学社会科学版）》2019 年第 1 期。

〔2〕 参见中国政法大学刑事法律研究中心、英国大使馆文化教育处主编：《中英量刑问题比较研究》，中国政法大学出版社 2001 年版，第 264 页。

〔3〕 See Dhami M K, "Sentencing Guidelines in England and Wales：Missed Opportunities?", *Law and Contemporary Problems*, Vol. 76, No. 1., 2013, p. 289.

〔4〕 Dhami M K, "Sentencing Guidelines in England and Wales：Missed Opportunities?", *Law and Contemporary Problems*, Vol. 76, No. 1., 2013, p. 302.

三、德国："幅的理论"与"双轨制刑事制裁体系"促进量刑均衡

（一）德国量刑基本理论——"幅的理论"之确立

德国刑法学界主张犯罪论与量刑论相分离的刑法立场，将犯罪论中的责任与量刑责任相区别。犯罪论与量刑论相分离的刑法立场进而引发德国刑法界有关"点的理论"与"幅的理论"的碰撞。其中，"点的理论"主张与罪行相适应的刑罚只能是正确确定的某个特定的刑罚（点），而非幅度，故应在确定的与罪行相适应具体的刑罚（点）以下考虑预防犯罪的需要；"幅的理论"则主张，与罪行相适应的刑罚具有一定的幅度，法官应在该幅度内，根据预防犯罪的需要来确定最终的刑罚。

此外，基于"点的理论"立场，罪刑均衡仅意味着刑罚不超出罪行的上限，当不存在或仅存在较小的特殊预防必要性时，就可以在责任刑之下从轻、减轻处罚或者免除处罚。[1]然而，为了协调具体案件中罪刑相适应和特殊预防的关系，解决在具体个案量刑中有关罪责补偿和特殊预防的矛盾冲突，德国量刑领域又提出了一种旨在促使法官作出不超出法定刑与罪责范围、且兼顾特殊预防目的之判决的"幅的理论"。[2]在刑法规范层面，《德国刑法典》第46条要求，法官在量刑时不仅要以行为人的罪责为基础，还要考虑刑罚对行为人将来生活可能产生的影响，以权衡对行为人的各种有利或不利情况。[3]此外，法官还需要全面了解行为人个人情况，这些信息"包括但不限于个人经济、教育和工作状况等个人情境、犯罪意图或目的、犯罪行为方式和结果、悔罪态度及赔偿情况"[4]。

然而，"幅的理论"在德国司法实践中，并未起到与之理想目标相当的效果。比如，法官如何在具体的案件中确定与行为人罪责相当的较窄的幅度，以及在此基础上何以在较窄刑罚幅度内确定特殊预防目的对最终量刑结果的

---

〔1〕　参见张明楷：《刑法格言的展开》，北京大学出版社2013年版，第96~98页。

〔2〕　参见江溯：《无需量刑指南：德国量刑制度的经验与启示》，载《法律科学（西北政法大学学报）》2015年第4期。

〔3〕　参见《德国刑法典》，徐久生、庄敬华译，中国方正出版社2004年版，第17页。

〔4〕　苏彩霞、崔仕绣：《中国量刑规范化改革发展研究——立足域外经验的考察》，载《湖北大学学报（哲学社会科学版）》2019年第1期。

影响，均不无疑问。实际上，"幅的理论"展示了理论层面法官量刑的逻辑路径，以及需要考虑的罪责因素和特殊预防因素等，而在司法实践中，由于缺乏类似英美法系国家专门的量刑统领部门和指导法官实践的量刑指南，德国量刑体制更多是依靠法律框架内的"双轨制刑事制裁体系"来实现量刑均衡和量刑公正。

（二）德国"双轨制刑事制裁体系"——刑罚与保安处分

如前所述，德国"双轨制刑事制裁体系"主要包含刑罚和保安处分两种惩治方式，前者以行为人实施行为时所具有的罪责为条件，后者以行为人未来的持续性危险状态为条件。不同于德国刑法规定之自由刑和罚金刑，保安处分主要是为了保护公众免受再犯之危险而进行的隔离性措施。也就是说，仅当已经具备法律意义上的罪责，才可以施以刑罚；罪责的多寡应与施加的刑罚相协调，法庭按照犯罪之罪责基本状况的方式、程度对行为人科处刑罚，同时兼顾刑罚对行为人将来社会生活的可能影响；保安处分（和矫正处分）取决于行为人特定的危险性，既可以单处，也可以同刑罚并科。[1]同样，为防止具有社会秩序危害可能性的个人，因其危险状态而可能实施犯罪，还需要基于犯罪预防的考虑和防范，而采取隔离性的措施。由此可见，基于以罪责为根据的刑事处罚逻辑，保安监禁（预防性拘留）制度不仅限制了刑罚的科处与执行，还限制了刑罚的期限，对防止监禁刑的滥用和抑制服刑人数的膨胀效果显著。

历经数次刑法典修改，德国保安监禁措施表现出严厉化向科学化过渡之特征。例如，早在1998年修订前的《德国刑法典》第66条就规定，当有证据证明被告人可能对社会造成危险，法官可以在依法判处被告人刑罚之外另处保安监禁。在1998年的德国刑法修改中，当局取消了行为人首次科处保安监禁的最长10年期限，保安监禁因此成为"彻底的不定期关押"。随后保安监禁规定于2002年和2004年再次被修订，分别保留了法官在行为人服刑2/3的有期自由刑后判处保安监禁的权力，以及免除法官在判决书中就是否保留

---

〔1〕 参见［德］乌尔斯·金德霍伊泽尔：《刑法总论教科书》，蔡桂生译，北京大学出版社2015年版，第18、20~21页。

判处行为人保安监禁进行解释的义务。[1]不难看出,这两次对保安监禁规定的修改均体现了德国刑法面向严厉处罚的功能转向,不仅预留了法官对自由刑服刑完毕的行为人再度判处保安监禁的过于宽大的"事后"裁量空间,还保留了法官对正在服刑的行为人判处保安监禁的权力。这种过于严厉的立法修订不免受到社会公众的强烈反对,因此经过德国宪法法院的裁定,最终确定前述两次针对保安监禁的立法修改违反宪法精神。2012 年修订的《德国刑法典》严格区分刑罚和保安监禁,并于 2013 年 6 月 1 日正式生效。自此,旨在对行为人已经实施的行为处以符合其罪责的报应惩罚的刑罚,和旨在保护公众免受行为人再犯危险的保安处分,形成了德国的"双轨制刑事制裁体系",共同作为量刑基本原则和"幅的理论"的适用对象,被德国司法实务者广泛且灵活地运用于个案判罚中。此外,对同一犯罪人同时适用刑罚与保安处分的"二元制度"也具有逻辑合理性和实际可操作性,这是因为行为人罪过较轻并不必然影响其未来的危险状态,当两者并行存在时,保安处分与刑罚即可以同时适用。

综上所述,尽管量刑原则和理论较为抽象,且无具体的量刑规范性文件指导具体实践,但德国量刑实务并未陷入量刑失衡的窘境,反而呈现出量刑轻缓化、均衡化的稳健之态。正如温菲尔德·哈赛默(Winfried Hassemer)教授所言,德国量刑理论和量刑制度的发展,以及上诉法院和联邦宪法法院对初审法院所要求的涉及论证、透明和有责性的标准,促使德国刑事司法领域对政治安全的追求集中在刑事制裁的"第二轨道"上,即重点关注保安监禁(预防性拘留)而非个人罪责。[2]而德国量刑制度的稳健发展主要得益于法律传统与政治结构、双轨制刑事制裁体系、法官群体较高的职业素质和法律业务水平、上诉审查的监督。尽管德国刑事法领域未向法官们提供量刑规范框架,但科学的量刑原则和制度仍为德国量刑实践的稳定与适正作出了卓越贡献。

---

[1] 参见江溯:《无需量刑指南:德国量刑制度的经验与启示》,载《法律科学(西北政法大学学报)》2015 年第 4 期。

[2] See Hassemer W, "Sicherheit durch Strafrecht", *Hrrs-Strafrecht*, 2006, p. 141; Albrecht H J, "Sentencing in Germany: Explaining Long-Term Stability in the Structure of Criminal Sanctions and Sentencing", *Law and Contemporary Problems*, 2013, p. 212.

四、日本："行情约束模式"和"裁判员制度"降低量刑歧异

（一）日本量刑制度概说

相较于德国主张的犯罪论与量刑论的"分离论"立场，日本采取两者有机结合的"并合论"，主张犯罪论是量刑论的构建前提，二者应在体系上具备内在的逻辑连贯性，其中，犯罪论应当保证量刑结果兼具合理性和公正性。因此，日本刑法学界对"量刑"采取广义的、实质的解读，即法官不仅要根据犯罪人的罪责确定是否判处刑罚、判处何种刑罚，还须结合特殊预防之目的确定是否采取执行犹豫、保护观察、减免处罚等措施。[1]正是由于日本采取犯罪论与量刑论相结合的立场，使得刑事诉讼程序中的定罪与量刑呈现出"一体化"格局，即"法官在裁量被告人具体刑种和刑度时，需考虑其定罪证据"。[2]当前，日本刑法尚无涉及如何量刑的直接规定，且个罪的法定刑幅度一般较宽，如凶杀案的被告人的法定刑幅度可以从 5 至 20 年有期徒刑跨度到无期徒刑或死刑。[3]法官虽被作为量刑的绝对主体被赋予自由裁量权，但在司法实践中会参考被默认为个罪"量刑标准"的过往判例。此外，尽管不具有强制约束力，但公诉方在案件审判结案陈词环节向法官提出的量刑方面的建议，仍然会得到法官的重视。

在日本，因不服量刑判决而提出上诉的刑事案件不在少数，这使得法官在量刑时须摒弃主观想法和个人偏见，采用客观、理性的标准进行适正量刑。[4]为了实现量刑结果的客观公正与合理适度，受德国刑法学理论的影响，日本刑法学界逐渐形成了两种量刑模式。第一种是基础模式（foundation mod-

---

〔1〕 参见冈上雅美：《量刑判断の構造——序説》，载《早稲田大学大学院法研論集》1988 年第 48 卷、93~95 页。铃木茂嗣：《犯罪論と量刑論》，载《量刑法の総合的検討·松岡正章先生古稀祝賀》，成文堂 2005 年版，第 3 页。转引自毛乃纯：《日本量刑理论的发展动向》，载《海峡法学》2015 年第 2 期。

〔2〕 据日本司法实务数据统计，法官最终采纳或接受检察官提出的量刑建议的刑事案件，约占审理案件总数的七成至八成。See Shiroshita Y，"Current Trends and Issues in Japanese Sentencing"，*Federal Sentencing Reporter*，Vol. 22，No. 4.，2010，p. 243.

〔3〕 《日本刑法典》第 199 条规定："杀人的，处死刑、无期或者五年以上惩役。"参见《日本刑法典》，张明楷译，法律出版社 2006 年版，第 75 页。

〔4〕 See Shigenitsu Dando，*The Criminal Law of Japan：The General Part*，translated by B. J. George Rothman & Co.，1997，pp. 327-328.

el)，主张行为人的罪责是刑罚裁量的基础，因而应在行为人的罪责范围内考虑一般预防和特殊预防的需要；第二种是上限控制模式（upper limit model），主张行为人的罪责是刑罚裁量的上限，因而对一般预防和特殊预防的考量不应超出此上限。前述两种量刑模式的区别，源于罪责原则（nulla poena sine culpa，又称"无责任则无刑罚"）与惩罚基本理论（ground theory of punishment）之间的冲突。[1]两种量刑模式在罪责对量刑幅度的影响问题上存在分歧，如罪责重但重复地进行低危险性犯罪行为的被告人，依据基础模式应在罪责范围内处以相对较轻的刑罚，而上限控制模式则主张在行为人罪责程度以下进行惩罚。[2]

20世纪70至80年代，日本刑事司法领域呈现量刑畸轻的普遍特征，据官方统计，1975年至1985年间，日本刑事法官仅对不超过30%的被告人裁量超过两年的监禁刑。[3]轻缓的处罚力度使刑罚的特殊预防功能发挥受阻，多数被判处短期监禁刑的罪犯未能得到彻底的教育矫治，疲软的刑罚处罚力度使刑事犯罪再犯率增加，甚至严重影响国民社会生活安全感，日本立法机关积极展开提高刑罚处罚力度和完善刑事诉讼程序的法律修改。在过去的十几年里，日本或颁布或修订了诸多旨在提高刑事处罚严厉性的法律和修正案。概括地说，日本刑事法律修订体现了"违法行为犯罪化"、"刑罚处罚严厉化"和"刑事责任扩大化"三个方面的特征。

首先，日本刑事法律提高法益保护力度，将"违法行为犯罪化"处理。如1991年日本国会通过的《关于防止暴力社团实施违法行为的法律》，就是特别针对日本盛行的社团文化，防止"暴力社团"（Boryokudan，或称yakuza）实施违法犯罪行为。[4]再如2001年日本颁布的第一部《反家庭暴力法》，旨

〔1〕　See Shiroshita Y，"Current Trends and Issues in Japanese Sentencing"，*Federal Sentencing Reporter*，Vol. 22，No. 4.，2010，p. 243.

〔2〕　为了协调两种量刑模式之间的冲突，日本司法部试图通过1974年的刑法草案予以解决。但由于遭到日本刑事法学界众多学者的强烈反对，日本司法部不得已删除该草案第48条之规定。See Shiroshita Y，"Current Trends and Issues in Japanese Sentencing"，*Federal Sentencing Reporter*，Vol. 22，No. 4.，2010，p. 243.

〔3〕　See Johnson D T，"Crime and Punishment in Contemporary Japan"，*Crime and Justice*，Vol. 36，2007，pp. 384-385.

〔4〕　See Hill P B E，*The Japanese Mafia，Yakuza，Law，and the State*，Oxford University Press，2003，p. 136.

在预防家庭暴力行为发生、保护家暴受害者，2004 年该法将"家庭暴力行为"的法律定义扩大至心理虐待，并将孩童和以前的伴侣纳入该法的保护范畴。[1]

其次，除了将部分违法行为"犯罪化"处理外，日本刑事法律修改特别注重提高处罚力度，"刑罚处罚严厉化"趋势显著。如 2004 年 12 月，日本立法机关对日本刑法进行了自 1908 年颁布以来的"大幅修改"，规定了对数类犯罪行为的刑罚处罚，例如将数罪并罚的最高刑期由 20 年提高至 30 年，将个罪的最高刑期由 15 年提高至 20 年，将强奸罪和伤害致死罪的最低刑期分别由 2 年和 1 年提高至 3 年。此外，此次刑法修改还将伤害罪的最高监禁刑期从 10 年提高至 15 年，将谋杀罪 15 年的诉讼时效延长至 20 年，其他较轻犯罪的诉讼时效也由原先的 10 年增长至 15 年。[2]

最后，是"刑事责任扩大化"方面的特征。除了将部分违法行为纳入犯罪范畴、提高部分犯罪的最高和最低刑期以及延长各罪的诉讼时效外，此次日本刑事法律修改还扩大了刑事责任的范围，使刑事责任更容易确认。如 2000 年日本《青少年法》的修改，将青少年刑事责任年龄由 16 周岁降低至 14 周岁，年满 16 周岁的青少年罪犯，原则上移送至检察机关，经成人法庭进行审判。[3]与刑事责任实体原则变化相伴而生的，是证据程序法层面的变化，即执法人员在搜集证据和证明排除合理怀疑等方面的难度降低。如依据旧《青少年法》，警方不得扣押、搜查证据和检查犯罪现场，对于青少年犯罪案件中可能出现的证据疑点也难以向专家征求意见，修改后的《青少年法》则消除了前述限制。[4]

值得一提的是，针对 2004 年《日本刑法典》的重大修改，特别是提高总

[1] See Fields M D, "Domestic Violence: Legal Remedies and Social Services in Japan and the United States", *The Abe Fellowship Colloquium*, the Japan Foundation Conference Hall, 2004, pp. 6 - 9. Dawid T. Johnson, "Crime and Punishmert in Contemporary Japan", *Crime and Justice*, 2007, Vol. 36, p. 387.

[2] See Onishi N, "Revival in Japan Brings Widening of Economic Gap", *New York Times*, 2006-04-16 (Sec. A).

[3] See Fenwick M, *Japan: From Child Protection to Penal Populism*, Comparative Youth Justice, edited by Muncie J, Goldson B, London: Sage, 2006; Johnson D T, "Crime and Punishment in Contemporary Japan", *Crime and Justice*, Vol. 36, 2007, p. 390.

[4] See Johnson D T, "Crime and Punishment in Contemporary Japan", *Crime and Justice*, Vol. 36, 2007, pp. 390-391.

则有期徒役与监禁的期限和分则部分罪名的法定刑，日本司法部给出的理由是"国民平均寿命提高，如果维持原来的期限，则不符合国民对刑罚的规范意识"[1]和基于实证调研基础的"国民正义感的变化、犯罪率的飙升和对刑罚严厉性的要求"。[2]检察机构和警方非常支持刑事法律在提高刑期方面的调整，认为法定刑的提升有助于"对恶性犯罪分子判处（与之罪行相适应的）较重的刑罚"。[3]另有学者持反对意见称，提高刑罚规范上限的必要性与民众不断变化的安全感之间并无必然联系，且1977年至1996年除抢劫罪以外的重罪犯罪率并无明显提升，实证数据显示的严重罪行的重判率并不能直接反映刑罚规范本身的不充足，更难以为其提供适当的依据。[4]

（二）日本行情约束模式

日本量刑改革的另一项重要突破，即为行情约束模式之确立。量刑行情指的是，依据司法经验和司法判决形成的量刑准则，对个案具体类型的经验约束，使其不超越相对确定的刑罚裁量幅度。[5]日本的行情约束模式并非传统固有，而是经历了从排斥到逐渐认可的漫长过程。

早在20世纪初，刑罚由博爱时代转入科学时代之际，教育刑论和刑罚个别化等刑罚思想便对日本刑事立法产生影响，日本学界也曾就不定期刑的功能效用展开争论，但顾忌于不定期刑难以让人信服的改善效果和可能导致的超过责任科刑的不利后果，日本刑事法并未受到其更广泛的影响。二战以后，日本刑事法学界主要坚持以犯罪人的责任为基准裁量刑罚的责任主义，其中第一个机能即根据行为人的责任决定能否科处刑罚，"没有责任就没有刑罚"，在此基础上实现责任主义的第二个机能，即"责任的程度决定刑罚的程度"

---

〔1〕　例如，2004年，《日本刑法典》分则方面提高了强制猥亵罪、准强制猥亵罪、强奸罪、准强奸罪、强奸致死罪、杀人罪、伤害罪、伤害致死罪、危险驾驶致伤罪的处罚力度，另外还增设了集团强奸罪、集团准强奸罪并规定了相应的刑罚规范等。参见《日本刑法典》，张明楷译，法律出版社2006年版，第3~4页。

〔2〕　See Shiroshita Y, "Current Trends and Issues in Japanese Sentencing", *Federal Sentencing Reporter*, Vol. 22, No. 4. , 2010, p. 244.

〔3〕　See Johnson D T, "Crime and Punishment in Contemporary Japan", *Crime and Justice*, Vol. 36, 2007, p. 388.

〔4〕　See Shiroshita Y, "Raising the Statutory Penalty Limits and Legislative Policy", *Japanese Journal of Sociological Criminology*, Vol. 30, 2005, pp. 7-19.

〔5〕　参见李晓林主编：《量刑规范化的理论与实践》，人民法院出版社2015年版，第28页。

或"刑罚的程度必须与责任的程度相适应"。[1]当前日本刑法通说主张相对的报应刑论，即要求量刑时兼顾责任主义和预防的需要，量处的刑罚不仅需要与犯罪人的责任相适应，还需要体现一般预防和特殊预防的需要。例如，《日本刑事诉讼法》第248条规定决定暂缓起诉的，应当综合考虑犯罪人的性格、年龄和境遇、犯罪的轻重程度、其他情节及其犯罪后的态度等。

受法典法严格规则主义影响，包括日本在内的大陆法系国家普遍尊重法官严格适用法律规范的法律传统，要求法官严格依据刑事制定法定罪量刑，认为刑事判例作为刑事司法的"产品"不具有严格意义上的约束力，对刑事判例法律渊源地位多持不承认的态度。随着日本法律的连续性发展和法官职业化传统的根植，法官刑罚裁量共识的形成与发展得到促进，刑事判例的拘束力也受到越来越多的司法实务工作者的认可。不同于英美法系国家采用的遵循先例原则，日本刑事司法领域对刑事判例拘束力的认可进行了本土化的转变，在量刑方面体现为对刑事案例量刑部分的参考。这是因为，"判例的约束性对于同种事件必须承认同种法律效果这一保证判决公正立场来说是必要的"[2]，而下级法院对上级法院同类案件审判指导案例的基本服从，有助于维护刑事判决公正、统一。在保持大陆法系法律传统基础上，日本的行情约束模式依托于日本各级法院刑事案件的积累，如采用经日本各审级法院统计和归类形成的"量刑检索系统"，为法官的司法实践提供指引。随着日本刑事诉讼制度改革的逐步推进，在量刑方面的行情约束模式也逐渐成熟，业已成为法官裁判刑事案件的潜在参考依据。

（三）日本裁判员制度

在日本刑事司法领域，公诉机关向来以"高定罪率"和"激进的指控政策"而闻名。[3]逾90%的被告人在诉讼的不同环节会承认大部分犯罪指控，可以看出，相较于有罪或无罪的判定，被告人更加关心量刑的具体结果。[4]

---

〔1〕 参见张明楷编著：《外国刑法纲要》，清华大学出版社2007年版，第411页。

〔2〕 冯军、冯惠敏：《我国刑事判例拘束力的合理定位》，载《中国律师》2003年第3期。

〔3〕 See Johnson D T, "Crime and Punishment in Contemporary Japan", *Crime and Justice*, Vol. 36, 2007, p. 385.

〔4〕 根据城下裕二（Yuji Shiroshita）教授统计的日本某地区法院2003年~2007年的个人无罪判决率数据可知，2003年至2007年间，该法院被告人不认罪案件的无罪宣判率依次为2.10%、2.40%、2.21%、2.56%和2.91%，也即多数进入刑事诉讼程序的被告人几乎全部被判有罪。See Shiroshita Y, "Current Trends and Issues in Japanese Sentencing", *Federal Sentencing Reporter*, Vol. 22, No. 4., 2010, p. 243.

然而，统计数据所显示的高定罪率，不仅对法院裁判的公正性提出质疑，还反映出对被告人的人权保障方面的忽视和"无罪推定"基本原则贯彻不力等方面的问题。自 20 世纪 80 年代起，出现了数个极具争议的刑事案件，引发司法实务工作者、刑事法学研究者和社会大众对日本刑事司法体制的思考。[1]此外，刑事司法系统定罪率超 99%的统计数据，让法官被视为公诉方的代表，进入刑事诉讼程序的案件几乎均被定罪已然成为社会民众对刑事司法体制的朴素印象。[2]

受西方国家如火如荼的刑事司法体制改革的影响，20 世纪 90 年代起，日本社会各界对司法改革的呼声日渐高涨，要求司法审判去官僚化、刑事司法民主化。有学者主张这一阶段日本刑事司法领域开启有关裁判员制度创设的思考，是源于对司法领域犬儒主义思想（the aura of cynicism）的批判。[3]另有学者研究表示，日本刑事司法领域建立裁判员制度是基于提升审判效率、紧跟国际刑事司法发展趋势等方面的考虑。[4]为了降低量刑歧异、提高公民在刑事审判中的参与度，日本于 2004 年 5 月 28 日颁布《关于裁判员参加刑事裁判的法律》，规划了 5 年内全面实施裁判员制度（lay judge system，又称为 Saibanin system）的设想。从普通民众中遴选参与法官刑事案件审判的裁判员制度，是自日本二战结束以来，首次对公民参与司法活动的制度探索。法国杰出政治

---

[1]　如 1983 年至 1989 年间，共有 4 起原本被判处死刑的案件出现推翻供词的情况，这四名被告人也因误判共被监禁长达 130 年。此外，另外还有逾 50 起严重的冤假错案的被告人们，在经历了漫长而痛苦的监禁生涯后被宣告无罪，这些误判进而成为触发日本刑事裁判体制改革的"导火索"。1987 年，在日本最高法院首席大法官矢口弘一（Koichi Yaguchi）的组织下，围绕日本刑事审判陪审模式——"裁判员制度"的学理探究正式启动。See Foote D H，"From Japan's Death Row to Freedom"，*Pacific Rim Law and Policy Journal*，Vol. 1，No. 2.，1992，p. 13；Bloom R M.，"Jury Trials in Japan"，*Loyola of Los Angles International and Comparative Law Review*，Vol. 28，No. 1.，2005，p. 47.

[2]　See Wijers-Hasegawa Y，"Jury System Needs to be Made Accessible for Citizens"，*The Japan Times*，2003-08-05；Ramseyer J M，Nakazato M，"The Japanese Law：An Economic Approach"，*Journal of Asian Economics*，2001，pp. 155-161；Bloom R M.，"Jury Trials in Japan"，*Loyola of Los Angles International and Comparative Law Review*，Vol. 28，No. 1.，2005，p. 47.

[3]　"犬儒主义"（the aura of cynicism）又称为"昔尼克主义"，主张抛弃一切物质愉悦，以追求普遍的善为人生目的，认为应摆脱世俗利益而追求唯一的善。See Kiss L W，"Reviving the Criminal Jury in Japan"，*Law and Contemporary Problems*，Vol. 62，No. 2.，1999，p. 266.

[4]　See Anderson K，Nolan M，"Lay Participation in the Japanese Justice System：A Few Preliminary Thoughts Regarding the Lay Assessor System（saiban-in seido）from Domestic Historical and International Psychological Perspectives"，*Vanderbilt Journal of Transnational Law*，Vol. 37，2004，p. 944.

哲学家亚历克斯·托克维尔（Alexis de Tocqueville）认为陪审团是"人民主权政治化的征表之一"；美国宪法的制定者们高度评价称陪审团"不仅发挥着检视法院效能的监督功能，还是确保公民参与政府行为的重要途径"。[1]

近年来，日本在刑法和刑事诉讼法领域作出的诸多旨在促进量刑合理化的立法政策调整，按照规定程序从普通公民中选任出裁判员，并同法官一起评议和裁判刑事案件的"刑事裁判员制度"于2009年5月正式施行。有学者盛赞裁判员制度是日本刑事量刑政策的"试金石"，一方面，裁判员制度极大提升了日本刑事诉讼量刑判决过程的合理性和透明度；另一方面，该制度为司法实务工作者们提供了审查过往量刑判例结果合法性与适正性的宝贵机会。[2]

值得一提的是，裁判员制度较好地弥补了"精英主义"法官选拔体制的弊端，为日本刑事诉讼程序注入"新鲜血液"，不仅使判决结果更契合社会发展需要，还有效降低了量刑偏差，民众对司法权威的信任感得到明显提升。正如美国法学家理查德·伦伯特（Richard O. Lempert）所言，陪审制度为法官的司法实践注入了宝贵的非法律价值……并让现代法治听到了民主的声音。[3]这是因为，日本法官的任用和选派过程相当严格，绝大多数法官仅通过同质化的高等教育和层层资质考试，因而缺乏丰富且全面的生活经验。对各个阶层缺乏必要了解，不免造成年轻法官们在实践中过于理想主义，而作出与现实情况相距甚远的司法裁判。[4]为此，从数量庞大的普通民众中遴选裁判员，与法官一同参与刑事案件的审判和评议，有助于法官吸收和消化非法律专家们的一般观点，提升刑事裁判结果的社会接受度和民众认可度。

尽管也有学者认为，这种允许从普通民众中遴选出裁判员，并与法官一同裁处刑事案件的"混合裁判系统"（mixed-jury system），很大程度上达成了

〔1〕 See Bloom R M., "Jury Trials in Japan", *Loyola of Los Angles International and Comparative Law Review*, Vol. 28, No. 1., 2005, p. 36.

〔2〕 See Shiroshita Y,"Current Trends and Issues in Japanese Sentencing", *Federal Sentencing Reporter*, Vol. 22, No. 4. , 2010, pp. 243-247.

〔3〕 See Lempert R O, "A Jury for Japan?", *American Journal of Comparative Law*, Vol. 40, No. 1. , 1992, p. 58.

〔4〕 有学者表示，日本绝大多数法官与经济、政治学科精英们所接受的课程内容基本相同，这种同质化的教育背景造成多数日本精英的思维模式别无二致。受精英教育模式的束缚，日本法官们往往缺乏工薪阶层普通民众的社会生活经验，这也是裁判员制度希望吸收普通民众作为裁判员的丰富社会阅历，促使法官在作出刑事裁决时能更加契合大众的朴素法律情感。See Haley J O, "Judicial Independence in Japan Revisited", *Law in Japan*, Vol. 25, No. 1. , 1995, pp. 15-16.

公民参与司法活动的目标，但日本司法系统改革委员会（Justice System Reform Council）随后表示，若无其他刑事诉讼程序保障措施的融入，现有"混合裁判系统"的裁判员制度，在促进公民参与司法活动方面的作用将难以为继。[1]这是因为"混合裁判系统"在很大程度上反映出裁判员制度对民众参与司法活动的不信任感，即认为普通公民并无正确裁判法律问题的能力，而这种有所保留的改革态度与裁判员制度创制初衷背道而驰。[2]

　　不可否认的是，运行至今的日本裁判员制度，已基本实现了"提高公众对司法裁决的接受度，确保刑事诉讼公开、公平、公正地进行"这一量刑改革目标，此外，为了进一步发挥裁判员对刑事诉讼审判和评议的积极作用，确保裁判员在案件审议过程中有机会陈述观点，涉及裁判员参与刑事审判的程序性保障立法，同样逐渐得到了日本学者和司法实务工作者的重视。[3]

　　综上所述，世界各个国家和地区为了满足民众对刑事司法体系的基本期待，纷纷积极探索有效规范量刑的模式与方法，以减少直至消除无差别的量刑偏差。无论是美国"直觉驱动"与"规则武断"相结合的"衡平主义"刑

---

　　[1]　See Bloom R M., "Jury Trials in Japan", *Loyola of Los Angles International and Comparative Law Review*, Vol. 28, No. 1., 2005, pp. 37–38.

　　[2]　有学者通过对"意见领袖"（opinion leader）概念进行分析，解释了"混合裁判系统"不信任民众参与司法活动的内因。事实上，裁判员是否具有说服力与其个人的教育水平、身份地位、职业收入等因素密不可分，而占主导地位的裁判员又称为"意见领袖"，往往能够在案件审议过程中作出具有感染力的意见表述，使其他裁判员作出"从众"的类似观点。另有学者通过实证研究方法检测了不同比例的公民对法官司法裁判的影响（如横向比较 2 名法官与 9 至 11 位公民、3 名法官与 6 位公民的合议庭组裁判意见的生成过程），结果显示，法官比例的增减，不一定能避免司法主导的情况发生。此外，有学者解释称，日本国民习惯于被统治，这种"视政府为统治者权威"的独特的文化属性给公民参与司法活动带来重大挑战。参见 Hastie R, et al., *Inside the Jury*, Harvard University Press, 1983, p. 145; Bloom R M., "Jury Trials in Japan", *Loyola of Los Angles International and Comparative Law Review*, Vol. 28, No. 1., 2005, pp. 51–53; Anderson K, Nolan M, "Lay Participation in the Japanese Justice System: A Few Preliminary Thoughts Regarding the Lay Assessor System（saiban-in seido）from Domestic Historical and International Psychological Perspectives", *Vanderbilt Journal of Transnational Law*, Vol. 37, 2004, pp. 976–977; The Justice System Reform Council, "Recommendations of the Justice System Reform Council: For a Justice System to Support Japan in the 21st Century", *Louis-Warsaw Transatlantic Law Journal*, 2001, p. 127.

　　[3]　如有学者提出，为确保裁判员有效参与庭审和防止法官对案件审议的控制，可以由主审法官根据裁判员的领导能力和性格特征选择"首席裁判员"（Foreperson），以作为总结裁判员评审意见、与法官商议裁量结果的代表。此外，法官应进行教育培训以消除对裁判员共同参与判案的偏见认识，特别是当庭审中出现因情感诉求而具有高度偏见性（highly prejudicial）的证据时，应及时向裁判员作出提示，防止其对此类证据给予不适当的重视而作出失之偏颇的裁量结果。See Bloom R M, "Jury Trials in Japan", *Loyola of Los Angles International and Comparative Law Review*, Vol. 28, 2005, pp. 50–51、62–63.

罚观，还是英国"遵循先例"与"偶然偏离"相结合的"量化量刑格局"，抑或是德国"双轨制刑事制裁体系"和日本的"行情约束量刑模式"，大抵都围绕着消弭量刑歧异、实现量刑均衡目标而展开。而这些动态的观念变迁，势必在相当程度上助益于我国规范化量刑观念障碍之克服。

第二节　我国规范化量刑观念的革新

一、并合主义刑罚观之确立：报应为主、特殊预防为辅

如前所述，不论是纯粹的报应刑理论还是纯粹的预防刑理论，都存在各自无法克服或解释的缺陷，而不能作为表征现代社会刑罚目的的全部。也正是基于这个原因，"舍弃纯粹报应主义和纯粹功利主义本身的弱点而吸收两者合理的要素所形成的最有说服力的刑罚理论"[1]得以形成，这便是并合主义刑罚观的形成背景。并合主义刑罚目的乃为当前世界通说，并逐渐延伸出报应与预防的占比、重要性以及何以在报应刑范围内考虑预防刑等问题的讨论。

并合主义刑罚观在量刑环节具体表现为，要求个案裁判实现量刑个别化与量刑统一化的辩证统一，即遵循罪刑相当原则，对相同犯罪行为裁量相同基准刑判断的同时，根据个案量刑情节对基准刑进行调节，进而获得与犯罪行为社会危害性和行为人人身危险性相适应的量刑结果。正如美国学者莫里斯教授所主张的，个案裁量不仅要"考虑刑罚目的的必然性"，还要兼顾"个案基础上的混合刑罚目的"[2]。

（一）报应为主是实质正义的要求

如前所述，报应刑认为刑罚目的在于对实施恶行的罪犯进行报复与惩罚，是对行为人罪责施加衡平的处罚。此外，为了防止罪刑擅断、过度处罚和对社会正义的实现，刑罚应与犯罪人要弥补的恶行持续时间和严重程度相

---

〔1〕　储槐植、江溯：《美国刑法》，北京大学出版社 2012 年版，第 256 页。

〔2〕　Nora V. Demleitner, et al., *Sentencing Law and Policy: Cases, Statutes, and Guidelines* (3rd ed), Wolters Kluwer Law & Business, 2013, pp. 36-37.

适应。也就是说，"以犯罪恶害相等的刑罚痛苦"，"公正报应犯罪的不法，达到抗制犯罪的目的"，事实上是"在报应犯罪行为的不法与衡平犯罪行为人的罪责"[1]。

刑罚权的发动除了要以犯罪成立为前提，刑罚程度本身也具有限度，即应与犯罪人所实施的犯罪轻重相均衡。刑罚目的之于报应，是对犯罪人所犯罪行的相称的否定评价，其中，即使罪刑均衡没有可精确把握或换算的尺度或标准，也不代表惩罚的公正标准的丧失。[2]基于"善有善报、恶有恶报"的朴素正义观，报应是对犯罪恶害的公正报复，既是对犯罪人过去罪行的清偿，更是对人类正义本能的反观。刑罚在对实施恶行的罪犯进行报复和惩罚的过程中，应使人们体会到量刑公正。"正义是社会制度的首要价值，正像真理是思想体系的首要价值一样"[3]，对于未能体现正义的法律或制度，即使在提升司法效率方面表现卓著，仍然需要修正或废止。此外，刑罚应与责任相适应，不得超出犯罪人的责任科处额外的刑罚，这不仅是责任主义的体现，更是罪刑法定原则的应有之义。因此，以报应为主、预防为辅，以报应限制预防，在报应的限度内实现预防的目的才是对正义要求的实现，否则，不论是超出报应限度的预防，还是报应限度内未考虑预防之需要，都是对正义价值的背离。

（二）特殊预防为辅是刑罚个别化的要求

在明确了刑罚目的以报应刑为主后，还需要明确的是，为了保护社会利益和秩序，不能缺少对犯罪的预防。而在刑罚目的中，担任辅助角色的特殊预防目的，体现了个别化的要求，即法官在量刑过程中要仔细权衡犯罪人的人身危险性（再犯可能性），并据以裁决刑罚。[4]特殊预防一方面"为了防止未来的危害，而对一个被判过犯有有害行为的人所加的痛苦"[5]，通过判处监禁等方式阻止犯罪人在服刑期间继续犯罪，即剥夺其犯罪能力；另一方面，适用刑罚让犯罪人在受刑过程中感受到痛苦进而形成不敢再犯罪的畏

---

〔1〕 郭豫珍：《量刑与刑量：量刑辅助制度的全观微视》，元照出版公司 2013 年版，第 160 页。
〔2〕 参见徐宗胜：《刑罚目的二律背反问题新解》，载《甘肃政法学院学报》2019 年第 1 期。
〔3〕 ［美］约翰·罗尔斯：《正义论》，何怀宏等译，中国社会科学出版社 1988 年版，第 7 页。
〔4〕 参见徐宗胜：《刑罚目的二律背反问题新解》，载《甘肃政法学院学报》2019 年第 1 期。
〔5〕 ［英］威廉·葛德文：《政治正义论》，何慕李译，商务印书馆 1991 年版，第 523 页。

惧感。

现代意义的刑罚个别化是由主观主义刑事学派的犯罪学家们提出来的。[1]在主张对刑事古典学派的理论进行批判的立场上，主观主义刑事学派以刑罚适用的目的在于个别预防即预防犯罪人重新犯罪为出发点，提出了刑罚个别化的主张。从历史角度看，刑罚个别化是为否定刑事古典学派的罪刑法定原则而产生的，但理论界对刑罚个别化的认识和定位却不尽相同。如有学者认为，刑罚个别化要求法官在适用刑罚时，要充分考虑危险性的大小适用轻重不同的刑罚。[2]另有学者主张，刑罚个别化原则是指，审判机关在量刑时，应当根据犯罪人所犯罪行的社会危害程度和犯罪人的人身危险性大小，在相应的法定刑范围内，或以法定刑为基础，判处适当的刑罚或刑期。[3]其中，犯罪人的再犯危险性也不可与其罪责等量而语，因为对人身危险性的预判，始终不能突破"未然评估"之界限。事实上，迄今为止人类所具有的认识能力和实践手段，在预测行为人人身危险性上并不具有精确性，此外，客观存在着某些具有随机性和偶发性的犯罪，这也给人身危险性预测带来了不确定性。[4]因此，应当在报应的限度内考虑预防目的的实现，而不能本末倒置地为了预防而违背公众的朴素正义观和法感情。此外，责任主义要求对预防的考虑不应超出报应的限度，即预防刑只能在刑罚目的中起次要作用，而不能超过报应刑的上限，只能在此范围内上下浮动予以确定。[5]当犯罪人的特殊预防必要性极小或不存在时，可基于预防的考虑而突破报应下限进行处罚，这是因为，这种特殊情况对报应下限的突破，只是与过去的静态报应相矛盾，而不与当下及以后的正义观相冲突。

（三）一般预防并非量刑阶段的刑罚目的

如前所述，一般预防旨在通过对犯罪者的惩处，达到对社会可能犯的"畏而知警"，以克制他们以身试法的冲动。[6]一般预防的刑罚目的论主张者

〔1〕参见周振想：《论刑罚个别化原则》，载《社会科学战线》1990年第2期。
〔2〕参见马克昌：《刑罚通论》，武汉大学出版社1999年版，第271页。
〔3〕参见杨琳、赵明一：《浅论刑罚个别化》，载《法学杂志》2013年第4期。
〔4〕参见邱兴隆：《关于惩罚的哲学：刑罚根据论》，法律出版社2000年版，第225页。
〔5〕参见徐宗胜：《刑罚目的二律背反问题新解》，载《甘肃政法学院学报》2019年第1期。
〔6〕参见谢望原：《欧陆刑罚制度与刑罚价值原理》，中国检察出版社2004年版，第337页。

将对犯罪人的惩治视为对其他民众"灌输了对刑罚的敬畏"〔1〕，但这种主张易超出威慑的必要限度，因而被批评可能纵容国家威慑。事实上，纯粹的一般预防目的除了存在超过报应限度的可能外，并不能在量刑阶段予以体现。这是因为，尊重人的最基本要求就是不得将人用来作为实现超越他自身要求或强加于他的"目标"的工具。正如我国《刑法》第61条规定的量刑事实依据和法律依据要求，"应当根据犯罪的事实、犯罪的性质、情节和对于社会的危害程度"，而无论是犯罪事实、犯罪性质、情节还是犯罪对社会的危害程度，都未体现量刑应考虑一般预防目的之要求。由此可见，一般预防目的不仅不具有量刑阶段的存在依据，其实现过程还饱受过度处罚的诟病，因而在并合主义刑罚目的中不被考虑。

（四）并合主义刑罚目的呼唤民主共识的支持

可以说，报应兼顾预防作为刑罚目的的重要体现，凝聚了数个世纪刑法学研究者的思辨智慧和社会公众的理性共识。目前，并合主义的刑罚目的观已被包括我国在内的大多数国家和地区所接纳。然而，纵观各个国家和地区的刑罚目的的理论体系法定化过程，基本上都是国家作为立法者单方面主导的一元立法体制，并未对民主共识作出回应。〔2〕由于刑罚目的之确立过程忽视了对民主共识的反馈，使得国家惯常采用单一的立法价值判断，以至于刑罚目的未曾经过实证调查的检验而仅停留在逻辑思辨层面。

并合主义刑罚目的的实现，还需要民众共识的支持，这是基于刑罚目的实现的考量。刑事立法对刑罚目的理解与体现，进而影响了司法实践，特别是法官在缺乏对并合主义刑罚目的之理解的基础上裁量刑罚。正如有学者指出，刑罚目的理论应有道德权威的支持和社会经验发展的辅佐，否则仅凭规范性的强制力量很难被公众接受。民众在社会生活中逐渐形成公共理性，这一具有共识性的理性又体现了社会民众对公平正义的期待。〔3〕事实上，《常见量刑意见》中要求量刑应"确保法律效果和社会效果的统一"，除了是对宽严

---

〔1〕　［美］约书亚·德雷斯勒：《美国刑法精解》，王秀梅等译，北京大学出版社2009年版，第14页。

〔2〕　参见徐宗胜：《刑罚目的二律背反问题新解》，载《甘肃政法学院学报》2019年第1期。

〔3〕　参见［美］约翰·罗尔斯：《政治自由主义》，万俊人译，译林出版社2011年版，第196～197页。

相济刑事政策的契合，也是量刑结果应符合刑罚并合目的的民主共识层面的体现。只有法官在量刑过程中，使刑罚目的在判罚的过程和结果中得到体现，才是对民主共识的认同和回应。为了避免并合主义刑罚目的在量刑过程中旁落，在量刑规范化改革进程中，还需要强化民主共识在量刑调查中的体现，本书后文在实体和程序层面分别强调了对量刑信息的实证研究、法官的量刑释法说理以及量刑听证程序的建制等，均是对此处的回应。

简言之，并合主义刑罚目的观主要体现为"报应为主、特殊预防为辅"，在报应的限度内实现特殊预防的目的不仅体现实质正义的要求，还是对刑罚个别化的兼顾。此外，一般预防目的体现了国家所希望达到的抑制犯罪的效果，存在超过报应限度的可能，因而不被包含在并合主义刑罚目的中。最后，并合主义刑罚目的之实现需要通过法官依法公正量刑，从而进一步实现对民主共识的认同。

二、法官刑罚裁量权的合理释宽：公正优先、限权为辅

（一）过度紧缩的法官刑罚裁量权有损量刑公正

现代语境的量刑实践，早已摆脱了对抽象法律的惯性思维过程，逐渐演变为抽象法律与具体个案相互作用的互动过程。因此，量刑自由裁量权必须由法官依法、合理且公正地根据具体案情实际情况，在不超出法律框架且不违背量刑基本规律的情况下予以行使。

本书前文已对量刑的"刑之裁量"本质进行过论述。在"刑之裁量"的过程中，法官不仅是量刑的主体，还需要在量刑过程中妥善运用裁量权。刑事法律所规定的量刑原则和量刑标准只是对特定犯罪一般情况的概括性规定，法律的相对抽象和滞后属性决定了法律规定难以全面涵盖形形色色的犯罪现象。因此，任何具体的法律制度都是将抽象法律原则与具体个案动态联系的过程，要在对个案事实和客观背景充分了解的基础上，从概括、抽象和笼统的法律规则中，获得作出判决的详细依据。[1]对于量刑活动而言，法官行使刑罚裁量权的价值就在于，在保持具体案件满足一般正义的基础上，兼顾对

---

[1] 参见左卫民：《裁判依据：传统型与现代型司法之比较——以刑事诉讼为中心》，载《比较法研究》2001年第3期。

案件具体情况的考虑，并将一般正义与个别正义有机结合，避免刻板的规则主义导致对个别正义的忽视。此外，过去人们重视自然规律对于生活法则的决定性作用，而忽略了人类自身的主观能力，而类型化思维则是对人类主观能动性的呼唤。因此，考虑到刑法典立法强调的规制范围的全面性与规制内容的抽象性，以及当前司法环境中普遍缺乏能动性的现状，刑事司法应予类型化思维解决非典型事实带来的情景化困境。[1]在刑事量刑实践中，类型化的思维则体现在法官对自由裁量权的合理行使上。

事实上，之所以存在诸多对法官刑罚裁量权的"口诛笔伐"，主要出于对宽泛的刑罚裁量权的隐忧。如有学者基于量刑均衡的考虑，主张"司法裁量权过大，会导致司法侵害立法权并可能侵害公众的权利……只要司法裁量不至于大到无法控制的程度就是合理的"。[2]我国在开展地方法院量刑规范化改革试点之前，曾出现过对法官自由裁量权过剩的担忧。例如，有学者称刑法规定各罪法定刑的分档过粗、幅度过大，是造成法官自由裁量权愈发膨胀的原因。[3]

无独有偶，结合本书前文的论述不难发现，法官自由裁量权的发展变化可谓是美国司法系统和量刑改革的重要缩影。在《量刑指南》时代到来前，法官惯常依赖于宽泛的自由裁量权的行使，以实现个别化判决，对各司法管辖区之间或各管辖区内部由此产生的巨大量刑差异充耳不闻。[4]正因为美国刑事司法领域在前《量刑指南》时期要求法官根据被告人的个人情况，作出便于其回归社会的"医疗效果"的处罚，使得法官迷失于宽泛无度的自由裁量权中。无论是在威廉姆斯诉纽约州（Williams v. New York）[5]案、合众国诉塔克（United States v. Tucker）[6]案还是合众国诉格雷森（United States v. Grayson）[7]案等数个判例中，法官无一例外地跨越证据规则的限制，采用

---

〔1〕 参见童德华：《刑法再法典化的知识路径及其现实展开》，载《财经法学》2019年第1期。

〔2〕 李洁：《不同罪刑阶段罪与刑设定模式研究》，载《中国法学》2002年第3期。

〔3〕 参见汪贻飞：《中国式"量刑指南"能走多远——以美国联邦量刑指南的命运为参照的分析》，载《政法论坛》2010年第6期。

〔4〕 See Exum J J, "Why March to a Uniform Beat? Adding Honesty and Proportionality to the Tune of Federal Sentencing", *Texas Journal on Civil Liberties & Civil Rights*, Vol. 15, No. 2., 2010, pp. 145-146.

〔5〕 See Williams v. United States, 337 U. S. 241 (1949).

〔6〕 See United States v. Tucker, 404 U. S. 443 (1972).

〔7〕 See United States v. Grayson, 438 U. S. 41 (1978).

彼时盛行的康复矫治主义刑罚方法，运用泛化的自由裁量权对被告人判处个性化的量刑结果，最终导致犯罪率激增和汹涌肆意的民怨。美国"量刑改革之父"弗兰克尔（Frankel）大法官评价称，法官被赋予泛化无度的自由裁量权"对于任何一个热爱法治的社会来说，都是可怕且无法容忍的"。[1]随后，美国刑事司法系统启动了声势浩大的量刑改革，《量刑法案》和《量刑指南》的相继出台，有力地限缩了法官的自由裁量权。有学者对此评价，相比于前《量刑指南》时期法官热衷于通过个别化刑罚对罪犯进行康复矫治和不确定量刑，强制性《量刑指南》时期更加注重对法官量刑酌处权的限缩，体现出报应主义刑罚思想的回归。[2]但好景不长，僵硬化、机械化的《量刑指南》过度紧缩法官自由裁量权的弊端很快暴露。法官的自由裁量权在强制性《量刑指南》时期被严密捆绑，一度使量刑活动演变成了机械性地选择量刑区间幅度的填空过程。此外，有研究数据显示，严厉刑罚的裁处对遏制犯罪的效果甚微，还存在阻碍某些共同犯罪刑事侦查的危险。在经历了诸如阿普伦蒂诉新泽西州（Apprendi v. New Jersey）[3]案、布莱克利诉华盛顿州（Blakely v. Washington）[4]案和合众国诉布克（United States v. Booker）[5]案等一系列代表性违宪判例后，《量刑指南》的结构性缺陷终于得到美国刑事司法领域的重视，并最终将其适用属性由"强制性"降格为"参考性"。由此可见，无论是对法官宽泛无度的刑罚裁量权的放任，还是通过量刑规则的方式对法官刑罚裁量权的封闭和限缩，都是美国量刑改革进程中两极化之对立，均未能彻底改善量刑制度，甚至还出现"美国联邦最高法院的司法实践，让原本发挥权威指导功能的宪法陷入阻碍量刑改革发展的泥潭"[6]之尴尬。《量刑指南》适用属性的强制性降格，恰恰证明了"衡平主义"刑罚观归位的必要性和法官应当被赋予适度刑罚裁量权。另外，英国"先例的普遍遵循"同"偶然的偏离"相结合的量刑模式、德国对"幅的理论"的运用以及日本"行情约束"

---

〔1〕 See Marin E. Frankel, *Criminal Sentences: Law Without Order*, Hill & Way, 1973, p. 5.

〔2〕 See Tonry M H., "Sentencing in America, 1975-2025", *Crime and Justice*, Vol. 42, No. 1., 2013, p. 141.

〔3〕 See Apprendi v. New Jersey, 530 U. S. 466 (2000).

〔4〕 See Blakely v. Washington, 542 U. S. 301 (2004).

〔5〕 See United States v. Booker, 543 U. S. 220 (2005).

〔6〕 Bowman F O. Ⅲ, "Debacle: How the Supreme Court Has Mangled American Sentencing Law and How it Might Yet be Mended", *The University of Chicago Law Review*, Vol. 77, 2009, p. 367.

量刑模式的发展，都展现了当前刑事司法领域应当对法官赋予适度刑罚裁量权的呼唤。

（二）法官刑罚裁量权的存在根据

根据《元照英美法词典》的解释，"裁量权"（discretion）包含"斟酌决定的自由"、"判断能力、辨别能力"和"明知的行为、谨慎的判断"之义，"自由裁量权"（discretionary power）指的是"公职人员在特定情况下可以根据自己的判断和良心采取措施的权力"，"法官或行政官员根据具体情况，自由决定是否作为以及作为方式的行为"也可能称为"裁量行为"（discretionary act）。〔1〕此外，行为人自由裁量多用于处理谨慎、恰当适度需要自控力的事情，且在法律有明确、严格的规定时，排除行为人的任意行为。据此，英美法对法官自由裁量权的含义可概括为，法官遵循正义、公平的精神以及法律原则的规定，根据案件的具体情况加以衡量，并据此作出判决的权力。

法官刑罚裁量权首先是刑事自由裁量权的一部分，而刑事自由裁量权是"法律赋予法官（包括审判机关）根据罪刑相适应原则和刑罚目的，在法定范围内公正合理地自行对刑事被告人裁量决定刑罚的权力或责任"〔2〕，其主体除了法官个体，还包括合议制中的审判机关，适用对象仅针对刑事被告人，主要包括对刑事案件是否处罚、选择刑种和刑度和其他方面的自由裁量权。鉴于法官行使自由裁量权主要是为了探寻"法律规则与某个待决事项之间的具体和特定的联系"〔3〕，在量刑活动中，法官应以法定刑为起点，在不脱离量刑制度的核心规则框架的基础上，合理行使裁量权对犯罪人的社会危害性和人身危险性裁量相适应的刑罚。

（三）法官刑罚裁量权的确立必要

如前所述，法官被赋予之刑罚裁量权，在刑事法规范与具体个案的客观事实之间发挥着重要的桥梁作用。而刑罚的一般正义与个别正义之间的冲突是法官量刑自由裁量权的存在前提。这是因为，刑法的个别正义的实现有赖

---

〔1〕　参见薛波主编：《元照英美法词典（缩印版）》，北京大学出版社2013年版，第420页。

〔2〕　李志平：《法官刑事自由裁量权及其合理控制探析》，载《中国法学》1994年第4期。

〔3〕　井涛：《法律适用的和谐与归一：论法官的自由裁量权》，中国方正出版社2001年版，第7页。

于刑罚个别化的实现，而刑事立法根据某类犯罪的共同的社会危害性程度及犯罪人的主观恶性情况，设定一定的刑种和一定幅度的法定刑体系，并明确规定法定刑幅度的上限和下限，在这个空间范围内，应由法官通过量刑自由裁量权的行使，来实现刑罚的个别正义。[1]事实上，那种以为只要充分运用立法者的理性，同时依靠确定的立法语言和完备的形式逻辑，就能制定出能够与具体案件形成无缝契合的法律体系的方案的想法，本身就是对客观事实复杂性和现实情况多样性的忽视。因此，在量刑规则业已形成的网状格局基础上，有必要明确法官刑罚裁量权。

1. 弥补刑法语言的不确定性之需要

法官刑罚裁量权的依法行使是为了弥补刑法语言的不确定性。这是因为，构成法律的语言难以全面地描述现实社会可能出现的所有现象或问题，即使个体穷尽其掌握的词汇，也不免存在对现象或问题的理解、解释和处理之细微错误。刑法由普通的日常用语和专业术语构成，其中专业术语体系也是由普通日常用语搭建而成，因此，刑法规则的语言并非为其独有，在未经专门的解释和界定时，不可避免地存在个体理解上的偏差和多义。正因为法律是以语言文字作为载体，因而相同的语言文字会带来诸多看似类似、实则有别的解读，如刑法常用的"情节恶劣"和"情节严重"即是适例。此外，在不少犯罪的法定刑体系中，法定刑升格条件有赖于法官对情节的把控，即对"情节严重"和"情节特别严重"的衡量。另外，法官对不同量刑情节的适用，还需要合理行使刑罚裁量权，如"从轻处罚"、"减轻处罚"和"从重处罚"的具体幅度。也就是说，当法律没有规定或法律规定不适合社会现状时，法官有权通过裁量权对法律进行必要的修正、削减和扩展以涵盖需要处理的案件。[2]简言之，法官通过行使自由裁量权，使法律更具有灵活性和适应性，从而弥补了刑法语言的不确定性。法官需要在司法实践中结合具体案情作出合乎法理的解释，这便构成了法官依法适用刑罚裁量权的外部环境。

---

〔1〕 参见臧冬斌：《量刑自由裁量权制度研究》，法律出版社 2014 年版，第 67 页。
〔2〕 参见［美］理查德·A·波斯纳：《法理学问题》，苏力译，中国政法大学出版社 2001 年版，第 26 页。

2. 弥补刑法滞后性之需要

此外，法官的刑罚裁量权还有弥补刑法滞后性之效果。由于涉及对人们生命、自由等的剥夺与重大限制，较之于其他的部门法，刑法保有更为严谨的稳定性，而这种稳定性意味着刑法在实体与程序层面应当符合更为严格的变动条件。正是基于对刑法稳定性和刑法权威的肯定，立法者无法对可能发生的任何事物做到全面且精准的预测，才需要赋予法官们"根据正义、良知和睿智光辉补充法律的权能"[1]，使其能在司法实践中突破滞后的法律规则居中、公正裁判。

当有限的法律规则适用于瞬息万变的社会生活时，必然会存在因规范滞后而形成的"灰色地带"，面对模糊的法律边界，法官若依旧机械、僵硬地适用，往往难以达到消解社会矛盾、实现司法效果的预期，淤积的矛盾甚至存在进一步扩大、蔓延的可能。法官被合法赋予的自由裁量权应当"紧跟社会制度结构的变迁和时代利益格局的变动步伐"[2]，在法律法规明文规定的边界内，能动地、公正地行使。如此，形成了法官结合个案实际情况行使刑罚裁判权来弥补刑法滞后性的逻辑思路。

3. 实现刑法个别正义之需要

法官刑罚裁量权的依法行使，是实现刑法个别正义之需要。众所周知，个别正义是同一般正义相呼应的概念，后者是绝大多数个体在一般情况都能够获得的正义，也是立法者在制定法律规范时必须考虑的价值立场，因为法律规范是社会整体意志的体现，代表社会的普遍利益；而前者则是法律针对个别案件进行处理时所体现的具体正义。对于量刑而言，适用刑法的过程就是赋予纯粹的语言条文以生命的过程，其中需要将规范与事实相结合，并藉由法官能动地行使自由裁量权才能获得理性的判决结果。[3]

正是因为法律在追求一般正义的同时，极有可能以牺牲个别正义为代价，因而单靠法律无法实现民众对个别正义的追求，法官所行使的自由裁量权恰好能弥补法律规定的天然缺陷。当然，广泛的量刑裁判空间并不是对法官擅断的纵容，作为连接法律规范和客观事实的媒介和纽带，法官在行使刑罚裁

---

〔1〕 甘雨沛、何鹏：《外国刑法学》，北京大学出版社 1984 年版，第 23 页。

〔2〕 张文显、李光宇：《司法：法律效果与社会效果的衡平分析》，载《社会科学战线》2011 年第 7 期。

〔3〕 参见石经海：《"量刑规范化"解读》，载《现代法学》2009 年第 3 期。

量权时必须始终关注犯罪行为在量刑中的作用力。法官在行使刑罚裁量权时，须服从量刑理论的规范内核，根据刑法的规范要求，实现量刑的犯罪预防价值与衡平理念的融合。[1] 刑法规定的量刑原则和标准均为针对特定犯罪一般情形的设计，但量刑标准的统一并不代表量刑对象的必然统一。事实上，实践中的犯罪各形各色，甚少出现个案情况完全一致的犯罪，这也是法官被要求在司法实践中，始终坚持将抽象法律原则与具体案件事实相结合，严格依法且不违背司法规律进行裁判之原因所在。

另外，法官的刑罚裁量权的合理使用还与刑罚个别化要求相契合。具体而言，刑罚个别化要求量刑的对象只能是具体的犯罪人，而非抽象的犯罪行为。刑法规范只能预先估算出抽象的犯罪行为的社会危害性及其程度，并在此基础上配置梯度式的法定刑幅度，但是刑法无法预先估算出具体犯罪人的人身危险性程度以及个案中的特殊犯罪情节，也就无法根据特定的犯罪情节对犯罪人配置相应的刑罚幅度。

（四）适度刑罚裁量权的回归：公正优先、限权为辅

在明确了法官行使刑罚裁量权的必要性之后，还应对当前量刑规则细密化而引发的法官刑罚裁量权的过度限缩予以回应。就量刑实践而言，尽管我国历经十余年的量刑规范化改革，出台了一系列实体侧面和程序侧面的指导意见，卓有成效地规范了法官行使自由裁量权，并在量刑均衡方面发挥了积极作用。但不可否认的是，缺乏对法官裁量权的价值认知，势必会消减法官在量刑活动中的主观能动性，进而导致量刑规则的僵化、机械适用。面对包括量刑规则在内的刑事法规范的日渐丰富，首先应予肯定的是对传统"估堆式"量刑方法的纠正，因为从规范补足的角度看，规范的增多、量刑方法的厘定以及量刑步骤的明确，从不同方面都限制了法官通过估算获得量刑结果的可能。

此外，细密化的量刑规则是否能在司法实践中对法官发挥量刑指导作用，内容冗杂的量刑规则之间会否出现多义性冲突，以及常见量刑情节适用过程中，不同情节对基准刑的增减比值是否基于充足的量刑数据分析，无不影响法官自由裁量权的依法行使。事实上，法官的刑罚裁量权当然需要制约，但过于严谨的制度和机械的限制，相比之下更有可能对法官审判案例所需要的

---

〔1〕 参见阮祝军、张铭训：《量刑规范化改革的基础：以罪责为核心重构量刑原则》，载《政治与法律》2011 年第 6 期。

睿智形成捆绑和束缚。

　　另外，有关放松法官自由裁量权的限度会否产生恣意判罚的不利后果等问题的讨论，学界也存在不同声音。例如，有学者以我国法官素质远低于英美德等国家的法官水平为理据，主张我国法官尚不具备独立性，因此认为现阶段不宜大力提倡法官刑罚自由裁量权。[1]还有学者从法官学历层次入手，表示根据1995年的数据统计，中国法官学历达到大专层次的占比为84.1%，本科层次和研究生层次分别仅为5.6%和0.25%。[2]不可否认，法官的综合素质乃为法官妥善行使自由裁量权的必要前提，但正是由于"法律本身对法官角色及职业行为的认可"[3]，使得法官在司法裁判过程中能够有效地实现法律本身的预设目标和价值。先不论法官整体的学历层次，前述数据仅体现了20世纪90年代法官的整体学历特征，彼时全国公务员系统的整体学历都还处于稳步提升的初期阶段，研究生层次人才占比较少并不足为奇，更不能指代当前我国法官的整体素质水平。事实上，就量刑规范化改革的探索期和局部试点阶段而言，各地基层法院曾围绕量刑改革问题数次举办学术研讨会，在各法院内部进行改革尝试，这足以证明广大基层法院的法官素质的稳步提升，以及他们对学理研究的关注。此外，我国法官的普遍素质历经数年的司法体制改革、专业职能培训和员额制度改革，已然得到相当程度的提升。目前的法官遴选制度已具备趋近科学、客观的评判标准，加之审判案件终身负责制等司法制度的有效制约和媒体、公众的广泛监督，都为我国法官专业素质提出了新的更高要求。而这些要求，无不激励着我国法官整体素质的提升，故仅以法官综合素质偏低而不支持提倡刑罚裁量权的观点，至少在目前看来忽视了法官职业时代发展的客观性。

　　随着量刑规范化改革的深入推进以及量刑规则细密程度的不断提高，无论是对世界各国量刑改革发展理念的考察，还是立足我国量刑制度发展的反思，都不能局限于对法官刑罚裁量权的"故步自封"，而应当结合实体侧面与程序侧面进行"公正优先、限权为辅"的转向。

─────────────

〔1〕　参见臧冬斌：《量刑自由裁量权制度研究》，法律出版社2014年版，第77页。

〔2〕　参见孟勤国等：《削弱司法自由裁量权与提高成文法地位——中国司法改革之路》，载《法学》2000年第10期。

〔3〕　杨开湘：《法官自由裁量权论纲》，载《法律科学（西北政法学院学报）》1997年第2期。

完善我国量刑规范化改革的实体举措

如前所述，我国开展量刑规范化改革的主要任务，是针对粗放式的刑罚制度、较宽泛的法定刑幅度和泛化的自由裁量权边界，通过规范量刑依据，制定统一的法律适用标准，设立科学的量刑方法，配以相对独立的量刑程序，便于法官合理行使自由裁量权，逐步提升量刑结果和量刑程序的公正性。[1] 无论国家或地区采取何种意识形态、法律制度，或基于何种刑罚目的，量刑的公平、公正与公开都是民众对刑事司法体系最基本的期待之一。为了保持司法裁判时空上的一贯性和一致性，必须缩小或排除不合理歧异或无根据的量刑差异。为此，各个国家和地区均展开一系列旨在减少直至消除量刑歧异的改革活动。本书后文将主要围绕美英德日等国和我国台湾地区的量刑改革实体举措加以展开，以期获取些许能够克服我国量刑规范化改革实体侧面发展障碍之方式、方法。

第一节　其他国家和地区量刑改革实体层面经验参考

一、美英："独立量刑委员会"之效仿

（一）美国量刑委员会的创设背景、员额组成与管理优势

1. 美国量刑委员会的创设背景

设置兼具政治中立性和编制独立性的量刑委员会，是以美国和英国为代

---

[1]　参见李晓林主编：《量刑规范化的理论与实践》，人民法院出版社 2015 年版，第 8 页。

表的英美法系国家在量刑改革进程中具有相似性的改革实践。如前所述，20世纪70年代以前，美国刑事司法领域的法官立足罪犯康复矫治主义量刑模式，根据罪犯差异性的"病症"和"治愈期限"通过个别化量刑来"对症下药"，以最大限度地实现罪犯的康复矫治目的。[1]在康复矫治刑罚时期，法官们被赋予高度泛化的酌处权，围绕"罪犯的康复潜能"进行个别化量刑，且"没有解释特定量刑裁决的义务"[2]，所依据的量刑因素无需通过司法事实调查获取，个案量刑结果也不受上诉复审的约束。刑罚裁量的不确定性和刑罚执行的宽缓化，导致这段时期的刑罚实际执行率畸低，截至20世纪70年代初，包括美国监狱囚犯在内的监禁刑比率，仅在每10万人150至160人的范围内波动。[3]

随着差异化量刑的凸显和犯罪率的畸升，众多学者对彼时美国刑事司法领域的"无度可循"的量刑格局感到担忧，法官对康复矫治目的的过分追求和对罪犯再社会化的过度偏重，使得个人偏见和其他因素对量刑结果产生严重影响，无根据的量刑差异呈现常态化的趋势。学界普遍认为，当时冗杂无序的联邦刑法缺少对犯罪严重程度的分类，因而屡次挫败国会试图通过法律编纂以解决量刑混乱的努力。[4]加之美国严循的司法判例传统，让数以万计的裁判先例如细流般汇聚至刑事审判进程中，相比于模糊的法律条款，辩诉双方更倾向于通过找寻有利于己方的相似案例来争取检控或辩护的主动权，这无形中加大了试图通过修改法律来限缩法官自由裁量权和规范量刑实践的难度。刑事司法领域的理论研究者与司法实务人员逐渐意识到制定专业性量刑指导规范的重要性。而在制定具有普遍适用效力的量刑规范之前，一支具有较高法律素养、丰富裁判经验且始终保持政治中立的量刑改革专职领导机构的建制，显得尤为急迫。

在此背景下，美国国会于1984年通过《量刑法案》，并依据弗兰克尔

---

〔1〕　See Nagel I H,"Structuring Sentencing Discretion：The New Federal Sentencing Guidelines", *Journal of Criminal Law and Criminology*, 1975, pp. 893-896.

〔2〕　See Tofte B L, "Booker at Seven：Looking Behind Sentencing Decisions：What is Motivating Judges?", *Arkansas Law Review*, Vol. 65, 2012, p. 537.

〔3〕　See Tonry M H., "Sentencing in America, 1975-2025", *Crime and Justice*, Vol. 42, No. 1., 2013, p. 149.

〔4〕　See Gainer R L, "Federal Criminal Code Reform：Past and Future", *Buffalo Criminal Law Review*, Vol. 2, No. 1., 1998, pp. 92-135.

（Frankel）大法官的构想，成立了独立于司法系统的美国量刑委员会。《量刑法案》旨在实现以下三个目的：第一，通过建制一套有效、公正的量刑制度，提升美国刑事司法制度打击犯罪的能力；第二，降低同类犯罪间明显差异的量刑结果，以实现统一且合理的审判；第三，试图通过对不同严重程度的犯罪规定具有梯度的量刑建议刑期，促使罪责刑相适应。事实上，早在《量刑法案》颁布施行之前，美国各州就已先后出台过类似旨在提高本州量刑实践可操作性的改革法案。以华盛顿州为例，1981年出台的州改革法案即对量刑目的予以廓清，继而被联邦层面的《量刑法案》所吸收。[1]

总的来讲，《量刑法案》赋予委员会广泛的权力，以实现刑罚目的和量刑合理性。[2]自此，委员会作为独立于联邦政府司法系统的独立机构，开始统领和指导美国量刑改革的各项事宜。

2. 美国量刑委员会的宗旨使命与员额配置

（1）美国量刑委员会的法律职责与基本宗旨

根据美国弗兰克尔（Frankel）大法官最初的量刑改革构想，委员会应是由"律师、法官、刑法学家或监狱管理者、犯罪学家"和"社会学家、心理学研究者、商人、艺术家以及已刑满出狱或正在服刑的罪犯"共同组成的兼具政治独立性的机构。[3]为了确保美国刑事量刑改革的有序推进，根据《量刑法案》的授权，委员会具有以下法律职责：首先，颁布并定期修改、补充和调整《量刑指南》，以供所有量刑法官裁量联邦刑事案件时适用；其次，作为联邦量刑数据统计中心（clearinghouse for federal sentencing statistics），系统性地收集、分析和报告量刑数据，根据最新的犯罪趋势，评估联邦量刑政策；再次，开展量刑理论和实务研究，为信息中心收集、准备和传播联邦量刑实践信息；最后，为法官、缓刑监督官、专职律师、法官助理、检察官、辩护律

---

〔1〕 美国华盛顿州的量刑法案规定了五个方面的量刑目的：第一，确保量处的刑罚与犯罪行为的社会危害性和行为人的犯罪前科历史相均衡；第二，公正科刑以提高法律权威；第三，确保相似罪行的量刑结果相称、无歧异（commensurate）；第四，保护公众；第五，给予犯罪人接受教育、矫治进而回归社会的机会。See Nora V. Demleitner, et al., *Sentencing Law and Policy: Cases, Statutes, and Guidelines*, Wolters Kluwer Law & Business, 2013, p. 37.

〔2〕 See The United States Sentencing Commission, Guidelines Manual (Nov. 2018), § 1A1. 2.

〔3〕 See Marvin E. Frankel, "Criminal Sentences: Law Without Order", *Hill & Wang*, 1973, pp. 119-120.

师以及其他刑事司法领域工作人员提供联邦量刑实务指导和专门培训。[1]

此外，在基本宗旨层面，委员会首先要结合美国刑事司法领域当下的量刑政策，制定便于法官参考的量刑规范，包括对犯有联邦罪行的罪犯设置适当的惩罚形式和惩罚梯度等；其次，协助国会及其行政分支系统制定高效且有效的刑事政策；最后，收集、分析、研究和公布有关联邦犯罪的量刑数据，为国会、行政部门、法院系统、刑事司法实务者、刑事法研究人员和社会公众提供量刑信息和量刑资源。正是由于委员会处于立法、司法和行政三大部门的交汇处，使得委员会在制定量刑政策、具体的指南规范和量刑规范时充分考虑了这三方的利益，在相关法规和联邦最高法院判例传统支持下，及时对《量刑指南》的内容进行补充、调整和解释说明，以迅速回应联邦刑事司法系统、立法机关、国会及其行政分支等方面的反馈。[2]此外，委员会还需履行定期向议会提交量刑报告，为联邦法官、检察官、辩护律师和缓刑监督官等定期开展量刑实践培训，广泛收集各州、各司法管辖区、各巡回法院的海量量刑信息并建立量刑数据库等义务。[3]

（2）美国量刑委员会的员额配置和机构组成

针对前述有关美国量刑委员会的法律职责和服务宗旨，考虑到刑事量刑改革工作的专业性、长期性和稳定性要求，委员会最终确定由司法部门及两党法律专家共计9名成员组成，每届任期6年。其中，享有投票权与不享有投票权的人数比为7：2，委员会主席经由总统提名和参议院选举产生，至多不超过4名委员会成员可以归属于同一党派，至少3名成员须具有联邦法官的任职经历或为现任联邦法官，以确保委员会成员间的政治中立和具备较高的司法实务素养。美国司法部长（Attorney General）或其指派专员（designee）以及美国假释委员会主席（the Chair of the U. S. Parole Commission）自动成为委员会中不具有投票权的当然成员。除了前述的9名委员会成员以外，另下设5个包含共计约百名工作人员的办事处，分别是法律顾问办公室、教育与量刑

〔1〕　See United States Sentencing Commission, "United States Sentencing Commission's 2018 Annual Report", at https://www.ussc.gov/about/annual-report-2018，最后访问日期：2019年8月27日。

〔2〕　See United States Sentencing Commission, "United States Sentencing Commission's 2018 Annual Report", at https://www.ussc.gov/about/annual-report-2018，最后访问日期：2019年8月27日。

〔3〕　参见崔仕绣：《美国量刑改革的源起、发展及对我国的启示借鉴》，载《上海政法学院学报（法治论丛）》2020年第1期。

实践中心、数据研究中心、立法和公共事务办公室（Legislative and Public Affairs）、行政办事处（Administration），各个办事处主管向工作主任汇报进度，工作主任继而向委员会主席负责并汇报。[1]

其中，法律顾问办公室、教育与量刑实践中心和数据研究中心是委员会专项负责实体规范起草、司法培训和数据分析的专职办事处。其一，法律顾问办公室（General Counsel）协助委员会处理一系列法律事务，包括制定和适用《量刑指南》和《量刑指南修正案》、提出立法建议和商定法律解释等。此外，法律顾问办公室还负责监督地区法院和各个巡回法院对《量刑指南》的适用和解释，并就影响委员会工作的相关法规提出意见。另外，法律顾问办公室承担了委员会的全部法律文件起草工作，如校订交付印刷的《量刑指南》文件、管理委员会拟用于制定量刑政策的各项文件和为委员会发布的政策宣传润色等。最后，向其他委员会下属办公室如教育与量刑实践中心提供培训支持，促进各部门的联合融通，也是法律顾问办公室的重要职责之一。其二，教育与量刑实践中心（Education and Sentencing Practice）主要负责对法官、缓刑监督官、检察官、辩护律师以及其他刑事司法实务人员提供教学指导。该中心通过编写培训材料、参与其他机构主办的量刑培训课程，与美国法院行政办公室和联邦司法中心建立长期合作关系。另外，教育与量刑中心还承担了相当比例的《量刑指南》宣传工作，如创建便于社会公众视听的播客平台、定期更新委员会官方应用程序等。教育与量刑实践中心另向公众开放"求助热线"，及时对量刑实践中的疑难问题作出回应。其三，数据研究中心（Research and Data）主要负责对联邦犯罪和量刑数据进行统计分析和其他社会科学研究，包括但不限于联邦犯罪类型和严重程度的变化、联邦罪犯人口特征和犯罪历史的变化、联邦法院总体量刑趋势。该中心从联邦法院提交的庭审记录和司法文书中提取各个罪犯的量刑数据，随后将这些信息数据统一上传委员会的综合数据库，并建立年度量刑资料数据库。此外，数据研究中心还将在量刑数据的收集、归档和公开的基础上，定期编写联邦量刑实践报告（periodic reports），并对各州、各司法管辖区和各巡回法院的《量刑指南》适用详情进行跟踪。除了对量刑数据的妥善整理外，该中心还会预测

---

[1] See United States Sentencing Commission, "United States Sentencing Commission's 2018 Annual Report", at https://www.ussc.gov/about/annual-report-2018，最后访问日期：2019 年 8 月 27 日。

拟颁布的法律和指南修正案对联邦监狱人口的影响，以辅助国会、立法机关和委员会作出量刑政策上的调整。最后，数据研究中心协同法律顾问办公室，共同收集被判有罪的犯罪组织和个人提起上诉的相关资料。

除了前述三个部门，为促进各行政、司法机关的协同合作，规范预算申报等，委员会还另设有立法和公共事务办公室及行政办事处。其中，立法和公共事务办公室负责与国会就量刑事宜进行联络，如监督国会推进刑事法律议程、分析相关立法提案、撰写国会证词和回应国会的质询等。此外，立法和公共事务办公室与法律顾问办公室在分析和解释量刑规范等工作上合作密切，还会向委员会以外的实体部分如司法机构、行政分支机构、刑事法学界等提供法律咨询服务和相关信息，以及协助委员会召开不同种类的听证会。另外，该机构还作为委员会的新闻发言人，回应来自大众媒体、社会公众、国会和政府机构的疑问。最后，立法和公共事务办公室还会积极协调委员会各项出版物的制作、编辑、印刷和发行工作，协助委员会官网和官方社交媒体信息的更新等。同样，行政办事处为委员会提供全面的行政事务支持，如年度预算和财务统计、信息技术支持、合同纠纷处理、人力资源管理、基础设备维护等。行政办事处另设置咨询系统组（Information Systems unit），负责开发委员会自动化办公系统和数据管理系统。[1]

尽管目前委员会主席和另外 4 名委员会委员暂时空缺，但仅在指南修正议案表决时才需要至少 4 名具有投票权的委员参加，因此，委员会其他法定职责的履行和研究工作的开展，并不受有无投票权的委员总数的影响，当前美国量刑委员会的各项工作依旧稳定进行。（详情请见下图）[2]

---

〔1〕　See United States Sentencing Commission，"United States Sentencing Commission's 2018 Annual Report"，at https://www.ussc.gov/about/annual-report-2018，最后访问日期：2019 年 8 月 27 日。

〔2〕　根据美国联邦量刑委员官网公示的信息，在整个 2018 财政年度中，巡回法院法官 William H. Pryor Jr. 担任美国联邦量刑委员会代理主席，委员会成员包括 Rachel E. Barkow 教授、高级地区法官 Charles R. Breyer 和 Danny C. Reeves 法官。然而，Pryor 代理主席和 Barkow 教授的任期将于第 115 届美国国会任期结束时终止。也就是说，截至 2019 财政年度的第二季度，Breyer 法官和 Reeves 法官将成为美国量刑委员会中享有投票权的成员。目前，另外两位不具有投票权的委员会当然成员分别是假释委员会主席 Patricia K. Cushwa 和司法部指派专员 David Rybicki。See United States Sentencing Commission，"United States Sentencing Commission's 2018 Annual Report"，at https://www.ussc.gov/about/annual-report-2018，最后访问日期：2019 年 8 月 27 日。

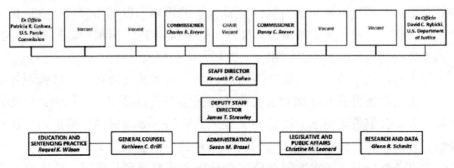

图 5-1　当前美国量刑委员会员额构成图

3. 美国量刑委员会的管理优势

在充分了解了委员会的宗旨使命、员额配置和机构组成后，委员会在深入推进美国刑事量刑改革、调整量刑政策和提高美国司法公正性等方面的优势也显而易见了。此处选择三个较为突出的方面加以详述。

（1）便于《量刑指南修正案》的制定、表决与颁布

如前所述，量刑规范具有滞后性，需要众多具备专业法学知识和刑事量刑经验的研究者的定期更新、调整和修改。[1]国会颁布的《量刑法案》要求委员会通过出台《量刑指南修正案》的方式定期修改《量刑指南》以适应司法实践的发展，要求委员会在"履行职责和行使权力时，与刑事司法制度的各方参与者（如司法机关、个人及机构代表等）协商"，并"根据实践反馈和量刑数据，定期审查和修改《量刑指南》"。[2]换句话说，委员会制定量刑细则时，不仅要考虑刑罚目的在个罪中的实现情况，还要充分考虑犯罪人的不同类型和刑罚的不同种类。[3]也即，委员会承担着制定、送交表决和颁布施行《量刑指南修正案》的重要职责。

《量刑指南修正案》是在保持《量刑指南》稳定性基础上，对各个发展阶段量刑实践需求的及时反馈，体现了"以数据为驱动的联邦量刑协作模式"

---

〔1〕　See Bowman F O. Ⅲ, "The Failure of the Sentencing Guidelines: A Structural Analysis", *Columbia Law Review*, 2005, pp. 1333-1334; Dale G. Parent, "What Did the United States Sentencing Commission Miss?", *Yale Law Journal*, 1992, p. 1775.

〔2〕　See Berman D A, "Can the Federal Criminal Justice System Effectively Identify and Respond to Modern Sentencing 'Hot Spots'?", *Federal Sentencing Reporter*, 2013, p. 287.

〔3〕　See Nora V. Demleitner, et al., *Sentencing Law and Policy: Cases, Statutes, and Guidelines*, Wolters Kluwer Law & Business, 2013, p. 47.

（collaborative data-driven），其制定具有周期性。[1]通常来讲，委员会在每年6 月左右启动当年的量刑规范修改计划，首先在《联邦登记册》（Federal Register）和美国量刑委员会官网（www. ussc. gov）中发布一份政策优先事项清单；随后，组织参与量刑实践的利益攸关方和社会公众就此优先事项清单发表意见，在汇总各代表方意见基础上，委员会进一步发布《修正议案》（proposed amendments）供各方审议，常见的量刑实践利益攸关方如美国司法会议刑法委员会（Criminal Law Committee of the Judicial Conference）、联邦公众辩护团体（Federal Public Defender Community）、美国司法部刑法司（the Criminal Division of the United States Department of Justice）和美国缓刑监督官咨询小组（the United States Probation Officer's Advisory Group）等；其次，委员会就《修正议案》组织公开听证会，整理和记录参会各方代表的意见；最后，委员会就几经补充和完善的《修正议案》进行表决，决定相关修正案是否通过。[2]具有投票权的 7 位委员会成员中，至少需 4 名投票赞成，方可通过本年度量刑规范《修正议案》。之后，委员会向国会提交经表决通过的《修正议案》及各项修改说明，经过 180 天的审慎思考、论证和讨论，国会最终决定通过或否决该议案。值得一提的是，只有在极少数情况下，国会可以授权委员会颁布《紧急修正案》，而不受前述审核时间和表决程序的严格限制。[3]

　　由于参考性量刑指南的量刑规则和梯度不再对法官具有强制性约束，因此，国会和委员会在修改和完善量刑指南时，更加注重法律效果和社会效果的协调统一，建立多部门间的对话机制。历经委员会的详细论证、利益攸关方的积极参与和社会公众的意见整理后，甚少有量刑规范修正意见被国会否决。事实上，自 1987 年《量刑指南》颁布至今，仅有涉及毒品犯罪和洗钱罪

---

〔1〕　值得一提的是，委员会除了通过制定《量刑指南修正案》适时调整指南规范外，还可以根据《美国法典》第 28 编第 994 节（a）款的规定和美国国会颁布的其他指令，对《量刑指南》的各项规范、政策声明以及解释评注加以调整。See The United States Sentencing Commission. Guidelines Manual（Nov. 2018）. § 1A3. 1；See United States Sentencing Commission，"United States Sentencing Commission's 2018 Annual Report"，at https：//www. ussc. gov/about/annual-report-2018，最后访问日期：2019 年 8 月 29 日。

〔2〕　See United States Sentencing Commission，"Federal Sentencing：The Basics"，at https：//www. ussc. gov/sites/default/files/pdf/research-and-publications/research-projects-and-surveys/miscellaneous/201510_fed-sentencing-basics. pdf，最后访问日期：2019 年 8 月 27 日。

〔3〕　See United States Sentencing Commission，"Rules of Practice and Procedure"，at https：//www. ussc. gov/sites/default/files/pdf/amendment-process/2016practice_ procedure. pdf，最后访问日期：2019 年 8 月 27 日。

的两部《修正议案》被否决。[1]截至目前，近 800 部指南修正案的颁布与施行，在提高量刑规范灵活性和可适用性方面作出了巨大贡献。[2]

（2）提高量刑数据信息分析的质效

委员会尤其注重量刑数据的实证分析和判例研究，力求通过专业性、纯粹性和科学性的量刑规范设置，在充分研究判例的基础上，作出免受政治立场影响的量刑政策指导。如前所述，委员会下设专门负责对联邦犯罪和量刑数据信息进行统计分析和开展相关学科研究的数据研究中心，不仅从联邦各级人民法院裁判文书和庭审记录里提取各个罪犯的量刑信息数据，还将海量的数据汇总至委员会综合数据库，并按照年度依次归档。这些信息处理工作便于委员会及时、全面、细致地了解各州、各司法管辖区和各巡回法院适用《量刑指南》的情况，并以此评估量刑规范是否需要调整和完善。这些时效特征明显的量刑数据不仅直观地反映了美国各州、司法管辖区和巡回法院间的量刑趋势，更被委员会作为定期修改、调整和更新《量刑指南》各项规定和完善联邦立法的重要依据。

分析得当的量刑数据体现了某一特定时期、特定地区、特定犯罪的量刑发展趋势，并为量刑政策的调整和转向提供了准确的参考依据。以"偏离量刑"政策为例，根据当前参考性《量刑指南》体系，委员会出于对纷繁复杂的人类行为的考虑，允许法官在特殊情况下，对被告人裁量偏离于指南建议区间的刑罚。而"偏离量刑"政策逐年调整的重要根据，即为委员会综合各司法管辖区、巡回法院和州法院量刑数据的妥善分析。通过检测法院在何时、何种情况采取偏离量刑，委员会能够分析其所述的司法意见，并逐步完善《量刑指南》，更准确地规定偏离量刑政策的启动条件。[3]此外，数据研究中心每年提交的联邦量刑实践报告，也为揭示联邦犯罪类型和严重程度的变化、联邦罪犯人口特征和犯罪历史的变化、联邦法院总体量刑趋势提供了真实全面的数据支持。

---

〔1〕　See Federal Sentencing Guidelines. Amendment，Disapproval，Pub. L. No. 104 - 38，109 Stat. 334（1995）；See United States Sentencing Commissio. Federal Sentencing："The Basics"，at https://www. ussc. gov/sites/default/files/pdf/research-and-publications/research-projects-and-surveys/miscellaneous/201510_fed-sentencing-basics. pdf，最后访问日期：2019 年 8 月 27 日。

〔2〕　See 28 U. S. Code，§ 944（o）（p）（x）；Rita v. United States，551 U. S. 350（2007）.

〔3〕　See The United States Sentencing Commission. Guidelines Manual（Nov. 2018），§ 1A1. 4（b）.

（3）确保持续且稳定的财政支持

除了定期修改《量刑指南修正案》和持续性的量刑数据信息研判外，委员会作为美国司法系统的独立机构，在确保稳定、持续的国家财政资助上具有显著优势。根据美国量刑委员会官网的财政报告，委员会近 6 年的财政拨款呈现逐年递增的趋势，2013 年至 2018 年的委员会财政拨款数额分别是 15 637 000 美元、16 200 000 美元、16 894 000 美元、17 570 000 美元、18 100 000 美元和 18 699 000 美元，从 2014 年开始的逐年财政投入较上一年增长比分别是 3.60%、4.28%、4.00%、3.07% 和 3.31%，稳定且递增的财政支持，为委员会各项工作的顺利开展提供了经济保障。充足的资金保障、技术维护和人力配备，不仅卓有成效地提高了委员会下属各个办事处的工作效率，更为委员会恰当且有效地运用联邦司法资源以实现量刑公正、完善量刑程序和调整量刑政策等改革目标奠定了坚实的物质基础。（详情请见下表）〔1〕

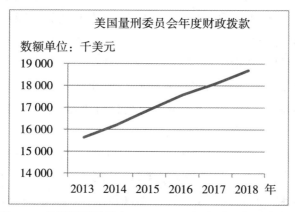

图 5-2　美国量刑委员会 2013~2018 年度财政拨款趋势图

〔1〕　See United States Sentencing Commission，"United States Sentencing Commission's Annual Report（from 2013 to 2018）"，at https://www.ussc.gov/about/annual-report-2018；https://www.ussc.gov/about/annual-report-2017；https://www.ussc.gov/about/annual-report-2016；https://www.ussc.gov/about/annual-report/archive/annual-report-2015；https://www.ussc.gov/about/annual-report/archive/annual-report-2014；https://www.ussc.gov/sites/default/files/pdf/research-and-publications/annual-reports-and-sourcebooks/2013/2013_ Annual_ Report_ Chap1.pdf，最后访问日期：2019 年 8 月 28 日。

（二）英国量刑机构的创设背景、员额组成与管理优势

1. 英国量刑机构的创设背景

作为英美法系的代表国家，英国同样设置了统领刑事量刑实践的领导机构。早在 1968 年，英国《刑事上诉法》（The Criminal Appeal Act）第 2 条即要求，在初审法院裁量的量刑结果偏离于既定原则或不相符合时，上诉法院应予修正。也就是说，上诉法院有权在特殊情况下对提出上诉的初审量刑结果进行干预，此外，经调整后的量刑个案作为指导性判决供其他司法实务人员和理论研究者研读。直至 20 世纪 80 年代，随着"法律与秩序"议题在英国政客和社会公众视野中发酵，英国各界对设立系统性、全局性、独立性的量刑改革领导机构的呼声愈发高涨。

如前所述，英国国会于 1998 年在《犯罪与违反秩序法》第 81 条提出设立"量刑建议咨询小组"，以辅助上诉法院制定量刑指南，促进量刑公正和量刑实践的一致性。值得一提的是，自 1999 年 7 月启动咨询建议工作的量刑建议咨询小组并非纯粹意义上统领英国量刑改革的独立机构，而是在该领导部门成立前负责提供量刑指南制定建议的辅助部门。这是因为《犯罪与违反秩序法》第 81 条第 3 款将量刑建议咨询小组所能够提供建议的范围，限制在"某一特定类型犯罪"内，而不得涉及量刑总则性规定，且必须经由上诉案件途径才可对各罪量刑指南进行修改。这些法律限制极大压抑了彼时非专职的量刑建议咨询小组修改量刑规范和促进刑事量刑活动的积极性。

为此，2001 年 7 月，英国"量刑架构检讨小组"（Review Team of the Sentencing Framework）的成员约翰·霍里德（John Halliday）在报告《让刑罚发挥功效》（Making Punishments Work）中，提出制定一套具有时效性且涵盖全部罪名的量刑指导规范的急迫性，并建议设立统领英国量刑各项工作的独立机构。同年 10 月，奥尔德大法官（Judge Auld）在著名的《英格兰与威尔士刑事法院量刑情况审查报告》（A Review of the Criminal Courts of England and Wales）中，提出了两项弥补前述量刑建议咨询小组缺陷的立法修正意见：一方面，扩大量刑建议咨询小组的职权，取消原有"某一特定类罪"量刑规定限制，允许咨询小组对量刑总则性规定提出咨询意见；另一方面，授予刑事

上诉法院制定量刑指南的立法权，不限于只对上诉案件提出量刑指导。[1]

随后，英国政府于 2002 年 7 月发布白皮书《所有人的正义》（Justice For All），在立法层面宣布设置专职负责制定刑事犯罪量刑标准的独立机构——量刑指南委员会。[2]该白皮书的立法决定在 2003 年颁布的英国《刑事审判法》中得以落实，并于 2004 年正式成立"量刑指南委员会"，承继了隶属上诉法院和地方治安法院协会（Magistrates' Association）的权限和职责，成为处理量刑指南事务的独立机构。此外，历经数次法律议案的调整，原有专为上诉法院提供咨询意见的量刑建议咨询小组依旧保留，并自此转向为新的量刑指南委员会提供量刑咨询。英国量刑指南"专责机构与订定程序"的模式至此定型，并最终确立了由量刑指南委员会统领，量刑建议咨询小组提供专业咨询、辅助的工作格局，两个机构不附属于国会，能够摒弃政治干扰相对独立地进行量刑指导工作。

为了高效推进英国量刑改革各项工作，在前述量刑指南委员会和量刑建议咨询小组共同推进刑事量刑实践的基础上，2009 年颁布的《裁判官与司法法案》第四章第四节进一步提出，设置统一指导量刑工作、制定量刑规则和推进量刑改革的"量刑委员会"的具体构想，并于 2010 年 4 月整合成立。自此，英国量刑委员会在合理吸收了量刑指南委员会和量刑建议咨询小组的职责、权限的基础上，正式成为专职的量刑领导机构。

简言之，当前英国量刑委员会是在 1999 年组建的量刑建议咨询小组与 2004 年成立的量刑指南委员会基础上的有机整合。针对量刑建议咨询小组仅能对提出上诉的案件中的"单一类罪"进行咨询的限制，英国成立了旨在给予量刑权威性指导的量刑指南委员会；针对两个量刑指南机构各具独立职权，可能存在影响量刑改革深入推进的不足，最终在吸纳二者优势的基础上，成立了兼顾量刑政策和指南制定的统领机构——英国量刑委员会。

2. 英国量刑改革机构的宗旨使命与员额配置

（1）英国量刑改革机构的法律职责与基本宗旨

如前所述，英国量刑指南机构的最终确立，历经了量刑建议咨询小组、

---

[1]　参见杨志斌：《英美法系国家量刑指南制度的比较研究》，载《河北法学》2006 年第 8 期。

[2]　参见苏彩霞、崔仕绣：《中国量刑规范化改革发展研究——立足域外经验的考察》，载《湖北大学学报（哲学社会科学版）》2019 年第 1 期。

量刑指南委员会和量刑委员会等发展阶段。不论是早前的量刑建议咨询小组、发展过程中的量刑指南委员会，还是当前的量刑委员会，英国量刑改革的领导机构无一不是根据司法实务人员的量刑经验和量刑政策推进的实际需要所建立的。各阶段所对应的法定职责虽不尽相同，但皆具层递性。

刑事司法系统最早的量刑工作指导机构——量刑建议咨询小组设立初衷在于专为刑事上诉法院提供个罪量刑标准的建议。针对咨询小组提供量刑建议受具体个罪和上诉审级限制的缺陷，量刑指南委员会应运而生，不仅负责对所有刑事犯罪制定量刑指南，还保留原咨询小组转而为其提供量刑咨询意见。尽管两个机构均为英国量刑改革发展作出积极贡献，出于简化量刑指南制定程序和提高量刑机构工作效率的需要，在反复征询法律从业者的意见之后，英国司法部最终决定根据2009年《裁判官与司法法案》第四章的规定，在原有量刑建议咨询小组和量刑指南委员会的基础上，合并形成非部门（independent, non-departmental）的独立机构——英国量刑委员会，作为统领英国量刑改革、理论研究和司法实务各项工作的专门机构。

当前英国量刑委员会在保持司法公正的基础上，向法官提供量刑指导方针，形成明确、公平且一致的量刑方法，促进量刑均衡，实现量刑程序的公开、透明，以增强社会公众对刑事司法的信心。根据《2018-2019年度英国量刑委员会工作年报》，当前量刑委员会开展的量刑指导工作符合下述四个目的：第一，制定符合其既定目标的量刑指南，关注监狱管理、缓刑制度和少年司法等方面的积极影响，兼顾量刑结果对刑事受害人的影响的考虑，促进量刑公正、树立司法公信力；第二，定期评估量刑指南的适用情况并及时予以调整；第三，提高量刑意识与量刑实践之间的契合度；第四，在量刑委员会各成员的协同合作下，提高量刑指导工作效率。[1]

（2）英国量刑改革机构的员额配置和机构组成

英美两国在量刑委员会成员的资质要求和员额配置上具有相似性，这是为了避免因党派斗争或人员资质欠佳而导致量刑规范制定不畅。依循英国量刑领导机构的发展脉络，不难发现，各机构在不同阶段的员额配置和成员资质

---

〔1〕 英国量刑委员会的设立目的有三：1. 促进清晰、公平和一致的量刑方法；2. 对量刑（各类信息、数据）进行分析研究；3. 提高公众对刑事量刑的信心。See Sentencing Council, Sentencing Council Annual Report 2018/2019, at https://www.sentencingcouncil.org.uk/wp-content/uploads/Sentencing-Council-Annual-Report-2018-19-WEB.pdf，最后访问日期：2019年9月11日。

上也都各具特色。英国量刑改革初期的量刑建议咨询小组共设有 13 名成员，不仅有来自刑事司法领域的理论研究者，还有法官和社区代表，这些成员须征求内政大臣（Home Secretary）和首席大法官（Lord Chief Justice）的同意后，方得任命。

作为英国量刑改革中期"负责对所有刑事犯罪制定量刑标准"的独立机构，英国量刑指南委员会主要由来自英国上诉法院（Court of Appeal）、高等法院（High Court）、刑事法院（Crown Court）和治安法院（Magistrates' Court）的法官组成，并由首席大法官担任委员会主席。其员额构成特征表现为以下几个方面：其一，主席须由首席大法官担任；其二，包含主席在内的 7 名委员会成员须来自刑事审判系统，这些成员由大法官[1]（Lord Chancellor）征求首席大法官与内政大臣的同意后任命；其三，另有 4 名委员会成员来自非法院系统，分别由具有刑事警察、刑事起诉、刑事辩护或受害人福利保障等工作经验的实务工作人员担任，且须由总理大臣征求大法官与首席大法官的同意后任命；其四，总理大臣同时任命 1 名首席执行官列席委员会的会议；其五，为加强量刑指南委员会与量刑咨询小组之间的联系，量刑建议咨询小组的主席也列席委员会会议。[2]

综上可见，英国在设立量刑指导机构，特别注意以下几个方面：首先是突出委员会主席的法律专职性，如量刑指南委员和量刑委员会的主席均由首席大法官担任；其次，避免法官的绝对优势，如各个量刑指导机构的法官成员占整体的少数或微弱多数；再次，量刑委员会的关键职责是制定可适用于多数犯罪的假设性量刑指南；复次，由国会组织量刑指南的审议工作，除非国会表决否定该指南，否则提交审议的指南应在国会审议之日起 6 个月后自

---

〔1〕　此处 Lord Chancellor 指的是（英国上议院）大法官。事实上，英国司法系统的 Lord Chancellor 具有相当丰富的含义，这与英国议会制、君主立宪制的政体和细致的法院分类不无关系。英国高级法官在全国范围内行使一般管辖权或上诉管辖权，由高等法院和上诉法院的法官组成，包括大法官（Lord Chancellor，或称为御前大臣）、首席大法官（Lord Chief Justice）、掌卷法官（Master of the Rolls，上诉法院院长）、11 位上议院常任上诉法官（Lords of Appeal）、18 位上诉法院法官（Lords Justices of Appeal）、副大法官（Vice Chancellor，或称为副御前大臣）、高等法院家事分庭庭长、80 位高等法院的其他法官。总的来讲，英国法院系统呈现出多层级的"命令式"结构，这种垂直的高度形式化司法体系，使得法律可以通过立法机关或上级法院"自上而下地颁布"，并为下级法院法官忠实地遵循。参见［美］P. S. 阿蒂亚、R. S. 萨默斯：《英美法中的形式与实质——法律推理、法律理论和法律制度的比较研究》，金敏等译，中国政法大学出版社 2005 年版，第 284~285 页。

〔2〕　杨志斌：《英美量刑模式的借鉴与我国量刑制度的完善》，载《法律适用》2006 年第 11 期。

动生效，如此设置时间限制在于约束国会审议进度，防止量刑指南草案因拖沓的审议程序而搁置表决；最后，量刑指导机构中的法官成员和非法官成员，分别由大法官和内政大臣任命，此举目的在于促进司法任命权上的分流。[1]

3. 英国量刑改革机构的管理优势

（1）加快量刑改革工作的顺利推进

自 2010 年 4 月英国量刑委员会成立起，便致力于加快推进英国刑事司法领域量刑改革进度，实现"提高社会公众对刑事司法制度的信心"之目标。尽管调研数据显示多数法官对当前英国量刑指南的发展情况持消极态度，认为量刑规则冗杂且无序，且存在缺乏解释说明等不便于法官适用的缺陷。[2]但英国量刑委员会始终坚持自身司法公正性，且积极保持与其他司法部门、政府组织和非政府团体的密切合作，这均在一定程度上加快了英国量刑改革工作的顺利推进。

（2）切实开展量刑改革主题的理论研讨和数据分析

英国量刑委员会作为英国刑事量刑改革的领导机构，尤为关注对量刑理论和实务方面的实证研究。2018 年 11 月，量刑委员会曾组织"协同塑造量刑研究的未来：创新与影响"（Collaborating to Shape the Future of Sentencing Research: Innovation and Impact）主题学术研讨会，旨在落实量刑委员会的服务宗旨，促进各部门协同合作，加强量刑理论研究力度。[3]会议共吸引了来自刑事法学术界、律师行业和重要利益相关者如监狱改革基金会（Prison Reform Trust）、司法特别委员会、法律委员会、苏格兰量刑委员会和苏格兰司法委员会的超百名专家学者、实务工作者和政界要员们。此外，相较于美国《量刑指南》经由国会授权委员会制定、审查并最终颁布施行，英国的量刑规范除受到国会规定的个罪最高刑期限制外，并无其他形式的限制。

---

〔1〕 See Rex S, *Reform and Punishment: The Future of Sentencing*, Willian Publishing Press, 2002, pp. 82-88.

〔2〕 See Dhami M K, "Sentencing Guidelines in England and Wales: Missed Opportunities?", *Law and Contemporary Problems*, Vol. 76, No. 1. , 2013, p. 299.

〔3〕 例如，英国量刑委员会（SC）于 2018 年 11 月举办的这场量刑改革发展主题研讨会，围绕数个专题进行了深入探讨，为英国后续量刑改革的深入推进奠定了坚实的理论基础。相关研讨主题包括：1. 短期监禁与社区矫正的量刑影响比较研究；2. 性别差异和醉酒状态下侵犯犯罪（assault offences）的个案量刑影响；3. 自主选择对成瘾类犯罪人（addicted offenders）的量刑影响；4. 单一犯罪与数罪的量刑比较；5. 评估委员会颁布的性侵犯罪量刑指南；6. 量刑程序中的算法风险控制。

（3）确保持续且稳定的财政支持

与美国量刑委员会相似，英国量刑改革机构作为隶属司法部的非部门性独立机构，保有持续且稳定的财政支持。司法部向英国量刑委员会拨付的专项经费，由委员会自行处理，进行财政管理和记录，无需单独编制审计账目上报司法部，仅需作为司法部资源账户的组成部分进行统一审计。也就是说，委员会在资金使用上，所受到的司法部财政约束十分有限，使委员会在开展各项量刑制度改革实践中，能够适时进行资金调配，而免受繁琐的财政审批程序的负累。根据《2018-2019 年度英国量刑委员会工作年报》的财政统计，该年度英国量刑委员会的总财政拨款（total funding allocation）是 1 404 000 英镑，其中，除去 1 207 000 英镑的工资开支（staff costs）和 163 000 英镑的非工资开支（non-staff costs），另有 34 000 英镑的结余。（详情请见下表）〔1〕

表 5-1　2018-2019 年英国量刑委员会（SC）财政开支（单位：千英镑）

总财政拨款（Total funding allocation）	1404
工资开支（Staff costs）	1207
非工资开支（Non-staff costs）	163
总财政支出（Total Expenditure）	1370

除了英美两国，其他国家和地区也不乏领导量刑改革的专门机构。如澳大利亚的新南威尔士州（New South Wales）为了完善量刑制度和指导量刑改革各项工作，设有独立的司法委员会与由司法部部长任命组成的量刑委员会。新南威尔士州《法官法》第 8 条要求，量刑委员会的主要功能之一即是协助法官实现量刑一致化，通过减少法院不合理的量刑歧异，减少因不服量刑而提出上诉的案件数量，提升刑事司法效率。该量刑委员会共有 10 名委员，其中 6 名为各级法院院长、首席法官或官方代表，如新南威尔士州首席法官、上诉法院（Court of Appeal）院长、产业关系委员会（Industrial Relations Commission）主席、土地与环境法院（Land and Environment Court）首席法官、地方法院（District Court）首席法官和治安法院（Magistrates' Court）首席法官；

〔1〕　See Sentencing Council. Sentencing Council Annual Report 2018/2019, at https：//www. sentencing-council. org. uk/wp-content/uploads/Sentencing-Council-Annual-Report-2018-19-WEB. pdf，最后访问日期：2019 年 9 月 12 日。

另外 4 名由州长任命，包括 1 名法律实务者和 3 名社会高层人士。新南威尔士州的量刑委员会另设置有以下几个职能部门，分别是：筹措各项事务的秘书处；职掌司法培训、会议沟通、资料出版及电脑培训的教育处；负责法律法规研究、量刑资讯系统建置的量刑研究处；负责委员会财务与行政工作、资讯管理与技术、策略计划和法律编码的资讯管理处。新南威尔士州量刑委员会的职能部门配置约 40 名全职员工，由具有律师、教育工作经验和具备资讯信息技术的专家组成。

再如我国台湾地区设立的"量刑研究发展委员会"，即由司法主管部门秘书长或副秘书长牵头，从法学、统计、资讯等领域专家、社会团体代表和判决编码技术人员智库中，遴选出 12 名委员。另外，我国台湾地区成立的旨在促进量刑均衡的"量刑研究发展委员会"，也明确了以下六个方面的职责：一是分析研究各个国家和地区的量刑改革现状和发展趋势；二是就量刑改革疑难问题展开调查并提出改进建议；三是对量刑实务数据进行统计分析并建立量刑资料库；四是量刑辅助资讯系统的建制、培训和推广；五是人民观审有关量刑事务教育的协助；六是基于基础资讯的量刑辩论的协助。此外，我国台湾地区"量刑研究发展委员会"的员额配置也致力于提升量刑改革实效，下设"幕僚组"，分为具有专责正式编制的"量刑研究发展处"和采用任务编组方式的"各罪量刑研究处"两种组织形态，不论何种编制形态，各处均分为量刑研究、资讯统计和应用推广三个办事小组。[1]

二、美国："合宪性质疑"与"量刑指南强制性降格"之警示

（一）美国强制性量刑指南的违宪危机

如前所述，美国《量刑指南》于 1987 年 11 月正式生效，彻底改变了联邦刑事量刑制度，自此启动联邦法律规范下的统一量刑模式，以避免各级法院对同一罪行的差异性处罚。《量刑指南》将联邦法律规定的犯罪行为分为 43 个等级，并以此配以逐步递进式的量刑幅度，要求法官严格遵循统一标准进行判决，仅法官认为某一罪行需要加重或减轻处罚，且出具详述理由的书

---

[1] 参见郭豫珍：《量刑与刑量：量刑辅助制度的全观微视》，元照出版公司 2013 年版，第 143~145 页。

面报告的极特殊情况下，才有可能作出偏离于指南量刑区间的刑罚裁决。其中，根据《美国法典》第 18 篇第 3553 节的相关规定，偏离于量刑区间的裁决仅当"委员会制定量刑规范时未能充分考虑某种类或程度的加重或减轻罪行的情况"[1]出现时，方得适用。也即，仅当法官经审理发现，某个案被告人的行为适用量刑规范时存在显著差异，才可以考虑作出偏离于指南区间的量刑裁决。[2]此外，为了减少不必要的诉讼，促进法官合理行使自由裁量权，并确保刑罚体现犯罪前科种类和罪行危害等级，按照《美国法典》第 28 篇第 994 节的相关规定，指南区间表中的各个等级幅度与其前后等级存在重叠，各罪"监禁刑期的上限不得超过下限的 25% 或超过 6 个月"。[3]量刑区间表一来将各罪刑期跨度控制在合理范围内，二来允许法官在各量刑梯度内妥善适用自由裁量权。对此，美国刑事司法实务界称，《量刑指南》的出台是"规则制定的成功适例"[4]。这是因为一方面，委员会在确定指导性量刑范围时沿袭了先前的一般性司法量刑习惯，严格贯彻美国判例传统；另一方面，委员会还广泛吸纳了犯罪学家、缓刑监督官和刑事法学专家学者的建议，使量刑规范的逻辑严密、层次清晰。

与此同时，在强制性量刑指南时期，法官仅需通过"优势证据标准"开展司法事实调查，且《量刑指南》的强制适用效力使法官在裁量刑罚时不再拘泥对罪犯进行康复矫治，而是着重于对其进行公正处罚。[5]即法官根据《量刑指南》在法定最低刑和最高刑之间规定的量刑幅度中作出个罪裁量，从而避免自由裁量权的滥用，而量刑幅度的制定又是根据"整个美国的联邦量刑平均值"所作的科学设置。[6]如道格拉斯·伯曼（Douglas Berman）大法官称，这项量刑改革措施使得联邦量刑更加注重"以事实驱动"和"以犯罪为导向"，即法官在量刑过程中只关注犯罪行为本身，仅根据与犯罪有关的事

---

〔1〕　See 18 U. S. Code, § 3553 (b).

〔2〕　See The United States Sentencing Commission. Guidelines Manual (Nov. 2018), § 1A1. 4 (b).

〔3〕　See 28 U. S. Code, § 994 (b) (2); The United States Sentencing Commission. Guidelines Manual (Nov. 2018), § 1A1. 2.

〔4〕　［美］理查德·波斯纳：《法官如何思考》，苏力译，北京大学出版社 2009 年版，第 165 页。

〔5〕　参见［美］Johnson B L：《美国联邦量刑过程中无罪开释行为的适用之惑及其应对策略》，崔仕绣译，载《刑法论丛》2018 年第 4 卷。

〔6〕　参见［美］理查德·波斯纳：《波斯纳法官司法反思录》，苏力译，北京大学出版社 2014 年版，第 73 页。

实裁量刑罚。[1]

然而，强制性《量刑指南》的区间节点犹如一张"细网"，致使法官在进行个案裁判时不得不"瞻前顾后"，如此便造成法官的刑罚裁量权被严重限缩，强制性《量刑指南》在规范设置上的机械与僵硬逐渐凸显。其中，指南的强制最低刑条款更是为具体的个罪裁量提供了严格的参考依据。[2]如有学者表示，一方面，联邦最高法院未向刑事司法系统的量刑参与人（包括法官、检控方、被告人及其辩护律师等）提供一个逻辑上连贯且合宪的答案，导致数个宪法修正案权利在犯罪的定义、判决和惩罚的过程中缺乏联系；另一方面，最高法的违宪判决造成普遍有益的结构性量刑改革实践陷入瘫痪，从而阻碍了提升量刑公正的实质性与程序性的发展路径。[3]由此可见，强制性量刑规范与法官的自由裁量权之间是相互博弈、此消彼长的关系，当法官被过度赋予自由裁量权时，法官个人的意识形态将影响量刑结果，可能导致类案异判；当法官的自由裁量权被过度限缩时，各罪的强制性量刑规范的约束效果提升，可能导致犯罪情节迥异的罪犯判罚相近。[4]

（二）违宪质疑撼动量刑指南强制属性

虽然强制性《量刑指南》的颁布施行，卓有成效地收缩了法官泛化的自由裁量权，调整了以康复矫治为中心的量刑趋向，一定程度上提升了量刑结果的合理性与一致性，迎合了彼时民众对确定性量刑的需求。有学者将美国量刑制度的变化评价为"刑法哲学由康复矫治本位向正当惩处转向"。[5]

然而，令人遗憾的是，强制性《量刑指南》规定的冗杂、繁密之指南规则和节点，极大地限缩了法官自由裁量权的行使空间。加之各罪量刑区间的泾渭分明，使得《量刑指南》及量刑区间的数字化、格式化和僵硬化的结构

---

[1] See Berman D A, "Conceptualizing Booker", *Arizona State Law Journal*, 2006, pp. 395-396.

[2] See Kate Stith, José A. Cabranes, *Fear of Judging：Sentencing Guidelines in the Federal Courts*, The University of Chicago Press, 1998, p. 60

[3] See Bowman F O. Ⅲ, "Debacle：How the Supreme Court Has Mangled American Sentencing Law and How it Might Yet be Mended", *University of Chicago Law Review*, Vol. 77, 2010, p. 367.

[4] See Leonetti C, "De Facto Mandatory：A Quantitative Assessment of Reasonableness Review After Booker", *DePaul Law Review*, Vol. 66, 2017, p. 52.

[5] See Hofer P J, Allenbaugh M H., "The Reason Behind the Rules：Finding and Using the Philosophy of the Federal Sentencing Guidelines", *American Criminal Law Review*, 2003, pp. 51-68.

性缺陷持续暴露。[1] 尽管《量刑指南》并未摒弃法官偏离量刑的权力，但启动该项权力困难重重，强制性《量刑指南》时期的"量刑指南（及个罪量刑区间）已然成为支配法官量刑实践的上帝"。[2] 法官在应然层面被严重束缚的刑罚裁量权与实然层面长期依据较低证明标准开展司法事实调查之间的冲突，导致饱受违宪质疑的判例层出不穷。随着限缩法官自由裁量权诱发饱受违宪质疑的判例数量增多，美国刑事司法领域的法律研究者和司法实务人员开始反思和审查内容冗杂的强制性量刑规范的必要性和合理性。[3]

在 2000 年的阿普伦蒂诉新泽西州（Appre ndi v. New Jersey）案中，被告人阿普伦蒂（Apprendi）因向搬入白人社区的非裔家庭开枪，而被指控多项持枪械类犯罪。[4] 根据州《量刑指南》的规定，原被控犯罪的法定最高刑为 10 年，但该案的量刑法官在司法事实调查的基础上，根据新泽西州"仇恨犯罪条款"[5]（hate crime provision），加重量处被告人超过指南建议最高刑期以上的 12 年监禁刑。[6] 随后，被告人上诉至新泽西州高等法院，上诉法院将"种族歧视"作为量刑要素而非犯罪要素，排除了检控方排除合理怀疑的证明责任，因而裁定维持原判。最后，联邦最高法院法官以 5∶4 的微弱优势，宣布该量刑结果违反美国宪法第六修正案赋予被告人有权"获得陪审团公正、迅速、公开审理"[7] 的宪法精神。联邦最高法院主张，原审法院仅根据"仇恨犯罪条款"和优势证据就采信被告人阿普伦蒂（Apprendi）的特定事实，违背了"除了事先定罪的事实，任何加重被告刑罚超出法定最高刑的事实，

---

〔1〕　参见崔仕绣：《美国量刑改革的源起、发展及对我国的启示借鉴》，载《上海政法学院学报（法治论丛）》2020 年第 1 期。

〔2〕　See Adelman L S, et al. , "Federal Sentencing under ' Advisory ' Guidelines: Observations by District Judge", *Fordham Law Review*, 2006, p. 5.

〔3〕　See Bowman F O. Ⅲ, "The Failure of the Sentencing Guidelines: A Structural Analysis", *Columbia Law Review*, 2005, pp. 1333–1334.

〔4〕　参见崔仕绣：《美国量刑改革的源起、发展及对我国的启示借鉴》，载《上海政法学院学报（法治论丛）》2020 年第 1 期。

〔5〕　新泽西州"仇恨犯罪条款"（hate crime provision）规定，若被告人"因仇视种族、肤色、性别、生理缺陷、宗教类比、性取向或民族而实施的犯罪"，可以超出法定最高刑进行裁量。

〔6〕　See Apprendi v. New Jersey, 530 U. S. 466（2000）.

〔7〕　美国宪法第六修正案规定，被告有权经犯罪行为发生地的法院陪审团审理，接受公正、迅速、公开的审判的权利，有权知晓控告内容、与原告证人对质，有权申请法庭强制传唤有利于己的证人出庭作证，有权获得律师辩护。

必须经由陪审团裁定，并证明排除合理怀疑”的宪法精神，最终推翻了新泽西州最高法院的裁决。

4年后的布莱克利诉华盛顿州（Blakely v. Washington）案中，被告人布莱克利（Blakely）因其妻提出离婚，而持刀将她从华盛顿州的家中绑架至蒙大拿州，并威胁命令13岁的儿子同行，儿子在挟持途中逃脱后报警，被告人随后被捕。[1]在案件调查过程中，布莱克利（Blakely）与检控方达成辩诉交易——对二级绑架罪认罪，根据华盛顿州的法律，该罪最高可判10年监禁刑，但该州的强制性量刑指南要求，法官应在49至53个月的“标准（量刑）范围”内裁定刑罚，除非被告人具有“实质且令人信服”的理由才可在该量刑幅度外判刑。法官审理案件时，认定被告人具有“蓄意虐待”情形，因而作出90个月监禁刑的量刑裁决。被告人布莱克利（Blakely）以法官据以加重刑罚的理由未经过陪审团排除合理怀疑的确认，向华盛顿州高级法院提起上诉。最终，联邦最高法院主审法官一致认为，“根据华盛顿州法律，量刑法官须寻求其他事实根据以对被告人量处高于法定标准的刑罚”之规定，否则便违反了美国宪法第六修正案的精神，即被告人有权获得犯罪行为发生地的州和地区陪审团公正、迅速且公开的裁判，且陪审团所依据的事实证据均须排除合理怀疑，因而支持了被告人布莱克利（Blakely）的上诉请求。布莱克利（Blakely）案使法官的量刑实践面临规范适用和程序遵守的两难：一方面，强制性《量刑指南》规定的偏离情节仍具约束性；另一方面，正当程序条款和公民的宪法权利不容侵犯。为缓解这一矛盾，各州的量刑机构试图通过制定一系列“避免和接受协议”来丰富《量刑指南》的适应机能。尽管各州量刑机构试图通过制定一系列“避免和接受协议”[2]来改善《量刑指南》的适应机能，但这些举措未能弥补强制性《量刑指南》系统的结构性缺憾。此外，监禁刑裁罚比率飙升和缓刑假释制度的沉默，导致美国各州监狱人满为患，服刑者之间的交叉影响屡见不鲜，刑罚的特殊预防功能受到重创。如1984年

---

〔1〕 See Blakely v. Washington, 542 U. S. 296（2004）.

〔2〕 此处的“避免协议”指的是各州共同讨论并提出建设性意见，意在消解现行量刑指南各个区间范围的刚性，以释放法官们被严格限制的自由裁量权；“接受协议”则指的是各州量刑机构建议，是由陪审团基于合议的加重处罚因素，进而开展事实调查，以确定偏离量刑指南区间的可行性。See Frase R S, "Blakely in Minnesota, Two Years Out: Guidelines Sentencing Is Alive and Well", *Ohio State Journal of Criminal Law*, 2006, pp. 77-78. 转引自崔仕绣：《美国量刑改革的源起、发展及对我国的启示借鉴》，载《上海政法学院学报（法治论丛）》2020年第1期。

至 1990 年，美国联邦重罪的平均量刑刑期由 24 个月增长至 46 个月，截至 1993 年，平均刑期增长至 66.9 个月，刑期增长近 3 倍。[1]另外，收缩后的假释制度要求，被判处监禁刑的罪犯至少需服刑 85% 才可申请假释，使得监狱荷载过重、拥挤不堪。[2]特别是近年来暴增的涉毒罪犯人数，使得法官不得不在合理使用司法资源的前提下，在"极端化监禁处罚"或"宣告缓刑"中艰难抉择重罪罪犯的量刑结果。[3]

概言之，阿普伦蒂（Apprendi）案不仅对美国结构化量刑体制产生重大影响，具有重要的里程碑意义，还开美国刑事司法领域对《量刑指南》进行合宪性审查的先河，引起公众对法官过度依赖司法事实调查的质疑和有关量刑程序适正的反思。布莱克利（Blakely）案则扩大了阿普伦蒂（Apprendi）案在个案层面的影响，强调"加重量刑所依据的'惩罚的法律要素'等全部事实，必须经由陪审团排除合理怀疑的确认或被告基于认罪答辩的主动认可"。[4]

（三）布克案导致量刑指南强制性降格

随着法官自由裁量权紧缩导致的违宪判例的增多，越来越多的司法实务人员和理论研究者开始反思和审视内容冗杂的强制性量刑规范的必要性及合法性。与此同时，日益增多的犯罪类型和不断丰富的犯罪情势，也使得《量刑指南》的强制约束力被逐渐架空，这些均成为美国刑事司法界默认的事实。在理论界和实务界研究者眼中，《量刑指南》的强制性降格似乎成为衡平法官自由裁量权与量刑规范之间紧张关系的必要让渡。[5]而 2005 年轰动美国刑事司法领域的合众国诉布克（United States v. Booker）案，则成为"压死"强制

---

〔1〕　See United States Sentencing Commission. 1991 Annual Report, at https://www.ussc.gov/about/annual-report/archive/annual-report-1991，最后访问日期：2019 年 9 月 1 日。

〔2〕　See United States Department of Justice. Prisoners in 1994（NCJ151654），at https://www.bjs.gov/content/pub/pdf/Pi94.pdf；Correctional Population in the United States（NCJ 156241），at https://www.bjs.gov/content/pub/pdf/cpop93bk.pdf，最后访问日期：2019 年 9 月 1 日。

〔3〕　See Nora V. Demleitner, et al., *Sentencing Law and Policy：Cases, Statutes, and Guidelines*, Walters Kluwer Law & Business，2013，p. 68.

〔4〕　See Berman D A.，"Forward：Beyond Blakely and Booker：Pondering Modern Sentencing Process"，*Journal of Criminal Law and Criminology*，Vol. 95，2005，p. 675.

〔5〕　参见苏彩霞、崔仕绣：《中国量刑规范化改革发展研究——立足域外经验的考察》，载《湖北大学学报（哲学社会科学版）》2019 年第 1 期。

性《量刑指南》系统的"最后一根稻草"。

本案中，被告人 Booker 因散播 50 克和持有 92.5 克可卡因而被指控，而在审判后的量刑程序中，初审法院法官根据优势证据原则，认定其额外持有 566 克毒品和妨碍司法公正的事实，因此量处刑罚由原有 210 至 262 个月的建议量刑区间加重至 360 个月的监禁刑。[1] 被告人布克（Booker）随后以法院加重处罚依据的事实未经陪审团审查为由，提出上诉。最终，联邦最高法院以 5∶4 的微弱优势推翻了初审法院的量刑结果，裁定并强调法官根据"经由陪审团认定或被告人承认的犯罪事实"[2] 以外的司法调查事实所作的量刑裁决，违反美国宪法第六修正案[3]，并裁定将《量刑指南》的强制性（mandatory）降格为实质参考性（effective advisory）。自此，美国刑事量刑改革进入全新的发展阶段。

通过对前面几例具有代表性的违宪判例的剖析，可以看出，正是对美国宪法向来秉持的正当程序原则的轻视，导致《量刑指南》最终面临强制性失范的尴尬。在布克（Booker）案的审理意见基础上，2007 年的瑞塔诉合众国（Rita v. United States）[4] 案和加尔诉合众国（Gall v. United

---

〔1〕 See United States v. Booker, 543 U. S. 220（2005）.

〔2〕 强制性降格的《量刑指南》又被称为《模范量刑指南》（Model Sentencing Guidelines）。Wysocki M D, "Beyond A Reasonable Doubt：The Effects of Blakely v. Washington, United States v. Booker, and the Future of the Federal Sentencing Guidelines", *Texas Tech Law Review*, 2006, p. 529.

〔3〕 本案审理法官解释称，美国宪法第六修正案保护被告人免受法官根据优势证据认定的事实而加重量刑。正是由于取消了法官必须在指南规定的量刑幅度内裁量刑罚的强制约束性，《量刑指南》在联邦量刑体系中的"参考性"得以确立。此外，随着指南约束力的放宽，上诉法院对初审法院量刑结果的复审标准也得以适当下降，即由此前的"凡超出指南幅度"的量刑结果均须经过复审，降低为对"存在法官滥用自由裁量权情形"的量刑结果展开实质和形式审查。

〔4〕 本案的被告人瑞塔（Rita）因在涉及非法持有武器（机枪零件）的另案中作伪证，而被检方起诉。尽管被告人存在多项可以在指南规定区间之下量刑的情节，初审法院仍然根据具体情况作出了未超出指南建议范围的量刑裁决。随后，被告人（Rita）以"初审判决未体现《美国法典》第 3553 节（a）款量刑目的"为由提出上诉，后被受理上诉申请的巡回法院驳回，初审判决得以维持。对此，被告人瑞塔（Rita）以"上诉法院推定在指南范围内的初审结果，当然地具有实质合理性"为由，再次上诉至联邦最高法院，最终获得支持。最高法院在审理意见中强调，上诉法院可以但没必要将指南范围内的初审判决推定为合理，超出指南区间的量刑结果也不是必然缺乏合理性，这是指南参考适用效力的必然延伸。此外，上诉法院采用"合理性推定"的审查标准，不得要求对量刑结果有异议的量刑参与方承担举证责任（即证明指南范围内的量刑结果不具备合理性）。See Rita v. United States, 551 U. S. 338（2007）.

States)〔1〕案，进一步将参考性《量刑指南》指导法官量刑实践的过程具象化。具体而言，参考性《量刑指南》模式下的量刑步骤包括几个方面：其一，量刑开始阶段，法官根据被告人的有罪判决或认罪答辩，将参考性《量刑指南》所规定的刑罚作为"起始点和基准"，予以计算适宜的量刑区间；其二，综合《美国法典》第3553节（a）规定的量刑因素，依据具体案情进行量刑"个性化评估"；其三，对于确有必要进行偏离（加重或减轻）量刑的案件，在充分解释和说明的前提下，法官可以运用量刑酌处权作出偏离量刑裁决；其四，所有量刑结果接受上诉复审监督，上诉法院有权根据初审法院的量刑结果，作出维持或驳回原判的决定；其五，上诉复审依据"先程序、后实体"审查顺序，对于未超出指南建议的区间范围的量刑裁决，上诉法院可推定合理，超出指南区间范围的量刑裁决，则须综合衡量该裁决的性质与范围。〔2〕（详情请见下图）

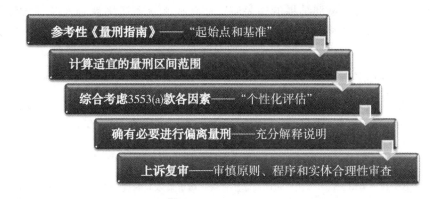

图 5-3　美国参考性量刑指南体系位阶图

〔1〕　本案中，被告人加尔（Gall）因曾合谋贩毒而被起诉，并与检方达成辩诉交易。尔后，初审法院并未按照检方请求的30~37个月的监禁刑期间裁量刑罚，而是减轻判处36个月的缓刑，检方以量刑畸轻为由提出上诉。受理上诉的巡回法院以"缺乏差异量刑的例外情形"为由，推翻了初审法官的量刑结果。被告人加尔（Gall）不服再次上诉至联邦最高法院。最终，联邦最高法院驳回了上诉法院的裁决，并重申上诉审查应依据"法官是否存在滥用自由裁量权"的标准，开展量刑结果合理性审查。此外，最高法院还强调，虽然参考性量刑指南的建议区间是法官量刑的"起始点和基准"，但法官行使自由裁量权的权力应得到保护，本案存在《美国法典》第3553节（a）款列明的情形，上诉法院理应尊重初审法院的判决结果。See Gall v. United States，552 U. S. 38（2007）.

〔2〕　参见崔仕绣：《美国量刑改革的源起、发展及对我国的启示借鉴》，载《上海政法学院学报（法治论丛）》2020年第1期。

　　值得一提的是，强制性适用效力降格后的《量刑指南》，依旧对美国刑事司法实践影响深远。根据委员会实证研究中心数据显示，尽管比例稍有下滑，但近年来仍有超过50%的量刑裁决未超出指南的区间范围，且大多数地区法院的刑事案件量刑结果均得到上诉法院的确认和肯定。[1]以2018年为例，有51.0%的美国刑事罪犯的量刑结果未超出《量刑指南》的建议区间，相较于2017年提高了1.9个百分点。[2]时任联邦最高法院大法官的史蒂芬·布雷耶（Stephen Breyer）评价称，《量刑指南》参考性适用效力的确立，体现了法律价值观和国会的改革初衷，是对量刑体制违宪性缺陷的适当补救。[3]

　　可见，时至今日，参考性《量刑指南》仍然影响着美国联邦量刑实践。根据《美国法典》第18篇第3553节的相关规定，"初审法院法官在量刑时，需将具有参考属性的《量刑指南》作为刑期计算根据"。[4]为沿袭英美法系的判例传统，委员会期望通过一系列体现量刑指南适用情况的典型案例，为开展量刑实践的法院提供一个"中心地带"（heartland）。另外，在参考性《量刑指南》时期，量刑结果的违宪质疑还存在于众多适用被告人经"无罪开释行为"（Acquitted Conduct）加重刑罚的司法判例中。[5]不同于"未经宣判

---

　　[1]　See Chun J H, "Setting Post-Booker Sentencing on a New Course", *Maryland Bar Journal*, Vol. 41, 2008, pp. 63-66.

　　[2]　See United States Sentencing Commission, "United States Sentencing Commission's 2018 Annual Report", at https://www.ussc.gov/about/annual-report-2018, 最后访问日期：2019年8月30日。

　　[3]　See United States v. Booker, 543 U. S. 245 (2005).

　　[4]　See The United States Sentencing Commission. Guidelines Manual (Nov. 2018), § 1A1.4 (b) - 1A2; 18 U. S. Code, § 3553 (a) (4) - (5).

　　[5]　尽管根据美国宪法，应由陪审团而非法官最终确定被告人的量刑事实，但众多联邦判例却普遍采用被告人经"无罪开释的行为"作为量刑依据的实践做法。如合众国诉怀特（United States v. White）案的法官一致认为，被告人接受陪审团审判的权利，不得因适用"无罪开释行为"而被剥夺；在合众国诉戈比（United States v. Gobbi）案中，法庭认为布克（Booker）案前后的判例均允许将被告人"经无罪开释的行为"作为量刑依据加以运用；合众国诉法里亚斯（United States v. Farias）案的审理法官主张，地区法院可以运用经证明具有优势地位的证据，用以反驳陪审团的调查结果；在合众国诉浮士德（United States v. Faust）案中，法官认为量刑过程中考虑与被告人背景、性格和行为有关的"无罪开释行为"信息，作为量刑依据是合理且可行的；合众国诉朵士莉（United States v. Dorcely）案的审理法官主张，在不违反美国宪法第六修正案的基础上，量刑法官有权根据被告人经"无罪开释的行为"进行量刑。See United States v. White, 551 F. 3d 384-386 (6th Cir. 2008); United States v. Gobbi, 471 F. 3d 314 (1st Cir. 2006); United States v. Farias, 469 F. 3d 399-400 (5th Cir. 2006); United States v. Faust, 456 F. 3d 1348 (11th Cir. 2006); United States v. Dorcely, 454 F. 3d 371 (D. C. Cir. 2006); [美] Johnson B L:《美国联邦量刑过程中无罪开释行为的适用之惑及其应对策略》，崔仕绣译，载《刑法论丛》2018年第4卷。

的行为",被告人经无罪开释的行为指的是,经由陪审团裁定被告人无罪的基本指控,或者由法官作出的驳回动议决定,即可能被定性为犯罪但并未经审判或认罪答辩的正式裁定。[1]适用被告人经陪审团裁定无罪的相关事实,作为加重其刑罚的量刑依据的刑事司法实践,不仅损害了陪审团确认处罚适格的功能,危害司法裁决的终效性,还严重侵犯公民庭审参与的民主合法性,折损公民对刑事司法体制的信任,因而遭到刑事法学家们的广泛反对。[2]具体表现为以下几个方面:首先,适用无罪开释行为参与量刑,也就是允许检察官和量刑法官避开陪审团的裁决,"有损陪审团确认被告刑事责任和处罚适格的功能",使得陪审团难以保护被告人免受公诉方过度扩张的公权力以及法官的个人偏见的侵害;其次,这种量刑实践允许法官适用已被陪审团合法排除的事实对被告加重量刑,"可能损害被告人在裁判终效性上的权益";再次,适用无罪开释行为还会折损公民参与刑事司法活动的积极性,"逐渐削弱陪审员参与刑事司法程序的公民价值",无益于量刑程序正义的彰显;最后,被告人经陪审团裁定无罪的行为加重处罚,会极大程度损害公众对刑事司法制度的信任,"背离了公众对陪审团审判权的理解"。[3]另有学者指出,将无罪开释行为作为加重量刑的依据,虽未违反美国宪法第五修正案"禁止双重危险"(Prohibition Double Jeopardy)条款,但被告人不得不对检控方反复求证的加重处罚部分的行为负责,必然折损刑事司法权威。[4]

---

〔1〕 See Johnson B L,"If at First You Don't Succeed-Abolishing the Use of Acquitted Conduct in Guidelines Sentencing",*North Carolina Law Review*,1996,pp. 157-158.

〔2〕 See Johnson B L,"The Puzzling Persistence of Acquitted Conduct in Federal Sentencing, and What Can Be Done About It",*Suffolk University Law Review*,2016,pp. 25-27.

〔3〕 See Yalincak O H,"Critical Analysis of Acquitted Conduct Sentencing in U. S.:'Kafkaesque','Repugnant','Uniquely Malevolent',and'Pernicious'?",*Santa Clara Law Review*,2013,p. 722;Johnson B L,"If at First You Don't Succeed-Abolishing the Use of Acquitted Conduct in Guidelines Sentencing",*North Carolina Law Review*,1996,pp. 181-185;Doerr M T,"Not Guilty? Go to Jail. The Unconstitutionality of Acquitted-Conduct Sentencing",*Columbia Human Rights Law Review*,2009,p. 252. 转引自 [美] Johnson B L:《美国联邦量刑过程中无罪开释行为的适用之惑及其应对策略》,崔仕绣译,载《刑法论丛》2018 年第 4 卷。

〔4〕 英美法系中的"禁止双重危险"(Prohibition Double Jeopardy)原则可追溯至古罗马,指的是法院作出判决生效后,除非法律另有规定,不得对行为人再行追诉或审判。刑事法领域的"禁止双重危险"条款,旨在避免被告人遭受同一案件的重复审判和处罚,防止国家滥用追诉权,从而保障公民合法权益。在美国宪法和刑事法领域,"禁止双重危险"要求任何人不得因同一犯罪而两次受生命或者健康的危险,该原则旨在保护犯罪人免受双重处罚。See Ngov E,"Judicial Nullification of Juries:Use of Acquitted Conduct at Sentencing",*Tennessee Law Review*,Vol. 76,2009,pp. 288-289.

总的来看，逾 80 年的美国量刑改革经历了"得"与"失"：一方面，颁布施行了《量刑法案》和《量刑指南》，通过应用格式化、数据化的量刑区间表，极大限制了法官被赋予的宽泛无度的酌处权，适度缓解了量刑失衡；另一方面，日趋僵硬的量刑区间、司法事实调查的结构性缺陷以及低标准证据规则，使得量刑裁决饱受违宪指责。[1]

三、英国："适度量化的量刑格局" 之提倡

（一） 委员会确立 "适度量化量刑格局"

针对英国刑事司法实践中出现的量刑歧异，为实现量刑均衡、提高量刑程序可适性，作为指导英国刑事量刑实践统领机构的英国量刑委员会于 2010 年 4 月正式成立。例如，英格兰和威尔士地区的量刑情况显示，实然的量刑结果与应然的量刑预测之间往往大相径庭。受被告人性别、种族、年龄、受教育程度等因素和司法管辖区的地缘性差异的影响，法官在行使自由裁量权时往往会出现不必要的差异。[2]

为了提高公众对刑事司法制度的信心、确保财政经费稳定、切实开展理论研讨和数据分析，英国量刑委员会尤其注重对法官"适度量化"的裁量思维之培养。这种裁判思维反之促进了英国刑事诉讼程序中"适度量化的量刑格局"的塑造。具体表现为以下几个方面：首先，法官在行使刑罚裁量权时，需要综合考虑"诸如被告人犯罪性质、情节严重程度、既往前科或犯罪历史等法律因素"，以确保所有与案件有关的法律因素均能在量刑环节予以体现；其次，法官有义务考量任何与案件有关的加重或减轻处罚因素，以体现具体刑量上的梯度，如被害人身体脆弱程度、是否基于种族或宗教原因被害、犯

---

〔1〕 参见崔仕绣：《美国量刑改革的源起、发展及对我国的启示借鉴》，载《上海政法学院学报（法治论丛）》2020 年第 1 期。

〔2〕 See Daly K, Bordt R L, "Sex Effects and Sentencing: An Analysis of the Statistical Literature", *Justice Quarterly*, 1995, p. 144; Steffensmeier D, et al., "Age Differences in Sentencing", *Justice Quarterly*, 1995, p. 583; Mitchell O, "A Meta-Analysis of Race and Sentencing Research: Explaining Inconsistencies", *Journal of Quantitative Criminology*, 2005, p. 439; Rumgay J, "Custodial Decision Making in a Magistrates' Court: Court Culture and Immediate Situational Factors", *British Journal of Criminology*, 1995, pp. 201 - 202; Dhami M K, "Sentencing Guidelines in England and Wales: Missed Opportunities?", *Law and Contemporary Problems*, Vol. 76, No. 1., 2013, p. 289.

罪人在共同犯罪中承担的角色及其从犯罪中可获得的利益，均可成为加重量刑的因素，而犯罪人是否因被激怒而冲动犯罪、是否在共同犯罪中承担次要角色以及积极承担刑事责任和悔罪表现等，可作为减轻量刑因素被法官采纳；再其次，在量刑过程中，法官还需参考缓刑监督官出具的《量刑前报告》和检察官提交的量刑建议；最后，对于不止实施了一项罪行的被告人来说，即使作出有罪答辩，法官仍需在量刑时基于刑罚裁量的"整体性"（totality）要求，给予犯罪人认罪答辩一定的"折扣"。[1]

（二）"量化量刑格局"的具体表现

英国刑事司法实践中的"适度量化的量刑格局"，还体现在对量刑指南的规范适用上。在英国量刑改革中期，即 2003 年英国《刑事审判法》颁布之后，量刑建议咨询小组和量刑指南委员会向量刑委员会发展过渡阶段，量刑指南便已形成"量化量刑格局"的轮廓。此时的量刑指南分为"一般性原则"（general principles）和"各罪量刑指南"（offense gudielines）两个部分。前者旨在根据罪责程度、损害后果、加重和减轻量刑因素等确定罪行严重程度，强调对犯罪行为危害性的评价和对不同种类刑罚、非刑罚处罚措施的应用，以及对量刑范围和量刑起点的描述等。此外，量刑指南的"一般原则"还包括对涉及犯罪行为的量刑决策步骤，分别是：其一，认定危险犯；其二，适宜的量刑起点的选择；其三，对一般或具体的加重量刑情节的考量；其四，对包括个人因素在内的减轻量刑情节的考量；其五，基于犯罪人有罪答辩所作的认罪减刑考量；其六，对附属命令的考量；其七，对整体性量刑原则的适用考量；其八，对超出指南范围外的量刑结果提供合理解释说明。在"各罪量刑指南"部分，则在对不同类型罪行的简要描述基础上，规定了相应的量刑起点、范围和最高刑罚，以及常见的加重和减轻因素。[2]

然而，从法官适用量刑指南的实践情况来看，英国现行量刑指南既不便于法官适用，又未能帮助司法实践工作者实现量刑委员会的改革初衷。这一结论是基于英国司法研究委员会（Judicial Studies Board）2010 年秋季培训会

---

〔1〕 See Dhami M K, "Sentencing Guidelines in England and Wales: Missed Opportunities?", *Law and Contemporary Problems*, Vol. 76, No. 1., 2013, pp. 288-289.

〔2〕 See Dhami M K, "Sentencing Guidelines in England and Wales: Missed Opportunities?", *Law and Contemporary Problems*, Vol. 76, No. 1., 2013, pp. 293-294.

上的实证调研而得出的。此次调研主要针对刑事法庭（Crown Court）法官的量刑实践，共有占法官总数51%的89名刑事法庭法官参与此次调查，受访者平均拥有14年的量刑实务经验，他们判处的刑期从6个月到40年不等，调研主要围绕三项法官访谈问题展开，分别是对英国现行量刑指南的看法、对修订或新颁布的量刑指南的意见以及个人司法实务中应用量刑指南的经验。[1]

值得一提的是，英国量刑体系的发展一直将实证基础和广泛调研作为量刑指南修改和量刑政策调整的前提和必需，认为规范制定不能脱离广泛的实证调研和协商论证基础，而任何量刑指南的制定和颁布，都必须以大量的前期实证调研和协商讨论为前提。[2]调研结果显示，超过半数的法官认为现行量刑指南存在术语定义不清、内容冗长且杂乱无章的问题，且不满意社区处罚和辅助命令的应用规定，此外，由于缺乏解释说明，不少法官在量刑实践中需要参考其他法律规定和文件。[3]换句话说，英国现行量刑指南尚存以下几个方面的问题：首先，量刑指南仅为参与庭审的初犯提供了量刑起点，使得量刑规范的适用受到限制；其次，量刑指南包含过多的无关或不必要的信息，致使文本冗长不利于法官的高效适用，过于繁杂的量刑规范使得法官疲于查阅其他法律文件，降低了法官学习、记忆和适用量刑规范的效率；再次，量刑指南的内容在编排上显得无序而杂乱，部分法律术语尚需权威司法部门进一步解释和说明，对于某些加重或减轻量刑因素对量刑判决形成的影响权重分配不详，导致量刑决策形成过程中重要方面的缺失，很难从整体上实现量刑均衡和程序公正，造成法官量刑实践的困惑；最后，对于社区处罚、辅

---

〔1〕 例如，以曼迪普（Mandeep K. Dhami）为代表的法学研究者表示，英国现行量刑指南在指导法官量刑实践上的作用较为有限：一方面，很难引导法官作出不带有偏见的量刑决策；另一方面，指南有限的适用范围也给监测量刑指南影响力带来困难。

〔2〕 See Sentencing Council, Assault Guideline: Professional Consultation, at https://www.sentencing-council.org.uk/wp-content/uploads/ASSAULT_Professional_web.pdf, 最后访问日期：2019年10月23日。

〔3〕 根据曼迪普教授的研究团队调研统计，认为英国现行量刑指南存在"定义不清且缺乏解释"、"无关内容过多"、"内容杂乱无章"、"内容重复或多余"和"未明确规定刑事处罚和辅助命令的适用情况"问题的受访法官比例，分别是76%、61%、56%、65%和67%。此外，主张适用指南"需要参考其他法律和文件"的法官占比42%。

助命令[1]（ancillary orders，又称附带命令）的具体适用和罚金、赔偿具体数额的认定，量刑指南也未能给予详细和充分的规定。

为此，有法官表示，应从精简文本、提高数据和表格型量刑规范比例、细化具体犯罪的加重和减轻量刑因素清单、确定罚金和赔偿数额计算方式、完善社区处罚和辅助命令的适用情况、体现"整体性"量刑原则和降低作出认罪答辩的犯罪人的刑罚量等方面，修改或重新出台合乎实践需求的量刑指导规范。[2]具体而言，应从以下几个方面提出改善量刑指南规范、提高适用实效的建议：首先，扩宽量刑指南的适用范围，即应当涵盖审判罪犯的整个决策过程，指南应列明决策过程形成各个阶段可能使用到的全部量刑因素，并尽可能说明各个量刑因素对量刑结果的影响权重；其次，量刑指南应对处罚进行具有意义的分类指导，向法官提供可使用的辅助命令的完整清单，对科处罚金和赔偿款项的数额计算提供规范指导；再次，精简量刑指南的冗杂文本，尤其需要删减重复性的规范内容，仅需保留量刑决策形成所需的直接相关信息；最后，提升量刑指南独立指导法官开展量刑实践的能力，通过对指南的充分解释说明，减少必须引用的其他法律，发挥图表和表格的规范指引功能，将类似情形组合陈列，使指南的规范内容易于参照。

一言以蔽之，绝大多数法官对量刑指南规范指引下的"量化量刑格局"持肯定态度。他们认为，量刑指南卓有成效地提升了不同（如地区、年龄和量刑经验的差异）法官对相似案件的判决一致性，以及统一了法官对不同时

---

〔1〕　辅助命令（ancillary orders，又称附带命令）（Dhami M K，"Sentencing Guidelines in England and Wales：missed Opportunitite?"，*Law and Comterporary Problems*，2013，p.299.）指的是，法官对涉及死亡或重伤结果的刑事案件，须进行赔偿评估并作出附属于刑罚裁量结果的补救和赔偿命令。虽然这类复杂的赔偿评估通常由民事法院处理，且绝大多数会涵盖在保险范围内，但作为刑罚处罚的必要补充，辅助命令也被视为是实现刑罚目的的重要手段。

〔2〕　针对受访者反映出来的现行量刑指南存在的（Dhami M K，"Sentencing Guidelines in England and Wales：missed Opportunitite?"，*Law and Comterporary Problems*，2013，p.293.）共性问题，主张"减少文本比例、增加表格和数据型指导规范"的法官占比56%；要求"提供个罪具体的加重和减轻量刑因素清单"的法官达到62%；认为量刑指南"应对社区处罚种类进行划分"、"应规定罚金和赔偿款项的具体计算规则"和"应提供适用辅助命令的完整清单"的法官分别达59%、64%和76%；此外，逾半数的法官"强调整体性量刑原则和降低认罪犯人处罚力度"，占比达56%。Dhami M K，"Sentencing Guidelines in England and Wales：Missed Opportunitites?"，*Law and Comterporary Problems*，2013，p.300.

期的相似案件的判决一致性。[1]

四、德国："无量刑规则"之反观

作为大陆法系的代表国家，德国并不具有类似英、美两国的量刑体制，既未设置统领量刑改革各项工作、量刑政策调整的专门机构，也未颁布指导法官裁量刑罚的量刑指南或量刑规范。可以说，当前德国量刑制度不依托于结构清晰、内容详实的量刑指南或量刑指导规范，而是依托于法官被赋予的宽泛的量刑酌处权的合理行使，即量刑实践完全取决于法官的自由裁量，依据法官自身的审判习惯、实践经验和个人素质，根据罪犯的罪过程度、行为危害性、再犯可能性等，在法定刑范围内考虑案件的具体情况。

值得一提的是，尽管德国量刑体系并无文本范式的量刑指南或指导规范作为框架，但这种法官本位的量刑传统并未导致德国刑罚功能的消解或量刑失衡，究其原因，除了得益于德国较为完善的量刑法律框架、量刑制度体系、"幅的理论"贯彻落实和"双轨制刑事制裁体系"的协调配合外，还不乏德国政治结构和上诉法院量刑审查的助力。由于德国量刑说理和上诉审查更多地涉及量刑程序侧面的制度设计，故留于本书第六章详细展开，此处仅就德国的政治结构和尊重司法公正性两方面加以展开。

一方面，是德国的政治结构，即"德国轻缓的量刑实务与其合意型的政治结构之间存在深厚的关联"，这主要体现为与英美法系国家对抗式民主政治形成鲜明对比的合意型民主政治。有学者表示，相比于英美刑事司法体系在司法实践中常采用降级（degrading practices）的偏离量刑实践未体现对行为人的尊重，德国刑事司法体系更注重对包括犯罪分子在内的所有人的尊重。正如德国反对贵族的政治革命，使其司法体制内逐渐表露出对包括罪犯在内的公民群体尊严的强烈关注，进而促使德国在传统的刑罚处罚之余，创设了保安处分这种既旨在保护公众免受罪犯再次侵害的隔离性措施，又能体现对犯罪分子的人权保障。也就是说，德国刑事制裁体系中的保安处分，是通过从较大范围的"均衡的刑事处罚"（proportionate criminal punishment）对象中分离出应予"强制进行犯罪遏制"（hard-line incapacitation）的行为人，并对这

---

〔1〕 See Dhami M K, "Sentencing Guidelines in England and Wales: Missed Opportunities?", *Law and Contemporary Problems*, Vol. 76, No. 1., 2013, pp. 300-302.

类具有危险性的行为人采取必要的隔离。[1]

另一方面，是德国对司法理念的尊重。为了实现德国司法体制与政治制度的适度分离，德国在法官培训、委任和审查中，倾向于对法官"稳健、一致且公平"（fairly moderate, consistent, and equal）的裁判方式的培养。此外，德国的法学教育注重对法教义学的传授，即锻炼法学院学生适用法律并从法律全局进行解释。另外，考虑到"法官对政党、政治运动和公众意见的依赖会对刑事量刑产生影响"，德国司法系统更倾向于"招聘秉持中立政治立场（politically neutral）的精英法官"，以防止法官量刑实践受过多的政治因素的干扰。[2]具体而言，法官和检察官的遴选方式基本趋同于公务员招募，即倾向于对具有相对较高社会地位和声誉的精英法律人士的任用。如此，既保持了法官和检察官处理犯罪问题的专业性和理性，又能兼顾包括民意在内的社会关切。简言之，不管是对法学研究人员的教义学思维的培养，还是对包括法官在内的司法实务工作者的选拔和委任，德国司法系统都尤其注重对司法理念的维护和共同法律信仰的塑造。

第二节　专职化量刑改革领导机制的建构

如前所述，世界多国的量刑制度发展历程和量刑改革经验充分证明，量刑改革委员会作为统领各国量刑改革发展、制定和修改量刑规则、指导量刑实践、开展周期性数据搜集和实证研究工作的专职部门，对各国刑事司法制度改革和量刑制度建设意义深远。不论是统领美国量刑改革各项工作、制定和修改《量刑指南》《量刑指南修正案》的量刑委员会，还是英国整合量刑建议咨询小组和量刑指南委员会合并组建的量刑委员会，无不是出于促进量刑均衡、完善量刑程序和培育公众信心的考虑。

除了英美两国，其他国家如澳大利亚、韩国、加拿大、南非和新西兰均设置有负责统筹量刑活动、推进量刑改革进程的专职量刑委员会。然而在我国，面对量刑规范化改革这样一项极为复杂的司法活动，尚未设置类似英美

---

〔1〕　See Hörnle T, "Moderate and Non-Arbitrary Sentencing Without Guidelines: The German Experience", *Law and Contemporary Problems*, 2013, pp. 203-205.

〔2〕　See Hörnle T, "Moderate and Non-Arbitrary Sentencing Without Guidelines: The German Experience", *Law and Contemporary Problems*, 2013, pp. 206-210.

法系刑事司法系统那样专职化的量刑规范化改革领导机构，而是由最高法中本身就肩负具体刑事审判职责的刑三庭落实。其中，如何发挥统领各级法院有序开展量刑规范化改革，制定全面、适度的量刑规则，以及总结各级法院的典型案例并组织力量集中调研，是我国量刑规范化改革全面深化阶段必须予以重视的问题。

一、设置专职化领导机构的必要性

（一）制定、修改量刑指导意见的客观需要

"必要性"是达到一定目标所需要的条件。随着社会生活的日益发展，犯罪形态随之丰富，为了适应刑事量刑实践的时代需求，量刑规则的创制和量刑情节的更新依托于前期缜密、严谨、审慎的实证数据分析和理论论证。正如美国量刑委员会的《量刑指南》和政策声明是经过"广泛听证、专家审议和公众意见交流"而渐进式地制定形成，在这个过程中，委员会作为汇总各方观点、组织学理论证和数据比较的统领部门，发挥着重要的"持续性研究、总结经验和分级预判"功能。[1]例如美国量刑委员会作为制定、修改量刑指南的领导机构，特别注意个罪量刑依据的分级确立，"根据罪责、环境和结果对每条联邦刑法规范深度剖析"[2]，以确保《量刑指南》术语在定义和适用过程中的协调一致。因此，对于我国这样一个幅员辽阔、人口众多、各地区经济社会发展状况不尽相同的国家而言，在最高法和各级法院内部设置领导量刑规范化改革的专门机构或部门，便于各级法院总结改革推进情况，评估各罪量刑指导意见的应用情况并及时作出调整，使量刑规则的制定不与司法实践和案件需求相脱离。

（二）量刑信息整合和实证研究的客观需要

以美国量刑改革为例，委员会在 1987 年 4 月 3 日向国会提交指南最初文本之前，业已开展了大量量刑信息整合和实证研究工作。委员会首先根据《美国法典》中数百条刑事法律，统计分析了约四万件刑事案件简报和一万份

---

〔1〕 See The United States Sentencing Commission, Guidelines Manual (Nov. 2018), § 1A1. 2.

〔2〕 Feinberg K R, "Federal Criminal Sentencing Reform: Congress and the United States Sentencing Commission", *Wake Forest Law Review*, 1993, p. 297.

附属的《量刑前报告》等政策性评估文件，在总结以往的量刑实践基础上，挑选常见的刑事法律进行整理，确保这些具有代表性的犯罪的量刑幅度均衡且适宜。针对各级法院量刑实践和改革试点，进行周期性、普遍性和长效性的量刑数据分析的统计与运用，是当前大数据时代司法改革的必然趋势。当然，量刑信息的整合和实证研究的开展还需要法官技能的不断提高和跟进。正如有学者基于规范主义立场指出，通过对所有可用的相关信息进行形式上的整合和权衡，便于得出合理且准确的决定[1]，但由于受个体认知能力限制和外部决策任务约束，人们往往"缺乏对全面信息补偿处理的能力"[2]，因此，通过专业化培训、反馈、决策辅助指导等方式，将极大提升决策者克服其认知限制的可能性，最终作出契合各方面信息要求的决策。也就是说，在最高的量刑规范化改革委员会统领和部署下，各级法院的改革领导小组可以通过组织专门力量对专职负责整理量刑信息和开展实证研究的组织成员进行培训，提高其司法信息处理能力。

（三）获取稳定经费保障和开展量刑培训的客观需要

如前所述，作为量刑规范化改革的统领部门，不管是在员额配置还是项目科研方面，都应当具有稳定的财政支持。然而，遗憾的是，我国量刑规范化改革虽已在全国范围全面推行并进入深入推进的发展阶段，但至今仍未设置用于量刑规范化改革的理论研究和业务实践之专项经费。

当前我国法院的经费主要源于以下几个方面：首先，多数地区法院经费主要来自同级财政拨款；其次，中央财政转移支付的专项经费为法院系统提供了片段式、部分性和相对有限的资金支持，其中，对于中西部欠发达地区的部分法院，中央财政通常以直接拨付专项经费的方式提供财政支撑；再次，诉讼收费仍然是除发达地区以外的部分法院的重要经费来源；最后，为了协助财政保障有困难的地方法院获得更多筹资机会，各省内诉讼收费统筹和国债资金的利用方式也在不断创新，但由于经费筹措的非制度性、临时性特征，

---

〔1〕 See Edwards W, "Behavioral Decision Theory", *Annual Review of Psychology*, 1977, p. 474; Herber A. Simon, "A Behavioral Model of Rational Choice", *Quarterly Journal of Economics*, 1955, p. 99.

〔2〕 See Dhami M K, Schlottmann A, *Judgment and Decision Making as a Skill*: *Learning, Development, and Evolution*, Cambridge University Press, 2011, p. 199.

此类经费来源往往在所占比值和覆盖面上处于次要位置。[1]尽管随后出台的《关于加强政法经费保障工作的意见》对政法经费的划拨、使用和保障作出了部分规定，但该文件主要是从政法经费类型入手，明确了不同经费类型的财政来源，如政法机关人员经费和日常运行的共用经费由同级财政负担，办案经费和业务装备经费则是根据责任由中央、省级和同级财政分区域共同承担，中央财政对于中西部困难地区给予一般性转移支付补助或奖励性补助。鉴于各地区的经济发展和财政收支情况的差异，仍然存在着中央财政无法向难以从同级财政获得全额办案经费或业务装备经费的法院提供资金补助的情况。

事实上，不论是从激励法官的角度，还是从通过完善政法经费保障来谋求更高"回报"的司法产出的角度，持续的经费投入对量刑规范化改革的深化推进都具有重大意义。纵观其他国家和地区的量刑改革经验，在我国创建相对专职化的量刑改革领导机制，对保障改革推进所需的理论调研、量刑数据搜集和上下级司法机关改革实效衔接等方面都显得尤为急迫和必要。

二、本土化量刑改革领导机构建构思路

（一）最高法下属量刑规范化改革机构

世界各国有关量刑委员会的建制思路和良性发展规律，对我国量刑规范化改革领导机构的构想、组建和运行起到了较好的参照作用。结合我国司法体制的基本情况，不建议照搬英美两国独立于司法部的量刑委员会的构建经验，而是在最高法内部设立统领量刑规范化改革的专职机构——量刑规范化改革指导委员会。之所以不宜独立于最高法是出于我国根本政治制度和司法机关特殊性质的考虑。

在人员组成上，除了要由长期从事量刑规范化改革理论和实务研究工作的法官担任主席外，还需特别注意吸纳科研院所和法学院校的资深法学家、长期从事刑事辩护工作的律师和非法律人士，除了要有卓富司法实践经验的

---

[1] 参见王亚新：《司法成本与司法效率——中国法院的财政保障与法官激励》，载《法学家》2010年第4期。

法官、检察官外，还应聘请法学院校和科研院所的资深法学专家和具有丰富刑事辩护经验的律师。此外，在量刑规范化改革统领机构的人员构成上，可以借鉴英美量刑改革领导机构在员额组成上的经验。如美国量刑委员会在制定量刑规范时，为了避免出现强制性《量刑指南》时期企图达到的对量刑情节的事无巨细的涵盖，委员会应尤其注意对社会防卫研究者的吸纳，并通过他们所提供的量刑指南修改意见，突出量刑个别化目的，实现刑罚报应目的与社会预防目的的统一。

（二）量刑改革领导机构的主要职责

首先，量刑规范化改革指导委员会是负责创制量刑制度的领导机构，因而在制度创制前，需广泛收集、整理、分析量刑案例，并在对量刑情节类型化的基础上，制定具有符合实务规律的量刑规则和量刑标准。其次，定期修改和完善量刑制度和指导意见。这是因为任何规则的制定都需要持续性的效果评估作为进一步完善的依据。量刑情节因所处的时代背景、社会发展现状而变化，对于滞后的量刑意见需要及时作出审时度势、因地制宜的修改和调整。正如美国量刑委员会的设立初衷，在于"为联邦刑事司法系统制定量刑政策，通过公布详略得当的《量刑指南》指导司法实践，促进司法公正"。[1]最后，评估量刑政策、总结各地量刑规范化改革经验。量刑规范化改革指导委员会作为统领全国量刑改革工作的领导部门，肩负着评估和调整量刑政策的重要使命，地方各级法院的量刑规范化改革指导小组作为最熟悉本地区量刑实践动态和规范化量刑改革落实情况的部门，应定期对本地区的改革情况通过年报或白皮书的方式予以记载和总结。

第三节 量刑规则的优化设置

如前所述，西方国家司法系统特别注重通过优化量刑规则或其他具有普遍适用效力的指导性规范，以减少各国刑事审判中无根据的量刑差异（unwarranted sentencing disparities），惯常使用优化量刑规则的方式，作为克服量

---

[1] See The United States Sentencing Commission. Guidelines Manual (Nov. 2018), § 1A1.1.

刑失衡的实体措施之一。[1]保持法官量刑在纵向上"不受时空因素改变的一致性"和横向上"宽严等量的衡平性"，均离不开量刑规则的优化。[2]

一、侧重规则时效性与可适性的修改

（一）量刑规则的时效性要求

突出量刑规则修改的时效性，是从实体层面保障我国量刑规范化改革稳步推进、培养法官规范量刑思维和消除无根据量刑差异的重要保障。如前所述，《量刑指南》的定期修改和完善贯穿于美国量刑改革的各个阶段。具体而言，《量刑指南》的修改通常基于委员会廓清某些法律术语、扩充政策声明的需要，或与国会修改后的量刑法律相呼应的要求，在拟订新条款的过程中，

---

[1] 美国当代刑事法学家迈克尔·托尼（Michael Tonry）曾对西方国家优化量刑规范而减少量刑差异的具体种类进行分类，其中，颇具代表性的六种量刑规则模式分别为"强制法定刑标准（Mandatory Standards）""推定数字司法指南（Presumptive Numerical Judicial Guidelines）""推定数字行政指南（Presumptive Numerical Administrative Guidelines）""建议型以及信息型量刑指南（Voluntary and Informative Sentencing Guidelines）""上诉指南裁决书（Appellate Guideline Judgments）""法定量刑原则（Statutory Sentencing Principles）"。具体表现为：1. "强制法定刑标准"，该标准仅在美国刑事司法领域被广泛应用，即要求立法部门提前对相关犯罪（如杀人罪、特定的暴力或性侵犯罪、持枪械犯罪和多种贩毒罪等）或特定种类的犯罪人（如多次实施犯罪的累犯）规定强制最低刑或具体量刑幅度，常见的涉及"强制法定刑标准"的法规有"惯犯法律"（habitual-offender laws）、"强制最低刑法"（mandatory minimum sentencing laws）和"三振出局法"（three-strike laws）；2. "推定数字司法指南"，该规范仅在美国约 15 个司法管辖区适用，通常表现为指定案件推定可能适用的刑罚类型、数量和量刑幅度等，虽然法官可以在量刑过程中反驳推定的量刑规范，但必须提供充分理由，此外，明尼苏达州、俄勒冈州和华盛顿州的量刑实践显示，制定精良的"推定数字司法指南"在降低由性别、种族和地域差异导致的量刑偏差上，效果甚佳，量刑结果的高预测性拉紧了量刑与矫正政策之间的联系；3. "推动数字行政指南"，该量刑规范在 20 世纪 70 年代中期广泛应用于假释机构，正是由于在行政机构中的使用，使得这类规范受到内部行政约束，以确保规范适用上的一致性；4. "建议型及信息型量刑指南"，建议型量刑指南常见于美国刑事司法系统，而信息型量刑指南广泛应用于加拿大、澳大利亚和苏格兰等国家或地区，这两类量刑指南的主要差别集中在语义结构上，前者呈现为网格格式的量刑区间序列，而后者重点关注原始数据的累积和个案信息的提供；5. "上诉指南裁定书"，这种类型的规则多用于英国上诉法院系统，主要是为法官量刑提供起始点和系属范畴；6. "法定量刑原则"，二十世纪七八十年代的芬兰和瑞典广泛使用这类原则，此外，如丹麦、挪威和冰岛等北欧诸国，通常也使用法定量刑原则开展量刑实践。See Tonry M H, "Punishment Policies and Patterns in Western Countries", in Tonry M H, Frase RS eds., *Sentencing and Sanctionsin Western Cuntries*, Oxford University Press, 2001, pp. 21-24.

[2] 参见郭豫珍：《量刑与刑量：量刑辅助制度的全观微视》，元照出版公司 2013 年版，自序。

兼顾民众评价和具体刑罚裁判频率等相关数据。[1]回归本国语境，随着经济的快速发展，某些犯罪的"数额较大"、"数额巨大"和"数额特别巨大"的标准也随之发展，若非有量刑规则的及时调整，则会出现犯罪数额的认定偏差。

（二）量刑规则的可适性要求

可适性要求不仅需要量刑规则符合量刑法律的基本原理，更要尽可能地精简、贴合实际且便于操作。具体而言，量刑规则的可适性要求包括对量刑法律基本原理的契合、规则文本精简化的发展和着眼于法官司法效率的提升三个方面。

1. 量刑规则应符合量刑法律基本原理

量刑规则设置应符合量刑法律的基本原理。这是基于对罪刑法定之"法"的整体性的理解，提纲挈领的刑法总则与内容详实的分则之间，应是彼此联系、互为依托的，共同为具体案件的量刑实践提供依据。鉴于此，法官在处理刑事案件时，不仅要严循刑法总则的各项原则、规定，还要结合刑法分则各个罪名的具体罪状、法定刑等，及时解决现实生活中出现的情状各异的刑事案件。也就是说，量刑规则不仅要服从刑法分则关于个罪的罪状设置和法定刑幅度安排，更要契合刑法的基本原则、目的和刑罚具体运用的规定。因而量刑规则的可适性要求其在规则设置和实践运用时，要符合刑法总则和分则的原则性规定，避免量刑规则对其上位法律的脱离而导致量刑结果欠缺合法性和合理性基础。

2. 量刑规则应作精简化改进

注重量刑规则修改过程中的可适性，还要求摒弃对量刑情节的精确排列，实现量刑规则的精简化。这是因为，量刑标准或依据的日益庞杂、繁复，不仅要求法官审慎对待每个案件中可能存在的量刑情节，还需要严格遵循相关规则进行精确的量刑幅度计算，会极大地增添法官的工作负担。例如，美国强制性《量刑指南》时期，初审法官被要求严格遵循量刑规则开展司法实践，在计算量刑区间时，需要按照既定步骤准确定位量刑区间表横纵轴对应的"点"，以至于法官自由裁量几乎成为空谈。法官在刑事量刑实践中，既要遵

---

〔1〕 See Exum J J, "Giving Guidance To The Guidelines", *South Carolina Law Review*, 2017, p. 68.

循先例，作出符合英美法系司法传统的裁决；又要依据内容庞杂的量刑指南和修正案，审慎地计量全部量刑情节所对应的具体的指南区间。而高度细密化的量刑规则使原本就谈不上高效的量刑程序更加漫长。过去的近二十年里，委员会发布数百份指南修正案，试图将法官量刑时可能考虑到的、与加重和减轻刑罚有关的所有量刑情节和因素全部涵盖。但事实却证明，试图通过不断增补和扩充量刑规范，以实现对量刑实践事无巨细地呈现的做法，不仅会使法官自由裁量权难以在量刑过程中得到有效发挥，还会提高法律研究者和社会公众对量刑规则的理解难度。

3. 量刑规则应着眼于司法效率的提高

量刑规则的可适性的提高将有助于法官量刑效率的提升。正如有学者指出，精细、繁密的量刑规则会严重降低司法效率，压缩法官原本可以采用一般量刑原则的权限空间，法官疲于应付定量的精确计算，更无暇顾及刑罚目的的实现。[1]如前所述，美国量刑改革后期特别注重对量刑框架和规则的简化，如委员会提出的"宪法计划量刑倡议"（CPSI），就曾组织量刑专家小组就精简量刑指南框架提出过改革计划。CPSI专家称，可考虑将原有量刑指南的43个犯罪等级简化为11个，从而使每个犯罪等级所对应的量刑幅度更宽，通过精简具体的犯罪特征提高犯罪等级的灵活性，便于法官合理行使自由裁量权。[2]CPSI使法官能够在简化的量刑规范和幅度内行使自由裁量权，一方面，通过必要的技术性修改与完善，创制更加公平、合理的量刑制度；另一方面，引导法官在简化的参考性《量刑指南》框架内，充分考虑酌定量刑情节，并根据案件的具体情况作出合理、恰当的个性化裁量。

因此，量刑规范化深入推进阶段要格外注重量刑规则设置的精简和必要，即量刑要素和情节的法定化必须遵循"最低必要性"原则，除了确有必要法定化的情节外，应为酌定量刑情节保留合理的自由裁量空间，试图通过面面俱到的量刑规则实现规范化量刑目的，只会走向机械量化的极端，不利于司法效率的提升和量刑公正的实现。

---

[1] See Stith K, Cabranes J A, "Judging under the Federal Sentencing Guidelines", *Northwestern University Law Review*, 1997, pp. 1255-1256.

[2] See O'Hear M, "Guidelines Simplification: Still An Urgent Priority Post-Booker", *Federal Sentencing Reporter*, 2008, p. 347.

二、规避规则适用的多义性冲突

（一）注重对量刑规律的契合

如前所述，量刑活动应当是法官依据具体的法律规定和量刑规则，结合自身审判经验、裁判理性和正义良知，在规范的量刑程序约束下，合理运用自由裁量权对个案进行判决的动态过程。也就是说，量刑规范化改革应予关注的是量刑规则的设置和在实践中运用的全过程，以及量刑程序的公正公开、透明规范，而非仅仅对符合公正要求的量刑结果的追求。最高法下发的数个量刑指导意见，为全国各审级法官提供了可供参照的基本量刑方法和步骤，这些方法和步骤在各地高院结合地缘特征、区域发展和审判实际的补充完善后，为各地司法实践提供指引和参考。这也就要求量刑规范化的规则设置须紧密贴合司法实践之客观实际，并遵循量刑的基本运行规律，立足量刑过程的视角重新建构量刑规则。

具体而言，在量刑的起始阶段，根据定罪罪名确定具体的刑法分则个罪条文，根据个案个罪的基本犯罪构成事实确定具体的法定刑，此外还要结合个案可能存在的减轻处罚情节，根据《刑法》第 63 条的规定："犯罪分子具有本法规定的减轻处罚情节的，应当在法定刑以下判处刑罚；本法规定有数个量刑幅度的，应当在法定量刑幅度的下一个量刑幅度内判处刑罚"；在量刑的发展阶段，需要根据法官丰富的判罚经验和个案个罪具体犯罪构成事实，确定量刑起点；在量刑的深入阶段，结合个案行为人所具有的从轻或从重量刑情节，就其宣告刑作出裁量；在量刑调试阶段，当个案存在刑期折抵或数罪并罚等刑法制度时，进一步对执行刑进行裁量。[1]

（二）发挥量刑改革统领机构的规则解释功能

强化量刑规则的法律解释是避免规则多义性冲突的重要途径。以前述美国量刑改革为例，2015 年的金诉伯维尔（King v. Burwell）案的审理法官主张，"法律解释的基本标准，要求必须立足法规整体视角，并在法律规定的文义中进行解释"，即法律规则的解释既要避免狭隘的文本主义，又要立足法规

---

[1] 参见石经海、骆多：《量刑过程视角下量刑方法分段构建研究》，载《中国刑事法杂志》2015 年第 1 期。

范的文本语境，纵观法律的整体框架来衡量法规内涵。[1]回归我国语境，全国量刑规范化改革委员会作为最高法下设业务部门，其制定的《常见量刑意见》应由最高法进行统一解释，如此可以避免量刑规则理解偏差和量刑实践过程中可能存在的多义性冲突。除了由权威机构出具量刑规则的解释说明外，设立专门的审查机构对各级量刑规范化改革领导机构制定的量刑规则进行审查，同样有助于防止量刑规则在适用过程中的多义性冲突。如美国阿拉巴马州、堪萨斯州、明尼苏达州、密苏里州和宾夕法尼亚州等地，为了确保量刑规则的可适性和灵活性，均在各州量刑委员会的基础上，另行设立专门负责审议量刑规则的量刑审查委员会（Sentencing Law Review Commission）。[2]

另外，还要注意对法官自由裁量权的理性释宽而非刻意限制。"量刑规范化"的本质不是极力限缩和压制法官的自由裁量权，也不是片面或刻意追求同案同判的形式一致，而是在充分尊重法官自由裁量权的行使向度上，适度地约束以发挥法官个体在量刑实践中的能动作用。无论是权力需要制约的观点，还是自由裁量权并非任意裁量权等法理讨论都显示，缺少规范化手段均难以得到妥适的量刑结果，当前量刑理论研讨所围绕的中心，不应再拘泥于"要不要量刑规范化"或"量刑规范化有用与否"等问题，而是如何设置科学化的量刑规范化进路，使这些意义远大的改革具有更强的发展动力。

三、规则效力转变构想："强制性"到"实质参考性"

（一）强制性量刑规则阻碍法官自由裁量

量刑规则适用效力由"强制性"向"实质参考性"的转变，实际上体现了在量刑规范的规则设置和实践运行中将量刑的"精确数量化"转变为"模糊裁量"的过程。也就是说，量刑的司法实质是在法律和量刑规则的框架内

---

[1] 本案司法意见还强调，在民主政体下，法官必须采取审慎态度不轻易撤销任何立法决策，以尊重立法机关的劳动成果。此外，准确理解立法机关制定的法律须以全面了解立法的宗旨和意图为前提。参见 King v. Burwell, 135 S. Ct. 2495-2496 (2015). 转引自［美］Johnson B L：《美国联邦量刑过程中无罪开释行为的适用之惑及其应对策略》，崔仕绣译，载《刑法论丛》2018 年第 4 卷。

[2] See Cullerton J J, et al., "Criminal and Sentencing Law Review Commission: Detached, Contemplative Decision Making on Matters of Criminal Justice System Reform", *The John Marshall Law Review*, 2008, pp. 778-779.

充分结合法官自由裁量经验的判罚过程。因此，量刑规范化改革所依据的量刑规则应在设置和实践中给予法官自由裁量权的行使空间，协调好量刑规则与自由裁量权的关系。

事实上，量刑规范化的目的就在于设置一套便于法官实践运用的实体和程序规则体系，并且不造成法官自由裁量权之旁落。当前我国司法领域显现的，通过制定细密、详实且冗杂的量刑规则，试图压缩法官自由裁量之空间的量刑精细化改革趋向，同美国量刑改革进程中，为刻意紧缩法官量刑酌处权而出台强制性《量刑指南》的改革举措不谋而合。然而，美国强制性《量刑指南》时期，众多判例遭受合宪性质疑并最终导致《量刑指南》强制性降格的事实，为我国量刑规范化改革的深入推进敲响警钟。在强制性《量刑指南》时期，近乎刻板的量化规则和纵横交错的量刑区间表将法官的量刑实践变为纯粹、机械的计算过程，这种漠视酌定量刑情节和个案差异的量刑模式，与量刑指南制定之初的"消除量刑偏差、实现量刑均衡"的目的背道而驰。布克（Booker）案使得法官的量刑实践摆脱了数字化、框架化量刑规则和区间的桎梏，司法实务领域充分肯定了参考性《量刑指南》时期的量刑实效，多数法官、辩护律师、假释官员和部分检控官们表示，现阶段的量刑体制使量刑结果更加人性化，法律权威及司法尊严得以捍卫。[1]但也有学者对参考性《量刑指南》时期各个司法管辖区、巡回法庭和地区法院之间更大规模的量刑差异表示担忧。[2]当代美国量刑改革致力于协调量刑均衡与量刑偏差、量刑一致性与量刑个别化之间的平衡。

（二）参考性量刑规则有助于量刑公正的实现

回归本国语境，面对我国量刑规范化改革深入推进阶段悄然显现的量刑精确化发展趋势，并非仅有摒弃量刑规则这一条出路。事实上，作为对海量已决判决所体现出的量刑规律之凝练，当前繁密的量刑规则不仅体现了量刑理论研究者和司法实务人员试图从规则入手探寻规范化量刑思维的努力，更为我国量刑事业的发展提供了丰富的智慧财富。因此，与其"一刀切"式地

---

〔1〕　See Hillier T W. Ⅱ, Baron-Evans A, "Six Years After Booker, The Evolution Has Just Begun", *Federal Sentencing Reporter*, 2010, p. 133.

〔2〕　See Stith K., "Two Fronts for Sentencing Reform", *Federal Sentencing Report*, Vol. 20, No. 5., 2008, p. 343.

将量刑规则取消，倒不如在其适用效力上找寻实现量刑公正的切入点。如此，既能不违背量刑实践的客观规律，尊重十余年来之不易的量刑规范化改革经验，又能在精密规则项下为法官自由裁量权预留必要的空间，更好地发挥"量刑规律下的法官软性裁量之善"[1]促进量刑统一化与量刑个别化之间的协调统一。避免当某些量刑规则出现冲突或矛盾时，法官仍被要求机械适用而造成量刑结果的歧异，进而实现量刑公正之目的。

第四节　量刑基准的确立程式

如前所述，量刑基准是规范的形式理性中隐含着的某种实质理性，是一种"法中之法"。[2]在我国量刑规范化改革进程中，不论是探索阶段的姜堰区基层法院出台的《规范量刑指导意见》，还是在最高法发布的《量刑指导意见（试行）》中，都曾出现"量刑基准"，但由于学理研究的轻视和出于克服量刑基准概念在司法实践可能出现歧异的考虑，在改革试行阶段的《量刑指导意见（试行）》和随后的《常见量刑意见》中，均以"量刑起点"、"基准刑"和"宣告刑"作为连接量刑各步骤的概念，从而弱化了量刑基准概念。在理论界，还一度出现将量刑基准与基准刑概念混同的观点。事实上，作为实现国家司法审判权和规范量刑实践的重要步骤，量刑基准的确立必须在法律授予的权限范围内进行，并且在逻辑起点、择定机理和实证检验等环节前后呼应、彼此对照。反之，量刑实践若缺少统一的基准，则民众难以预测量刑结果，更无从评价量刑公正与否，难以树立对法律的确信或对司法机关的信赖。[3]

释明量刑基准需以刑法理论特别是刑罚"正当化根据"理论的讨论为出发点。[4]如前所述，区别于刑法理论中代表量刑根据的广义量刑基准概念，狭义的量刑基准既不能理解为"特定刑量的计算程式或起算基点"，也有别于宏观调控量刑过程的"抽象原则和基本规则"，而应是在量刑原则和量刑要素

---

〔1〕 参见石经海、严海杰：《中国量刑规范化之十年检讨与展望》，载《法律科学（西北政法大学学报）》2015年第4期。

〔2〕 参见白建军：《量刑基准实证研究》，载《法学研究》2008年第1期。

〔3〕 参见张明楷：《刑法格言的展开》，北京大学出版社2013年版，第92页。

〔4〕 参见［日］城下裕二：《量刑基准的研究》，成文堂1995年版，第39页。

间发挥承上启下功效的，用以"阐明责任和预防的关系、明确量刑情节的范围以及确定量刑情节的评价"〔1〕。此外，前文已就基准刑的内涵与特点进行梳理，即基准刑是依托具体案件、基于量刑起点，在充分考虑其他影响犯罪构成的数额、次数和后果等犯罪事实基础上，增加刑罚量而最终得出的。〔2〕

量刑基准与基准刑是一对具有相似性却又彼此区别的概念，前者面向法条规定的个罪抽象事实；而后者则面向具体存在的犯罪事实或犯罪个案。正是由于量刑基准针对个罪的抽象事实，因而其确立程式也不能凭借法官的统一意识。作为我国量刑规范化改革的本土经验结晶，立足于个案犯罪事实的基准刑概念并非孤立存在，而是经由量刑基准为其提供确立依据。换句话说，量刑基准为基准刑的确立提供"基本标准"，使基准刑能够在量刑基准这样一个可伸缩的幅度内，结合个案确定具体的点，使基准刑富有司法操作层面的意义。为了发挥基准刑在司法操作层面的实际意义，肯定并坚持既有量刑基准理论研究的丰硕成果，并更好地凸显量刑基准对基准刑确立的调节功能，有必要从逻辑起点、确立法则和常见罪名量刑基准的实证检验等方面对量刑基准的确立程式进行论述，这也是量刑规范化改革实体侧面进一步深入推进的重要体现。

一、明确逻辑起始：量刑基准之确立原则与原理法则

（一）量刑基准的确立原则

在明确了量刑基准内涵以及基准刑与量刑基准的辩证关系后，根据"依法量刑""罪责刑相适应""宽严相济和罪刑均衡"等量刑指导原则，首先应在前述原则项下对量刑基准的确立原则进行梳理，这是出于对量刑基准以量刑规范为载体的本质内涵的考虑。概括来说，限制和约束量刑基准的确定原则包含以下三个方面，分别是合法性与有效性相结合原则、规范性与可操作性相结合原则以及刚性与弹性相结合原则。

首先，量刑基准的确立要遵循合法性与有效性相结合的原则。其中，合

---

〔1〕 李冠煜：《量刑规范化改革视野下的量刑基准研究——以完善〈关于常见犯罪的量刑指导意见〉规定的量刑步骤为中心》，载《比较法研究》2015年第6期。

〔2〕 参见孙春雨、李斌：《量刑规范化改革的现状与出路》，载《国家检察官学院学报》2013年第5期。

法性原则要求确立量刑基准时，首先须坚持以刑法规范和刑法解释为依据，严格遵循罪刑法定原则，不得突破现行刑法和刑法解释的相关规定。此外，长久以来学界围绕量刑基准的研究对审判实务产生了积极影响。其有效性体现在对社会已然存在的量刑规律及其变化趋势的整体把握，即以排除量刑情节影响的抽象个罪在犯罪既遂状态或法定刑升格的情况下的社会危害量确定所对应的刑罚幅度。

其次，合乎规范且易于操作也是确立量刑基准应予实现的基本要求。具体而言，该原则强调量刑基准的确立不仅要符合规范性要求，还要兼具可操作性，便于法官实践应用，发挥理论研究对司法实践的推动和促进作用。这是基于量刑基准确立的复杂性的考量，量刑基准具有普遍适用性和较强的稳定性，通过前述所提及的最高法量刑规范化改革统领机构和各地高院相应设置的改革领导部门，经过深入、广泛且兼具时效性的实证研究，对全国范围内抽象个罪以及高院所管辖的各个地区的量刑基准进行规范，有利于最大限度统一各级法院的量刑实践，并对各地、各级法院法官司法实务发挥指导和规范作用，对各级法院量刑结果进行必要的衡平，进而促进量刑均衡和量刑公正的改革目的的实现。因此，量刑基准的确立不可不考虑规范性与可操作性相结合原则的实现。

最后，量刑基准还应符合刚性与弹性相协调的原则要求。一般来说，"刚性"有"坚硬不易变化""不能改变或通融"之义；而"弹性"则意味着"事物依实际需要可以加以调整、变通的性质"。[1]我们知道，量刑基准确立过程备受案件基本事实和确立者的主观因素的影响，因此，"刚性"要求是面向适用量刑基准的法官而言，是规范其刑罚裁量权的体现。此外，"弹性"则是对量刑规范和技术的潜存的滞后性和不完整性的照顾，量刑实践不是"刑之量化"而是"刑之裁量"，因此在量刑规则较为模糊或难以对法官量刑做到精确指向时，量刑基准也应基于宽严相济刑事政策的考量，客观、全面地体现不同时期、不同地区的经济社会发展和治安形势的变化，针对不同案件作出旨在强化量刑社会效果和确保实现刑法任务的适度弹性化调整。

---

〔1〕 参见中国社会科学院语言研究所词典编辑室编：《现代汉语词典》，商务印书馆 2016 年版，第 427、1269 页。

（二）量刑基准的原理法则

前文对英美法系国家的量刑改革进行了详细介绍，以美国量刑改革为例，其《量刑指南》的起草、发布及规律性修订，无不体现了量刑基准的运用和发展过程。例如，在美国强制性《量刑指南》时期，根据《量刑法案》的要求，法院必须在《量刑指南》规定的区间范围内裁量刑罚，仅在特定案件呈现异常特征且提供书面详细说明的情况下，允许法院作出偏离于既有量刑幅度的判决。[1] 委员会制定《量刑指南》时还须作出一项重要政策决定，即《量刑指南》应根据"被控犯罪系统"（charge offense system）还是"实际犯罪系统"（real offense system）指导量刑。其中，前者以程序正义为首要准则，严循被告人被指控的罪行，反对将未经审判的事实或辩诉交易情境中的认罪答辩作为量刑依据；后者则将罪犯未经指控的其他罪行一并纳入量刑考察范畴。[2] 委员会最终采用"修正的实际犯罪系统"（modified real offense model），即不排除法官将未经审判或被告人经辩诉交易与公诉方达成一致的事实，作为裁判的依据。[3] 斯蒂芬·布雷耶（Stephen Breyer）大法官称这种"折衷"（compromise）的量刑模式有助于维护量刑程序公正，提升量刑准确性和可行性。[4] 将实际犯罪因素作为量刑幅度的参考，法官通过司法事实调查获取被告人未被指控、经辩诉交易或经陪审团无罪开释的其他犯罪事实，这些犯罪事实共同作用于指南区间幅度的计算。[5] 此外，联邦量刑制度中的强制最低刑（mandatory minimums）规定了对特定罪犯的特定罪行的最低量刑限制。[6] 相较于前《量刑指南》时期（康复矫治量刑阶段），强制最低量刑法规的适用，有助于避免法官行使泛化的自由裁量权时出现不平等的情况，并为被告

---

〔1〕　参见何勤华、夏菲主编：《西方刑法史》，北京大学出版社 2006 年版，第 462~463 页。

〔2〕　See Yellen D，"Illusion, Illogic, and Injustice: Real-Offense Sentencing and the Federal Sentencing Guidelines"，*Minnesota Law Review*，1993，pp. 406-417. 转引自〔美〕Johnson B L：《美国联邦量刑过程中无罪开释行为的适用之惑及其应对策略》，崔仕绣译，载《刑法论丛》2018 年第 4 卷。

〔3〕　See Lear E T，"Is Conviction Irrelevant?"，*University of California at Los Angeles Law Review*，1993，pp. 1192-1202.

〔4〕　See Breyer S，"The Federal Sentencing Guidelines and the Key Compromises upon Which They Rest"，*Hofstra Law Review*，Vol. 17，1988，pp. 8-11.

〔5〕　See Yellen D，"Reforming the Federal Sentencing Guidelines' Misguided Approach to Real-Offense Sentencing"，*Stanford Law Review*，2005，pp. 271-272.

〔6〕　See Luna E，Cassell P G，"Mandatory Minimalism"，*Cardozo Law Review*，Vol. 32，2010，pp. 8-9.

人提供更具确定性、公平性和可预测性的量刑裁判结果。[1]

另外，如前所述，《量刑指南》将联邦法律规定的犯罪行为分为 43 个等级，并对此配以逐步递进的量刑幅度，要求法官严格遵循统一标准进行判决，仅在法官认为某一罪行需要加重或减轻处罚，且出具详述理由的书面报告的极特殊情况下，才有可能作出偏离于指南量刑区间的刑罚裁决。为了有效规范法官的自由裁量权，确保刑罚体现犯罪前科种类和罪行危害等级，《美国法典》第 28 篇第 994 节另规定，指南区间表中的各个等级幅度与其前后等级存在重叠，各罪"监禁刑期的上限不得超过下限的 25% 或超过 6 个月"[2]。以迈克尔·托尼（Michael Tonry）教授为代表的学者对此评价，热衷于通过个别化刑罚对罪犯进行康复矫治和不确定量刑的时期（前《量刑指南》时期），与彼时盛行的功利主义刑罚观相一致；强调限缩法官量刑酌处权的量刑改革时期（强制性《量刑指南》时期）则体现出报应主义刑罚思想。他认为，在此刑罚思想影响下，若覆盖全面、内容清晰的假释和量刑规范能够被颁布和施行，不仅能够有效减少不必要的种族和其他差异，还能提升量刑政策的一致性和可预测性，且对宏观层面的量刑改革方案和预算规划也多有裨益。[3]由此可见，美国量刑改革对犯罪等级的划分和对法定刑的细化处理，体现了《量刑指南》旨在向法官提供便于实际操作、提高判罚效率的刑罚量处框架，这种分级和调整实质上还体现了"量刑基准"之内涵。

作为抽象个罪在犯罪既遂形态和排除量刑事实影响的基本事实所对应的刑罚量，量刑基准的确立还受到下述几项原理法则的约束，即不仅要实现等量均衡与等值均衡的统一、抽象个罪与具体个案的区别，还要兼顾量刑基准的形式与实质。

1. 等量均衡与等值均衡的统一

我国现行《刑法》第 5 条规定了罪责刑相适应原则，即"刑罚的轻重，应当与犯罪分子所犯罪行和承担的刑事责任相适应"，也就是说，被告人被量处的刑罚多寡应与其实施犯罪的基本危害和该行为人应承担的刑事责任相适

---

[1] See Luna E, Cassell P G, "Mandatory Minimalism", *Cardozo Law Review*, Vol. 32, 2010, p. 11.

[2] 28 U. S. Code, § 994（b）（2）；The United States Sentencing Commission. Guidelines Manual (Nov. 2018), § 1A1. 2.

[3] See Tonry M H., "Sentencing in America, 1975-2025", *Crime and Justice*, Vol. 42, No. 1., 2013, pp. 141-147.

应，重罪重罚、轻罪轻罚、罚当其罪。从刑法分则对个罪的法定刑设置来看，仅通过法定刑的幅度并不能直接体现刑罚裁量过程中的罪责刑相适应，结合司法实践来看，量刑基准"成为一种在法定刑之下，精细刑罚幅度的一种理论建构和实践求证"[1]。在法定刑幅度项下设置符合量刑规律、便于法官操作的量刑基准，首先需要实现等量均衡与等值均衡的统一。其中，一方面，等量均衡主要适用于有犯罪数额要求，且依据刑法分则规定，随着犯罪数额增加，法定刑和量刑结果也基本随之增加的犯罪；另一方面，等值均衡主要面向无犯罪数额要求，但依据刑法分则规定，随着犯罪危害量增加，法定刑和量刑结果也会基本随之增加的犯罪。也就是说，等量均衡要求量刑基准所代表的刑罚量应随着犯罪数额的增加而增加，而等值均衡则要求量刑基准所代表的刑罚量应随着犯罪危害量的增加而增加。等量均衡与等值均衡的发展规律无疑体现了量刑基准的变化轨迹，只有立足量刑基准内涵的理解，才能实现等量均衡与等值均衡的统一。从另一个角度看，量刑基准只有表征抽象个罪等量均衡和等值均衡的刑罚变化规律，才能被合理且有效地确立并体现罪责刑相适应原则的本来含义。

当然，单纯强调抽象个罪刑罚量的等量均衡和等值均衡，恐使量刑基准概念抽象化、概括化，进而淡化了其对基准刑确立标准的基准功效。因此，在肯定前述等量均衡与等值均衡相统一的基础上，还需要强调抽象个罪与具体个案的区别原理。

2. 抽象个罪与具体个案的区别

量刑的实质是把法定的罪刑关系具体化、现实化、确定化的动态过程。任何完整的量刑过程都包括静态意义上的量刑规范与动态意义上的量刑实践两个方面，并在静态与动态的结合中完成客观、公正的量刑裁判。其中，前者包括确定抽象个罪的法定刑、划定抽象个罪的犯罪圈、确定抽象个罪的量刑基准的过程；而后者则包括查明案件事实以确定具体罪名、寻找抽象个罪的量刑基准、以量刑基准为标准确立基准刑、综合评价量刑情节对基准刑的影响并确定具体个罪的拟订宣告刑、法官运用自由裁量权修正拟订宣告刑并获得最终的宣告刑。[2]因此，要发挥量刑基准的规范量刑的作用，必须与具

---

[1] 姜涛：《认知量刑规范化》，中国检察出版社 2010 年版，第 133 页。

[2] 参见姜涛：《认知量刑规范化》，中国检察出版社 2010 年版，第 134～135 页。

体的司法活动、具体个案相连接，否则它只是反映相当数量的量刑规律基础上的抽象概念。

抽象个罪是指某个法定罪的集合，如故意伤害罪、强奸罪、交通肇事罪或敲诈勒索罪；而具体个案则是现实生活中实际发生并需要审判人员据以惩处的个别案件，如张某某故意伤害案、李某某强奸案等。其中，抽象个罪是对相当数量的具体个案的类型化的集合，具体个案是抽象个罪在司法实践中的具象化体现，从抽象个罪中提炼而出的量刑基准进而成为具体个案的量刑参照，两者相互依存又彼此区别。也就是说，量刑基准在抽象个罪和具体个案中发挥着"承上启下"的关键作用。

3. 形式与实质并存

"形式"有"事物的形状、结构"之义，而"实质"则代表事物"本质"。[1]作为揭示客观事物表面与内里性质的概念，形式与实质总是共同存在于事物中。量刑基准是量刑的基石范畴，也是量刑规范化研究的出发点。[2]而量刑基准的形式与实质则是从不同标准对量刑基准认知的结果。如前所述，量刑基准实质上是一种刑罚幅度，而这个刑罚幅度的形成往往伴随着一个形式化的过程，这也使得量刑基准的形式与实质各有其标准和功能，两者相互印证并无对立。[3]

二、明确择定机理：量刑基准之确定方法

（一）量刑基准的常见确定方法

作为连接法定刑与基准刑的中间概念，量刑基准在确定方法上可谓众说纷纭，颇具代表性的有中线论、分格论、形式论、主要因素论、重心论、个案推导论和一罪一定论等。

其一，中线论，即主张将法定刑幅度的中间值设定为平均刑，中间值以上为从重处罚，中间值以下则为从轻处罚。其二，分格论，即按照"轻轻、轻重、重轻、重重"在法定刑幅度内设定抽象的分格，并据此增加基准点以

---

〔1〕 参见中国社会科学院语言研究所词典编辑室编：《现代汉语词典》，商务印书馆 2016 年版，第 1187、1467 页。

〔2〕 参见姜涛：《认知量刑规范化》，中国检察出版社 2010 年版，第 136 页。

〔3〕 参见白建军：《量刑基准实证研究》，载《法学研究》2008 年第 1 期。

应对轻罪中的从轻、从重情节和重罪中的从轻、从重情节。如在 3 年以上 10 年以下有期徒刑中，共划出 3 至 4 年、5 至 6 年、7 至 8 年、9 至 10 年有期徒刑这 4 个等格，分别对应轻罪中有从轻情节的、轻罪中有从重情节的、重罪中有从轻情节的和重罪中有从重情节的。其三，形势论。即依据社会形势的严峻程度来确定量刑基准。这种观点主张量刑基准随治安形势浮动，形势动荡则量刑基准随之提高，治安形势趋于稳定，则量刑基准随之降低，但不管治安形势如何变化，量刑基准的浮动范围始终不能超出法定刑幅度的上限或者下限。其四，主要因素论。即采用实证研究方法，通过对已决个罪判决情况进行分析，获得各罪不同社会危害性、不同情节、不同犯罪形态所对应的量刑基准。[1]其五，重心论。即将表征各罪社会危害性重心的刑罚量，作为量刑基准的方法。[2]其六，个案推导论。该观点主张法律没有明确规定基本刑，因而也需要采用实证分析的方法通过对法院的个案判决考察进而寻找基本刑。[3]其七，一罪一定论，即要根据具体犯罪的社会危害性具体分析。[4]

（二）量刑基准确定方法述评

在评价量刑基准的各类确定方法时，首先需要明确的是，量刑基准的确定依据不仅有抽象的同具体案件无关的最低限度的犯罪构成事实，还包含超过最低限度的反映案件个性的超过的犯罪构成事实。[5]也就是说，相应的量刑基准不必然呈现唯一状态，而是表征为一般犯罪既遂形态和可能的法定刑升格状态。当然有关量刑基准的确立方法远不止前述这七种，此处挑选出这些颇具历史发展代表性、象征性和较高的学理研究价值的量刑基准确立方法，旨在对其不同程度的缺陷和局限加以评析。

就中线论而言，其确定量刑基准点的方法是简单、机械地"中分式"，未免过于机械，不可避免地忽视了影响量刑的各种情节间的区别，特别是当案

---

〔1〕 参见王联合：《量刑模型与量刑规范化研究》，中国政法大学出版社 2015 年版，第 57 页。

〔2〕 参见郑伟：《重罪轻罪研究》，中国政法大学出版社 1998 年版，第 51 页。

〔3〕 参见白建军：《量刑基准实证研究》，载《法学研究》2008 年第 1 期。

〔4〕 参见段立文、陈殿福：《近年来标准化量刑研究概览》，载《政法论坛（中国政法大学学报）》1991 年第 5 期。

〔5〕 此时，相应的量刑基准也应由两部分刑罚幅度构成，即最低限度的犯罪构成事实所决定的刑罚量和超过的犯罪构成事实所决定的刑罚量。参见王联合：《量刑模型与量刑规范化研究》，中国政法大学出版社 2015 年版，第 58 页。

件存在数个从重或从轻处罚情节的时候。就分格论而言，因其将个罪法定刑幅度均等分格并套用至轻罪中有从轻情节、轻罪中有从重情节、重罪中有从轻情节和重罪中有从重情节等情形，实际上是将重罪、轻罪、从重情节、从轻情节对法定刑幅度的影响程度均等视之，在评价体系上过于牵强。加之我国刑法无明确的轻重罪的划分和等级制，也使得这种论断的主张者寥寥无几。就形势论而言，缺陷更为显著，因为社会治安形势充其量仅为酌定量刑情节，若以不同时期的治安形势作为确定量刑基准的支配性因素，则可能重蹈"严打"时期的重刑治典之"覆辙"，另外，还会严重损害刑法的罪刑法定和罪责刑相适应原则，无益于刑法任务的实现。就主要因素论而言，其错误在于将判断量刑基准的因素单一化。

另外，主要因素说所依据的实证研究方式也存在操作性较低、效率较低的缺陷，先不论对相当数量的法官进行问卷调查的可重复性，问卷所涉问题的设计和参与问卷调查的法官的抽样情况也不乏进一步商榷的可能。就重心论而言，以抽象个罪的重心作为量刑基准的确定依据，"无法克服抛开具体犯罪仅就抽象个罪规定的量刑基准的弊端"〔1〕。这是因为重心的评价标准不仅难以确定，更缺乏可操作性。就个案推导论而言，这其实属于概率论的解决方法，应予肯定的是这种基于相当的已决判例的实证研究方法，随着我国裁判文书的全面公开以及法院信息化建设的逐步完善，在可操作性上占有一定优势。但实证研究方法所依据的判决应当公正、合理，否则难以为类似案件提供一个客观、科学的量刑基准，那么这就使得搜集和整理这些公正、合理的已决判例的工作量过于庞大，加大实践中的操作难度。此外，"这种方法也无法满足社会变迁对量刑公正的动态要求"〔2〕。就一罪一定论而言，该方法过度偏重各个犯罪之间的个性，而忽视了类罪之间的共性，另外，一罪一定论实际上并未提供可重复使用的量刑基准确定方法。

综上所述，前述确立量刑基准的传统方法，或机械地选定法定刑中线为量刑基准点；或过于概括地将社会治安形势这一实质上是酌定量刑情节的因素作为确立量刑基准的决定性因素；或未能深究实证分析方法的可延续性；或片面地将表征危害性大小的重心作为确立量刑基准的主要因素而忽视了评

〔1〕 王联合：《量刑模型与量刑规范化研究》，中国政法大学出版社 2015 年版，第 59 页。
〔2〕 姜涛：《认知量刑规范化》，中国检察出版社 2010 年版，第 108 页。

价标准的可适性和科学性。解决当前量刑问题、促进量刑规范化的基本途径，除了要有正确的量刑原则、科学的量刑方法外，还需要量刑起点向基准刑再向宣告刑的确证过程。申言之，各个量刑情节对量刑结果的影响更为科学、合理且可被预测，如此既能统一法律的适用标准，又能在规范法官自由裁量权的过程中充分预留可供其量刑经验发挥能动作用的空间，进而助力我国量刑规范化改革之深入推进。

完善我国量刑规范化改革的程序举措

　　司法公正是现代法治的基本要求。日本学者谷口安平强调，程序正义观念应至少是赋予审判正当性的主要根据之一，因为程序价值本身的正当性超越了具体个人或个案，也只有符合正当程序要求的审判结果，才能得到公众信服。[1]英美法系和大陆法系国家分别实行分离式和一体化的量刑程序。例如，1984年颁布的《量刑法案》明确赋予了美国量刑委员会"广泛审查和合理处理联邦量刑程序的法定权力"。[2]在英美刑事诉讼程序中，通常由陪审团负责对检方提起的犯罪指控进行有罪与否的裁判，随后法官根据陪审团所作的有罪判决或被告人基于自愿的认罪答辩，对被告人展开事实调查并作出量刑裁决。而在德日刑事诉讼程序中，法官一般会通过连续的审理过程，相对笼统地一并解决被告人的定罪和量刑问题。由此可见，完善量刑程序是有效制约司法自由裁量权、实现量刑公正的重要途径。若缺少量刑程序的保障，即使出现相同的量刑事实且受相同量刑规则的约束，由于法官刑罚理念和量刑思维的不尽相同，可能会导致裁量刑罚的演算逻辑大相径庭，继而对量刑均衡产生消极影响。

　　我国量刑规范化改革的程序侧面与刑事诉讼程序改革关系甚密。我国最高法领导的量刑规范化改革包含两个密切相关的环节——量刑规范的改革与量刑程序的改革。其中，前者为了克服法官个人经验和素质进行"估堆式"量刑的弊端，通过确立科学量刑方法解决量刑失衡的问题；后者则是逐渐将

---

　　〔1〕　参见［日］谷口安平：《程序的正义与诉讼》，王亚新、刘荣军译，中国政法大学出版社1996年版，第11页。

　　〔2〕　See The United States Sentencing Commission. Guidelines Manual（Nov. 2018），§ 1A1. 2.

量刑"纳入法庭审理之中",逐步构建"相对独立"的量刑程序的过程。[1]司法活动最重要最显著的特点即为严格的程序性,这是由于严格的程序规则体系不仅能够有效规范法官权力、防止其恣意行使自由裁量权,还能确保法律的确定性、可预期性,并在司法裁量过程中展现良好的法律效果。[2]近年来,我国公民对刑事量刑程序的准确公正、公开透明的希冀越来越强烈,[3]如何通过完善量刑程序来实现同类罪犯量刑上的平等对待已然成为新时代全面深化量刑规范化改革的重要目标之一。与量刑规范化改革的产生与发展路径类似,我国的刑事诉讼改革同样经历了中央司法机关和地方刑事司法机构"自上而下"和"自下而上"的动态过程。其中,中央司法机关通过制定和修改刑事法律和配套法规,确立政策性、纲领性指导原则、改革目标和改革重点;地方刑事司法机构严格依据法律法规,落实国家层面的政策性规定和改革目标,并根据地方试点情况总结地方改革实践经验,作为中央司法机关政策调整的重要参考。[4]除了中央层面的统筹领导和地方司法机关的改革实践,刑事法学研究者也为我国量刑程序改革和刑事诉讼程序改革作出了重要贡献,特别是围绕其他国家和地区量刑程序改革的模式倡导和经验借鉴,均为我国量刑程序的规范化改革提供了新的思考路径。

第一节　其他国家和地区量刑改革程序层面的经验参考

一、美国:"量刑前报告"和"量刑听证程序"之比照

适用分离式审判程序的代表的美国,布克(Booker)案后其量刑改革特别注重对量刑程序的完善。定罪与量刑相分离的审判程序,不仅避免量刑因定罪而先入为主,有利于保障被告人的合法权益,使之与尊重和保障人权的

---

〔1〕　参见陈瑞华:《论量刑信息的调查》,载《法学家》2010 年第 2 期。

〔2〕　参见张文显、李光宇:《司法:法律效果与社会效果的衡平分析》,载《社会科学战线》2011 年第 7 期。

〔3〕　See Cohen J A,"Reforming China's Criminal Procedure:An Introduction to this Symposium",*Columbia Journal of Asian Law*,Vol. 24,No. 2.,2011,p. 216.

〔4〕　See Stutsman T.,"The Use of Demonstration Projects to Advance Criminal Procedure Reform in China",*Columbia Journal of Asian Law*,Vol. 24,2011,p. 339.

现代法治理念相契合，还便于法官在量刑时更加专注和高效。特别是在陪审团作出有罪裁决或被告人作出认罪答辩后，法官会专门针对被告人的具体量刑问题展开一系列调查和辩论，以确保控辩双方和其他诉讼参与人共同参与审理被告人的刑罚裁量过程。本部分将围绕美国量刑程序改革进程中的"量刑前报告"制度和"量刑听证程序"加以展开。

（一）美国"量刑前报告"制度概述

美国刑事司法领域的"量刑前报告"制度与量刑听证程序相互贯穿，前者为后者的准备阶段，共同为确保法官顺利、合理量刑而服务。其中，"量刑前报告"制度包括"量刑前调查"和基于调查结果出具的《量刑前报告》。

概括地讲，"量刑前调查"旨在为法官提供有关罪行的详细信息资料，是美国多数法院量刑过程中的标准程序。"量刑前调查"指的是缓刑监督官在正式量刑程序开始前，通常会与被告人进行量刑前调查（或量刑前面试）。为了提高被告人参与调查的积极性，确保被告人各项宪法权利得到保障，在该调查前，被告人的辩护律师须告知并提供其当事人参加量刑前面谈的机会。[1]此外，被告人虽有权在面谈过程中行使宪法权利以保持沉默，但若其未能提供与之被控罪行相关的真实信息，那么被告人将有可能在量刑阶段降低其避免"承担责任"（acceptance of responsibility）的可信度或信用。[2]

缓刑监督官基于被告人被诉之罪的相关事实、未起诉罪行、犯罪历史及家族历史、经济状况等可能影响量刑裁决的被告人个人情况的充分考察，出具包含"犯罪人情况报告"和"犯罪行为情况报告"等丰富内容的《量刑前报告》。其中，作为《量刑前报告》的必要组成部分，犯罪人的"犯罪历史"是包含在《量刑指南》中且用于明确被告人当前犯罪行为社会危害性，并据此确定相应量刑区间的法律概念。[3]另外，"犯罪人情况报告"是描述罪犯

---

〔1〕 See The National Court Rules Committee. Federal Rule of Criminal Procedure，§ 32（c）（2）.

〔2〕 See USSG § 3E1.1（Acceptance of Responsibility）；Mitchell v. United States，526 U. S. 326-327 1999.

〔3〕 被告人的"犯罪历史"（或"犯罪前科"）在确定量刑指南建议区间的过程中发挥着重要的作用。它不仅可以用于衡量再次犯罪的行为人增加的罪责（measure increased culpability），还能用于预测行为人的再犯危险性（predict future criminality）以及有选择性地锁定高危罪犯（selective target dangerous offenders）。See Nora V. Demleitner, et al., *Sentencing Law and Policy: Cases, Statutes, and Guidelines*, Wolters Kluwer Law & Business，2013，pp. 47-48.

个人的信息材料，而"犯罪行为情况报告"则是用于描述罪行的相关信息。

换言之，《量刑前报告》是在正式审判有罪或被告作出认罪答辩和辩诉交易的情况下，应法官的要求而出具的。作为美国刑事量刑程序中相当重要的文件，《量刑前报告》包含被告人个人背景和犯罪情况，如个人信息、教育状况、雇佣历史、犯罪前科、家庭婚姻状况、财务状况等，这些信息不仅有利于被告人的个别化处理，还向法官提供了采取监禁刑、缓刑或其他刑罚替代措施的合理理由，便于法官作出反映刑罚目的的量刑裁决。[1]此外，《美国联邦刑事诉讼规则》（the Federal Rules of Criminal Procedure，以下简称《联邦刑诉规则》）第 32 条 d 款还要求，《量刑前报告》应包含被告人被诉罪行依据参考性《量刑指南》的适用指引。[2]为了使法官及时、全面地了解量刑信息，缓刑监督官应至少早于量刑前 35 天向检控方、被告人及其辩护律师提供《量刑前报告》的副本，若控辩双方对报告内容存在相反意见，如认为报告记录的信息材料、指南建议的刑期范围或量刑政策的采用有误，则必须在接受副本后的 14 天内提出包含事实依据和法律说明的书面反对意见，否则将视为对《量刑前报告》所涉全部内容的认可。[3]值得一提的是，提交《量刑前报告》并非美国刑事量刑的必经环节，联邦最高法院规定，若记录在案的信息足以确保量刑法官自由裁量权的正确行使，则无需缓刑监督官另行提交《量刑前报告》。

简言之，"量刑前报告"制度不仅发挥着量刑听证程序前重要的信息搜集和刑期预判功能，促进了缓刑监督官、检控方、被告人及其代理人等量刑参与方的良性互动，还对罪犯的服刑改造有所助益，促进刑罚目的的实现。如联邦监狱管理局的工作人员根据《量刑前报告》中的各项信息，判断罪犯是否具有参加相关康复项目的资格，为罪犯选择有利于回归社会的矫治项目，以及确定执行了一定刑期的罪犯是否符合监督释放（或称监外查看）或假释的条件等。[4]

---

〔1〕 其他刑罚替代措施包括但不限于戒毒矫治、心理治疗、职业培训等。参见汪贻飞：《量刑程序研究》，北京大学出版社 2016 年版，第 261~262 页。

〔2〕 See The National Court Rules Committee. Federal Rule of Criminal Procedure，§ 32 (d).

〔3〕 See The National Court Rules Committee. Federal Rule of Criminal Procedure，§ 32 (e).

〔4〕 See United States Department of Justice v. Julian，486 U. S. 5 1988；Lopez T，"Making the Sentencing Process Work for You"，*GPsolo*，2009，p. 28.

（二） 美国量刑听证制度

《联邦刑诉规则》第 32 条和《量刑指南》（Sentencing Guidelines Manual 2018）第六章规定了美国量刑听证程序（sentencing hearing）的相关内容。[1]美国的量刑听证会主要包含量刑调查和量刑辩论两个环节。在量刑听证过程中，除了控辩双方各自整理的有利于己方的证据材料外，缓刑监督官员在"量刑前调查"环节出具的《量刑前报告》和被害人的影响陈述也将一并提交给法庭。[2]控辩双方有权要求对对方提出的争议性减轻或加重量刑因素（mitigating or aggravating factors），进行举证和交叉询问。[3]根据《联邦刑诉规则》第 32 条（i）规定，"法庭必须对《量刑前报告》中存在争议的部分或其他争论部分作出裁决或判定没有必要作出裁决，或因该争议不会对量刑判决产生影响而被法庭所采用"。[4]因此，法官在量刑听证阶段通常采用优势证据规则解决事实争议。[5]此外，《联邦证据规则》（Federal Rules of Evidence）或诸如美国宪法第六修正案的对质条款[6]（Confrontation Clause of the Sixth Amendment）等相关证据事项条款，均不适用于量刑听证程序。[7]这是因为法官在整个量刑程序中"享有较为宽泛的自由裁量权"[8]，如个人背景、犯罪历史和行为习惯等可能充分展现被告人生活和特征的信息，都可以被量刑法官作为裁量被告人刑罚的信息来源进而采用。

程序公正理念同样渗透在量刑程序的全过程。如地区法院必须确保控辩双方及特殊案件的被害人，就《量刑前报告》的相关内容平等发表评论性意

---

〔1〕 量刑听证程序（sentencing hearing）又称为判决前的听审（presentence hearing）。

〔2〕 参见皮勇等：《量刑原论》，武汉大学出版社 2014 年版，第 249 页

〔3〕 See The National Court Rules Committee. Federal Rule of Criminal Procedure，§ 32（i）.

〔4〕 See The National Court Rules Committee. Federal Rule of Criminal Procedure，§ 32（i）（3）（B）.

〔5〕 See The United States Sentencing Commission. Guidelines Manual（Nov. 2018），§ 6A1.3；McMillan v. Pennsylvania，77 U.S. 91-92（1986）.

〔6〕 美国宪法第六修正案的对质条款（Confrontation Clause of the Sixth Amendment）用于保护被告的诉讼权利，即刑事诉讼的被告人有权与作出对其不利证言的证人进行对质，以排除因谎言、传言和复仇据所带来对被告人不利的情形。如证人作出被告人有罪的传闻证据（testimonial hearsay），则必须上庭与被告人对质，如果证人不出庭或拒绝对质，则该传闻证据无效，法庭不得采信。

〔7〕 See Williams v. New York，337 U.S. 241（1949）.

〔8〕 See Pepper v. United States，562 U.S. 476（2011）.

见的权利。〔1〕此外，不论是"量刑前报告"阶段还是量刑听证阶段，被告人聘请律师或接受援助律师帮助诉讼的权利都能得到充分保障。特别是在量刑听证总结阶段，法官须告知被告人所享有的上诉权利，包括启动贫民诉讼〔2〕（forma pauperis）和自愿认罪而放弃上诉等权利。最终，法官根据量刑听证程序所作出的被告人的量刑裁决，载明具体裁量的刑种和刑期以及刑罚是否现实执行等内容，如监禁刑的期限、是否同时宣告缓刑、监督释放情况以及同时科处的经济处罚等。

简言之，量刑听证程序是法官在"量刑前报告"制度基础上，切实保护控辩双方各项权利，搭建对话平台以解决量刑争议问题的过程。一方面，量刑听证程序延续了"量刑前报告"制度允许控辩双方相互辩论、交叉询问和就量刑信息进行举证质证的过程，为控辩双方就量刑问题进行辩论提供空间；另一方面，量刑听证程序允许法官合理使用自由裁量权，从被告人个人背景、犯罪历史和行为习惯等信息中提炼有利于量刑裁决的信息，并根据量刑调查和量刑辩论的结果，作出内容详实的量刑裁决。

二、美英德："裁判说理"、"量刑建议" 和 "上诉复审" 制度之参照

（一）量刑裁判说理制度

量刑裁判说理不仅与案件事实和判决结果紧密相连，更是彰显司法民主与司法理性的重要依托。如 2003 年英国《刑事审判法》第 174 条要求法官在审判实践中进行必要且详实的裁判说理，即法官被要求以公开庭审的方式，使用通俗易懂的语言对被告人被判处之刑罚加以解释和说明，并对可能存在

---

〔1〕 鉴于量刑规范逐年进行的冗杂修正，美国量刑委员会通常会按照年度整合联邦层面所有各罪法案和量刑修正案，结合《量刑指南》的内容，颁布最新版本的《联邦量刑指南手册》，供司法实务者、法律研究人员和社会民众学习参考。例如 2018 年版的《联邦量刑指南手册》于 2018 年 11 月 1 日修订颁布，包含八个章节、附录和索引等部分，内容极其丰富。See The United States Sentencing Commission. Guidelines Manual（Nov. 2018）.

〔2〕 贫民诉讼（forma pauperis）原为拉丁短语，特指被告人在没有资金支付诉讼或维持刑事诉讼的正常费用的情况下，可向法院提出请求，获取以破产形式应诉并获得法院免除诉讼费用等便利。这种诉讼模式旨在保障低收入或无收入的贫民能够进行诉讼的法律地位。以美国为例，各个州的司法管辖区均设置判定被告人是否属于低收入人群的特定程序，一旦被告人的贫民身份得到确认，法官有义务批准其提出的进行贫民诉讼的请求。通常情况下，若被告人接受某种形式的公共援助才能维持生计的，通常会被认为属于"低收入人群"。

超出量刑指南规定的刑罚结果，给予充分的论证。美国刑事司法领域将判决刑罚的充分说理作为审查量刑程序适正与否的重要标准。如加尔诉合众国（Gall v. United States）案的司法意见所列举的六项程序错误类型，就包括"未能对所裁量的刑罚进行充分解释说明"。[1]

大陆法系国家同样重视刑事量刑程序中的裁判说理。对于初审法院所作之量刑裁决，通常被要求提供内容详尽的解释，并就所科处刑的理由进行叙述。若初审法院提交的量刑说明不够充分，上诉法院在认为其所裁量的刑罚畸重或畸轻时，可援引该不充分的量刑说理，作为推翻初审判决的理由。[2]此外，当出现下述几种情形时，德国上诉法院有权推翻下级法院的量刑判决：一是量刑说理逻辑紊乱，因为说理欠缺逻辑通常被视为一项重要的法律错误；二是对量刑事实的评价存在瑕疵；三是偏离"普遍案例"标准，即与德国联邦高等法院作出的，代表某一类刑事案件的典型情况相差甚远；四是量刑裁判说理不够详尽、全面，判决书中量刑说理的详尽程度应与刑罚的严厉程度呈正比，越是严厉的刑罚，其量刑说理的论证理应更加充分，以避免出现刑度上的误判。近年来，德国上诉法院对上诉审查的重视程度逐渐提高，"尤其是联邦普通法院在不断地扩大对下级法院判决中量刑部分的审查"[3]，这使得经过反复斟酌和审查而形成的刑事制裁结果之公正性得到提升。换言之，德国刑事判决书必须载明条理清晰、论证得当的量刑理由，包括经核查确认的被告人犯罪事实、佐证犯罪事实的其他客观事实、检察官对于被告人的前科、人格和量刑的意见陈述以及辩护方的量刑观点。当法官未能充分解释说明裁判结果时，针对该判决的合理性上诉复审将难以开展。[4]由此可见，量

〔1〕 加尔诉合众国（Gall v. United States）案的审理法庭总结了六类程序错误类型，分别是：1.未能计算参考性量刑指南的区间范围；2.不当预估参考性量刑指南的区间范围；3.不当地将参考性量刑指南作为强制性规范进行适用；4.未考虑《美国法典》第3553节a款的相关因素；5.依据明显错误的事实进行量刑裁判；6.未能对所裁量的刑罚进行充分解释说明，如对偏离量刑指南区间的裁判的解释等。See Gall v. United States，552 U. S. 51（2007）；Johnson B L，"The Puzzling Persistence of Acquitted Conduct in Federal Sentencing, and What Can Be Done About It"，*Suffolk University Law Review*，2016，pp. 22-23.

〔2〕 See Weigend Thomas，*Sentencing and Punishment in Germany*，Oxford University Press，2001，pp. 189-190.

〔3〕 江溯：《无需量刑指南：德国量刑制度的经验与启示》，载《法律科学（西北政法大学学报）》2015年第4期。

〔4〕 See United States v. Cavera，550 F. 3d 190（2d Cir. 2008）.

刑说理在德国刑事诉讼程序中被作为上诉审查过程中极为重要的考量因素。

（二）量刑建议制度

虽然量刑建议制度发源于西方国家，但却引起我国刑事司法领域理论研究者和实务工作者的浓厚兴趣。对量刑建议制度的产生机理、发展进程、提出根据、约束效力等方面进行梳理和对比，有助于促进我国量刑建议制度的进一步发展。

1. 英国量刑建议制度

作为普通法的发祥地，英国早期的判例法和成文法中均没有量刑建议制度的明确规定。1985 年，英国颁布《犯罪起诉法》（Prosecution of Offences Act）建立了皇家检察署（Crown Prosecution Service），并规定由皇家检察署长代替原有"公诉长官"作为公诉方参与量刑程序。皇家检察署长不仅需要向法官提交被告人的前科材料和可用于证明被告人人格的事实材料，还可以提醒法官在量刑时注意受害人遭受的人身侵害、财产损失，以及向法官提示其可能适用的法律法规和司法判例等。但根据惯例，皇家检察署长不能以量刑建议的方式影响法官刑罚裁量权的行使。

当代英国量刑建议制度随着量刑前的调查程序的发展而日臻完善。与美国量刑程序的"量刑前报告"制度类似，英国的量刑前调查程序通常由缓刑官员负责，针对被告人的个人危险性进行评定，并向法院作出包含具体刑罚选择建议的《量刑前报告》。1991 年的英国《刑事审判法》确立了《量刑前报告》（pre-sentence reports）在刑事司法体系中的重要地位，随后的数次法律修改，使《量刑前报告》的形式和内容要求得以明确，不仅要包含针对罪犯行为和个人背景的"犯罪行为分析"和"罪犯个人评价"，还需要有"公众危险评定""再犯可行性评价"和清楚且符合实际的量刑建议。[1]也即，英国量刑建议主要由缓刑官员基于量刑前的调查程序而作的《量刑前报告》向法官提出，就被告人可能量处的刑种和刑度进行客观且概括地建议，尔后

---

[1] 英国刑事司法领域的《量刑前报告》，其前身为《社会调查报告》（social inquiry report）。随着量刑问题的日益复杂，《量刑前报告》被要求提供涉及量刑建议、罪犯性格、社会关系、教育背景、职业记录等方面的详细信息。为了确保法官严谨且慎重地开展量刑实践，2003 年颁布的英国《刑事审判法》要求，对于可能被判处监禁刑或者社区刑的被告人，法院有义务获取《量刑前报告》。参见杨志斌：《中英量刑问题比较研究》，知识产权出版社 2009 年版，第 143~145 页。

在量刑阶段由法官根据实际情况决定是否采纳。

2. 美国量刑建议制度

相较于英国司法体制仅允许缓刑官员在《量刑前报告》中提出量刑建议，美国刑事司法领域有权提出量刑建议的主体更为广泛，除了缓刑监督官，检察官在意欲达成与被告人的辩诉交易时，也可以提出较轻量刑的建议。此外，陪审团在死刑案件的"独立量刑审判程序"（a separate sentencing trial）中，也须向量刑法官提出量刑建议。

首先，缓刑监督官是提出量刑建议的当然主体。如前所述，缓刑监督官根据《联邦刑诉规则》第 32 条 d 款的规定，对被告人被指控罪行的相关事实、未起诉罪行、过往犯罪历史以及家庭情况、经济状况和就业经历等个人情况进行量刑前调查，向法官出具《量刑前报告》，其中就包括建议法官参考适用的量刑规范和个罪指南建议区间。通常情况下，量刑法官作出缓刑判决须以缓刑监督官在《量刑前报告》中提出缓刑的量刑建议为前提。

其次，检察官的量刑建议则通常在与被告人达成辩诉交易时或向法官提交的量刑动议（sentencing motion）中提出。为了获取被告人的有罪答辩，消除检控方在定罪程序中可能存在的指控风险和证明责任，检察官通常会提出降格指控、降低指控罪数、变更特定罪名、提出较轻量刑建议或作出量处刑罚替代措施的承诺等，以积极促成辩诉交易。全美约有 85%~95% 的有罪判决通过辩诉交易产生，这也使得检控方提出的量刑建议被广泛应用于美国的刑事诉讼程序中。[1]此外，除了在促成辩诉交易时提出量刑建议外，若被告人在检察官调查或起诉他人的过程中提供了有利线索，"实质性协助"（substantial assistance）并推动了调查进展，检察官也可在向法官提出的量刑动议中提出减轻处罚的量刑建议。[2]

最后，出于保护被告人合法权益、防止法官武断裁量的考虑，陪审团在死刑案件的量刑程序中也可以提出量刑建议。对于已裁定有罪且可能被判处死刑的被告人，陪审团须通过"独立量刑审判程序"向法官提出量刑建议。通常情况下，若非必须执行死刑，陪审团往往会根据控辩双方提出的大量证据作出诸如终身监禁的"死刑替代刑罚"的量刑建议。

---

〔1〕 参见陈岚：《西方国家的量刑建议制度及其比较》，载《法学评论》2008 年第 1 期。

〔2〕 See 18 U. S. Code，§ 3553（f）.

3. 德国量刑建议制度

大陆法系国家的刑事法学研究者对英美刑法惯用的辩诉交易实践多持批评态度，原因是辩诉交易破坏了立法意图以及被害人的合法预期，被告人的有罪答辩并不能免除审判，被告人有罪与否应由法官而非被告人或检察官予以认定。[1]不同于英美法系国家广泛运用量刑建议以强化各方量刑参与主体的互动，以德国为代表的大陆法系国家通常由检察机关在起诉书中有关处罚规定、法庭辩论意见和处刑命令程序之处提出量刑建议。

首先，作为"法律真实的守护者"，德国检察官在起诉文件中除了要记载时间、地点等犯罪行为相关信息，还须详细阐明被起诉人被指控的罪行以及应予处罚的具体情况。其中，适用的处罚规定是检察机关根据被告人所犯罪行，建议法官参考的涉及具体个罪的刑法条文。

其次，检察官还可以在法庭辩论意见中提出量刑建议。具体而言，检察机关有权以口头或书面的方式向法院陈述量刑建议，该陈述既可以是关于被告人犯罪事实认定的定罪陈述，又可以是建议适用具体刑罚规范的量刑陈述。值得一提的是，若法官依据审理结果，拟对被告人裁量重于起诉书或庭审调查中控方意见的刑罚，则必须有检察官的量刑建议，否则不得作出加重量刑的判决。

最后，德国检察机关可以在特定案件的处刑命令程序中提出量刑建议。这类特殊案件指的是，"毋庸经审判程序之必要"的"可以科处资格刑、罚金刑和一年以下有期徒刑之缓刑的轻微案件"[2]。针对这类案件，检察机关应向管辖法院提交替代起诉书的处刑申请，其中即包含供法官参考的量刑建议。

结合本书前文对英美德三国量刑建议制度的详细梳理，不难发现各国刑事司法领域在量刑建议提出根据上存在差异。事实根据层面，英美两国类似的"量刑前调查"制度着重对被告人个人情境的调查，体现了检察官或缓刑监督官在向法官提出量刑建议时对行为人人身危险性的考量，而以德国为代表的大陆法系国家则通常不将其作为量刑建议的根据；法律根据层面，大陆法系国家通常将刑事诉讼法的相关规定作为量刑建议的法律依据，而英美

---

〔1〕　参见［美］约翰·亨利·梅利曼编著：《大陆法系》，顾培东、禄正平译，法律出版社 2004 年版，第 137 页。

〔2〕　陈岚：《西方国家的量刑建议制度及其比较》，载《法学评论》2008 年第 1 期。

法系国家除了重视刑事法规的约束外，更加重视判例法的参考作用；理论根据层面，大陆法系国家十分重视法律的正义论和检察官的角色理论，而英美法系国家由于惯常适用辩诉交易，因而注重对程序正义和诉讼效率的追求。[1]

(三) 上诉复审制度

1. 美国上诉复审制度

上诉复审（Appellate Review）制度广泛应用于英美法系国家，该制度的设立初衷，是对法官宽泛无度的司法裁量权加以制衡。在强制性的《量刑法案》颁布之前，美国刑事司法领域的上诉复审形式化趋势严重，甚至出现了"一旦刑事裁决结果未超出法规限制，上诉审查即告结束"的形式化现象。[2]这是因为，强制性《量刑指南》为法官提供了严格的量刑区间，个罪的裁判须服从于格式化、数据化的量刑规则和刑期幅度，同样是以《量刑指南》作为裁判和审查依据的上诉法院，自然很难从初审法院的量刑裁决中发现争议。

布克（Booker）案之后，《量刑指南》的强制适用效力降级为实质参考性，法官可以不受参考性《量刑指南》的限制，作出偏离于指南建议区间的量刑裁决。为了保证法官量刑结果的客观理性，通过上诉审查的方式监督和约束法官审慎行使司法裁量权显得尤为必要。针对布克（Booker）案对美国刑事量刑制度的持续影响，委员会于2012年提出了一系列旨在"加强量刑指南指导效力"[3]的改革计划。具体而言，委员会从以下四个方面进行改善：一是提高针对量刑裁决实质内容的上诉复审的力度；二是限制委员会在制定量刑指导规范时适用针对特定罪犯个人情境的法律术语，这些术语须同时符合《美国法典》第3553节第1条的规定；三是完善《量刑指南》第一章B部分第一节所述的三步量刑程序；四是地区法院在刑事量刑过程中应给予《量刑指南》指导规范以实质性权重。[4]其中，强化对量刑裁决实质内容的上诉

---

〔1〕 参见陈岚：《西方国家的量刑建议制度及其比较》，载《法学评论》2008年第1期。

〔2〕 See Dorszynski v. United States, 418 U. S. 424 (1974).

〔3〕 See United States Sentencing Commission, "Report on the Continuing Impact of United States v. Booker on Federal Sentencing", at https://www. ussc. gov/sites/default/files/pdf/news/congressional-testimony-and-reports/booker-reports/2012-booker/Part_ A. pdf, 最后访问日期：2019年8月7日。

〔4〕 See Hessick C B, "A Critical View on the Sentencing Commission's Recent Recommendation to 'Strengthen the Guidelines System'", *Houston Law Review*, Vol. 51, No. 5., 2013, p. 1336.

复审，成为推动美国量刑改革和提高参考性《量刑指南》实效的重要手段。自此，原本显得赘冗的上诉复审制度重新回到刑事司法审判的舞台。从某种程度上看，当代美国刑事司法领域的上诉复审制度受参考性量刑指南的影响，而被赋予了新的时代内涵。

当前美国针对量刑结果合理性的上诉复审，主要由"程序合理性"审查和"实质合理性"审查两部分组成。上诉法院须依据审慎酌处标准对初审法院的量刑结果进行合理性复审，首先审查量刑程序的合法性，尔后针对量刑裁量的实质合理性（substantive reasonableness）进行审核。如果量刑裁决未超出指南的建议区间，上诉法院可以（但不要求）对其进行合理性推定；如果量刑结果差异于指南的个罪区间范围，则上诉法院不得当然推定判决结果合理，而需根据《美国法典》第 3553 节第 1 条的规定判断该判决的性质与范围的实质合理性。[1]

2007 年的加尔诉合众国（Gall v. United States）案中，联邦最高法院详细解释了上诉复审的审查位阶与具体模式。简言之，上诉审查格局可概括为以下几个方面：首先，不论初审法院的量刑裁决在指南建议区间之内或之外，上诉法院都必须根据"滥用自由裁量权"标准（abuse-of-discretion standard）对初审法院的量刑裁决进行审查；其次，程序的合理性审查优先，即启动上诉审查时，应确保初审法院有无重大程序性失误，如是否存在指南建议刑期的计算缺失、未充分考虑《美国法典》第 3553 节 a 款的相关因素、基于错误事实裁量刑罚或未能充分解释量刑结果等；最后，若经程序合理性审查无误，上诉法院进一步围绕量刑结果的实质问题展开合理性审查，包括量刑结果偏离指南建议刑期的范围和程度等。[2]

其中，上诉复审所依据的"滥用自由裁量权"（abuse-of-discretion）标准指的是，上诉法院审查下级法院所作之裁决或行政机关所作之决定的司法审查标准。在审查下级法院所作之裁决的场合，该审查标准要求上诉法院根据案件的事实和所适用的法律，来判断裁决结果合理与否，若该裁决或决定未超出合理范围，上诉法院通常不会推翻下级法院的裁决。"滥用自由裁量

---

〔1〕　See Rita v. United States, 551 U. S. 338、347（2007）；United States v. Booker, 543 U. S. 220（2005）；Gall v. United States, 552 U. S. 38（2007）；〔美〕Johnson B L：《美国联邦量刑过程中无罪开释行为的适用之惑及其应对策略》，崔仕绣译，载《刑法论丛》2018 年第 4 卷。

〔2〕　See Gall v. United States, 552 U. S. 38（2007）.

权"标准还被用于特定类型的法律问题，如检察官不当行为（prosecutorial misconduct）、非法承认或排除证据（admitting or excluding evidence）、发起无效审判动议（motions of mistrial）等，均需按照该标准审查。在审查行政机关所作之决定的场合，不服该行政决定的当事人，可在行政救济用尽后，请求启动司法审查。

在对量刑结果进行实质合理性审查时，联邦最高法院允许（但不要求）联邦巡回法院在审查地区法院的量刑结果是否符合指南建议的区间时，适用可反驳的"推定合理"（presumption of reasonableness）原则。[1]另外，当初审法院作出偏离于指南建议区间的量刑结果时，并不必然引起上诉法院的不合理推定，事实上，基于真实案情的特殊情况，而非对某项量刑政策的简单反驳，所作出的有别于《量刑指南》的量刑裁决，更值得被尊重和肯定。[2]此外，美国量刑改革还重视促进被告人通过"实质性协助和认罪答辩"[3]与检方达成辩诉交易，以及对美国公民宪法权利的保护和正当程序条款在量刑阶段的体现等。

2. 英国上诉审查制度

在梳理英国上诉审查制度之前，首先对英国具有刑事管辖权的众多法院进行简单梳理。当前英国刑事法院体系由四级法院组织构成，分别是治安法院（Magistrates' Court）、刑事法院（Crown Court）、上诉法院刑事庭（Court of Appeal Criminal Division）、高等法院王座法庭（Queen's Bench Division of the High Court）和最高法院（Supreme Court）。[4]在英国刑事司法系统中，初审法院是刑事量刑最重要的主体，包括治安法院和刑事法院，其中，治安法院承

---

〔1〕 See Rita v. United States, 551 U. S. 355-356（2007）.

〔2〕 See Rita v. United States, 551 U. S. 355-356（2007）；Peugh v. United States, 569 U. S. 530（2013）.

〔3〕 根据美国联邦量刑指南的规定，法官应根据指南判断是否存在适正的偏离量刑基础，或探寻被告人是否存在量刑委员会认可的加重或减轻处罚情节。当被告人向政府机关提供了"实质性帮助"，如协助其调查或起诉他人，则检方为代表的政府机关可以提出偏离量刑的动议。此外，被告人因提供"非实质性帮助"而产生的偏离量刑动议可由任一诉讼方或法院自主启动。See 18 U. S. Code, § 3553（b）（e）；The United States Sentencing Commission. Guidelines Manual（Nov. 2018），§ 5K 1. 1-2. 0.

〔4〕 参见何荣功：《英国刑事法院的体系与构造》，载《中国审判》2013 年第 5 期。

担了逾98%的量刑任务。[1]英国刑事犯罪可分为三类：必起诉罪（indictable only offences）、简易罪（summary offences）和可起诉或按简易程序审理的犯罪（triable either way offences）。其中，必起诉罪原则上应由治安法院先行预审，继而决定是否将此案起诉至刑事法院。也就是说，对被告人认罪的可起诉罪案件，治安法院可直接进入量刑程序，但对于被告人不认罪或超越了治安法院"有限的量刑权"[2]的案件，则转由刑事法院裁量刑罚。

　　英国的上诉审法院是对专门负有审判上诉案件职能法院的统称，包括上诉法院刑事审判庭和高等法院王座法庭。其中，上诉法院刑事审判庭主要审理对治安法院量刑不服的绝大部分案件，公诉方无权就量刑畸轻向刑事法庭提出上诉，这是因为被告人享有绝对的和自动的上诉权，即被告人可在法院宣判后的21天内，就量刑判决或定罪与量刑问题同时提出上诉；而高等法院王座法庭受审的上诉理由，必须是初审法院量刑裁决适用法律错误或治安法院所作之量刑裁决超越其权限；不服刑事法院量刑判决而提出上诉的案件，一般由上诉法院刑事审判庭负责审理，且必须严格遵守"上诉不加刑"原则，由于英国上诉法院惯常承担着制定量刑规则的重要使命，在2010年英国量刑委员会正式合并成立前，上诉法院的指导性判例还为彼时的量刑指南规范提供个案补充。[3]此外，作为英国司法系统的最高审级和最高上诉机关，最高法院对其审理上诉的案件设置了严格条件，即该案件涉及的法律问题须对社会公众具有重要性，且获得上诉法院或高等法院的确认和证明，或者该案涉及的法律问题属于最高法院审判的范畴。[4]

---

[1]　因案情简单，且审理程序较为简便，治安法院审理案件时，通常由3名治安法官组成合议庭进行简易审理，若被告人作出认罪答辩，则无需出示证据或传唤证人，即可进行量刑程序；刑事法院又称为皇家法院，是审理刑事案件的主要部门，当被告人作无罪答辩时，刑事法院通常组织陪审团对犯罪事实进行裁定，法官主要负责之后的量刑裁决。See Huxley-Binns R, Martin J, *Unlocking the English Legal System*, Hodder Arnold Press, 2005, p.164. 转引自杨志斌：《中英量刑问题比较研究》，知识产权出版社2009年版，第140页，

[2]　治安法院的"有限的量刑权"主要是对其刑罚裁量幅度的限制，如治安法院法官处的罚款最高限额为5000英镑，监禁刑最长刑期为6个月，数个可诉罪的监禁刑期不超过1年，等等。

[3]　参见杨志斌：《中英量刑问题比较研究》，知识产权出版社2009年版，第149~152页。

[4]　值得一提的是，根据英国《2005年宪法改革法案》的规定，英国最高法院对苏格兰地区的刑事案件没有管辖权，苏格兰地区的高等法院即为该地区的最高审判机关。参见何荣功：《英国刑事法院的体系与构造》，载《中国审判》2013年第5期。

三、美日："量刑数据系统" 与 "量刑判例数据系统" 之补强

美国刑事司法系统向来注重量刑数据的收集、公开与运用。如前所述，由美国国会创设且由司法部门及两党法律专家组成的委员会，发挥着指导美国量刑改革、制定量刑规范、调整量刑政策和进行量刑数据分析等专职机能。

（一）美国量刑数据应用概况

除了根据国会《量刑法案》的规定颁布并定期修改《量刑指南》，委员会还承担着海量的量刑数据收集、实证分析和研究任务。这是因为委员会下设的数据研究中心，通过对 94 个司法管辖区、12 个巡回法庭和 50 个州的刑事量刑活动的相关数据进行统计分析，能够准确呈现出联邦犯罪的动态发展趋势、法官适用《量刑指南》的个人习惯，这些宝贵的量刑数据和研究结论终将对量刑政策的更新与调整产生重要影响，更为量刑指南具体内容的修改提供坚实的实证基础。目前，《量刑指南》适用于联邦法院逾 90% 的重罪（felony）和 A 级轻罪（Class A Misdemeanor）案件，委员会所搜集的量刑信息主要源于法官在作出刑事量刑判决后提交的报告、协议和承诺等各类法律文件。根据 2018 年发布的《美国联邦量刑数据资源手册》（2018 Annual Year Report and Sourcebook of Federal Sentencing Statistics），委员会对全年 69 425 件刑事案件量刑结果的刑罚种类和实现方式分类显示，共计 87.8% 的被告人被判处监禁刑，仅适用缓刑和罚金刑的被告人占比分别为 6.4% 和 0.8%，允许适用缓刑和其他替代措施的占比 2.0%，被判处监禁刑与其他替代措施的共计 3.0%。（详情请见下图）[1]

---

[1] See United States Sentencing Commission, "Fiscal Year 2018 Annual Report and Sourcebook of Federal Sentencing Statistics (Figure 6—Sentencing Type for Federal Offenders Fiscal Year 2018)", at https://www.ussc.gov/sites/default/files/pdf/research-and-publications/annual-reports-and-sourcebooks/2018/Figure06.pdf, 最后访问日期：2019 年 8 月 1 日。

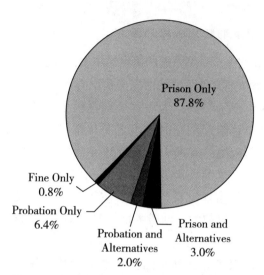

图6-1 2018年美国刑事案件量刑结果比例图

此外，根据法律规定，法官在口头宣读量刑结果时须提交两份材料，分别是《刑事案件判决书》（Judgment in a Criminal Case）和《判决理由陈述书》（Statement of Reasons），前者是社会公众可获取的官方文件，后者则是详细列明法官量刑依据及解释说明的非公开文件，特别是法官对偏离于指南建议区间裁量刑罚的解释说明，以及在侦查和起诉他人过程中，被告人是否存在向检控方提供实质性帮助而获得政府偏离量刑动议等情况的记录。[1] 为了确保委员会及时、高效地履行量刑数据收集和分析职责，提高司法审判数据的集中归档、及时公开和定期研究效率，在被告人的量刑判决书记入笔录后的30天内，法庭须将该判决文书连同《判决理由陈述书》副本、《量刑前报告》、起诉书以及全部认罪答辩协议材料一并提交委员会。[2] 概言之，美国量刑委员针对量刑数据进行搜集和研判，是出于适时调整和改变量刑政策、实现特殊预防目的、评估犯罪和作出犯罪预测以及促进刑事司法系统各部门间合作之需要。

---

〔1〕 See 18 U. S. Code, § 3553（c）（2），28 U. S. Code, §994（w）（1），United States Sentencing Commission, "Federal Sentencing：The Basics", at https：//www. ussc. gov/sites/default/files/pdf/research-and-publications/research-projects-and-surveys/miscellaneous/201510_ fed-sentencing-basics. pdf，最后访问日期：2019年8月25日。

〔2〕 See 28 U. S. Code, § 994（w）（1）.

（二）美国重视量刑数据应用的因由

美国量刑改革相当注重量刑数据的搜集与使用，"建立专门系统……作为系统性搜集、处理和传播量刑案件数据的信息交换中心（clearinghouse）"[1]，并及时出版量刑数据的年度资料集，为法官量刑提供全面的判例索引。委员会认为，通过广泛搜集和总结判例，围绕罪犯及其犯罪特征的众多数据点建立起的联邦量刑案例数据系统，有助于研究者开展分门别类的实证研究。[2]除了在调整量刑政策、促进量刑均衡和加强多方合作等方面的助力，量刑数据作为量刑改革实效的直接表征，对丰富刑事政策和刑事法规、提高司法解释时效性和规范法官自由裁量权的行使等方面，均具有重要的指导意义。

1. 量刑政策精准转向之需要

对量刑数据的纵深研究有助于国会和委员会精准调整量刑政策。如委员会根据不同地区、州际和所属巡回法庭对量刑数据进行分类统计，以便于众议院和参议院的司法委员会（House and Senate Judiciary Committee）以及国会其他有需要的部门进行审阅和研判。此外，2018年委员会共发布了四份关于强制最低刑（Mandatory Minimum Sentence）的数据分析报告，无不体现对各地区量刑信息和数据的充分应用。[3]简言之，委员会通过梳理美国刑事司法领域相关犯罪的强制最低刑裁量情况，对部分罪犯免受强制最低刑约束的法定救济情形、可能受影响的罪犯人数以及联邦监狱管理局的监禁人数变化等加以统计和预测，均为量刑改革之长远发展和量刑政策之精准转向提供了可

---

〔1〕 See 28 U. S. Code，§955（a）（12）-（16）。

〔2〕 See Kitchens C，"Federal Sentencing Data and Analysis Issues（Research Notes）"，at https://www. ussc. gov/sites/default/files/pdf/research - and - publications/research - publications/2010/20100825 _ Federal_ Sentencing_ Data_ Analysis. pdf，最后访问日期：2019 年 8 月 1 日。

〔3〕 2018 年，美国量刑委员会下设的数据研究中心共发布四份强制最低刑主题的研究报告，分别是：1. 《联邦司法系统中毒品犯罪的强制最低刑适用情况研究》（Mandatory Minimum Penalties for Drug Offenses in the Federal Criminal Justice System）；2. 《联邦司法系统中持枪犯罪的强制最低刑适用情况研究》（Mandatory Minimum Penalties for Firearms Offenses in the Federal Criminal Justice System）；3. 《加重联邦毒品走私犯罪处罚研究——对〈美国法典〉第 21 卷第 851 条的解读》（Application and Impact of 21 U. S. C. § 851：Enhanced Penalties for Federal Drug Trafficking Offenders）；4. 《联邦司法系统中对身份犯的强制最低刑适用情况研究》（Mandatory Minimum Penalties for Identity Thed Offenses in the Federal Criminal Justice System）。

靠依据。[1]

2. 丰富刑事政策和指南规范之需要

深入剖析量刑数据有助于丰富刑事政策和刑事法规。这是因为，刑事案件量刑结果是法官、检控方、缓刑监督官、被告人及其辩护律师等多方互动之结果，根据量刑结果提炼出的各项数据，进一步体现出各罪刑规范的发展与变化。如委员会在对非暴力犯罪量刑情况进行统计分析后，在 2018 年版的《量刑指南》中增加了关于"非暴力初犯者"（nonviolent first offender）的指导批注，建议法官对于没有其他犯罪前科、未在犯罪中使用或威胁使用枪械武器的被告人，可根据具体案情选择指南所列之 A 区或 B 区的量刑幅度。与此同时，该批注的修改又与《美国法典》第 28 编第 994 条（j）款的规范要求相契合。[2]此外，委员会于 2018 年 12 月公布的有关确定强制最低刑如何溯及既往减刑问题的拟议修正案，正是在征求公众意见基础上，对美国目前正在施行的法律所作出的回应。

值得一提的是，量刑数据的采集和应用有利于《量刑指南》规范的及时调整。联邦量刑委员会及各州委员会将定期收集的各地区、各巡回法院、各类罪的量刑数据，应用于《量刑指南》修正案的制作过程，能够有效反映社会生活对刑事司法活动特别是量刑实践的影响。[3]

3. 评估犯罪情况之需要

对量刑数据的纵深研究便于全面评估罪犯的犯罪历史类型。例如，委员会出于提升刑罚有效性和保障社会秩序的考虑，对自 2005 年起服刑完毕或宣告缓刑的联邦罪犯，进行了长达 8 年的随访调查，并发布《老龄化对联邦罪犯再犯率的影响》（The Effects of Aging on Recidivism Among Federal Offenders）。又如，委员会于 2018 年发布的《联邦罪犯的犯罪历史研究》（The Criminal History of Federal Offenders），首次披露了所有被科处刑罚的联邦罪犯的具体定罪数量和相关犯罪类型。此外，该数据研究报告结果更为国会全面评估和分析量刑

---

[1] See United States Sentencing Commission, "United States Sentencing Commission's 2018 Annual Report", at https://www.ussc.gov/about/annual-report-2018, 最后访问日期：2019 年 8 月 28 日。

[2] See United States Sentencing Commission, "United States Sentencing Commission's 2018 Annual Report", at https://www.ussc.gov/about/annual-report-2018, 最后访问日期：2019 年 8 月 31 日。

[3] See Kate Stith, José A. Cabranes, *Fear of Judging Sentencing Guidelines in the Federal Courts*, The University of Chicago Press, 1998, p. 175.

改革动向提供了信息支撑。又如，委员会根据毒品犯罪的量刑数据、公众意见、专家证词和长期从事合成药品研究工作的医药企业的研究数据，审核并发布了一项毒品犯罪的修正案。该修正案旨在扩大毒品特别是能使人形成瘾癖的麻醉或精神药品的种类和外延，以体现新型药品性质和种类的时代发展，即重新定义了"芬太尼衍生物"（fentanyl analogue）的内涵，并将涉及此类管制药品的指南刑罚提升至更能符合法定刑罚结构的水平。[1]

4. 刑事司法系统多方合作之需要

对量刑数据的纵深研究有助于促进刑事司法系统的多方合作和信息公开。如委员会除了每年发布诸如《联邦判决统计资料来源手册》（Annual Report and Sourcebook of Federal Sentencing Statistics）、《联邦量刑统计资源互动手册》（Interactive Sourcebook of Federal Sentencing Statistics）等数份量刑数据研究报告外，还会根据国会、法院系统、社会公众、新闻媒体的关注差异，有针对性地推出供不同单位或个人迅速了解联邦量刑全貌的"简明事实"（Quick Fact），这类材料通常不超过一页篇幅，内容精炼、重点突出，符合实务部门、理论学者和社会民众的阅读习惯。[2]

（三）日本"量刑判例数据系统"

无独有偶，日本刑事司法领域同样十分注重对量刑判例数据的整理。量刑判例数据系统重点发挥了刑事判例量刑部分的参考功能，为法官或裁判员提供切实的量刑参考。具体而言，日本最高法院于 2008 年 5 月启用了一套旨在为裁判员和法官提供可靠量刑参考的判例数据库，以保证他们适当地进行刑罚裁量。在系统投入使用之初，该判例数据库即已收集了超过 3000 个已生效判例，并由日本最高法院相关人员定期持续更新。此外，该判例数据库虽暂未对社会公众开放，但却与日本境内 60 个地区法院及其分支机构相连接，

---

〔1〕 See United States Sentencing Commission，"United States Sentencing Commission's 2018 Annual Report"，at https://www.ussc.gov/about/annual-report-2018，最后访问日期：2019 年 8 月 31 日。

〔2〕 量刑委员会不仅坚持全面、详尽地公开量刑数据和开展量刑特征的趋势性分析，还鼓励实务部门、科研院所研究人员和社会民众对已公布的量刑数据"再创新"和"再总结"，如允许用户根据自身需要建立自定义的量刑图表。See United States Sentencing Commission，"United States Sentencing Commission's 2018 Annual Report"，at https://www.ussc.gov/about/annual-report-2018，最后访问日期：2019 年 8 月 29 日。

便于检察官和辩护律师查阅和准备诉讼材料。[1]裁判员可通过该判例数据库检索同类型案件的相关信息，如犯罪动机、使用的犯罪工具类别、被害人人数等，从而了解同种犯罪案件的量刑情况。此外，日本最高法院还反复强调量刑判例数据库的"参考属性"，即数据库所显示的不同类型的刑罚裁量结果仅具有参考价值，而不会约束法官或裁判员对拟审判案件的实际量处。[2]值得肯定的是，在量刑参考判例基础上运行的日本量刑行情约束模式，不仅促进了刑罚裁量共识的发展，还在相当程度上肯定了既往刑事判例的约束效力。

四、日本："裁判员制度"与"被害人参与制度"之融合

日本作为大陆法系国家代表，近年来围绕量刑程序作出多项改革举措，其中，除了前述日本量刑判例数据系统外，卓具特色的量刑改革制度还有裁判员制度和被害人参与制度。其中，裁判员制度通过广泛遴选公民直接参与刑事审判程序，进而提升量刑裁判的合理性和社会认同度；被害人参与制度则是为了保障被害人到庭陈述意见的合法权利，提高量刑各方主体的参与有效性。

（一）日本"裁判员制度"

如前所述，为了增加日本国民对司法活动的理解，提高社会对裁判制度的信任，日本于2004年颁布了《关于裁判员参加刑事裁判的法律》，历经5年的科普和推广，"裁判员制度"最终于2009年5月正式施行。该制度按照一定的选任标准和程序，从普通市民中选任裁判员与法官一同进行刑事审判和评议，以期充分发挥刑事司法的功能。

日本裁判员制度的正式施行并非一蹴而就，而是经历了较长时间的普及、宣传和推广过程。这是由于日本刑事司法自20世纪50年代起便坚持"精英司法"路径，刑事案件的侦查、起诉和审判均由具有专业资质的人士展开，以

---

[1]　See Shiroshita Y, "Current Trends and Issues in Japanese Sentencing", *Federal Sentencing Reporter*, Vol. 22, No. 4., 2010, p. 246.

[2]　See Fukue N, Kato M, "Determining Sentences Seen as Lay Judges' Hardest Task", See Shiroshita Y, "Current Trends and Issues in Japaness Sentencing", *Federal Sentencing Reporter*, Vol. 22, No. 4., 2010, p. 246.

至于在裁判员制度宣布设立之初，受到了民众的普遍抵触。[1]随着 20 世纪 70 年代日本犯罪形势的日益严峻，人们逐渐意识到与科技发展相伴而生的社会风险逐渐增加，日本政府也开始积极探索治理理念的转型，希望让民众成为"自律、负责的统治主体"[2]，并承担一部分社会责任。如此社会背景下，为了便于国民民主意识的传达，全面推广刑事司法领域的裁判员制度理所当然成为提高"司法认同度和量刑合理性"[3]的不二选择。此外，裁判员制度改革还被赋予"提升民众司法互动参与度"和"建立司法权力的有效制衡"等多重使命。[4]

1. 日本"裁判员制度"的选任资格及程序

根据日本《关于裁判员参加刑事裁判的法律》第 15 条和第 17 条的规定，裁判员应从具有众议院议员选举权的 20 周岁以上的日本公民中抽签选出。鉴于所从事刑事诉讼案件的专业性，为了突出"普通公民"参与裁判刑事案件的普适性，国家政府机关人员、司法实务工作者和曾具有司法实务工作经验的人员不得担任裁判员一职，如国会议员、国务大臣、国家行政机关人员、法官、检察官、律师、工作人员和司法警务人员或曾任法官、检察官的人员等。此外，依据回避原则，虽具有任职裁判员的资格，但与所审理案件具有利害关系的人员，为保障诉讼结构的公平、公正，也不得作为裁判员参与刑事审判。[5]此外，未完成必要的义务教育或不具有同等学历背景，以及被法官认为具有难以公正审理的其他情况，也属于担任裁判员"不适格的事由"。

在明确了日本裁判员的筛选标准后，还需按照严格选任程序落实裁判员

---

〔1〕 参见周振杰：《日本裁判员审判中的对话量刑及其参考价值》，载《法律科学（西北政法大学学报）》2015 年第 4 期。

〔2〕 参见［日］佐藤幸治等：《司法制度改革》，有斐阁出版社 2002 年版，第 16 页。转引自周振杰：《日本裁判员审判中的对话量刑及其参考价值》，载《法律科学（西北政法大学学报）》2015 年第 4 期。

〔3〕 See Shiroshita Y, "Current Trends and Issues in Japanese Sentencing", *Federal Sentencing Reporter*, Vol. 22, No. 4. , 2010, p. 243.

〔4〕 See Anderson K, Nolan M, "Lay Participation in the Japanese Justice System: A Few Preliminary Thoughts Regarding the Lay Assessor System（saiban-in seido）from Domestic Historical and International Psychological Perspectives", *Vanderbilt Journal of Transnational Law*, 2004, p. 946.

〔5〕 此处的"利害关系"包括但不限于所审案件之被告人和被害人，被告人和被害人的亲属或曾为亲属，被告人和被害人的法定代理人、监护人、保佐人、保佐监督人、辅助人等，被告人和被害人的同居者或被雇佣人，案件的告发者或请求者，曾为案件的证人或鉴定人，曾为案件被告人的代理人、律师或保佐人，曾为提起本案公诉的检察官或参与刑事侦查的警务人员等。

的选拔。日本裁判员的遴选依托于科学、便捷的"预先审查程序"（voir dire process），从记载有普通民众的选举名册中随机挑选出同法官在重罪案件中共同决策的裁判员。[1]首先是由地方市街村裁判员选举委员会制作"候选人员名册"。地方法院根据日本最高法院的相关规则，预估出下一个自然年本地区的裁判员人数，并于每年 9 月 11 日前发出通知，所属辖区的市街村裁判员选举委员会接到通知后，按分配的名额通过抽签的方式形成候选人员名册，并于每年 10 月 15 日前提交至地方法院。其次，地方法院在"候选人员名册"基础上进行初筛。地方法院在收到各辖区市街村裁判员选举委员会提交的候选人员名册后，根据《日本刑法典》、《日本刑事诉讼法》和《关于裁判员参加刑事裁判的法律》等法律，取消其中极少部分不具有裁判员任选资格的人员，并在制成名册后通知各个候选人。最后是在初筛的"候选人员名册"范围内开展选举。在具体案件进入裁判环节时，法院会根据案情的实际需要，从候选人名册中抽签选出一定数量的裁判员候选人，随后向被抽中的裁判员候选人发出载明出席裁判的具体日期、地点及不出席的处罚措施等事项的传唤状。[2]在发出传唤状至裁判员程序开始之前，若发生任何不能继续担任裁判员的情形，法院应当立即取消传唤并及时通知候补裁判员。[3]待裁判员选择妥当，法院会根据案件的具体情况组成合议庭，如普通案件原则上由 3 名法官和 6 名裁判员组成合议庭，对于公诉事实争议不大或公诉方和辩护方之间不存在异议的案件，可简化为 1 名法官和 4 名裁判员组成合议庭进行审理，均由法官担任审判长。之所以在合议庭人员组成上采取多于法官人数的裁判员比例设置，是为了保障国民参与司法的权利、提高案件审理效率、节约司法成本和减少民众负担。

---

[1]　根据《关于裁判员参加刑事裁判的法律》第 28 条至第 37 条的规定，在裁判员的"预先审查听证"（voir dies hearing）中，主审法官就是否依法适用排除、豁免等问题向候选人发问，根据听证会的结果，将可能有碍于案件审理或与案件参与人有利害关系的候选人予以排除，最终选择适合参与本次刑事案件审判的裁判员。值得一提的是，为了确保控辩双方平等开展诉讼对抗，控辩双方各有权无条件强制罢免 4 名裁判员候选人。

[2]　除了法院有权根据实际情况，从候选人名册中抽选一定数量的裁判员之外，依据《关于裁判员参加刑事裁判的法律》的相关规定，还应给予检察官和律师参与抽选裁判员的机会，以体现刑事裁判的公平、透明。

[3]　参见陶建国、武丹：《日本刑事裁判中的裁判员制度》，载《中国刑事法杂志》2005 年第 4 期。

为了确保裁判员制度对日本刑事司法体系的稳健促进作用，一方面，日本司法实务界及研究学者们成立了"裁判员制度检讨会"，针对裁判员制度运行过程中出现的各项问题进行讨论和交流；另一方面，日本最高裁判所每年都对参与审理案件的裁判员、普通市民和其他相关人员进行调查统计，整理共性问题，为裁判员制度的及时调整和相关法律的修订提供论证基础。[1]

2. 日本"裁判员制度"对刑事诉讼的积极作用

多数媒体和官方数据显示，日本裁判员制度实施以来的裁判结果基本与法官独立审判结果保持一致。根据权威日媒《朝日新闻》的数据统计，2009年8月至12月，日本全国50个地区法院共有含142个被告人的138件刑事案件由裁判员参与审理，且裁判员审判定罪率达到100%。其中，裁判员的审判刑期符合公诉方要求的达79%，这一比例与法官独立审判案件时的情况基本相同。[2]据此，日本裁判员制度的基本特点包括以下几个方面：一是参审案件范围的有限性，裁判员参审案件类型仅限于重大的刑事案件；二是筛选裁判员方式的随机性，通常情况下，年满20周岁具有选举权的日本公民都有被选任为裁判员的可能；三是裁判员参审制度的实质性，以充分保障裁判员能够同法官一同实质性地开展司法审判和评议；四是裁判员制度保护和惩戒制度的严格性，确保选任的裁判员能够积极主动地履行义务，在实际审判活动中发挥作用。[3]

其中，日本裁判员主要参与重大刑事犯罪案件的审判工作，如故意杀人案件、抢劫致人重伤或者死亡案件、故意伤害致人重伤或者死亡案件、危险驾驶或醉酒驾驶致人死亡案件、纵火案件、拐卖人口案件和遗弃致死案件等可能被判处死刑或无期徒刑的案件、因故意犯罪导致被害人死亡可能被处以1

---

〔1〕 如日本法制审议会在仔细参考2013年6月发布的《裁判员制度检讨会总结报告书》的基础上，于同年10月对《关于裁判员参加刑事裁判的法律》进行修订。修订内容主要包括：（1）结合案件实际情况，取消了对部分审理时间过长的案件的强制裁判员参与制；（2）重大灾害时期可采取不由裁判员参与的审判制度，重大灾害也可作为裁判员拒绝承担裁判义务的合法事由；（3）加强裁判员选任程序中对被害人特定事项的保护力度。参见胡红云：《日本裁判员法的修订与实施效果》，载《人民法院报》2018年1月19日，第8版。

〔2〕 See Shiroshita Y, "Current Trends and Issues in Japanese Sentencing", *Federal Sentencing Reporter*, Vol. 22, No. 4. , 2010, p. 247.

〔3〕 参见胡夏冰：《日本：刑事审判中的"裁判员"制度》，载《人民法院报》2016年12月2日，第8版。

年以上刑罚的案件。[1]正因为裁判员参与审判的刑事案件极为恶劣，更需要他们在案件的事实认定、适用法律和定罪量刑过程中"独立行使职权"。具体包括以下四个方面：第一，参与公判前的证据及争议点的整理程序，该程序旨在实现正式审判前辩诉双方的有效互动，保障被告人的合法权利，并防止证人提供虚假证言而导致公诉资源的浪费；第二，参与刑事案件的正式审判程序，裁判员被赋予了同检察官和法官相同的询问证人的权力，这对于案件事实认定的评议过程至关重要，另外，《关于裁判员参加刑事裁判的法律》的第58条和第59条分别规定了在被害人及其法定代理人陈述意见完毕后和被告人进行供述时，裁判员可向其质问的权力；第三，提升案件评议质效，即在法庭调查程序后，裁判员有权同法官共同就被告人是否有罪以及应当量处何种刑罚进行评议，在评议过程中，裁判员享有同法官平等的评决权，评决结果采取少数服从多数的方式，但要求至少一名法官和一名裁判员就评议结果达成一致，如此提升了案件评议的科学性和有效性；第四，参见判决宣告并履行保密义务，裁判员须出席判决宣告环节，并严格服从保密义务，不得向外界透露评议过程中案件商讨的任何内容，如投赞成票或反对票的具体人员、评议期间发表的言论以及涉及案件当事人的个人隐私等。[2]鉴于此，日本裁判员制度对其刑事诉讼程序的积极影响不仅表现在民众认知度和裁判效率的提升，还体现在审理方式和诉讼制度的更新，极大促进了量刑程序的透明、公开。

　　随着裁判员制度在日本刑事司法领域的普及，实证数据表现出较为可观的效果。一方面，民众此前所担忧的刑事裁判重刑化倾向得到缓解；另一方面，量刑结果的社会认知度也显著提升。除此之外，裁判员制度的广泛施行，还显著地提高了日本民众对量刑结果何以形成的理解，提升了民众主动参与司法的积极性和对社会治安环境的满意度。根据日本裁判所2017年最新的数据统计，有裁判员参与的案件平均审理时间是5.6个工作日，案件评议时间约为10.4个小时，充分体现了裁判员在审理重大刑事案件过程中的审慎态

[1]　日本裁判员制度（Lay Judge）规定从普通公民中遴选出的裁判员，参与审判评议的刑事案件类型，原则上仅限于被判处死刑、无期徒刑（无论是否劳教）以及故意犯罪致人死亡的案件。

[2]　此处需要补充的是，当判决意见出现分歧且未形成绝对多数意见，则合议庭需要再次审议，直至出现包括至少一名法官和一名裁判员观点一致的多数意见。参见 Shiroshita Y，"Current Trends and Issues in Japanese Sentencing"，*Federal Sentencing Reporter*，Vol. 22，No. 4.，2010，p. 246.

度。此外，裁判员参与审理的案件量刑结果中，仅有 0.9% 高于建议刑期，5.0% 的案件与建议刑期相同，94.2% 的案件结果比建议刑期略低；而在只有法官审理案件中，高于、持平和低于建议刑期的案件比例分别是 0.1%、2.0% 和 97.9%，可见，有裁判员参与的刑事案件量刑结果与仅由法官审理的案件结果总体相差不大。[1]

尽管日本裁判员制度改革仍存在不尽如人意之处，但综合考虑以普通民众作为选拔基础的裁判员，能够有效改善法官刑事裁判中的同质化弊端，推动日本司法体制改革和提升民众对司法裁判的理解与认同，日本裁判员制度将从以下几个方面着手不断完善。首先是落实裁判员自主审议和决策，这是出于对裁判员制度改革的整体考虑，避免法官主导或引导合议庭的审议。此外，法官和控辩双方应更多地采用朴素、平实且易于理解的语言帮助裁判员迅速、全面地了解案情，以纠正法官固有的官僚主义实务态度；其次是妥善地将公民个人经验转化为完善裁判员制度的不竭动力，特别是在裁判员裁判意见被忽视时，应考虑引入反馈机制防止裁判员制度虚设；最后是坚决贯彻刑事诉讼过程中的无罪推定原则，并针对普通民众开展裁判员制度的宣传教育，特别是对现代法治精神的解释和说明等。总的来说，裁判员制度的创设与落实有效促进了日本刑事司法体制的发展，提高了民众对司法体制和司法活动的认知度和信任度，使司法裁判的公信力得到显著提升。

综上所述，裁判员制度被日本民众视为"参与司法活动最民主的方式"，肩负着"改变官僚主义司法体系"和"促进日本司法变革"的重要使命。这是因为，在裁判员参与刑事审判的诉讼体制中，经由普通民众遴选而产生的裁判员在事实调查过程中，可以使刑事诉讼的焦点回归审判证词本身，而非调查阶段控辩双方所作的大量陈述中。此外，裁判员的参与使"无罪推定"原则得以践行，法官必须集中精力主持审判，而无权干涉裁判员的事实认定，以确保刑事定罪与量刑程序的适当。

（二）日本"被害人参与制度"

保障被告人权利现已成为现代国家刑事诉讼制度的建立基础，诸如无罪推定原则、非法证据排除规则、正当程序原则等均贯穿于诉讼主张的提出、

---

[1] 参见胡红云：《日本裁判员的修订与实施效果》，载《人民法院报》2018 年 1 月 19 日，第 8 版。

诉讼程序的选择、司法救济的获得等各个方面。但事实上，在刑事诉讼中充分考虑被害人感情、保障其参与诉讼活动的机会，仍然具有独立的制度逻辑和重要意义。[1]

1. 被害人主动参与

《日本刑事诉讼法》于 2000 年进行了针对保障被害人参与刑事诉讼程序的修改和完善。如第 292 条第 2 款赋予了被害人到庭陈述意见的权利，其中，杀人罪已故被害人的配偶、直系亲属和兄弟姐妹也可以向法官提出反映他们"情绪状态"的陈述意见，当法院综合考虑诉讼程序和其他情况认为不恰当时，也可要求被害人及其家属提交替代口头陈述的书面意见。不难看出，《日本刑事诉讼法》面向被害人主动参与刑事诉讼程序方面的转向，旨在促使刑事审判更加明确地按照被害人的诉求进行，通过让被告人直接聆听被害人及其家属的意见，有助于被告人自我反思。

除了程序法上的完善，另一项旨在保护被害人参与刑事量刑程序、提升公众对刑事司法制度信心的制度于 2008 年 12 月启用。该制度允许某些类型犯罪的刑事被害人及其家属参与刑事审判并向被告人发起质询，如陈述意见并要求检控方在证据审查、结案陈词及提出量刑建议时予以回应。此外，受此种制度保护，对于提出有利于被告人减轻罪责证据的证人，被害人被允许就检验其证词真实性及价值所必需的事项进行询问，并允许在认为有必要陈述其意见时对被告人进行询问。[2]

然而，允许被害人提出口头或书面的意见陈述，并不意味着量刑过程对被害人情绪的过度偏重。即使人们认识到报应作为刑罚根据的重要性，也必须将"满足被害人情绪"和"被告人的报应"相区分。如东京高级法院法官强调，量刑时应考虑的是被害人的受损情况，而非被害人的情绪本身。[3]但不可否认的是，在恐吓、强迫型犯罪中，反映被害人情绪的陈述意见对于刑事量刑程序的展开，具有相当积极的现实意义。

---

〔1〕　参见刘计划、刘在航：《日本裁判员的量刑倾向评析》，载《山东警察学院学报》2015 年第 2 期。

〔2〕　See Shiroshita Y，"Current Trends and Issues in Japanese Sentencing"，*Federal Sentencing Reporter*，Vol. 22，No. 4.，2010，pp. 245-246.

〔3〕　See Harada K，Jissai R N，*The Practice of Sentencing in Japan*（3rd ed），Tachibanashobo Co.，2008，pp. 146-147.

2. 被害人被动参与

日本的"被害人参与制度"还体现在前述裁判员参与重罪刑事审判和评议过程中的倾向于保护被害人权益的立场，如裁判员将强奸未遂既遂化、强制猥亵行为与强奸行为同视化、故意伤害致死与故意杀人案类型化，均体现了对被害人及其家属感情的考量。这是由于裁判员在接触这类重罪案件时，大多是初次参与暴力刑事案件的审判和评议，被害人在人身、精神和财产等方面受到的重大伤害、社会评价的负面压力以及亲属遭受的不利后果，均强烈触动裁判员并使之在量刑环节成为重要的考量因素。[1]如裁判员可将被害人遭受精神创伤、社会负面评价和难以融入社会等情况，作为评价被告人主观恶性、社会危害性以及是否做出缓刑宣判的重要依据。可见，从普通国民中选任的裁判员，"从一般社会成员的角度给予被害人感情的特别关注，可以在一定程度上化解被害人在刑事诉讼中所处的边缘化困境"[2]。此外，在判断被告人是否真诚悔罪时，不同于法官从撰写悔过书或积极赔偿被害人等形式要件上的判断，裁判员更加注重其在法庭上的陈述和其他表现。

正如季卫东教授所言，制度的正当性有赖于正当化的过程和实现该目的所运用的说服技术。[3]基于上述国外量刑程序改革中的制度经验，为了促进法官合理适度地行使自由裁量权、提高各量刑参与主体的有效互动，有必要借鉴英美量刑改革始终秉持的"量刑程序透明化、合理化"[4]价值取向、德国严格的裁判说理制度和日本量刑程序监督的成功经验。也即，应从优化量刑建议制度、强化量刑裁判说理论证、创制本土化量刑听证制度和提高量刑参与主体互动等角度，探索深入推进我国量刑规范化改革程序侧面的可行性路径。

〔1〕 参见刘计划、刘在航：《日本裁判员的量刑倾向评析》，载《山东警察学院学报》2015年第2期。

〔2〕 参见刘计划、刘在航：《日本裁判员的量刑倾向评析》，载《山东警察学院学报》2015年第2期。

〔3〕 参见季卫东：《法治秩序的建构》，中国政法大学出版社2000年版，第338页。

〔4〕 See Mason C E, Lesowitz S M, "A Rational Post-Booker Proposal for Reform of Federal Sentencing Enhancements for Prior Convictions", *Northern Illinois University Law Review*, 2011, p. 84.

第二节　我国量刑建议制度的优化

诉讼原理显示，检察机关不仅拥有定罪求刑权，还应被赋予向法官明确表达对被告人适用具体宣告刑的建议权力。[1]两项权力相辅相成，成为检察机关在刑事定罪与量刑环节参与审判的主要体现。通过检察机关得当、规范地行使量刑建议权，有助于规范和限制审判机关的量刑活动，有利于检察机关全程化、常态化地开展刑事审判监督，有助于减少量刑失当，促进罪责刑相适应原则更好地贯穿于诉讼活动全过程和司法公正的实现。[2]完善量刑建议制度既有益于法官在有罪认定基础上，对被告人展开量刑情节的综合考量，又促进了对抗式量刑程序的实质公开化和透明化，压缩法官权力寻租的空间，对减少无根据的量刑失衡多有裨益。[3]

一、坚持和优化我国量刑建议制度的意义

（一）符合程序公正和高效便捷的诉讼要求

量刑建议权不仅是检察机关的一项权力，还是一项职责与法定义务，是检察机关代表国家指控犯罪，正确、公正地建议法院对被告人适用刑罚的职责。[4]量刑建议制度的贯彻落实，不仅为检察机关提供了参与量刑程序的具体方式，还为包括被告人及其辩护律师在内的其他量刑参与方提供了建议的刑种和刑期参照，帮助其积极开展法庭辩论，为法官的最终裁判提供了有力参照。此外，量刑建议制度的实施，使得影响被告人刑罚的各种情节，不仅仅由法官进行考量和评判，而是由控辩双方通过对量刑建议的提出和辩论予以综合，进而提升诉讼各方对量刑结果的认同，抗诉和上诉情况随之减少，

---

〔1〕　参见冀祥德：《量刑建议权的理论基础与价值基础》，载《烟台大学学报（哲学社会科学版）》2004 年第 3 期。

〔2〕　参见莫洪宪、张昱：《论量刑建议权的行使与强化刑事审判监督》，载《山东警察学院学报》2012 年第 6 期。

〔3〕　参见陈瑞华：《论量刑程序的独立性——一种以量刑控制为中心的程序理论》，载《中国法学》2009 年第 1 期。

〔4〕　参见陈卫东：《论隔离式量刑程序改革——基于芜湖模式的分析》，载《法学家》2010 年第 2 期。

符合量刑程序的效率要求。

（二）实现量刑公正、促进量刑规范的必要构成

如前所述，刑事诉讼活动长久形成的量刑程序对定罪程序的依附，表现出刑事审判"重定罪、轻量刑"的传统。随着最高法领导下的量刑规范化改革的全面施行和深入推进，量刑建议制度作为量刑规范化改革程序侧面的重要组成部分，得到学理界和实务界日渐密集的关注。此外，鉴于我国刑法多采用相对的法定刑设置，法官被赋予了较为宽泛的自由裁量权，存在恣意行使裁量权的可能。而通过建立量刑建议制度，可以一定程度上提高量刑程序的公开化和透明化水平，并通过检察机关对个案的潜移默化的影响，逐渐延伸至对量刑政策的积极引导。此外，检察机关针对个案提出的量刑建议，还可以为法官裁量刑罚提供动态的监督。

（三）契合司法改革新动向的制度配置

近年来，作为强化检察官公诉活动的一部分，量刑建议制度改革被检察机关列入重点议事日程，部分基层检察机关率先进行了试验性改革，并取得了一定的成效。[1]有关量刑建议制度的发展同样经历了由基层检察机关主导的早期探索、法院主导的量刑规范化探索和检察院主导的认罪认罚探索等发展阶段。例如，最高检于 2005 年 7 月发布《人民检察院开展量刑建议试点工作实施意见》，标志着量刑建议程序作为刑事诉讼程序改革的一项重要内容，正式在全国检察系统展开试点工作。[2]随后，量刑规范化改革的全面施行为量刑建议提供了合法性的政策依据。2008 年，中央政法委在《关于深化司法体制和工作机制改革若干问题的意见》中提出"规范审判机关的自由裁量权，将量刑纳入法庭审理程序"要求，为检察机关量刑建议权的合法行使提供了政策依据。[3]

2010 年 2 月 23 日，最高检为了积极推进人民检察院提起公诉案件的量刑建议工作，促进量刑的公正、公开，进一步明确检察机关提出量刑建议的具

---

〔1〕 参见汪贻飞：《量刑程序研究》，北京大学出版社 2016 年版，第 168~169 页。

〔2〕 参见樊崇义、杜邈：《检察量刑建议程序之建构》，载《国家检察官学院学报》2009 年第 5 期。

〔3〕 参见莫洪宪、张昱：《论量刑建议权的行使与强化刑事审判监督》，载《山东警察学院学报》2012 年第 6 期。

体方式和操作细则，发挥刑事审判监督效能，发布了《人民检察院开展量刑
建议工作的指导意见（试行）》，并对量刑建议的范畴加以廓清，即不仅包括
刑罚种类如主刑、附加刑方面的内容，还包括刑罚裁量幅度和具体执行方式
的建议。2019 年 10 月 11 日，"两高三部"联合印发《关于适用认罪认罚从
宽制度的指导意见》，旨在更大程度提升惩治犯罪实效、强化人权司法保障和
提高诉讼效率。其中，检察机关量刑建议的提出方式、采纳和调整原则得到
进一步明确，即在办理认罪认罚案件时，检察院原则上应当提出确定性的量
刑建议，且应当充分听取犯罪嫌疑人、辩护人或者律师意见，量刑建议应在
协商一致的情况下作出。法院对于此类量刑建议一般应予采纳，但经审理认
为量刑明显不当，或者被告人、辩护人对量刑建议提出异议，即未符合前述
协商一致的要求时，法院可以调整原始量刑建议合理裁量。由此可见，量刑
建议事实上在"犯罪嫌疑人的认罪认罚具结书"和"人民法院的判决"之
间，搭建起一座桥梁。[1]因此，为了契合我国司法改革发展特别是认罪认罚从
宽制度建设的新要求、新动向，量刑建议应发挥更重要的作用，不仅要体现控
辩双方对量刑问题的共识，还要能够通过科学、合理的论证，依法获得法院的
认可与采纳。

　　简言之，确立和优化检察机关的量刑建议权，不仅有利于公诉职能的行使、
法律监督功能的实现和人权保障的强化，还是促进司法公正和契合国际刑事司
法制度发展的必要选择。更重要的是，作为深入推进量刑规范化改革程序侧面
的重要组成部分，优化我国量刑建议制度已然成为构建科学有效的多方量刑参
与机制的重要途径。量刑建议制度的坚持与优化，不仅符合程序公正和高效便
捷的诉讼要求，是实现量刑公正、促进量刑规范化的必要环节，更是契合当前
我国量刑规范化改革、认罪认罚从宽制度等司法改革新动向的制度配置。鉴于
前文所述的当前我国量刑建议制度实施过程中潜存的诸多问题，后文将主要围
绕优化策略加以展开。

---

　　[1]　参见吴宏耀：《凝聚控辩审共识 优化量刑建议质量》，载 https://www.spp.gov.cn/spp/zdgz/
201906/t20190610_ 421088. shtml，最后访问日期：2019 年 8 月 30 日。

二、量刑建议的模式确证

（一）现有量刑建议的模式及争论核心

关于量刑建议模式的选择，是事关我国量刑规范化改革深入推进的关键问题，是关系着改革步伐能否向"深水区"迈进的重要节点。如前所述，刑事司法领域的量刑建议制度被广泛运用于英美法系和德日法系国家的刑事量刑实践中。从制度构建上看，我国近期广泛开展的认罪认罚从宽制度改革以及量刑建议精准化改革，在一定程度上体现了对各国辩诉交易和量刑协商程序性司法机理的总结，意图达成公诉机关与被告方的合意，以节约司法资源、提升诉讼效率。但与各国法律基本价值取向不同的是，我国法律始终坚持罪责刑相适应之公正底线，这也使得我国认罪认罚从宽制度推进过程中，不免蕴含着程序之价值追求与实体之公正底线间的细微冲突。世界各国的量刑建议从内容详略程度上可分为概括的量刑建议和具体的量刑建议，前者是基于被告人量刑的一般原则或轻重程度的抽象描述；而后者则是对法官应当判处的刑种、刑度以及是否免予处罚或判处缓刑的具体的量刑主张。[1]但不论量刑建议是概括或具体，各国法官在量刑实践中始终秉持独立性，即量刑建议原则上不具有对法院的强制约束力。

回归本国语境，有关量刑建议究竟是该选择抽象、宽泛的法定刑幅度，还是概括性或确定性的建议刑罚幅度，理论和实务中均存在观点上的分歧。具体而言，司法实践中提出量刑建议的模式类别主要有三，即抽象性量刑建议、概括性量刑建议和确定性量刑建议。其中，抽象性量刑建议指的是直接建议法官在法定刑幅度内量刑，这种建议存在重复法条表述之嫌，故在实践中的应用价值不高；概括性量刑建议是在法定刑幅度内，提出相对具体的量刑建议，并根据不同的刑种、刑期提出不同的量刑建议幅度；确定性量刑建议则是检察机关基于对案件事实的整体把握、相关情节的综合考量，向法官提出包含某一确定刑种及确定刑期的量刑建议。

当前，有关量刑建议模式的争议，主要集中在确定性与概括性量刑建议上。主张概括性量刑建议模式的学者认为，该模式能够较好地与法官自由裁量权划

---

〔1〕 参见陈岚：《西方国家的量刑建议制度及其比较》，载《法学评论》2008 年第 1 期。

清界限，互不侵犯。如有观点称，量刑活动是法官的量刑选择活动而不是推理判断活动[1]，认为概括性量刑建议不易让法官的裁量权降维至对量刑建议的判断权。此外，概括性量刑建议还为检察机关自身提供了较大的回旋余地，使控辩双方量刑辩论的对抗性相对减弱，也适度地降低了被告人对量刑活动的敌意，便于其认罪态度的良性转变。但概括性量刑建议所提及之幅度无助于降低案件复杂性，反而增加量刑情节认定的难度，难以为法官裁判提供必要的指引和参考。故而值得思考的是，概括性量刑建议权是否符合当前我国量刑规范化改革和认罪认罚从宽制度的要求？另外，学界和实务界对法官刑罚裁判权向检方过度偏移的担忧，是否能够通过检察机关提出相对概括的量刑建议予以解决？

　　事实上，鉴于我国目前所处的多项司法改革齐头发展时期，概括性量刑建议并不能解决量刑裁判的价值多元化、量刑事实的复杂性以及刑法规定的概括性之间的矛盾冲突。与此同时，检察机关作为兼顾刑事政策和多元价值的公诉方的普遍业务水平、理论基础和实务能力均已得到显著提升。对于稍早于法官了解犯罪事实和量刑情节的公诉方而言，所提出的具有一定幅度的量刑建议，事实上向法官传达了一个"在此期间量刑均合理"的错误观念，更是有违刑事裁量的准确性要求。换句话说，不论刑事政策宏观立场，还是各项司法改革的逐步推进，都不是让检察机关作"留有余地"的量刑建议的，而是从实质层面督促其合理、合法、准确地履职，行使公诉权。

　　（二）　确定性量刑建议的优势体现

　　本书支持确定性的量刑建议模式。除了前述概括性量刑建议可能造成量刑建议流于形式、难以符合当前司法改革的时代要求等问题外，对于与之形成鲜明对立的确定性量刑建议模式的支持的主张，可以概括为以下三个方面

　　首先，确定性量刑建议模式符合我国刑事诉讼的基本构造。我国从1997年《刑事诉讼法》修改后，便显现出向控辩式庭审模式发展的趋势，也即控、辩、审三方在刑事诉讼构造中各司其职，控辩双方相互抗辩、审判方居中裁判。量刑建议虽然在终局性方面不同于量刑裁判，但公诉人经过缜密的思考，依据事实证据所作出的确定性量刑建议，已然为法官提供了可靠参考。反之，法官在面对概括性量刑建议时，无异于是在原本宽大的法定刑幅度所圈定的较小幅度

---

〔1〕　参见肖波：《量刑建议权与刑罚裁量权关系之澄清———一个刑事诉权角度的检视》，载《法律适用》2011年第1期。

中进行裁判，不仅不能发挥量刑建议在提升量刑效率方面的积极作用，更无助于兑现量刑规范化改革旨在实现的"规范法官裁量权"目的。

其次，确定性量刑建议模式之确立，契合司法改革的时代要求。认罪认罚从宽制度作为一项差异于以往认罪从宽制度的重大制度创新，是极具中国特色的司法协商制度探索。[1]其中，确定性量刑建议是贯彻落实认罪认罚制度的关键一步，是对我国司法改革时代要求的深度契合。认罪认罚案件中的量刑建议体现了控辩协商的高度合意，检察机关基于控辩双方的立场作出追诉犯罪的刑罚请求。确定性的量刑建议不仅结合了被害人的意见，更是在对案件事实及量刑情节的共识基础上形成的定罪量刑的合意，体现了对符合认罪认罚的行为人的明确的量刑减让。

最后，采用确定性的量刑建议，并不会影响法官自主裁判。有学者从量刑建议的本质上言明，其无非是特定主体就被告人具体刑罚的适用提出具体意见的一种司法请求。[2]要求检察机关做出确定性的量刑建议，并非要求法官对其当然采纳。正是由于检察官在作出相应量刑建议时所接触的案件信息，比法官经调查审理所得出的量刑信息更为有限，以至于量刑建议的罪名和刑期并不必然与最终判决的罪名的刑期一致，一味追求量刑建议与判决结果的一致性，是对诉讼规律的错误认识。相反，公诉方在量刑信息丰富的前提下所作之量刑建议，事实上能够对法官量刑裁判起到促进作用。

值得一提的是，尽管本书主张采用确定性的量刑建议模式，这并非完全否定概括性量刑建议或抽象性量刑建议的合理性及可行性，而是在常态化认识的层面，对确定性量刑建议的支持。此外，确定性量刑建议和概括性量刑建议主要针对主刑，即检察机关在提出有关附加刑的量刑建议时，可以提出具体的附加刑刑种及数额，亦可以提出某个附加刑种类或幅度。因此，法官在裁量附加刑时与检察官提出的量刑建议即使存在些许出入，也是可以被允许的，并不会对主刑部分确定的量刑建议产生过于复杂性、颠覆性的影响。

三、完善量刑建议的形成机制

正是由于对确定性量刑建议的主张，对于量刑建议的形成、内容的表述和

---

[1] 参见陈国庆：《量刑建议的若干问题》，载《中国刑事法杂志》2019 年第 5 期。

[2] 参见柯葛壮、魏韧思：《量刑建议的实践困境与解决路径》，载《政治与法律》2009 年第 9 期。

具体刑期、刑种等建议理由，应当基于更加全面的量刑信息、经过更为充分的控诉辩论，并接受更高要求的量刑建议监督机制的约束。有学者从量刑建议的主体、范围、形式、时机、内容、效力等方面讨论了检察官的量刑建议权的完善路径。[1]结合前文对我国量刑建议制度现存障碍的阐述，后文将从建立量刑信息的遴选机制、促进控辩双方的量刑参与、强化量刑建议说理能力、发挥人工智能技术支持和创新量刑建议考评机制等方面对量刑建议形成机制的完善路径逐一详述。

（一）建立量刑信息的遴选机制

当前我国刑事审判过程中法官的刑罚裁量权失控，一部分是源于实体量刑规则的阙如和控辩双方参与的不充分，另一部分则是由于法官缺少作出适当、均衡量刑的信息依据。[2]如前所述，"两高三部"联合印发的《量刑程序意见（试行）》不仅赋予了检察机关提出量刑建议的权力，还赋予被告人及其辩护人、诉讼代理人提出量刑意见的权利。[3]量刑规范化改革程序方面的深入推进，应当建立在量刑信息充分搜集和公开的基础上，这对于合理提出量刑建议而言尤为重要。

（二）促进控辩双方的量刑参与

量刑程序的优化设计很大程度上取决于控辩双方的有效参与。量刑建议权的行使对于丰富我国刑事审判内容同样具有不可忽视的作用。这是因为，检察机关提出量刑建议不仅丰富了"求刑"的内容，促进了刑事审判的"质""量"并重，还提高了控辩双方在法庭辩论环节的对抗性，是刑事量刑程序由罪与非罪、此罪与彼罪的粗线条，向刑种、刑量的精细化的方向发展。[4]

如前所述，美国量刑改革曾经历过刑罚裁量权偏离的窘境，即强制性

〔1〕　参见樊崇义、杜邈：《检察量刑建议程序之建构》，载《国家检察官学院学报》2009 年第 5期。

〔2〕　参见陈卫东：《论隔离式量刑程序改革——基于芜湖模式的分析》，载《法学家》2010 年第 2期。

〔3〕　参见彭文华：《布克案后美国量刑改革的新变化及其启示》，载《法律科学（西北政法大学学报）》2015 年第 4 期。

〔4〕　参见莫洪宪、张昱：《论量刑建议权的行使与强化刑事审判监督》，载《山东警察学院学报》2012 年第 6 期。

《量刑指南》仅限制法官的自由裁量权的行使，而不对缓刑监督官的量刑前调查或检察官指控和辩诉交易产生影响，使得本该由法官主导的司法自由裁量权被不恰当地转移至检察官和缓刑监督官，导致法官裁判权被减损。这是因为，不论是缓刑监督官根据量刑前调查结果出具《量刑前报告》，还是检察官依据案情需要、现实情况和与被告方达成辩诉交易的合意而提出量刑建议，均不受《量刑指南》的限制。布克（Booker）案后的美国量刑改革，开始纠正这种刑罚裁量权偏移的异化倾向。

完善辩控双方量刑参与权有助于搭建易于法官合理行使自由裁量权的信息交互平台。一方面，给予被告人进行量刑辩护和被害人提出量刑意见的机会，使之与检察官的公诉权形成制衡，拓宽法官在量刑程序中的信息搜集渠道；另一方面，形成以"诉权制约"为主要特征的量刑程序，避免各方量刑信息有失公允和质证辩论环节流于形式。[1]

（三）强化量刑建议说理能力

量刑建议制度的完善还依仗司法机关说理水平的不断提升。不仅要强化检察官的量刑建议说理能力，还要突出法官在裁判文书中对是否采纳量刑建议及其依据的论述。人民法院的量刑裁判文书中载明了量刑建议的具体内容，因而进行量刑说理是量刑建议制度充分发挥效用、量刑规范化改革程序侧面取得良好效应的必要前提。我国裁判文书公开制度初步建成于2014年，正是由于判决书公布制度的日渐完善，才使得量刑建议和量刑裁判均以裁判文书的形式向社会公众予以公开。检察机关作为专门的法律监督部门和司法机关，其提出的量刑建议应建立在扎实的专业分析、充分的案件事实和证据材料基础上。只有通过检察官对所提出之量刑建议的充分说理，以及法官对量刑建议的采纳与否的回应与充分论证，方能促进确定性量刑建议朝着更为精准的方向发展。

此外，对量刑建议说理水平的高标准、严要求，还能促进检察机关的综合业务素质的不断提升，形成提高检察官综合素质的倒逼机制。如量刑规范化改革局部试点和认罪认罚从宽试点的启动，各试点地区的检察机关也在积极探索，采取有效措施，提高检察官提出量刑建议的能力和水平。如邀请资

---

［1］ 参见苏彩霞、崔仕绣：《中国量刑规范化改革发展研究——立足域外经验的考察》，载《湖北大学学报（哲学社会科学版）》2019年第1期。

深法官授课、邀请检察实务专家传授经验、加强对裁判文书的分析、总结和提炼量刑规律等。总的来说，量刑建议说理水平的逐步提升，能够激发检察机关在业务培训中破旧立新，寻求检察官个人业务素质的更大突破。

（四）发挥人工智能技术支持

为了充分发挥人工智能技术在提高司法活动效率上的积极作用，使检察院提出量刑建议的过程和依据更加清晰、明确，提高法官的规范量刑意识和量刑程序的透明度，福建省漳州市龙文区检察院于 2010 年 3 月起采用自主研发的电脑量刑建议管理系统软件。具体而言，操作者在输入罪名和对应法律条文和司法解释后，系统将运用智能技术运算得出基准刑，再由操作者根据案情的细节，勾选相应的量刑情节选项，并通过数字化演示，最终形成拟建议之刑罚种类和期限。[1] 可见，大数据、人工智能技术与检察工作的结合，卓有成效地提高了量刑建议的生成效率。

当然，人工智能技术嵌入量刑建议辅助系统时，也需要时刻保持对技术风险的警惕。若任凭技术嵌入式的智慧手段影响量刑建议精准化，就可能出现对个案定罪量刑所依据的特殊情形之忽视。这是因为，个案定罪量刑的法律适用，是基于个案事实所涉及的全部相关情节的综合考虑，是对个案的规范评价和体系化的理解。仅凭有限的案例作为量刑建议智慧化的发展基础，不仅存在客观上将其他案件的情况作为判案依据的风险，还可能割裂基于个案的刑法规范体系的系统化理解与适用。本书后文将对人工智能技术融入司法实践特别是量刑实践的风险防控进行详细展开，此处不复赘述。

（五）创新量刑建议考评机制

正如法官在缺乏具体指导意见约束时，会产生刑罚裁判权过于宽泛的负面效应，检察官提出量刑建议也应审慎思考限制裁量权规范行使的问题。为了实现这一制约目的，必要的监督机制将会起到保障检察机关量刑建议权受到合理制约的良好效果。由于量刑建议的监督机制涉及检察机关内部的审判、备案和考评，结合本书前文有关将量刑采纳率和准确率纳入检察官业绩考核的相关论述，有必要对量刑建议考评机制加以优化。例如，在量刑建议正确

---

〔1〕　参见张仁平等：《量刑建议数字化演示：让公正看得见》，载《检察日报》2011 年 11 月 30日，第 4 版。

性考核机制中融入一个合理的容错标准，即量刑建议的刑罚与判决的刑罚，在合理误差范围内即为正确。[1]

第三节　量刑说理的渐进升级

法官在判决书中对量刑建议和量刑意见作出必要的回应，其本质便是量刑理由的公开。[2]作为量刑规范化的重要内容之一，量刑理由的公开对实现量刑公正、促进服判息诉有着重要意义。近年来，随着社会主义司法制度的逐步完善和量刑规范化改革的深入推进，我国刑事判决书在裁判文书说理方面有了一定的进步，但在刑事裁判文书的量刑说理方面仍有着较大的发展空间。忽视对量刑方面的说理，不仅沿循了"重定罪、轻量刑"的传统思维，更是对数十年来我国司法领域力争达成的"实体与程序并重"改革目标的背道而驰。作为量刑规范化改革深入推进的程序侧面，量刑说理的渐进升级显得尤为必要和急迫。在准确把握量刑裁判说理的深刻法理与社会意义的基础上，从实质内核和形式肌底两个层次分别实现量刑说理判罚证立与裁判认同的结合、经验表述与繁简适度的结合，是为完善我国量刑裁判说理的可取之道。

一、量刑裁判说理的法理与社会意义

（一）契合法治发展与政策要求

早在 2010 年"两高三部"印发的《量刑程序意见（试行）》中，即有对人民法院应在刑事裁判文书中进行量刑说理的要求。2013 年的党的十八届三中全会和 2014 年的四中全会提出"加强法律文书裁判文书说理"的改革部署，旨在提高司法产品质量和司法效率，提升司法公信力。随后，最高法在《人民法院第四个五年改革纲要（2014-2018）》中，再次重申推动裁判文书说理改革的重要性，要求建立裁判文书说理体系刚性约束机制和提升法官说理能力的激励机制等。

在此基础上，最高法于 2018 年 6 月 1 日印发的《关于加强和规范裁判文

---

[1]　参见潘申明等：《量刑建议前沿理论与实战技能》，中国检察出版社 2016 年版，第 115 页。
[2]　参见汪贻飞：《量刑程序研究》，北京大学出版社 2016 年版，第 197 页。

书释法说理的指导意见》（以下简称《规范说理意见》），作为人民法院深化司法改革和加强法律文书释法说理的指导文件，要求法官的裁判说理须立足司法规律，既要注重对事理、法理、情理和文理的阐释说明，又要准确把握裁判文书制作的规范化和个性化的有机统一。[1]此外，为了避免裁判文书出现"千人一面"和"千篇一律"的同质化，《规范说理意见》还提出灵活性的要求，为裁判文书释法说理的个性化提供指引，允许法官在有需要的情况下采用附图、附表的方式或适当的修辞方法，以增强说理的积极效果。

量刑裁判说理作为刑事案件裁判文书说理的重要组成部分，是规范法官刑罚裁量权的行使、促进量刑公正、实现法律效果和社会效果统一的重要手段。在深入推进量刑规范化改革的新的历史阶段，强化法官在量刑程序中的释法说理，无疑将有助于我国量刑规范化改革程序侧面的进一步革新与完善。量刑理由是提升量刑结果权威性和正当性的重要载体，而严格的量刑说理制度有助于实现量刑规范化，提升刑事判决的可接受性和消除司法实践中量刑偏差，便于司法权威的牢固树立和减少不必要的上诉或申诉。[2]事实上，包括量刑裁判说理在内的裁判文书释法说理，是呈现司法公正的关键载体，也是"努力让人民群众在每一个司法案件中都感受到公平正义"的关键步骤。

（二）有助于规范法官刑罚裁量权

法官的刑罚裁判权是其自由裁量权的重要组成部分，对刑事判决中的量刑部分予以解释和说明，有助于民众对法官依法裁量刑罚的逻辑证成和自由心证的理解。同样，民众对量刑裁判说理的普遍期待和关切，也为法官规范行使刑罚裁量权提供了强有力的制约。

一方面，如前所述，注重裁判说理特别是量刑幅度、依据的解释说明，贯穿于美国量刑改革各个阶段。众所周知，严格要求法官在偏离量刑的同时进行充分的解释说明具有重要的法律意义，这是因为刑罚裁量权是法官被赋予的意义深远的权力之一。无论是出于提高司法公信力、降低法官行使自由裁量权的恣意性和歧视性的考虑，还是提高司法裁判的社会认同、保护公众

---

〔1〕　参见苏彩霞、崔仕绣：《中国量刑规范化改革发展研究——立足域外经验的考察》，载《湖北大学学报（哲学社会科学版）》2019年第1期。

〔2〕　参见焦悦勤：《刑事判决书量刑说理现状调查及改革路径研究》，载《河北法学》2016年第2期。

知情权的立场，规范法官合理行使自由裁量权都离不开全面详实的裁判说理。[1] 而对量刑裁判过程的详细说理，可以促使法官审慎、充分、合理地考虑量刑的各种因素，避免因习惯于抽象叙述或对职权主义诉讼模式的依赖而产生的说理惰性，导致武断或随意量刑。

另一方面，由于法官对量刑结果的心理确信通过行使自由裁量权予以体现，当制度存在瑕疵或司法公信力不足的情况下，法官行使自由裁量权就不可避免存在风险。[2] 对法官自由裁量过程中可能存在的风险，应通过合乎逻辑、论述清晰、内容详实的裁判说明予以消除。这是因为，裁判理由作为判决的重要组成部分，承担着廓清被告人、被害人以及社会公众对量刑疑虑的重要任务。[3] 经过控辩双方就量刑问题举证、质证和多番论证，不仅能够为法官提供用以合理裁量的广泛的事实依据，还能帮助法官合理采纳量刑建议和意见，从而形成对其刑罚裁量权的约束。据此，法官应在其判决结果与案件事实之间建立合理的说明与论证过程。

（三）有助于提升民众司法信任

法官在实务过程中，若能对各个量刑因素参与形成量刑结果的过程详尽审酌并予以明确、清晰的叙述，并将法官量刑心证的思路逻辑和裁判依据向社会公开，势必有助于提升民众对司法的信赖度。[4] 这是因为，公正是程序运作的普遍法则，也是司法公信力巩固与提升的力量源泉。充分、详实的量刑裁判说理有助于量刑程序的实质公开化和透明化，压缩法官权力寻租、"暗箱操作"的行为风险，增强民众对司法裁判结果的认同、对司法权威的维护；既包含对量刑结果的说明，又包含着量刑过程的记录。此外，论述得当的量刑裁判说理，可以直观地彰显裁判理性，公开法官心证的过程，不仅是对法官刑罚裁量权的必要约束、法律业务能力的基本考验，更是对包括检察机关、被告人等在内的量刑参与各方以及广大社会民众形成裁判共识和认同的促进，继而提升司法公信力的必要前提。另外，服判息诉是司法裁判结果获得民众

---

〔1〕 See R. Michael Cassidy, Robert L. Ullmann, "Sentencing Reform: The Power of Reasons", *Massachusetts Law Review*, Vol. 97, No. 4. , 2016, p. 82.

〔2〕 参见张华：《论日本量刑制度对我国之借鉴意义》，载《河北法学》2011 年第 1 期。

〔3〕 参见张向东：《量刑中的自由裁量与程序规制》，载《当代法学》2010 年第 1 期。

〔4〕 参见郭豫珍：《量刑与刑量：量刑辅助制度的全观微视》，元照出版公司 2013 年版，第 128~129 页。

认同的重要表现，而有效且及时的释法说理过程，则是为民众搭建起一座认知司法活动、巩固司法权威、认同司法裁判的桥梁。简言之，良好的释法说理能够引导民意朝理性的方向发展。[1]

二、实质内核：判罚证立与裁判认同的体现

（一）量刑说理的判罚证立

在规范裁判文书释法说理要求提出以前，司法实践惯常出现的有关量刑部分的论证，主要集中于对查证属实的事实、情节和法律规定的叙述、对被告人是否有罪和所犯何罪的简单定义，以及应否从宽或从严处理等内容。受"重定罪、轻量刑"观念的影响，法官在量刑说理部分往往只列明了对定罪有影响的事实和证据，而忽视了量刑情节和证据的说明，更缺少何以采用相关量刑情节以及量刑情节作用力多寡的论述。[2]事实上，量刑裁判说理的实质内涵要求判罚证立与裁判认同相结合。其中，量刑裁判说理讲求的判罚证立，指的是通过对被告人刑事责任问题的权威裁决，力求清楚透彻的呈现量刑结论形成的证明过程。

围绕刑事量刑展开的裁判说理，不仅能够充分反映具体法律依据，还体现了针对案件本身实际情况的法律理论和原理的应用过程。[3]具体而言，从裁判文书的结构来看，量刑说理包括论点的提出、论据的开示和论据的运用等过程；从量刑的过程和步骤上看，量刑说理要在载明具体的量刑步骤、辨别案件相关的量刑情节并叙明理由的基础上，对不同量刑情节的作用力以及理由进行说明，必要时还应对相关量刑制度适用的理由进行说明。另外，针对传统审判理念影响下，我国刑事裁判文书偏重罪名认定和证据采信而忽视对量刑理由的说明的现状，应当注重判决书中量刑结果生成过程，特别是对刑种和刑期的选择依据加以阐述。

1. 载明具体的量刑步骤

量刑裁判说理作为量刑规范化改革深入推进阶段完善程序侧面的重要组

---

[1] 参见童德华：《以现代刑法理念推进刑事法治化建设》，载《检察日报》2017年12月13日，第3版。

[2] 参见汪贻飞：《量刑程序研究》，北京大学出版社2016年版，第201页。

[3] 参见李正华：《论"自由裁量权"》，载《当代法学》2000年第4期。

成部分，首先应当根据《常见量刑意见》规定的量刑方法，在定性分析的基础上，结合定量分析，依次在文书说理中载明量刑起点、基准刑和宣告刑。

2. 辨别案件相关的量刑情节并叙明理由

如前所述，早前的《量刑程序意见（试行）》列明的量刑理由就包括"已经查明的量刑事实及其对量刑的作用"。此外，各地高级人民法院在此基础上下发的实施细则和相关通知中，也对量刑裁判说理的程度和内容进行了不同程度的扩宽和丰富，如2013年最高法发布的《常见量刑意见》和湖北省高级人民法院于同年底下发的《关于实施量刑规范化工作的通知》，进一步对法官须说明量刑理由的"充分"标准予以明确。由此可见，随着量刑规范化改革由局部试点转向全面实行，以及最高法"加强法律文书裁判文书说理"改革的部署，法院的量刑裁判说理的要求和标准也逐步提高。此外，量刑裁判说理是对法官依法行使刑罚裁量权的具象化体现，理应包含从案情事实中辨别相关量刑情节及理由叙述的部分。

3. 对不同量刑情节的作用力以及理由进行说明

首先，不同量刑情节作用力对量刑结果的影响需要法官根据具体案情加以阐释；其次，对于单一量刑情节的作用力对判罚的影响程度，也需要在量刑说理部分展开；最后，对于存在数个逆向量刑情节的个案，法官应当"对从宽情节、从严情节进行综合平衡"，[1]结合全案进行判决，而非简单的"同向相加、逆向相减"。特别是当两个不同向度的量刑情节同时存在，采取不同的量刑位阶顺序，势必在刑罚裁量的折抵效果上产生分歧。此外，"同向相加、异向相减"基准刑调节方法，也存在"量刑情节减少幅度的加减"和"基准刑经各个量刑情节依次调节后刑期上的加减"等多重解读。[2]因此，综合考量的过程也需要体现在量刑裁判说理文本中。

4. 相关量刑制度适用的关照及其理由阐释

除了前述个案处理过程中的细节把握，量刑裁判说理还需具有全局观，即体现对宽严相济刑事政策的整体落实，做到"该宽则宽、该严则严、宽严相济、罚当其罪"。只有准确把握不同时期不同地区的经济深化发展和治安形

〔1〕 参见周光权：《刑法总论》，中国人民大学出版社2011年版，第301页。
〔2〕 参见苏彩霞、崔仕绣：《中国量刑规范化改革发展研究——立足域外经验的考察》，载《湖北大学学报（哲学社会科学版）》2019年第1期。

势的变化，对整体量刑制度的适用进行关照，才能确保刑法价值的实现，确保量刑裁判法律效果和社会效果的统一。

（二）量刑说理的裁判认同

此外，在完善量刑裁判的判罚证立过程中，提升量刑参与方和社会民众对裁判结果的认同，也是在量刑规范化改革语境下逐步完善刑罚裁量说理制度的应有之义。裁判认同是让民众在阅读裁判文书的过程中，发自内心的信任与理解，认同裁判文书体现的法的价值，并由此产生行为上的遵从与维护。[1]

1. 认同裁判说理的必要性

需要明确的是，包括量刑说理在内的司法裁判，均需要以民众的裁判认同为必要。这是因为，包括量刑活动在内的刑事诉讼活动在认识论上不仅仅是一个回溯既往的过程，还体现了对具体价值目标的实现轨迹。对于刑事量刑活动而言，检察机关、被告人以及被害人等因各自迥异的立场而存在利益诉求的差异，而作为中立的审判方需要在法律框架内依据案件事实进行裁判。而这种唯一确定的刑事判决，则需要各方形成基本接受判决的共识，并在此基础上实现各方利害冲突的化解。法官通过刑罚裁量说理逐一解决各量刑参与方的焦点问题，注重对辩护人提出但未予采纳的量刑意见的解释说明，以及对检察官提出的量刑建议的证据和论证作出必要回应，以提高量刑参与方的共识感和认同感，并以庭审程序或裁判文书的公开，向社会民众传递个案的法律精神和裁判逻辑，继而在民众间形成对司法裁判的认可和对法律权威的维护。

此外，量刑裁判说理还需要得到量刑参与方的认同。这是因为，刑事判决说理是通过一种理性说服的方式，将对诉讼参与人的尊严与权利的尊重具象化的过程。[2]结合前述量刑说理需要实现判罚证立，就是要向量刑参与方公开审判机关"量刑思维的运行过程"[3]，不仅要对检察机关所提出之量刑建议予以回应和论证，还要明示对被告人、辩护人等提出的量刑意见的采用

〔1〕 参见吴英姿：《论司法认同：危机与重建》，载《中国法学》2016 年第 3 期。
〔2〕 参见唐世齐、李主峰：《刑事判决说理制度研究》，黑龙江教育出版社 2013 年版，第 155 页。
〔3〕 参见冯骁聪：《量刑的生命在于经验》，西南政法大学 2017 年博士学位论文。

情况和详细说明。

2. 对量刑建议和量刑意见的回应与论证

如前所述，检察机关的量刑建议权是其在刑事诉讼中就被告人所应判处的刑罚向法庭提出意见的权力。若法官不支持检察机关提出的量刑建议，则必须对其作出不予采纳的详细回应。此外，判决书中还需要对被告人及其辩护律师提出的量刑辩护意见予以回应，尤其是不予采纳的辩护意见需要合乎逻辑的论述。[1]据此，为了提高控辩双方的裁判认同，针对量刑建议和量刑意见的回应与论证，主要体现在量刑裁判说理的以下四个方面：首先，在展示经审理查明的涉及犯罪构成的证据之后，法官应当明示证据的取舍，并论证被告人是否构成犯罪，以及构成何罪；其次，在论证被告人的行为成立犯罪过程中，法官应当首先展示体现量刑情节的证据，并说明证据的取舍情况，对不同证据的量刑影响程度加以阐释；再其次，根据法庭审理查明的事实和证据，说明法庭采纳、不采纳或部分采纳公诉人、当事人和辩护人、诉讼代理人发表的量刑建议、意见的理由；最后，结合案件的所有量刑情节和证据，充分地论证本量刑裁判形成的原因及其理由。[2]

三、形式基底：经验表述与繁简适度的结合

(一) 量刑说理的经验表述

除了在实质内涵层面对刑罚裁量说理过程的判罚证立和裁判认同方面进行改善，还需要对量刑说理形式侧面的经验表述和内容的繁简进行适度的关注。其中，量刑说理是通过文字撰写或语言表述的形式，对法官经验为主导的思维予以提取和展现的过程，并通过庭审程序和判决文书的公开，让案件当事人以及社会公众能够尊重并认可，进而形成对刑事法律的尊崇和维护。

值得一提的是，此处所言之"经验"，并非传统"估堆式"量刑方法所依赖的纯粹意义上的审判经验，而是实现刑事法律与量刑事实二者融合，并将"法律的抽象理性转化为个案的具体理性"[3]。也就是说，量刑裁判说理

---

[1] 参见谢佑平、贺贤文：《量刑公正与程序规制》，载《政治与法律》2009 年第 9 期。

[2] 参见汪贻飞：《量刑程序研究》，北京大学出版社 2016 年版，第 201~202 页。

[3] 冯骁聪：《量刑的生命在于经验》，西南政法大学 2017 年博士学位论文。

不能简单理解成事实与规范的涵摄过程，即如传统"估堆式"量刑方法那样，对案件法定量刑情节和部分酌定量刑情节进行笼统、抽象的说明。事实上，量刑裁判说理的经验表述体现在法官依法行使刑罚裁量权、运用审判逻辑，运用经验从个案中判断不同量刑情节及其对量刑结果的作用力的过程。

具体而言，首先，对于符合法定情节的典型犯罪情形，法官可直接参照《常见量刑意见》有关量刑步骤，以及各地法院下发的结合本地司法实践的实施细则，对量刑情况进行说理；其次，对于酌定量刑情节，法官应对充当酌定量刑情节的根据加以说明，即其反映的是罪责、预防必要性程度或其他人权保障的考虑；最后，法官在运用经验确定量刑情节的作用力及其程度时，也需要结合犯罪人的罪责及其预防必要性程度，综合全案作出判断。

（二）量刑说理的繁简适度

裁判文书应当体现为经过反复权衡、斟酌而形成的精炼、简洁的法律语言。[1]换言之，作为反映刑罚裁量逻辑和刑罚形成过程的量刑说理，应当具备准确、精简和专业等特点。据此，要求法官通过朴素、平实的文字展现量刑结论的形成过程，就是要求法官在裁判文书中动态重现具体刑种或刑期的确定方法与计算步骤，使社会公众能从判决理由的论证过程中深刻理解和体会"法官是如何计算量刑情节对量刑幅度的调节比例并确定最终量刑幅度的"[2]。这是因为，尽管我们强调对刑罚裁量过程和依据等进行"说理"，但不得将其理解为"说教"，毕竟法官的量刑说理是向当事人以及民众公开量刑思维的过程。当然，对于重大疑难的复杂案件，充分的量刑裁判说理反倒更有助于实现定纷止争、服判息诉的效果。若拘泥于高深莫测、晦涩难懂的刁钻的"法语言"，则是将本身定位存在偏差的司法审判与学理论证相混淆，势必会折损刑事裁判文书公开后所预期达到的民众的普遍认同。

综上所述，强化量刑裁判文书的释法说理，首先，要注重事理的阐述和论证，说明量刑事实及适用量刑情节的根据及理由，以体现量刑裁决的客观、公正和准确；其次，在阐明事理的基础上解释法理，突出对裁判依据的刑法规范、司法解释和量刑意见的适用论证，围绕证据审查、事实认定和法律适

---

〔1〕 参见潘庆云主编：《法律文书学教程》，复旦大学出版社 2010 年版，第 34 页。

〔2〕 焦悦勤：《刑事判决书量刑说理现状调查及改革路径研究》，载《河北法学》2016 年第 2 期。

用的解释说明；再其次，要注重量刑裁判文书的情理说明，即符合社会主义核心价值观，体现法理情的相互协调；最后，要注意释法说理的形式要件，量刑裁决书应注重文理和语言规范，体现层次分明的逻辑证成，做到繁简适度、详略得当。[1]量刑裁判说理的渐次升级，不仅契合了我国量刑规范化改革深入推进阶段的程序侧面的发展需要，更是对最高法明确提出的"推动裁判文书说理改革"的必要展开。不仅要注重量刑裁判说理实质内涵，注重对判罚证立的阐释和对裁判认同的实现，还要在形式肌底层面注重文书表述的精炼、朴素和易于理解。

第四节　量刑听证的模式创制

如前所述，量刑听证程序多应用于英美法系国家，尽管在我国司法实务领域，鲜有地方法院加以尝试，但在我国学理界不乏对该程序的理论研究。事实上，作为兼具程序价值和实体价值的量刑环节，对我国量刑听证进行模式创制，将有利于我国量刑规范化的深入推进。

一、量刑听证的理性界说

"听证"（hearing）一词在国内多出现在行政领域，旨在确保各方信息能够得到全面、直接的反馈，保证审判的公正、公开。听证制度源于英美法系的自然正义观念，即"听取两方面意见之法理"[2]。作为促进量刑各方完整、全面提供信息的重要程序，量刑听证制度不仅在英美法系国家发挥着重要的程序性优势，还对于我国量刑规范化改革深入推进阶段的程序完善，具有重要的借鉴意义。

（一）量刑听证的功能辨正

1. 英美法系国家量刑听证制度优势
英美法系国家的量刑听证是一种听取控辩双方量刑意见的程序建构，具

---

〔1〕 参见苏彩霞、崔仕绣：《中国量刑规范化改革发展研究——立足域外经验的考察》，载《湖北大学学报（哲学社会科学版）》2019年第1期。
〔2〕 姜涛：《认知量刑规范化》，中国检察出版社2010年版，第267页。

体包含以下几个方面的特征和优势：首先，量刑听证是一种"控方提出量刑建议、辩方展开量刑辩护和法官居中裁判刑罚"的量刑辩论模式，信息的公开化呈现，让辩方有足够的时间及时调整辩护策略，同时也为控方提供辩诉交易提供依据；其次，量刑听证的目的在于充分地听取量刑建议和辩方的抗辩事由，以实现实体正义和程序正义；再次，量刑听证以英国普通法的"自然正义"为理论根基，在美国以《宪法修正案》第 5 条和第 14 条的"正当程序条款"作为宪法依据，符合英美法系国家程序正当的价值取向；最后，量刑听证属于一种独立的量刑程序，即在定罪程序之后，在法官的主持下单独进行的一种程序。

2. 本土化量刑听证制度创制的差异性

鉴于英美法系国家量刑听证制度的诸多显著优势，我国学者也逐渐认识到该制度在促进信息交互方面的功能价值。然而，我国的法律体系和渊源与英美法系国家相差较大，结合我国司法实践的量刑听证制度当然有别于前者。

事实上，我国地方法院早有涉及量刑听证制度的探索与尝试。早在 2003 年，浙江省杭州市萧山区法院在全国率先办理了一起缓刑听证案；2007 年江苏省常州市戚墅堰区法院制定相关缓刑听证规则，要求被告人所在社区、工作单位、辖区派出所等单位结合被告人的日常表现和犯罪的社会危害性，共同考察其是否具备适用缓刑的客观条件。[1]2008 年，湖北省咸宁市通城县法院在审理一起挪用公款案时，实质性地举行了一次"量刑听证"会，即合议庭将本案所有的事实和证据经过法律程序认定和固定后，邀请了部分人大代表、人民陪审员、有关单位代表、公诉机关、相关利害关系人等参与其中，该案的最终裁判也得到两名被告人的理解和认可。[2]由此可见，基层人民法院在司法实践中多次尝试运用量刑听证程序广泛获得量刑信息，并取得了较为可观的反响，但正如前文所论述的那样，由于缺乏规范依据和理论支撑，加之实施模式较为混乱，使得量刑听证程序在司法实践的推广度和发展进度十分有限。

（二）创设量刑听证的必要性

创设量刑听证的必要性体现在以下四个方面：首先，量刑听证具有非必

---

〔1〕　参见朱向群：《将缓刑听证与社区矫正有效对接》，载《江苏法制报》2007 年 11 月 12 日，第 3 版。

〔2〕　参见李正清：《通城法院试行"量刑听证"》，载《中国审判》2008 年第 9 期。

经性，仅对有听证需要的案件进行，符合量刑规范化改革提升工作实效的效率要求。在现代刑事诉讼活动中，"控、辩、审"三方分离的模式是刑事司法的基本原理，而量刑听证独立于这种程序之外，是刑事审判之后的一个额外程序，只有那些有必要展开量刑听证的案件才可以启动。其次，量刑听证的提出主体为主审法官，杜绝审判权让渡他方的情况。即法官在刑事审判程序之后，将案件事实和量刑情节固定以后，由且仅由法官根据案情需要，要求相关社会主体进行量刑听证，听取各个代表对案件量刑结果的意见。再次，量刑听证具有非强制性效力，仅充分发挥量刑听证的辅助参考功能。这是因为，现代法治的程序价值要求，既要听取各方针对诉争的相关意见，又必须坚持法官独立办案以保障其公正量刑的客观需求。各量刑关联方在听证过程中发表的意见，固然对法官把握正确量刑尺度、公允裁判有着积极作用，但这些意见和信息仅可作为法官裁判刑罚时的参考，而非限制其刑罚裁量的桎梏。最后，量刑听证的开展有助于提高量刑结果的认可度与接受度。量刑听证通过法官组织各量刑关联方发表意见、表达看法、充分辩论，能够更好地让社会了解裁判过程和依据，并在此基础上理解和尊重量刑结果，这个集思广益、思想交锋的过程不仅有利于提高服判息诉效果，还有利于帮助被告人真诚认罪，实现刑罚的特殊预防目的。此外，量刑听证还从制度设计层面体现出对刑罚个别化的关照。

二、量刑听证的价值分析

任何程序设计都以一定的价值取向为前提。如前所述，量刑听证不仅是量刑科学化的需要，更是量刑民主化的需要。因为量刑听证制度的创制、建构与逐步完善，不仅能为法官量刑开拓出量刑正义与量刑目的的重要途径，更能促进量刑公开和量刑监督的效果，可谓实体与程序价值兼具。[1]

（一）量刑听证的实体价值

当前中国刑事司法领域，程序价值与实体价值的兼容与并重已被越来越多的学者和实务工作者所认同。在量刑听证方面，由于其本源更加偏向于量刑程序方面，因而有必要对其实体价值加以剖析。总的来说，量刑听证的实

---

〔1〕 参见姜涛：《认知量刑规范化》，中国检察出版社 2010 年版，第 270~271 页。

体价值体现在对量刑正义的实现和对量刑目的的实现上。

一方面，量刑听证程序有助于量刑正义之实现。众所周知，定罪是量刑的前提，只有准确的定罪才能确保量刑的公正。然而，定罪正确仅是实现量刑正义的一部分，其另一部分则需依托量刑活动本身，借助正当的法律程序来予以实现。特别是对于重大疑难案件、缓刑案件和未成年人案件的量刑，不仅需要法官精准定罪，还需要完善量刑活动，并诉诸民主化、科学化的量刑程序。如前所述，量刑听证旨在听取量刑关联人的量刑意见，促进各方积极展开辩论。在这种程序帮助下，法官能够充分听取量刑关联人的量刑意见，能够在全面收集量刑事实的情况下，对量刑结果进行准确裁量。从前文基层人民法院的听证初探上看，虽然含有一定的宣传性和标杆性因素，但整体上获得了民众和相关部门的积极好评。因此，量刑听证是一种追寻和实现量刑正义的制度设计，符合民众对公正量刑的期待。

另一方面，量刑听证程序有利于量刑目的之实现。量刑要符合刑罚目的之要求，而量刑目的又起着承前启后的作用，不仅关联着犯罪的惩治，体现着对犯罪的报应，还连接着预防犯罪的目的，事关犯罪人的再社会化。法官通过开展量刑听证，充分听取量刑关联人的量刑意见，并允许他们充分辩论，提高了各方对犯罪人犯罪行为的认识。总的来讲，量刑听证制度在量刑目的之实现上也有不俗的促进功能：首先，有助于一般预防目的的实现，通过量刑听证，不仅可以警示听证参与人不要去实施犯罪，还可以改变听证人对被告人的看法，一定程度消除对其的误解；其次，有助于特殊预防目的的实现，在量刑听证中，被告人不仅认识到自己所犯的罪行、量刑结果，还深刻认识到自己对被害人所造成的伤害，进而帮助其认罪伏法、悔过自新；最后，有助于被告人的人权保障，在量刑听证中，法官既根据案件事实，依据刑事法律对被告人裁量刑罚，又从社会、民意、被害人态度和他们的合理表达中衡估量刑的社会效应，进而作出合法且合理的刑事判决。由此可见，量刑听证程序的落实，对量刑目的之实现也能发挥相当明显的促进作用。

（二）量刑听证的程序价值

量刑听证制度的本质是一种量刑程序公正。其中，量刑听证旗帜鲜明地体现了司法权与私权利之间的制约、均衡与互动的量刑思维及程序正义的精神要义。换言之，量刑听证的正义诉求在于为实体正义的实现提供了正当性程序。量刑听证的程序价值主要体现在对量刑监督的促进和量刑信息的公开两个方面。

1. 有利于实现量刑监督

量刑听证是实现公民对量刑进行监督的重要手段，公民的参与程度反映着公民在量刑中的地位、作用和选择范围。法官自由裁量权在量刑中具有明显的"主治功能"[1]，虽然有利于量刑公正和刑罚个别化的实现，但也存在着裁判权力寻租和滥用的风险。此外，量刑听证还能在一定程度上监督法官合理、适度行使刑罚裁量权，即法官在听证程序的要求下，全面、无差别地听取控辩双方的意见陈述，减少遗漏关键量刑信息的可能。在听证过程中，各方观点得以全面、完整地表达，相关意见能够在法官的主持下予以突出，在依据刑事法律法规的前提下，法官综合考虑各方意见和信息所裁量的刑罚，更易获得各方的认可和理解。当事人和民众对量刑过程和结果的理解，对树立刑事审判权威有着促进作用，而参与听证的过程，实际上就是对量刑活动的监督。

当前社会面临着犯罪形式和结构的急剧变化，新型犯罪不断涌现，量刑的复杂程度也随之提升。面对这种外部环境的变化，即使是审判经验丰富、学理基础扎实的法官，也不能确保仅凭个人智慧和能力能够完全解决量刑实践中涌现的各种复杂问题。这也为创设适合我国司法实践需要的量刑听证程序提供了可能。量刑听证实际上就是帮助法官客观裁判，正是如何判刑、判刑的影响和判刑的原因均以更加公开、公正的方式进行，使得法官因自身认识局限而错误或不当行使刑罚裁量权的可能性降低。比如在宣告缓刑的案件审理中，法官在判刑时并不必然能够预设到缓刑期间行为人可能对社区、邻里带来的影响，而对于缓刑效果的预判，行为人居住地的村委会或街道办负责人则能够代表社区发表意见供法官参考。而在量刑听证中参考他们的意见，实际上就是在发挥量刑监督作用。

2. 有利于实现量刑公开

"没有公开则无所谓意义"[2]，而量刑听证正是量刑二次公开的体现。如前所述，量刑听证是以向利害关系人公开的方式，允许各方发表意见、展

---

[1] 姜涛：《认知量刑规范化》，中国检察出版社 2010 年版，第 274 页。

[2] [美]哈罗德·J·伯尔曼：《法律与宗教》，梁治平译，生活·读书·新知三联书店出版社 1991 年版，第 48 页。

开辩论的过程，通过给量刑关联人提供"各抒己见"以进行利益表达的机会，来扩大量刑参与、提升量刑透明度和公开性。此外，充分发挥量刑听证的交流功能，使被告人理解和认可自身罪行的程度和所判处刑罚的根据与由来，从而提高对量刑结果的接纳水平，有利于服判息诉。从量刑公开维度上看，法官在这个过程中首先需要固定案件的基本事实和量刑情节，并要向参与听证的各方说明作出某种量刑判决结果的法律依据和理由，进而使整个案件的事实、量刑情节、可能参考的法律依据、判决依据、判决理由等，都清晰、完整地呈现在各量刑关联人面前，使得公众参与量刑、监督量刑的过程更加开放、顺畅。

事实上，量刑有失公允很大程度上是由于量刑程序的非透明、不公开导致的。如何在监督法院量刑的同时，让民众对量刑结果明其就里，是当前司法改革中增强量刑信仰和司法权威的重要方向之一。[1]量刑听证就是打开了这样一个渠道，让法官能够"兼听则明"，既不影响其审判权的支配地位，又能结合实际情况、广泛地了解各方信息，作出符合法律规定、契合程序要求、让民众信服的裁判结果。也正是基于对量刑听证程序的实体与程序方面的价值的肯定，才有了前文中基层法院的尝试和探索。

三、我国量刑听证制度的构建思路

我国量刑规范化改革的逾十年进路深刻反映出基层法院系统在提升量刑公正、提高审判效率中的无限创造力。结合前文关于国内外量刑听证程序的述评情况，考虑到我国基层法院探索和尝试量刑听证的经验，有必要从规范的原则规则、明确的适用范围和切实可行的程序规则等方面，构建适宜我国本土经验的量刑听证制度。

（一）规范量刑听证的原则规则

明确量刑听证的基本原则能够调节量刑听证与法官量刑之间的辩证关系，既不减损法官的刑事裁判主体地位，又能够促进信息交流和各方辩论，从程序侧面推进我国量刑规范化改革。具体而言，应在制度创设初期就明确以下三个方面的原则。

---

〔1〕 参见姜涛：《认知量刑规范化》，中国检察出版社 2010 年版，第 275 页。

首先，量刑听证的有效开展须以必要性原则为基础。必须是确有必要由法官组织量刑听证的案件，即包括被告人所在社区代表、工作单位代表或辖区派出所在内的参与方，所提供的信息将极大促进法官居中裁判的案件，才有组织量刑听证的必要。量刑听证的必要性原则同时也是对拟听证案件标准的确定。否则，若量刑听证缺少相对明确的标准，则会出现空间过大而导致司法活动的额外耗费，导致我国量刑听证实践开展困难重重。本书前文提到，量刑规范化改革秉持的理念当然地包含对司法效率的追求，作为量刑规范化改革程序侧面的延伸，量刑听证也需要将公正与效率作为制度设计和运行的基本价值目标。因此，量刑听证的必要性原则作为启动量刑听证的实质性要求，应当始终针对确有必要展开量刑听证且有益于被告人回归社会的案件。

其次，公开听证有利于提升量刑信息的真实性，即量刑听证原则上应遵循公开性原则。一方面，量刑程序的公开能够帮助法官广泛了解并合理倾听民意。在现代刑事法治社会中，量刑涉及多方利益的竞争，正是由于法官凭借卓越的个人智慧也难免存在某些案件裁罚妥适性的把握偏差，这才需要通过公开的量刑听证，帮助其作出更符合法治精神的裁判。在量刑听证中遵循公开性原则的要求，能够更好地让量刑关联方各抒己见、集思广益，防止哪怕是微小的法官专断的可能。

最后，量刑听证还受参与性原则约束。也就是说，在创制量刑听证制度时，要始终明确该程序的"非支配"地位，即只是社会主体参与法官量刑的一次活动，而非刑事司法的主要程序。量刑听证是通过各方意见的交流，让法官掌握更广泛、全面的信息，并据此行使刑罚裁量权。开展量刑听证的目的是强化量刑的社会效果，但何种程度的强化，以及如何防止民意脱离司法理性，如何选择合理的民意或信息进行考量，都应由法官依法决定。

（二）明确量刑听证的适用范围

如前所述，量刑听证制度作为一项"舶来品"，应当结合我国的社会发展情况和司法环境予以展开。正如量刑规范化改革起源于地方法院和科研院所的量刑制度改革初探，我国的量刑听证程序也已由部分基层法院初步实践，并取得较好的反响。为了确保量刑听证制度的长期健康发展，有必要对其适用范围作一定的限缩，这样既符合一般司法改革"由点及面"的发展规律，又促进我国整理量刑制度的稳健发展。当前我国量刑听证制度应面向重大疑难案件、判处缓刑以及未成年人案件展开。

首先，作为社会各界关注的焦点，重大疑难案件有必要开展量刑听证。众所周知，疑难案件往往涉及众多犯罪人、案情复杂且犯罪地众多，如何应对疑难案件的量刑问题通常是困扰办案法官的难题。鉴于这类案件较大的社会影响，与其因过于审慎而作出保险起见的判罚，导致"裁量不尽"，不如合理地开展量刑听证，了解社会各界对案件量刑结果的意见。如此，不仅能避免"行政干预"，还能提升民众对量刑结果的信仰，有助于司法权威的捍卫。因此，重大疑难案件应首先进入量刑听证制度的视野。

其次，除了重大疑难案件，还可以考虑将判处缓刑案件作量刑听证处理。根据我国《刑法》第72条的规定，除不满18周岁的人、怀孕的妇女和已满75周岁的人，应当宣告缓刑外，对于被判处拘役、三年以下有期徒刑的犯罪分子，还需要同时符合犯罪情节较轻、悔罪明显、无再犯危险等其他条件，才可以宣告缓刑。但现实生活中，法官并不能对被告人的一贯表现、家庭情况以及所在社区监管能力等情况做到全面了解，更无法就被告人审判时的情况对后续是否会对社区产生重大不良影响作出准确判断。在这种情况下，量刑听证便发挥了它的功能，在缓刑执行机关、社区或单位代表参与下，法官可以通过各方的意见表述对被告人宣告缓刑所带来的积极或消极影响作出预判，从而更有针对性地决定宣告缓刑与否。

最后，对于价值观还处于确立初期的未成年人，往往会因曾接受过刑罚处罚或非刑罚惩治而产生较大的心理压力。[1]加之未成年人犯罪往往与其生活背景、成长环境、家庭因素和教育情况有关，因此法官在对这类犯罪量刑时，应保持审慎，有必要参考未成年被告人的父母、近亲属以及就学单位在听证过程中所提供的有关信息，将其中有价值的部分作为对被告人判刑的依据。

（三）构建量刑听证的程序规则

为了使量刑听证能够充分发挥其制度绩效，需要制定切实可行、精简便捷的量刑听证程序规则，这里主要包括量刑调查、参与主体和基本步骤三个方面。

---

〔1〕　参见崔仕绣：《我国青少年犯罪防控的体系性建构》，载《黑龙江省政法管理干部学院学报》2020年第1期。

1. 量刑听证前的调查环节

如前所述，英美两国的量刑改革均设有独立的量刑听证环节。其中，美国的缓刑监督官会在量刑程序开始前展开量刑调查，即根据被告人的犯罪行为或被诉之罪、其他相关未诉罪行、犯罪历史以及包括家族历史、经济状况等其他可能关联量刑裁决的相关因素，与被告人进行面谈或面试。在此基础上，形成包含被告人犯罪行为相关信息、法规确定的处罚范围以及相关刑期计算方法的《量刑前报告》。[1]

众所周知，犯罪是由各种复杂因素相互作用而导致的复杂现象，既有社会原因，又不能排除被告人自身、家庭等方面的原因。而量刑调查正是以个别预防为理论基础而形成的调查模式。鉴于此等重要性，在展开量刑调查时，首先要肯定广泛调查主体的必要性；其次，要丰富调查内容，即应当调查与犯罪原因、犯罪预防和犯罪矫正等相关的全面信息，在兼顾个人隐私的合理保护情况下，广泛获取反映"犯罪人情况"和"犯罪行为情况"的信息，如个人信息、教育状况、犯罪前科和婚姻家庭情况等；最后，就是要确保量刑听证前调查所获取的信息真实、有效。

2. 量刑听证的参与主体

量刑听证程序应建立一种"利害关系人代表选择机制"[2]，以确定具有关联性、符合不回避要求且具备专业资质的人参与其中，确保听证程序提出的意见和信息是相对理性且能为法官居中裁判提供必要帮助的。也就是说，有权参与量刑听证的利害关系人所提供之信息，应当能够对裁判结果产生影响，且这些利害关系人应是被告人在生活、学习、工作中，具有稳定关联性的人或单位代表。此外，参与量刑听证的利害关系人还应具有基本的法律道德观，不能提供脱离实际或过于极端的信息。这是因为，缺乏一定的理性思维和专业知识的个体参与量刑听证环节，可能会产生脱离朴素法律价值的、失之偏颇的极端观点，有违刑事司法活动的理性与审慎。

3. 量刑听证的基本步骤

在明确了量刑听证程序的调查环节和参与主体之后，接下来便是如何有

[1] See Greenblatt K: "What You Should Know Before Your Client's Interview: A Former Federal Probation Officer's Perspective", at https://www.federalrulesofcriminalprocedure.org/table-of-contents/，最后访问日期：2019年8月21日。

[2] 姜涛：《认知量刑规范化》，中国检察出版社2010年版，第284页。

序、高效地进行量刑听证的考虑。首先，应由庭审人员向参与量刑听证的利害关系人介绍基本案情和需要参考的法律规定等，必要时可以对相关法律规范进行简要说明。需要注意的是，法官在介绍控辩双方量刑结果看法的时候，为避免对两方产生先入为主的影响，不应将审判方对量刑结果的看法进行陈述。其次，开展了量刑调查的检察院、辩护人或者法院方面，就量刑调查报告的内容进行介绍。再次，参加量刑听证的各方代表可围绕前期量刑调查报告中的争议焦点，合理且充分地展开辩论。最后，法院在此基础上进行合议并形成初步量刑意向。当然，量刑听证的全程也应同法庭审理程序一样，遵循庭审的一般程序要求，由书记员对量刑听证程序作充分记录，各参与听证的代表还应在听证结束后在记录本上签名。

第五节 人工智能刑事量刑辅助系统的建制

深入推进量刑规范化改革离不开技术层面的更新与发展。事实上，随着移动互联网、大数据、云计算等信息科技的日益丰富，作为解释和模拟人类智能行为及其规律的技术科学，人工智能（Artificial Intelligence）在经济社会发展的强烈驱动下，跃升至新的发展阶段。加强刑事量刑辅助系统的建制和应用，强化当代科技对司法活动的促进功能，不仅符合世界各个国家和地区司法实务的发展潮流，更是长期以来减少量刑歧异现象的有效措施。对人工智能刑事量刑辅助系统的建制，首先需要建立在对人工智能技术融入司法实践的时代特性充分了解的基础上，不仅要承认刑事量刑辅助系统促进我国量刑规范化的必要性和可行性，还需要清楚地认识到信息技术在数据算法依赖、自我适应能力和实际操作层面存在的风险，以审慎、克制地态度发展刑事量刑辅助系统。

一、人工智能技术融入司法实践的时代特性

（一）人工智能技术融入法治发展的时代背景

2016 年 2 月 22 日，最高法研究通过《人民法院信息化建设五年发展规划（2016-2020）》，强调加快信息化建设发展规划，推动信息化建设转型升级，

努力建设"智慧法院"，促进审判体系和审判能力现代化。[1]同年7月，中共中央办公厅、国务院办公厅公布的《国家信息化发展战略纲要》，亦将建设"智慧法院"作为服务民主法治建设、促进司法公平正义的重要内容。2017年7月8日，国务院在《新一代人工智能发展规划》中强调，要将"智慧法庭"建设作为推进社会治理智能化的重要着力点。[2]自此，人工智能以旺盛之姿为法学理论和司法实践注入磅礴生机，以智能化、数字化、网络化为特征的法律信息化时代拉开帷幕。

（二）各国"电脑量刑系统"的探索与发展

1987年，Richard S. Gruner教授及其团队开始探索编写旨在辅助律师和法官准确适用《量刑指南》的"量刑咨询系统"（Sentencing Advisor），该程序一定程度上提高了美国刑事裁判效率和量刑结果的可靠性。[3]2001年，纽约州假释委员会为满足立法要求，推出名为"罪犯惩教管理系统"（简称COM-PAS）的试点项目，通过风险评估对行为人进行再犯预测和量刑评估，辅助法官进行量刑裁决。COMPAS量刑辅助系统采用"循证主义"量刑模式，即利用风险评估或精算分析方法，在海量数据集合基础上，对"群体特征与群体犯罪率的统计相关性"加以评估，形成以客观性和数据驱动为特征的再犯概率评估机制。[4]该系统后被美国多数州法院采用，并在"促进量刑公正、节约司法预算和缓解监狱压力"等方面贡献卓著。[5]此外，委员会还采用另一套"电脑量刑辅助程序"指导法官、假释官员等司法实务人员适用指南规范，作出量刑报告或量刑建议。[6]此外，除了对量刑指南进行结构调整和规

---

〔1〕 参见宁杰：《加强法院信息化建设规划 全面提升信息化水平》，载《人民法院报》2016年2月24日，第1版。

〔2〕 参见《国务院关于印发新一代人工智能发展规划的通知》（国发〔2017〕35号），载ht-tp://www.gov.cn/zhengce/content/2017-07/20/content_5211996.htm，最后访问日期：2019年9月24日。

〔3〕 See Gruner R S, "Sentencing Advisor: An Expert Computer System for Federal Sentencing Analyses", *Santa Clara High Technology Law Journal*, 1989, p. 51.

〔4〕 See Harcourt B E, *Against Prediction: Profiling, Policing, and Punishing in An Actuarial Age*, University of Chicago Press, 2007, p. 94.

〔5〕 See Starr S B, "Evidence-Based and the Scientific Rationalization of Discrimination", *Stanford Law Review*, 2014, p. 816.

〔6〕 See Kelso J C, "Judicial Technology In the Courts", *American Jurisprudence*, 1992, p. 44.

范简化外，英国的量刑改革还多次强调信息时代适用量刑辅助系统的适时性和必要性，主张在运用信息技术特别是人工智能技术创制易于法官操作的量刑辅助系统，将显著提高司法实践效率和量刑结果的准确性，"将信息化（技术）融入量刑指南和量刑实践，将日益受到包括从事量刑工作在内的司法实务工作者的追捧"。[1]

不难看出，概览各国量刑辅助系统，不论是美国的"参考性《量刑指南》体系"、欧洲的"量刑基准系统"、荷兰的"北极星求刑系统"，还是德国 JU-RIS 资料库、日本 KRP 程式编制的法律检索咨询系统，都是通过运用先进的信息技术，对庞大个案的相关信息进行反复统计、类型化分析，进而向法官提供量刑参考，无不体现了运用智能化科技辅助法官量刑实践的核心目的。

（三）我国台湾地区"电脑量刑系统"的探索与发展

为响应司法改革的热潮，我国台湾司法主管部门于 2011 年创制了旨在提升搜索效率与效益、辅助司法人员公正量刑的"妨害性自主量刑资讯系统"，用以减轻司法人员繁重工作负荷，提高量刑裁决质量，提升民众对司法的信任感。

在我国台湾地区"妨害性自主量刑资讯系统"创制之前，台湾地区司法人员主要通过翻译裁判案例、搜索关键字或通过布林运算（Boolean Operators）系统检索类似的法律文书，这种低效率的检索方式，难以保证司法人员在个案量刑环节准确、快速地获得相似类罪的量刑结果。2010 年 9 月，我国台湾地区"高雄地方法院"一起性侵幼女案畸低的量刑裁决，引起了社会广泛关注，激烈的社会关切拉开了台湾地区量刑改革的序幕。2011 年 2 月中旬，我国台湾司法主管部门成立"妨害性自主犯罪量刑分析研究小组"，将 2007 年 1 月 1 日至 2010 年 12 月 31 日各级法院的妨害性自主刑事案件量刑结果作为研究对象，统计分析宣告刑分布、攸关量刑因子、我国台湾地区刑事相关规定第 59 条有关酌减其刑和第 74 条有关宣告缓刑的情形等，对该类罪量刑进行初步统计分析，并形成书面报告。在此基础上，我国台湾司法主管部门广泛要求具有丰富审判、公诉和辩护经验的审、检、辩方团体代表，以及妇幼权益保护组织、被害人保护团体的代表，对前述书面报告进行讨论、协商，最终，完成"妨害性自主罪量刑咨询系统"的设计并于 2011 年 7 月 26 日上

---

[1] See Dhami M K, "Sentencing Guidelines in England and Wales: Missed Opportunities?", *Law and Contemporary Problems*, Vol. 76, No. 1., 2013, p. 306.

线测试。同年 9 月 7 日，在前期专案性分析研究小组的基础上，正式在所谓"刑事厅"下成立"量刑分析研究小组"作为常务机构专职负责台湾地区量刑改革中各罪量刑资讯系统的研制。截至 2013 年 5 月，我国台湾地区已陆续完成"妨害性自主罪量刑资讯系统"、"不能安全驾驶罪量刑资讯系统"和"枪炮弹药刀械管制条例案件量刑资讯系统"等的研制和推广工作，另有如"盗窃罪量刑资讯系统""制造、运输、贩卖、转让、栽种毒品（株）案件量刑资讯系统"等正在筹备中。（详情请见下图）[1]

表 6-1　台湾地区量刑资讯系统发展概况表

具体罪名类别	建置日期	登录（判决书）资料详情			启用时间
		收录期间	宣告刑次	宣告人次	
妨害性自主罪	2011/02/05	2007/01/01~2012/06/15	8612	7259	2011/07/26
不能安全驾驶罪（修改前）	2011/09/09	2010 年全年	40 519	40 431	2012/02/15
不能安全驾驶罪（修改后）	2012/06/04	2012/01/01~2012/06/30	11 328	11 369	2012/09/05
枪炮弹药刀械管制条例案件	2011/10/12	2007/01/01 2011/12/31	7169	6406	2012/09/28
利用人头账户等资料帮助诈欺案件	2011/10/12	2009/01/01~2012/03/31	28 259	27 905	1201/10/30
制造、运输、贩卖、转让、栽种毒品（株）案件	2011/12/23	筹备中			
盗窃罪	2012/09/12				

---

〔1〕　我国台湾地区"妨害性自主刑事案件"的攸关量刑因子包括可责性、社会保障、犯后态度、适用法条、加被害人特性、控制变数等。参见郭豫珍：《量刑与刑量：量刑辅助制度的全观微视》，元照出版公司 2013 年版，第 126~134 页。

　　在具体的操作中，对于量刑因子繁多的案件，法官在量刑实践中，首先会按照所审理案件的具体类比检索相关的量刑资讯系统，参考对应系统中具有相同或相似案件的量刑情形，勾选相应的栏位。随后，量刑资讯系统会根据法官所勾选的栏位自动检索出具有相同或相似量刑因子的案件，并同时将这些案件的量刑判决结果如裁量主刑的概率、最重和最轻刑度、各主刑的平均刑度及量刑分布情况逐一显示，向法官提供相同和相似案件的量刑参考。对于数量较多但多以简易程序进行量刑裁决的案件，为避免在输入栏位和查阅量刑情况过程中的判案时间和司法资源上的损耗，有部分法官主张，对此类具有较高同质性的案件，可以由法官检索普遍关切的量刑因子，将所得之资讯结果印制成简易的参考表，作为量刑资讯系统的补充。如"不能安全驾驶罪量刑资讯系统"所涉的犯罪往往在日常生活中极为常见且量刑情节通常具有高度相似性，为提高量刑资讯系统的可适性和量刑实践的裁判效率，"量刑分析研究小组"邀集法官研讨和编制简易量刑参考表，并在充分讨论和广泛交流意见的基础上，确定了如"累犯""不能安全驾驶之前的违法记录次数""呼吸酒精浓度""交通工具种类"作为显著性量刑因子。[1]

　　值得一提的是，有学者指出，上述简易量刑参考表是通过统计分析的方法，通过衡量各量刑因子对刑罚裁量的影响量，进而找出具备相同量刑因子的"共通刑期"。这个过程以实然层面的量刑统计资料为基础，目的是向法官

---

　　[1]　通过统计学方法对个罪的量刑因素进行观测，有助于直观地体现各量刑因素与量刑结果之间的线性相关关系。具体原理是，统计学上的线性相关分析主要用于描述多个变量之间的线性相关关系和密切程度，其中，以回归分析方法最具代表性。线性相关分析前期会根据专业知识、理论逻辑和常识来确定预期，即假设变量 A、B 之间不存在任何显著的相关关系，再通过代表显著性（双侧）的 P 值来检测原命题成立与否。以我国台湾地区不能安全驾驶罪量刑资讯系统各变量的确立过程为例，该罪共涉及有期徒刑、拘役、罚金以及并科罚金共 5 种处罚模式，系统对案例数据进行逻辑回归（logistic Regression）分析建立有期徒刑、拘役和罚金的刑罚类别资料，以探讨"主刑发生率"与"量刑因子"之间的关系。其中，"主刑发生率"为模型的因变量（反应变数），而"量刑因子"为反映变数的因子，即自变量。首先，以不能安全驾驶罪的有期徒刑、拘役和罚金等刑罚的发生率为因变量，对所搜集的量刑因子进行逐步回归分析（stepwise regression），从中选择出显著性相关的量刑因子，如"呼吸酒精浓度""累犯""不能安全驾驶之前的违法记录次数""交通工具种类""被查获地点""行为时是否处于缓刑、假释或社会服务劳动中""职业驾驶情况""是否造成损害（包括人身伤害和财产损失）"等，用以建立逻辑回归模型。其次，在建立有期徒刑、拘役和罚金为因变量的模型后，建立有期徒刑和拘役存在并科罚金的量刑模型。参见郭豫珍：《量刑与刑量：量刑辅助制度的全观微视》，元照出版公司 2013 年版，第 135 页；参见崔仕绣：《实证分析视阈下的行贿罪刑罚结构与量刑特征》，载《湖北警官学院学报》2019 年第 3 期。

提供量刑参考。事实上，实际案情中往往存在由于不安全驾驶造成的严重后果，因此法官不能仅以实然层面的"共通刑期"作为参考，而应进一步面向社会预期作出应然层面的量刑调整。鉴于此，我国台湾地区的"量刑分析研究小组"于 2012 年 10 月 17 日邀集法官、检察官、辩护律师、法学教授和地方协会等，针对不安全驾驶案件的实际情况，交流各方对简易量刑参考表刑度设置的意见，并制作了接近应然层面的"焦点团体建议之量刑参考表"[1]，旨在促进法官量刑过程中自由裁量权的结构化行使，尽可能实现量刑的公平、透明、妥适和可预测。

（四）我们"电脑量刑系统"的探索与发展

如前所述，我们围绕人工智能刑事量刑辅助系统的学理探讨和实践探索由来已久，这些探索和试验同时也拉开了我们量刑规范化改革前期探索阶段的序幕。早在 20 世纪 80 年代初，钱学森教授在第一届法制系统科学研讨会和数篇论著中，系统论述了法律信息化的可行性、必要性和实现途径，为人工智能辅助司法实务奠定了坚实的论理基础。随后，我们的刑事法学家展开了关于电脑技术嵌入刑事量刑的探索性研究。例如，赵廷光教授及其团队结合电脑信息技术智能软件创制的"辅助量刑系统"，能够对被告人与案件相关的量刑情节进行合理评价，并运用电脑技术进行智能识别、推理、研判和运算，自动生成内容丰富的《量刑建议报告书》，为法官裁量刑罚提供颇具针对性、可预测性的参考依据。[2]此外，这套"辅助量刑系统"还能为法官动态提供刑事法律、司法解释等条文，便于法官援引和采用，可以说在提高量刑实践效率和提供量刑参考等方面作出了创造性的贡献。再如 21 世纪初的山东省淄博市淄川区法院，就结合法院裁判的数千份已决刑事案件，运用电脑技术研制出"智能数字化量刑辅助系统"。此外，为了避免因电脑技术僵化而带来的低适用性风险，该院还制定了《常用百种罪名量刑规范化实践细则》为法官量刑实践提供参考。学界充分肯定了地方法院围绕量刑辅助系统的探索经验，如有学者表示，淄川区法院的电脑量刑改革"产生了借助计算机语言

---

〔1〕 郭豫珍：《量刑与刑量：量刑辅助制度的全观微视》，元照出版公司 2013 年版，第 135~136页。

〔2〕 参见赵廷光：《论"电脑量刑"的基本原理》，载《湖北警官学院学报》2007 年第 2 期。

形式来使法律语言更加规范化的意图和客观效果"〔1〕。尽管当时的人工智能技术还鲜有人知，甚至连电脑设备或信息技术都尚不具有广泛服务社会特别是司法事务的普及度，但这并不影响以电脑信息技术为技术手段的量刑辅助系统的探索，为后续人工智能、大数据等尖端科技助力量刑辅助系统的创制奠定了坚实的理论和实践基础。

随着量刑规范化改革的局部试点和全面施行，各地法院也纷纷展开了新时期人工智能技术促进刑事量刑实践的更高层次的探索。如2017年2月，上海市高级人民法院于2017年初开始承担中央政法委交办的"推进以审判为中心的诉讼制度改革软件"工程，运用互联网、大数据、云计算、人工智能等现代科技手段，制定统一使用证据标准、证据规则的智能辅助办案系统（以下简称"206系统"）。同年5月，贵州省政法机关立足大数据战略推动"智慧政法"建设，全力建设"政法平安云"，积极研发大数据智能辅助办案系统，加强数据整理、共享和关联分析、比对，逐步实现类案推送、预警预测、评估研判等智能服务，全面提升办案质效。再如，新疆维吾尔自治区高级人民法院于2017年4月推出的"量刑服务系统"，实现了与审判信息系统平行对接。〔2〕2017年6月，海南省高级人民法院创制的"量刑规范化智能辅助办案系统"，在减少裁判文书制作时耗、降低程序性文书制作成本和提高法官办理规范化案件效率等方面表现突出，极大地推动了当地司法改革发展。

尽管"智能化量刑辅助系统"的衍生与发展，引发学界对法官自由裁量权机械性限缩的担忧，但这种将繁杂的案情经电脑软件进而过滤、分流、识别、演算的技术性突破，可谓是司法技术革命的一个重要里程碑，对深化量刑规范化改革具有积极的指向性意义。〔3〕"电脑量刑"模式自衍生起，便伴随着学界持久的"讨伐"和"批评"。例如，有学者称，"通过电脑量刑在全国范围内实现量刑统一、平衡，是漠视法益侵害性与预防必要性"〔4〕。但不

---

〔1〕　季卫东：《人工智能时代的司法权之变》，载《东方法学》2018年第1期。

〔2〕　参见《新疆量刑规范化系统上线》，载 https://www.cqn.con.cn/cj/content/2017-06/22/content_4464179.htm，最后访问日期：2019年9月30日。

〔3〕　参见崔仕绣、张博闻：《机遇与挑战：人工智能刑事量刑辅助系统的风险防控》，载赵秉志等主编：《新中国70年刑法的变迁与发展》（上卷），中国人民公安大学出版社2019年版，第669页。

〔4〕　张明楷：《刑法格言的展开》，北京大学出版社2013年版，第102页。

可否认的是，司法实践中不断涌现出电脑技术甚至人工智能技术嵌入司法实务领域的情况，恰恰印证了"信息化发展驱动下的精准量刑正逐渐替代了传统经验主义量刑模式的事实"[1]。

二、建制我国刑事量刑辅助系统的必要性

如前所述，初始阶段饱受非议的电脑量刑系统，依托"建设智慧法院"的政策东风和人工智能的技术发展，又回归至法学界的热议高地。我国量刑规范化改革历经十余年的艰辛探索，已在规范层面出台多个指导意见，有效规范了法官的自由裁量权，对降低量刑偏差、促进量刑可视化和均衡化效果卓著。随着人民法院司法改革和"智慧法院""数据法院"等司法信息化建设的深入推进，量刑辅助系统更新与发展进入全方位纵深发展阶段。

相较于传统司法审判与诉讼管理模式，人工智能嵌入司法辅助系统具备几个方面的优势：第一，有助于提高司法人员的认知判断能力，即通过技术介入形成法官事实认定的纠偏体系，排除明显欠缺逻辑关联的无关事实；第二，有助于提高司法人员的法律推理能力，即通过法律法规的技术性整合，为法官提供更便捷的"规则—事实"适用范式，辅助其校正与遵循符合形式合理性的运算规则；第三，有助于实现社会民众"同案同判"的公正诉求，即人工智能通过海量数据的精算功能，提升司法效率和裁判统一性。[2]上述优势在量刑辅助系统中也不无体现，特别是在提升量刑实践效率方面，人工智能技术能显著缩减法官查询相关量刑细则、法律法规和司法解释的时间，还能通过类案推送给予实务人员参考案例，有效降低"类罪异罚"的风险。

（一）便于量刑信息数据的有效整合

量刑辅助系统的研制和使用，便于对海量量刑信息和数据的有效整合，有助于我国量刑规范化改革的深入推进。以量刑辅助系统为终端的数据处理集合，能够准确反映不同时期不同犯罪的量刑情况，以此作为量刑改革政策

---

[1] 苏彩霞、崔仕绣：《中国量刑规范化改革发展研究——立足域外经验的考察》，载《湖北大学学报（哲学社会科学版）》2019年第1期。

[2] 参见钱大军：《司法人工智能的中国进程：功能替代与结构强化》，载《法学评论》2018年第5期。

转向和量刑规则修订的实践依据，其深远的指导意义不言而喻。此外，量刑辅助系统的创制、完善和运用能够有效提升我国司法领域量刑实证研究水平。以不同地区为子集的量刑辅助系统的开发和应用，有助于在尊重各地区政治经济发展水平差异的基础上，进一步契合各地区的司法文化习惯，推动我国量刑规范化改革的全面深入。

（二）促进法律实务工作者技能领域的全面提升

量刑辅助系统的研制是以广泛的、区域性的调查、研究和分析为前提，该系统的适用以具备丰富量刑经验和相当的信息技术处理技能为必要，因而有助于促进我国司法体制改革，尤其是便于促进法律实务工作者技能领域的全面提升。如前所述，我国幅员辽阔、区域发展差异较大，经济社会和文化的差异性使得相同量刑情节在不同地域、不同时期的法律评价存在细微差异。立足区域差异的量刑辅助系统的研制，有助于促进相关罪名对量刑依据、标准、规则所依据的量刑数据的研究与分析。

（三）提高量刑活动的可预测性

量刑辅助系统的研制和适用，有助于司法实务人员和广大社会民众进行量刑预测，有助于双层次刑罚目的的实现。作为法治国家，裁量犯罪之行为必须符合可预见性、可量度性和可信赖性等理性法则的要求，并以此形成稳定客观的法律秩序。量刑辅助系统通过提供相同或相似犯罪的量刑刑种和刑度的参考，一方面便于对民众进行威慑和教育，通过唤醒和强化国民对法律的忠诚、对法秩序的依赖，防止其实施犯罪，达到刑罚一般预防的效果；另一方面，以实际的刑期和刑度向犯罪人表征刑罚的实际威慑，通过刑罚处罚防止其实施犯罪，实现刑罚的特殊预防。

随着大数据、互联网和数码信息技术的发展，当下人工智能技术与刑事量刑的纵深融合，势必将为智慧法院的现代化建设、法律治理和司法审判创新提供新的机遇与挑战。为了有效推进人工智能刑事量刑辅助系统的发展，进一步深化司法改革、加快智慧法院建设和提升审判体系智能化水平，需不断提高大数据、云计算、人工智能等技术与法治的深度融合。[1]人工智能技

---

〔1〕　参见江必新、郑礼华：《互联网、大数据、人工智能与科学立法》，载《法学杂志》2018年第5期。

术融入刑事量刑辅助系统的过程，在实现量刑信息数据整合、促进法律实务工作者的技能提升以及提高量刑活动可预测性等方面的优势，无不体现了信息时代背景下人工智能刑事量刑辅助系统的研究价值。其与当前司法改革进程中刑事审判信息化、智能化、科学化要求相契合，是建设"智慧法院"的重要体现，有助于深化我国量刑规范化改革。基于上述学理分析和实践探讨，结合学界对"电脑量刑辅助系统"较为普遍的"冷淡"态度，后文将进一步围绕我国发展人工智能刑事量刑辅助系统中可能遇到的功能定位风险和技术迟滞风险展开讨论。

三、人工智能刑事辅助系统的风险防控

为强化科技与制度的协调创新，促进人工智能技术在司法领域的广泛运用，国家战略层面近年来相继出台的纲领性文件，均旨在引导和规范人工智能技术合理、合规、高效地辅助司法实践活动。官方政策的多番促力，成为全国各学科领域吹响"寻求人工智能大融合"的号角，法学领域也加快了涉及人工智能对司法业务辅助的可行性与有效性的探索步伐。鉴于量刑裁判数据相当程度的可视性与归纳性特征，以及电脑技术的中立性与客观性优势，早至量刑规范化改革初期，部分地方法院和科研院所便开创性地展开有关"电脑量刑""辅助量刑系统"的果敢探索，不仅积累了宝贵的调研经验，更为量刑规范化改革的全面推进奠定了坚实的实证基础。也即，信息技术发展初期的量刑辅助系统的设计与实施，已逐步形成"经验探索→理论完善→政策指导"的功能指引，为司法体制改革和刑事审判方式创新提供了前瞻性思路。

然而，相较于传统信息技术，司法大数据场域下的人工智能科技具备明显的数据前置性、算法依赖性、自我适应性和领域限定性。[1]面对人工智能全民研究热潮，法律学界和司法实务领域应进行必要的"冷思考"，即须冷静审慎地分析和防范人工智能辅助刑事量刑系统在伦理规则、功能定位、技术

---

〔1〕 参见王禄生：《司法大数据与人工智能技术应用的风险及伦理规制》，载《法商研究》2019年第2期。

适用等方面存在的风险，以推进司法信息化进程。[1]

(一) 功能定位风险：工具价值之确立

不可否认的是，凡涉及人工智能技术应用的功能定位风险皆具有普遍性，并非司法领域所独有。例如，2016 年 10 月，美国国家科学与技术委员会、网络和信息技术研究与发展委员会发布了《国家人工智能研究与发展战略规划》并强调，依靠新型自主决策算法为驱动的人工智能技术，难以避免在冲突性价值体系中受到伦理层面的质疑，因而要求开发者在技术可行的范围内，研发符合现行法律、行政法规和道德规范的可验证性算法与技术体系。为此，美国国家层面提出制定 "可接受的道德参考框架"[2]，通过多学科融合技术，用以指导和规范人工智能系统的推理、演算与决策，均能恰当反映道德价值。

此外，人工智能辅助刑事量刑系统的功能辨正，还体现在对法官自由裁量权机械限缩的克服上。法官在审判工作中，根据法律法规、司法解释，依据法庭查明的事实，在个人法律意识支配下做出适当裁判。但司法大数据与人工智能技术的数据前置性和算法依赖性，不免导致 "法官中心主义" 向 "数据中心主义" 的过度偏向，使得法官主体地位存在被削弱的风险。正如我国台湾地区学者强调，量刑资讯系统或辅助量刑系统在设置之初就需要明确其依附属性，"绝不会取代、僭越法官的职能"，即刑事量刑 "仍然需由法官审酌报应、预防等不同的刑罚目的，依个案情节妥适量刑"[3]。

鉴于我国采用 "在定性分析的基础上，结合定量分析，依次确定量刑起点、基准刑和宣告刑" 的量刑方法，确立量刑辅助系统的从属地位有助于发挥技术定量的分析功能，便于法官基于案件事实、证据材料和法律法规进行自由裁量。据此，在充分肯定人工智能辅助刑事量刑系统在排除法官恣意裁量的卓越贡献的同时，应谨慎防止智能系统的纯粹法律实证主义倾向，即信息技术难以兼顾（或短时间内尚无成熟技术）自然法、权利保障、人伦情理

〔1〕 参见崔仕绣、张博闻：《机遇与挑战：人工智能刑事量刑辅助系统的风险防控》，载赵秉志等主编：《新中国 70 年刑法的变迁与发展》（上卷），中国人民公安大学出版社 2019 年版，第 670 页。

〔2〕 See National Science and Technology Council, Networking and Information Technology Research and Development Subcommittee, "The National Artificial Intelligence Research and Development Strategic Plan", at https://www.nitrd.gov/PUBS/national_ ai_ rd_ strategic_ plan.pdf, 最后访问日期：2019 年 9 月 24 日。

〔3〕 郭豫珍：《量刑与刑量：量刑辅助制度的全观微视》，元照出版公司 2013 年版，第 131 页。

等思辨性影响因素和基于利益取舍的政策性考量机制。[1]需结合刑事司法实践规律和科技发展现状，保证司法活动的亲历性，不断强化人工智能辅助刑事量刑系统的非支配地位和辅助、依从属性，尤其是辅助刑事量刑过程中，不得取代法官的主体地位。

鉴于上述围绕人工智能刑事量刑辅助系统的从属性、附属性功能定位的论述，司法实务人员和理论研究者大可不必产生"量刑辅助系统是用电脑技术机械性取代法官刑事裁判"的刻板印象，也不应对人工智能刑事量刑辅助系统演算出的具有参考性的量刑结果抱有过多的敌意。正如我国"电脑量刑系统"的地方性探索时期，量刑辅助系统仅为借助电脑技术和案例样本向法官提供刑期预估的辅助工具，这种刑罚量化的能动参考并不具有影响法官量刑主体地位的风险。而社会生活和人类活动的纷繁复杂，使法学本身不具有通过自然科学般缜密的"公理"式进行精确计算的可能。[2]根据已然发生的生效刑事判决作出的量刑预测，仅会对未然的案件产生应然的参照影响，实际上是否采纳和多少程度上的采纳，其裁量权依旧归于法官。量刑辅助系统对司法案件的持续性统计、类型化分析，可使法官和诉讼参与人获得量刑的必要资讯，不仅能使法官的量刑行为更符合可预见性和可量度性，还能提高民众的司法信任感和依赖度。[3]随着量刑资料储备、人工智能技术和司法大数据系统规划的日臻完善，量刑辅助系统所演算的量刑趋势、分布会越来越精准，对法官的量刑参考价值也会日益凸显。

（二）技术迟滞风险：纠错体系之融合

在明确人工智能辅助刑事量刑辅助系统的非支配地位后，还需警惕技术迟滞潜存的应用风险，即如何妥善选择量刑算法、更新案例数据和建立模型。对于尚处于初级智能社会发展阶段的我国而言，现代科技和信息技术在推动生产生活方式便捷化、智能化、智慧化发展，创造巨大商业价值和社会福祉的同时，也难免为人类社会增添技术异化之风险。[4]

---

〔1〕 参见季卫东：《人工智能时代的司法权之变》，载《东方法学》2018 年第 1 期。

〔2〕 参见［德］卡尔·拉伦茨：《法学方法论》，陈爱娥译，商务印书馆 2003 年版，第 43 页。

〔3〕 参见郭豫珍：《量刑与刑量：量刑辅助制度的全观微视》，元照出版公司 2013 年版，第 151 页。

〔4〕 参见崔仕绣、崔文广：《智慧社会语境下的网络犯罪情势与治理对策》，载《辽宁大学学报（哲学社会科学版）》2019 年第 5 期。

　　我国的生效裁判文书互联网公布制度始于 2014 年初，并为全国法院开展"智慧法院建设"和大数据、云计算、人工智能技术学习提供了较为全面的案例储备。在裁判文书系统化、全面化公开之前，地方性量刑辅助系统的研发基础主要依赖于各地区的法院案件样本，因而该样本具有区域性、片面性特征。

　　首先，为实现从基础法律检索、诉讼文件准备向生成法律咨询、审核法律文书和预测案件结果等的实质过渡，司法领域的人工智能辅助系统的使用与维护需建立在海量的大数据基础上。[1]事实上，基于已生效刑事判决量刑数据的实证研究，本身就包含实然层面的数理分析，客观、完整、全面地呈现量刑趋势是实证分析最根本、最宝贵的研究价值。这是因为，量刑本质上是一种借助于"实践理性"的知识而展开的司法活动，法官的个体经验判断和主观能动性的发挥在整个量刑过程中不可分离，为了防止经验知识在特殊情况下被滥用或误用，可以适当借助技术力量防止人为误判。

　　因此，在提取量刑因素、应用量刑情节、择定量刑基准的过程中，尤其需要在数据分析、数据处理和数据嵌入等方面融入人工智能的深度学习模式，在卷宗文本的基础上，对相关刑罚规范进行分析统计和分类处理，准确识别其中的有效词段。[2]在对我国量刑规范化改革所涉及的 23 种常见犯罪进行类型化处理时，要尤其注意在个罪的子数据库中，依据我国刑罚的种类划分，细化数据处理过程，精准量化各个量刑情节。[3]

　　其次，鉴于人工智能刑事量刑辅助系统的技术特性，针对技术更新迟缓或算法应用不合理的特性，合理、合规、及时地介入纠错机制或智能司法监督体系，形成复杂案件的量刑分流、常规案件的筛查检验，显得尤为重要和必要。由于法官面对的是比法律原则、制度和规范逻辑更为复杂的现实，因而在量刑辅助系统建制过程中，相关变量的选择和排列尤需谨慎。如我国台湾地区所谓"刑法"第 57 条明定的科刑时应斟酌的情状包括犯罪动机、犯罪

---

　　〔1〕　参见钱大军：《司法人工智能的中国进程：功能替代与结构强化》，载《法学评论》2018 年第 5 期。

　　〔2〕　人工智能的深度学习模式旨在准确识别各类信息中的有效词段，在对卷宗文本进行理解和分类处理的基础上，根据罪名、法条、刑罚等关键信息进行收集统计。参见张富利、郑海山：《大数据时代人工智能辅助量刑的定位、前景及风险防控》，载《广西社会科学》2019 年第 1 期。

　　〔3〕　参见崔仕绣、张博闻：《机遇与挑战：人工智能刑事量刑辅助系统的风险防控》，载赵秉志等主编：《新中国 70 年刑法的变迁与发展》（上卷），中国人民公安大学出版社 2019 年版，第 672 页。

目的、犯罪时所受刺激、犯罪手段、行为人生活状况、行为人品行、智识程度（或受教育程度）、行为人与被害人关系、行为人违反义务程度、犯罪造成的危险或损害和犯罪后行为人的态度共计 11 项，暂且排除血缘、年龄、性别和社会经济地位等超法规因素，排列组合后的变项竟高达 2047 种。司法实践中，法官在个案裁判过程中，对于量刑辅助系统预测结果明显偏离通常取值的，应综合考量全案因素决定是否采用。只有将人工智能刑事量刑辅助系统的纠错机制作为司法风险动态防控体系的关键一环，才有利于强化该系统的工具价值，避免"唯技术论"的实践偏差。[1]另外，该系统还特别注重对操作流程的简化。法官在使用该系统时，仅需根据被告人涉及的刑罚规范以及经事实调查所确认的量刑情节，逐一勾选系统所对应的栏位，量刑资讯系统即自动通过布林逻辑运算，得出具有类似情节的量刑裁决的一般幅度。[2]

再其次，相关变量的科学择取与精准量化对人工智能刑事量刑辅助系统的建置尤为重要。以我国台湾地区"妨害性自主罪量刑咨询系统"为例，其量刑编码表的设置就是将错综复杂的量刑裁决通过判决书以文字方式"量化"为具体数字的过程。具体表现为，首先将刑事判决书中与量刑有关的基础资料与影响量刑的因子类型化，形成特定的"标准代码"；其次将类型化的"标准代码"录入 EXCEL 表格形成栏位表；最后，通过人工研读判决书的方式，"解构"所需要的信息，并再次输入栏位表。其中，该系统编码的客体不仅包括各个判决所涉及的各罪"基础资料"，还包括"法定量刑因子"和"进阶量刑因子"。[3]之所以在量刑辅助系统的最后一个环节，设置由人工选择适当的量刑因子作为栏位表的补充，是为了尽可能涵盖社会生活的各个方面和不同情境。我国台湾地区的所谓"量刑委员会"在此环节会就每个犯罪类别，组织具有丰富刑事量刑经验的资深法官组成"量刑研究小组"，对各个栏位的选项共同讨论、修改和定稿，在邀集公诉机关、辩护律师和科研院所法学研究者代表，对法官草拟的栏位选项提出完善的意见或建议，经过多番讨论和

---

〔1〕 参见崔仕绣、张博闻：《机遇与挑战：人工智能刑事量刑辅助系统的风险防控》，载赵秉志等主编：《新中国 70 年刑法的变迁与发展》（上卷），中国人民公安大学出版社 2019 年版，第 672 页。

〔2〕 参见郭豫珍：《量刑与刑量：量刑辅助制度的全观微视》，元照出版公司 2013 年版，第 128～131 页。

〔3〕 其中，"法定量刑因子"指的是所犯法条及法定加重、减轻事由，如根据我国台湾地区刑事相关规定第 47 条第 1 款累犯加重其刑、第 62 条自首减轻其刑的规定；而"进阶量刑因子"则可以是我国台湾地区刑事相关规定第 57 条各款和第 58 条的量刑应行审酌之事项。

协商后，最终形成能够全面反映犯罪类型的栏位表所需的各个量刑因子。这些量刑因子经由具有编码经验的"法官助理"[1]输入量刑资讯系统生成资料库，在编码录入的过程中，力求实事求是地反映判决结果所反映的实然层面的事实，而不对判决书可能存在的潜在内容进行过度解读。

最后，鉴于目前多数量刑辅助系统的软件设计和终端维护均由信息技术公司外包完成，使得司法实务人员对大数据、人工智能等技术不甚熟悉。为了消除人工智能技术在司法裁判过程中的神秘主义倾向，开启法学与人工智能专业"交叉学习"的模式具有现实必要性。一方面，加强司法实务人员对人工智能技术基本原理的理解与应用；另一方面，提高技术人员对法学基本原理、法律法规的掌握水平。[2]待法官群体普遍树立规范化量刑思维，且量刑辅助系统在人工智能、大数据等新兴技术的引领下逐渐具备更强的预测性、指导性后，对于量刑辅助系统中各个量刑因子的筛选也将朝着精简化、概括化的方向发展。比较贴合实际的构想是，量刑辅助系统的建制应在现象的完整分析基础上，进一步强化系统的实用价值，采用"量刑焦点理论"，切实地从法官所关注的量刑焦点着手，研制和修订简便可行的量刑辅助系统，对于极个别的特殊案例则由法官妥善行使自由裁量权予以裁量。[3]

简言之，人工智能的算法技术、数据依赖特性，决定了量刑辅助系统在司法实践中的从属性地位。在以开放态度迎接人工智能刑事量刑辅助系统纵深发展的同时，应审慎防控技术革新过程中潜存的功能定位和技术迟滞等风险，协同推进人工智能刑事量刑辅助系统的综合发展。[4]刑事量刑辅助系统的研制和应用需要最高法量刑规范化改革领导机构的全面统筹，需要各级人民法院量刑规范化改革领导小组的全力配合，需要法官和其他司法实务工作

---

〔1〕　根据我国台湾地区推行"募兵制"的兵役改革，此处的"法官助理"主要指，台湾司法主管部门向量刑分析小组分配的 8~10 名法律专业科研院所或普通高校毕业生，以替代役的方式从事法官助理工作的相关人员。参见郭豫珍：《量刑与刑量：量刑辅助制度的全观微视》，元照出版公司 2013 年版，第 131~132 页。

〔2〕　参见朱体正：《人工智能辅助刑事裁判的不确定性风险及其防范——美国威斯康辛州诉卢米斯案的启示》，载《浙江社会科学》2018 年第 6 期。

〔3〕　其中，"量刑焦点理论"是"量刑关注焦点理论"的简称，指的是法官根据罪责、社会保障和实践约束与后果这三个关注焦点，形成量刑判决。参见郭豫珍：《量刑与刑量：量刑辅助制度的全观微视》，元照出版公司 2013 年版，第 148~149 页。

〔4〕　参见崔仕绣、张博闻：《机遇与挑战：人工智能刑事量刑辅助系统的风险防控》，载赵秉志等主编：《新中国 70 年刑法的变迁与发展》（上卷），中国人民公安大学出版社 2019 年版，第 672 页。

者妥善、全面地搜集、分类和整理量刑数据，需要系统编制人员的耐心、细致地维护、推广和普及。随着人工智能、大数据等先进科技的迅猛发展和不断普及，为了从技术创新层面推进我国量刑规范化改革，人工智能刑事量刑辅助系统的研制势必会对我国司法体制改革和规范化量刑实践发挥重要而深远的推动作用。

第六节　完善量刑程序的其他方面

一、量刑参与层面：被害人参与制度的完善

在量刑参与层面对被害人参与制度进行完善，不仅有助于促进我国量刑规范化改革的深入推进，还符合法律和司法解释的要求。2012 年 12 月 20 日，最高法在《关于适用〈中华人民共和国刑事诉讼法〉的解释》对排除法定量刑情节以外法院应予参考的量刑情节和案件情况进行过总结。也即，被告人对造成被害人损害的赔偿情况，可以作为评价其十分具备悔罪表现的标准之一，被害人或其近亲属是否谅解被告人以及谅解程度，可作为酌定量刑情节影响刑罚裁量。考虑到我国刑罚正当化依据采取并合主义立场，即刑罚裁量应同犯罪的危害程度或罪行轻重、犯罪人的人身危险性或再犯可能性相适应，那么，行为人自觉、真诚地赔偿被害人的损失，不仅能够体现犯罪危害程度或罪行的减轻，还可以作为犯罪人的人身危险程度或再犯罪可能性降低的表现，应当作为影响量刑的情节予以审查。[1]

既然我国推行十余年的量刑规范化改革、《刑事诉讼法》之修改和"两高三部"出台的相关司法解释，都强调量刑程序的相对独立性，加之日本近年来提供的关于刑事审判特别是刑事被害人参与量刑环节的可取经验，我国量刑规范化改革的深入推进理应思索如何在相对独立的量刑程序中，进一步保障被害人表达意见、合理参与的权利。此外，为了全面保障被告人、辩护人在量刑程序中的地位，应通过法律明确赋予其在量刑程序中的相应权利。如在法庭调查环节，应赋予辩护人要求检察机关向其提供对被告人量刑不利的证据的权利，以确保辩护人能在量刑调查和量刑辩论环节对此类证据合理、

---

〔1〕　参见程红：《刑罚与损害赔偿之关系新探》，载《法学》2005 年第 3 期。

有效地进行质证，避免律师在选择无罪辩护或量刑辩护时出现"本方量刑信息极为欠缺、对公诉方量刑信息又难以反驳"的困难局面。[1] 此节仅就被害人参与量刑程序的正当性、表现形式与内容进行展开。

（一）被害人参与量刑的正当性

作为遭受犯罪行为直接侵害的人，被害人在定罪程序中，为了防止扭曲诉讼构造、防止被告人处于更加不利的境地，被害人一般不具有当事人地位，而只能接受法庭的传唤，以证人的身份协助法庭调查案件事实。然而，被告人一旦被确定为有罪，在确定被告人刑事责任大小的量刑阶段，被害人的参与便至关重要。被害人参与量刑具有以下几个方面的正当性。

1. 被害人具有差异于公诉方的利益基础

众所周知，在整个刑事诉讼中，被害人与检察官为代表的公诉方，并不总是具备完全一致的利益诉求。在定罪阶段，检察官和被害人利益诉求基本一致——为了寻求被告人被定罪。尽管检察官应当具有一定的客观义务，但由于定罪问题是一个全有或全无的问题，仅可出现一个立场，检察官在提起公诉时即表现出"追求被告人被判有罪"这一定罪审理阶段的终极目标。

然而，在量刑阶段，被害人与公诉人的诉讼利益常出现冲突，公诉人既无法完全代表被害人的利益，更无法充分体现其自由意志。在量刑阶段，检察官提起公诉的目标是"追求公正、适当的刑事处罚，并且要在法律范围内行使公诉权"[2]。事实上，被害人和被告人的权利保障之间存在客观差异：对于被告人而言，由于其自由、财产乃至生命面临国家公权力的威胁，被告人的权利保障主要体现在确保其不受国家公权力的任意逮捕、起诉和定罪；对于被害人而言，由于其参与刑事诉讼的逻辑基础在于受到犯罪行为关于人身或财产方面的侵害，被害人参与刑事诉讼的主要利益诉求在于"寻求刑罚的正义和充分的民事赔偿"[3]。因此，当遇到代表国家公权力的公诉方追诉犯罪的不作为或消极怠工的情况时，被害人参与刑事诉讼的利益基础将被破坏。

2. 被害人参与有助于法官获取量刑信息

被害人参与刑事量刑环节有助于法官全面获取量刑信息，有助于促进量

---

〔1〕 参见陈瑞华：《论量刑信息的调查》，载《法学家》2010 年第 2 期。
〔2〕 汪贻飞：《量刑程序研究》，北京大学出版社 2016 年版，第 206 页。
〔3〕 汪贻飞：《量刑程序研究》，北京大学出版社 2016 年版，第 207 页。

刑公正，而不会侵害被告人的合法权益。法官作出公正量刑判决的前提是获取足够的量刑信息。如前所述，以美国和英国为代表的英美法系国家采用"定罪与量刑相分离"的刑事诉讼程序，在陪审团作出有罪裁决之后，为了加强辩诉双方的量刑信息交流和向法官提供犯罪人的详细信息资料，缓刑监督官会在正式量刑程序开始前，与被告人进行量刑前调查并出具《量刑前报告》。[1]该报告文件不仅包含犯罪人教育程度、当前职业、就业条件和家庭状况等信息的"犯罪人情况报告"，还包括罪行描述、悔罪情况评估和对被害人的经济和情感影响等内容的"犯罪行为情况报告"。为了保证法官及时、全面地了解量刑信息，缓刑监督官会另外将报告副本提交控辩双方和被告人，"令其有机会对该报告的可靠性和妥当性进行必要的抗辩准备"[2]。也就是说，在英美法系国家的刑事诉讼程序中，辩护律师通常可以在量刑听证开始前，了解公诉方所掌握的量刑证据和可能裁判刑期的预判，并展开庭外调查和搜集有利于被告人的量刑证据，这些信息均有利于其展开具有针对性的量刑辩护工作，并为法官提供全面、客观的量刑信息。

被害人作为犯罪行为的侵害对象，对犯罪的具体过程、犯罪人实施犯罪时和之后的主观态度以及犯罪行为对其造成的后果，都是最直接的亲历者。因此，被害人在参与量刑过程中，就犯罪行为对其造成的侵害、犯罪人实施侵害的凶险程度等方面的陈述，有利于裁判者更加全面地掌握案件信息，对被告人所适用的量刑情节也会有更清晰的认识。另外，在这个接受被害人提供相关案情信息的过程中，法官的刑罚裁量权"受到来自各方的必要的控制和约束"，"有利于公正的实体判决的形成"[3]。

此外，法官更全面地获取量刑信息还是实现程序正义的必经之路。程序正义本身具有"过程价值"，即体现在程序的运动过程中，是评价程序本身正义性的价值标准，讲求参与的真实性和有效性。[4]其中，诉讼各方当事人应当被赋予"充分的机会来陈述各方的理由"，以及"以适当的方式将答辩提交

---

〔1〕 See The National Court Rules Committee. Federal Rule of Criminal Procedure, § 32 (c) (2).

〔2〕 陈瑞华：《论量刑信息的调查》，载《法学家》2010 年第 2 期。

〔3〕 汪贻飞：《量刑程序研究》，北京大学出版社 2016 年版，第 207 页。

〔4〕 参见陈瑞华：《刑事审判原理论》，北京大学出版社 2003 年版，第 48 页。

给法官"。[1]正如前文所述，在量刑规范化改革实施之前，不乏法官"办公室作业式"的量刑情况出现，即在未有效开展法庭调查环节和法庭辩论环节的情况下，仅通过查阅控辩双方提供的证据、电话询问检察官和辩护人等方式，略显草率地裁量刑罚。随着程序价值在刑事审判中的日渐凸显，被害人参与量刑环节将有助于提升量刑程序的独立价值。

　　值得注意的是，之所以被害人参与量刑不存在对被告人合法权益的侵害，是因为在定罪阶段，为了防止国家滥用权力对个人进行不当追诉，刑事法律和相关司法解释等法律规范为被告人提供了一系列特殊保护制度——无罪推定、沉默权、非法证据排除规则等。而在量刑阶段，被告人可以形式上平等地参与量刑决策过程，为法院的量刑决策提供必要的事实信息和量刑意见，而缺乏被害人参与的量刑环节，只会导致两方在量刑信息提供方面权利的不对等。

　　3. 被害人参与量刑益于服判息诉的实现

　　如前所述，我国推行量刑规范化改革的重点之一，即是确定基准刑和加强各个量刑情节的量化，鼓励被告人认罪服判，提高公民遵纪守法和服判息诉的意识，进而促进社会和谐、稳定。[2]在量刑规范化改革的局部试点阶段，不少试点法院将刑事案件服判息诉的效果作为衡量改革成效的重要因素。然而，尽管我国法律规定了被害人具有当事人的诉讼地位，但是在控辩审三方构造的定罪程序中，为了防止诉讼构造的扭曲，被害人的主体地位往往会被检察官所取代，而无法行使当事人的权利。在量刑过程中，由于已对被告人进行有罪确认，典型的三方构造已经不存在，控辩双方的对抗也趋于缓和，法官更加关注的是如何对被告人适当地裁量刑罚。这种情况下，被害人以当事人的身份参与其中，并发挥必要的作用。在被害人参与量刑程序、合理且充分地反映被害情况和量刑意见的过程中，可以实现被害人当事人地位的回归，在经过全面提供量刑信息的基础上，法官根据法律法规的要求妥善行使自由裁量权，并通过充分的刑罚裁量说理，有助于强化被害人对法院判决的服判心理，促进服判息诉的真正实现。

---

　　[1]　参见［英］彼得·斯坦、约翰·香德：《西方社会的法律价值》，王献平译，中国法制出版社 2004 年版，第 112~113 页。

　　[2]　参见熊选国主编：《〈人民法院量刑指导意见〉与"两高三部"〈关于规范量刑程序若干问题的意见〉理解与适用》，法律出版社 2010 年版，第 10 页。

（二）被害人参与量刑的表现形式

被害人参与量刑程序主要通过发表量刑意见和参与量刑问题的质证辩论，来影响法庭的量刑裁判。[1]其中，被害人的量刑诉求主要体现在其向法庭提出的量刑意见中。此外，如此理解还是出于对"被害人影响陈述"应当被包含于被害人量刑意见的当然理解，也就是说，被害人提出的量刑意见是对其"影响陈述"的自然延伸。被告人的侵害行为、实施犯罪时的态度以及对被害人造成的权益损害，只有通过被害人提出的量刑意见，才能将这种"影响"具象化。

另需注意的是，尽管被害人有权向法庭提出量刑意见，但最终采纳与否或何种程度的采纳，均由法官依法行使自由裁量权而最终决定，"法官的裁判权不会因此而受到不必要的掣肘"[2]。尽管各量刑参与方的良性互动有助于提升量刑实效、促进司法公正，但需要明确的是，法官作为唯一的量刑主体，不得因参与主体间互动而被撼动。被害人提出量刑意见本身的程序价值，并不必然通过法官对该意见的采纳来实现，即使法官经过审慎考虑，最后未采纳或较少程度地采纳被害人提出的量刑意见也是完全有可能的，因为被害人参与量刑程序本身就极富价值。但是，法官不采纳或较少程度采纳被害人提出的量刑意见时，必须在判决书中作出回应。这种回应一方面提醒法官规范、适度地行使刑罚裁量权，做到裁量有据、解释充分、论证清晰；另一方面，这个解释和说理的过程，又便于被害人更好地理解刑事量刑结果的合法、合理，有利于服判息诉的实现。

（三）被害人提出量刑意见的内容

既然被害人提出量刑意见是其参与量刑程序的重要体现。那么被害人除了提出量刑意见外，还需要给出支持此种量刑意见的详细理由。基于被害人的当事人地位，被害人提出量刑意见的内容应当包含与案件事实有关的证据，该证据能够一定程度上反映被告人的社会危害性，从而促进法庭的裁判建立在全面、可靠的事实基础上。

被害人提供的量刑意见主要反映犯罪行为的社会危害性、犯罪人的主观

---

〔1〕 参见汪贻飞：《量刑程序研究》，北京大学出版社 2016 年版，第 217 页。

〔2〕 汪贻飞：《量刑程序研究》，北京大学出版社 2016 年版，第 218 页。

恶性、被害人对犯罪的态度等方面的信息，另外，还有被害人身心创伤及其恢复情况、被害人是否具有过错、被告人的认罪忏悔态度、被告人赔偿状况以及被害人对被告人的谅解和宽恕程度等。其中，值得注意的是，单纯考察被告人对被害人物质损失的赔偿情况，不足以说明犯罪危害程度或犯罪人的人身危险性的必然减少，这是由于赔偿能力不同的主体在恢复损害过程中所产生的效果不尽相同。因而，还需考察被告人恢复损害时的真诚、自愿态度，以及行为人与被害人达成和解的具体情况。[1]

需要指出的是，被害人所提供的量刑意见是组成量刑信息的重要来源，对证明犯罪的危害性、犯罪人的主观恶性、犯罪人应受刑罚惩罚的程度等方面具有一定的证明力。这个证明力可高可低，主要取决于法官在法庭审理、法庭辩论环节，综合对案情的全面了解，依法予以确认。法官应当在被害人提供的量刑意见中挑选出对认定案件的某些事实具有特殊作用的量刑信息。这是因为，被害人是直接遭受犯罪行为侵害的人，其对犯罪行为的整个过程有着直接和全面的了解，对犯罪分子作案的时间、地点、方法、过程、结果等具有直观感受。鉴于被害人量刑意见多带有一定的"私力"求刑意图，即多倾向于对犯罪人判处更重刑罚。故法官应排除其出于复仇欲望而有意或无意夸大犯罪和自身受损程度的表述，结合具体情况酌情参考。

总的来说，在量刑程序中保障被害人有效参与量刑决策过程的权利，确立其诉讼地位，对促进我国量刑规范化改革程序侧面具有重要意义。[2]首先，确认被害人参与量刑程序符合刑罚的报应主义功能的实现，被害人作为犯罪行为的受害方，承受了犯罪行为造成的严重的人身伤害和财产损失，甚至是精神创伤。因此，在法律中明确规定被害人在量刑程序中进行质证、进行量刑辩论、对量刑不服申请上诉等相应权利，并允许其有选择地行使这些权利，将有利于安抚被害人的心理。[3]其次，切实保障被害人在选择行使上述权利时，公诉方及法官应认真对待被害人的意见表述，要求公诉方在所提交之量刑建议中、法官在所做之量刑判决中，体现被害人陈述对量刑建议和判决产生的影响，避免被害人参与量刑程序流于形式。最后，对于个别类型的犯罪，

---

〔1〕　参见程红：《刑罚与损害赔偿之关系新探》，载《法学》2005年第3期。
〔2〕　参见陈瑞华：《量刑程序改革的模式选择》，载《法学研究》2010年第1期。
〔3〕　参见张华：《论日本量刑制度对我国之借鉴意义》，载《河北法学》2011年第1期。

可考虑赋予被害人一定程度求刑权，法官在刑罚裁量过程中，应当予以重点考量，对于不采纳或较少程度采纳被害人所提出之量刑意见，必须进行详实的释法说理，以确保法官自由裁量权适用的规范、合理、适度。

二、可操作性层面："准判例"量刑参考系统的设想

如前所述，法官根据自身审判经验，按照刑事法律的规定，通过主观思维对个案进行自由裁量，形成了包含对法律规范内涵进行解释的刑事判例。鉴于我国量刑规范化改革"上下融通"的发展沿革，各高级人民法院有必要根据各地区、各审级的刑事审判需要，整理刑事判例的量刑部分，形成法官从事类案裁判时可以参考的"准判例"参考系统。

（一）构建我国量刑"准判例"系统的必要性

1. 促进法律效果与社会效果的衡平

"准判例"量刑参考系统的创建体现了刑事司法活动在法律效果与社会效果间的衡平。司法的法律效果与社会效果虽源于迥异的评判约束机制，但却在教条主义与民意之间搭建了沟通桥梁、在法官职业化和司法民主化之间铸就了制度纽带、在严格规则与法官自由裁量之间形成互动博弈、在形式正义与实质正义之间协调磨合、在正式制度与非正式制度之间替代互补。[1]通过创制量刑"准判例"参考系统，为法官提供类型化的刑事个案量刑结果，作为其处理个案时在遵照刑法规范和司法解释之余的参考，有利于最大程度发挥刑事判例的规律价值，进而提升量刑实践的司法效果。

此外，根据量刑规范化改革的深入推进进度，按照时间、区域和各罪种类对量刑数据进行收集、汇总、分类和分析，不仅有助于准确把握我国量刑规范化改革各阶段实效，更有利于及时调整量刑政策。法官在刑事个案裁量过程中，对量刑"准判例"系统的参考，将有助于为法官提供同案同判的事实依据，并在总结量刑判例的基础上，为刑事司法领域量刑政策的完善提供实践支撑。

---

〔1〕参见张文显、李光宇：《司法：法律效果与社会效果的衡平分析》，载《社会科学战线》2011年第7期。

2. 契合量刑数据研判的实证需要

众所周知，实证研究强调科学结论的客观性和普遍性，有利于纠正改革误区、探索司法实践的合理机制和适宜的改革路径。在广泛搜集司法数据基础上开展的实证研究，强调科学结论的客观、真实，在纠正改革误区、探索司法实践的合理机制和确定适宜的改革路径等方面，发挥着重要的指引作用。[1]如前所述，我国地方法院在量刑规范化改革初期的果敢试错和理论探索，不仅为我国量刑制度创新奠定了坚实的理论基石，还为中央司法改革和最高法的调研论证提供了宝贵的地方实务经验。

此外，"准判例"量刑参考系统还能滋养和丰富我国刑事立法模式。正如我国刑法立法必须根植于我国已有法律体系和基本国情，而不得脱离国家社会的特殊现实结构和基本的社会价值共识。广泛且兼具代表性的量刑案例的集合，即是在对海量的法院判例的搜集和整理基础上，提炼普遍性的过程。另外，展开"准判例"量刑参考系统的设想，体现了对司法续造法律的期盼，即司法实践过程形成的宝贵案例，在一定程度上具有弥补立法缺陷的功能。[2]

3. 为法官个案裁判提供动态量刑参考

前文对我国量刑规范化改革发展进程的论述，不难发现，我国如今司法改革特别是规范量刑领域取得的丰硕成果，离不开地方法院的试错与探索，更离不开地方法院改革经验与中央宏观政策耦合而迸发的强大推动力。因此在探索创建"准判例"的量刑参考系统时，应当充分尊重和鼓励地方的创造性实践，重视基层改革的实践探索和试错机制的智力贡献，将基层的"有益资源"不断凝聚成中国法治发展的"本土资源"。[3]

尽管刑事案例难穷其尽，但这些案例中量刑部分凝练而成的"准判例"参考系统，能够向法官提供一个动态的量刑标准。这是因为，"准判例"参考系统所涉及的刑事判例均源于具体的刑事案件，而这些个案又是随着社会的不断发展而变化的，法官可以在刑法规定的范围内根据变化了的情况，对先

---

〔1〕 参见左卫民：《范式转型与中国刑事诉讼制度改革——基于实证研究的讨论》，载《中国法学》2009 年第 2 期。

〔2〕 参见童德华：《刑法再法典化的知识路径及其现实展开》，载《财经法学》2019 年第 1 期。

〔3〕 参见苏镜祥：《量刑改革：实践与评析》，载《四川大学学报（哲学社会科学版）》2010 年第 6 期。

前的判例进行修正。因此，量刑"准判例"参考系统通过对刑事个案的分类统计，为法官提供了符合社会发展需要的、处理类似案件的量刑标准，避免了现阶段静态的刑事司法解释和静态的刑法带来的可能与社会经济文化发展脱节的情况。

（二）明确量刑"准判例"系统的参考属性

不同于英美法系国家的判例，我国的"准判例"式的量刑参考系统，是积极响应中央层面加强案例指导作用和地位的体现，其本质属性是为法官办理类案提供参考，而非对法官依法赋予的自由裁量权的压缩。这是因为，在可操作性层面强调"准判例"量刑参考系统的建立，是尊重多数法官量刑经验的体现。量刑经验源于法官个人亲历和精英引导，前者是法官个体基于对法律规范的理解、对量刑情节的认定和对量刑制度的体会等综合凝练的结果，反映了法官对特定案情的整体把控和司法职业理念；后者则是具有渊博法学理论、职业技能的专家学者，倡导先进量刑理念并设计制度化裁判规范和指导性案例的过程。[1]

在尊重法官的刑罚裁量权的前提下，运用量刑"准判例"参考系统能够防止法官自由裁量权的滥用，有利于防止司法腐败。[2]先例拘束力对法官自由裁量权的限制作用，主要体现在"对于那种容易产生偏袒和偏见的既软弱而又动摇不定的法官"，"能够迫使他遵循（作为一种规则）业已确立的先例"，进而"减少了使他作出带有偏袒和偏见色彩的判决的诱惑"[3]。刑事判例是限制法官刑罚裁量权的重要手段之一，这是因为，刑事判例不仅为法官量刑提供了类案层面的明确且具体的量刑标准，另外还具有量刑情节的裁量方法和裁量度的取舍等方面的参考价值。这使得法官不会因刑法或刑事司法解释的模糊、抽象规定，而恣意行使刑罚裁量权，而是将法律和司法解释的规定通过具体个案的判罚情况予以具体化和清晰化。我国量刑规范化改革已进入全面深化阶段，中央层面也已出台的一系列规范量刑的实体与程序规范，如《量刑指导意见（试行）》、《量刑程序意见（试行）》、《常见量刑意见》和《常见量刑意见（二）（试行）》，均对基准刑的确定、量刑情节对

---

〔1〕 参见冯骁聪：《量刑的生命在于经验》，西南政法大学 2017 年博士学位论文。

〔2〕 参见臧冬斌：《量刑自由裁量权制度研究》，法律出版社 2014 年版，第 217 页。

〔3〕 张明楷：《法治、罪刑法定与刑事判例法》，载《法学》2000 年第 6 期。

刑罚的裁量度的确定方面作出更加细化的规范，量刑"准判例"参考系统将会在此基础上，为引导法官刑罚裁量权的恰当行使，提供重要案例参考。

另外，需要反复申明的是，量刑"准判例"参考系统的功能定位始终是其参考属性。这是因为，《刑法》与相关司法解释为避免相似案件间的量刑失衡作出了重要贡献，而量刑"准判例"参考系统的提出，是出于改善刑事司法解释用语过于笼统、法定刑幅度过宽、量刑标准相对抽象的考虑。赋予法官过剩的自由裁量权，可能会出现量刑标准判断失误而导致判决量刑结果偏离公正的情形。相较于《刑法》或刑事司法解释对量刑实践的指导，量刑"准判例"参考系统是刑事个案量刑部分的类型化集合，是结合具体的案例形成的动态且直观的量刑标准。当法官遇到相似案件时，经过与量刑"准判例"参考系统类案量刑情况的对照，自然能够作出同案同判的裁量决策，从众多量刑刑事判例中寻找与自己需要量刑的案件相似的刑事案例，也是我国法官业务素质允许且能够充分胜任的。

（三）量刑"准判例"参考系统的创制权归属

量刑"准判例"参考系统的创制权应当包括刑事判例的制作权、认可权、公布权、修改权和废止权。尽管学界存在刑事判例创制主体观点上的分野[1]，但根据我国现阶段的司法制度，刑事判例的创制权应归属最高法和各地高级人民法院，且各地高级人民法院的创制权源于最高法的授予。

首先，刑事判例当然地由最高法创制，这是基于刑事判例所具有的刑事司法解释属性决定的。根据相关规定，我国的刑事司法解释的制作与发布，均由最高法负责，因此，量刑"准判例"参考系统的创制工作也须由最高法负责。其次，各地高级人民法院经最高法授权，可以创制本地区的刑事判例。我国地域宽阔、地区差异性强，各地的发展水平不尽相同，由熟悉本地法治发展情况的高级人民法院负责对本地区的刑事判例进行汇总、整理，更符合地方的现实情况。与此同时，最高法也可根据各地高级人民法院的刑事判例

---

〔1〕 如有学者主张各级人民法院均有创制刑事判例的权力；也有观点认为，应赋予中级以上人民法院创制刑事判例的权力；其他学者还主张只有最高法具有创制刑事判例的权力。参见冯军：《论刑法判例的创制与适用》，载《当代法学》1999 年第 1 期；施小镭：《论判例制度在我国的创设》，载《法律适用（国家法官学院学报）》2001 年第 7 期；蒋集跃、杨永华：《司法解释的缺陷及其补救——兼谈中国式判例制度的建构》，载《法学》2003 年第 10 期。

创制情况，进一步开展研究和分析。最后，刑事判例的搜集、整理和汇编对创制者的法律素养、业务能力以及司法实践经验要求较高，而中级、基层人民法院的法官能力从整体上相较于最高法和各地高级人民法院中多以遴选制组成的法官们，还存在一定的差距。

另外，最高法和各地高级人民法院具备发布量刑刑事判例并建制量刑"准判例"参考系统的客观条件。最高法拥有刑事判例的创制权的合理性和合法性自不必言说，最高法内设机构中，除了有五个独立的刑事审判庭外，还有如审判监督庭、研究室、审判管理办公室等机构。也就是说，最高法在机构设置和员额安排上都具有搜集各业务庭刑事案并在此基础上进行整理、汇编的客观条件。此外，若前文提及的最高法量刑规范化改革委员会能够得到具体落实，则在搜集刑事判例的基础上，能够进一步侧重对进行量刑规范化的常见罪名的刑事案例进行分类和总结。

各地高级人民法院应在最高法的授权下，结合各地的司法实践情况和刑事审判中遇到的代表性问题，对所在辖区内的刑事案件进行判例的汇总与编纂，并在此基础上，形成量刑"准判例"的参考系统。其实，早在21世纪初各地高级人民法院就不乏判例指导制度的试行实践，如2002年10月，天津市高级人民法院就试行判例指导制度，虽然仅涉及民商事审判领域的司法案件，但也积累了判例搜集的宝贵经验；2003年，甘肃省高级人民法院也开始探索先例判决制度；此外，湖北省高级人民法院的内设机构除了三个刑事业务庭外，也同时设有研究室，能够围绕法院辖区范围内各审级已生效的刑事案例，展开贴合该地区社会经济发展现状的必要的整理和汇编工作。此外，前文所述的各高级人民法院有必要设置本地区的量刑规范化改革指导小组，若此构想能够付诸实现，也将为各地高级人民法院刑事判例选择过程中的量刑问题，提出促进量刑规范化事业发展的专业性意见。

（四）量刑"准判例"参考系统的创制过程

在确定了量刑"准判例"参考系统的创制权归属后，最高法和各地高级人民法院如何科学、有效、及时地开展刑事判例搜集、汇总和编纂等工作，将直接影响该参考系统对法官量刑实践的参考、指导功效。

对于最高法来说，由最高法审理终结的刑事案件通常案情重大，但在法律上未必具有代表性和典型性，所以其刑事判例应主要源于由最高法挑选的地方各级人民法院所审理终结的刑事案件。此外，无论是哪一级法院审理的作为量刑刑事判例的刑事案件，都必须是已经生效的刑事案例。最高法的刑事判例遴选，需要一个专门的量刑刑事判例上报系统，保障各地方人民法院能够及时、有序地将所涉及的相关案件报送至最高法，也能够确保最高法能够尽可能广泛地对量刑刑事案例进行挑选。

对于各地高级人民法院来说，由于对各辖区、各审级法官审判习惯更为熟悉，对本辖区的社会经济文化发展水平更加了解，在搜集中级和基层人民法院的案例时，将更具有针对性。对于既向最高法层报、又向本地区高级人民法院上报的刑事判例，并不会对拟形成的量刑刑事判例造成重复性评价。主要原因有二，一方面，中级或基层人民法院将本院已生效的刑事案例层报，是基于该法院对个案的综合分析，认为其中确有对同类型案件的指导和参考价值，最终是否决定汇编入最高法或各地高级人民法院的量刑刑事判例，都不影响下级法院符合程序和要求的正常上报；另一方面，最高法和各地高级人民法院依据下级法院层报的案例，分别进行汇总、筛选和编纂并最终形成量刑刑事判例系统，其参考适用的范围是包含关系，即前者包含后者，但这种包含关系仅就法官同案案件刑事裁判参考作用而言，即使存在一定的冲突，也不影响法官根据个案具体情况选择合适的参考系统，并合理行使自由裁量权。在落实了案例筛选和上报机制后，还由最高法对刑事判例及时予以编纂和公布。最高法所筛选的量刑刑事判例是形成量刑"准判例"参考系统的案例基础，因此，在挑选过程中要尤其注重所选案例的代表性。

最后，最高法和各地高级人民法院提炼量刑刑事判例是为了提高法官量刑规范化的能力，为类案裁量提供可参考的标准和依据。因此，在挑选作为量刑刑事判例的案件时，要着重挑选由于刑法条文的概括性和模糊性而存在较大自由裁量幅度的案件，否则量刑"准判例"参考系统的应用价值将被限缩。此外，这些量刑刑事判例还需具备可借鉴性，作为量刑刑事判例的刑事案件在内容和性质等方面应当具体、明确以及易于法官把握和实践参考。[1]

---

〔1〕　参见臧冬斌：《量刑自由裁量权制度研究》，法律出版社 2014 年版，第 225 页。

三、量刑互动层面：多方参与的量刑程序建制

除了前述有关被害人参与量刑制度的完善和量刑操作层面有关"准判例"参考系统的设想，综合考虑刑事量刑的实践需要以及深化量刑规范化改革进程表现出的程序侧面的隐忧，本部分将结合其他国家和地区的量刑程序发展经验，对建制多方参与的量刑程序进行简要论述。

（一）扩大社会参与量刑程序方面

如前所述，日本刑事司法领域于 2004 年起便如火如荼地展开了裁判员制度的理论革新和实践探索，2009 年施行至今已逐渐获得日本国民的广泛认可和普遍支持。日本裁判员制度的成功经验对我国量刑规范化改革的影响，主要体现在量刑参与层面。此外，我国台湾地区所谓司法主管机关在刑事司法改革过程中尤其注重"量刑辩论"制度的引进和观审制度的量刑讨论。其中，"量刑辩论"制度主要体现在修改后的我国台湾地区所谓刑事相关规定第 289 条第 3 款，即"前项辩论后，应命依同一次序，就科刑犯罪辩论之，并应予到场之告诉人、被害人或其家属就科刑范围表示意见之机会"，以期实现量刑的精致妥适、罚当其罪；观审制度的量刑讨论体现在我国台湾地区所谓"观审试行相关规定草案"第 8 条、第 59 条和第 64 条的规定，即要求观审员"全程参与审判期的诉讼程序，参与中间讨论，并参与终局评议，与法官就事实的认定、法律的适用及量刑进行讨论，并陈述其意见"，当法官与观审员的多数意见存在分歧时，法官应作简要说明并在判决中载明不采纳观审意见之理由。[1]

虽然我们的人民陪审员制度建立在中国特色社会主义法治体系基础上，而日本裁判员制度则是旨在提升司法判决公信力的改革举措，但两者在保障人民参与司法活动、依靠人民推动司法公正和完善司法体制等层面，具有一定的相似性。由于辩护律师在法庭上倾向于从被告人的从轻、减轻量刑情节出发，围绕有利于被告人的量刑事实进行辩护，而甚少选择无罪辩护，深入落实人民陪审员制度将有利于提高量刑事实认定的全面性与客观性。鉴于我

---

〔1〕 参见郭豫珍：《量刑与刑量：量刑辅助制度的全观微视》，元照出版公司 2013 年版，第 130 页。

们的人民陪审员仅参审案件的事实认定问题，为了更好地发挥人民陪审员们的独立意志，增强他们在复杂案件审理中形成具有社会认同的事实认定能力，应当进一步完善人民陪审团制度，充分发挥人民陪审员对量刑事实审理的积极作用。

（二）提高量刑辩护有效性方面

由前文关于美国量刑改革强化量刑参与人之间有效互动的经验来看，根据《联邦刑事诉讼规则》（Federal Rules of Criminal Procedure），应当排除不合理的迟延，对被告人及时科处刑罚。此外，法官应当听取辩护律师和检察官的意见，并亲自征询被告人是否需要陈述意见及提供可对其减轻处罚的选择。目前我国刑事诉讼程序主要采取"案卷笔录中心主义"调查方式，对包含量刑信息的证据进行搜集和调查。此外，美国量刑改革进程始终坚持对被告人展开量刑前调查并作出内容丰富的《量刑前报告》的程序制度。这种量刑程序设计不仅能够满足广泛搜集量刑信息的需要，还可以促进辩护双方围绕争议性量刑情节展开有效的抗辩。

我国刑事辩护的基本使命是说服法庭采纳从轻、减轻或者免除刑罚的辩护意见，保护被告人权益，促进控辩双方的良性互动，促进我国刑事诉讼程序特别是量刑程序的发展。[1]事实上，在诉争复杂的案件审判过程中，使控辩双方处于平等地位进行对抗，对防止公诉方仅依据书面证据进行指控多有裨益。[2]首先，应加快构建多层级、对抗式的涵盖刑事审判各环节的量刑程序。树立法官规范刑事裁判逻辑，并根据刑事案件复杂程度、被告人认罪情况等类型差异，将量刑程序划分为简易程序认罪审、普通程序认罪审、普通案件独立审等情形。[3]具体表现为，对于诉争较小可适用于简易程序的刑事案件，在被告人自愿认罪，且法院对起诉书所指控的犯罪事实和罪名无异议的情况下，法庭可直接围绕量刑问题进行审理；对于适用普通程序且被告人自愿认罪的刑事案件，法官可侧重量刑程序或转移适用独立量刑程序，即一

---

〔1〕　参见陈瑞华：《论量刑信息的调查》，载《法学家》2010 年第 2 期。

〔2〕　See Bloom R M，"Jury Trials in Japan"，*Loyola of Los Angles International and Comparative Law Review*，Vol. 28，No. 1.，2005，p. 59.

〔3〕　参见苏彩霞、崔仕绣：《中国量刑规范化改革发展研究——立足域外经验的考察》，载《湖北大学学报（哲学社会科学版）》2019 年第 1 期。

般情况下侧重量刑环节，但当被告人不认罪或辩护人作无罪辩护的情况出现，则转移进入定罪审理环节，在确认有罪的基础上才得进入量刑程序；对于适用普通程序或简易程序且被告人均不认罪的刑事案件，均统一将定罪审理和罪行成立作为进入量刑程序的前提条件。[1]此外，为了提高律师对被告人的辩护实效，律师可以对其当事人进行全面的社会调查，针对被告人的犯罪原因、家庭环境、教育背景、社会评价等信息，在充分评估被告人犯罪行为对被害人、社区、社会的影响的基础上，提出辩方的量刑意见，并针对公诉方和被害人提出的不利于被告人的量刑建议和意见作出反驳性的陈述。[2]

综上所述，量刑程序改革作为我国量刑规范化改革极为重要的组成部分，离不开量刑辩护的参与，积极、主动、规范的量刑辩护已成为推动我国量刑程序改革发展的中坚力量。然而，考虑到律师执业声誉，辩护律师也不免出现对"无罪辩护"的盲目崇尚和对普通"量刑辩护"的轻视。正是由于辩护律师在量刑活动中存在的"好高骛远"情况，使得量刑辩护的质量和效果让人不甚满意。在深入推进我国量刑规范化改革进程中，应重点保障控辩双方提交量刑建议和量刑意见、开展量刑辩论等权利；强化公诉人、被告人及其辩护人有关量刑事实的举证、质证，将被害人陈述中涉及量刑意见的内容予以重点考虑，完善量刑规范化改革中的程序制度建设，促进实体正义和程序正义的统一。具体可从以下几个角度提高量刑参与主体之间的互动：一方面，为防止控方过度行使公诉权，应充分保障被告人进行量刑辩护和被害人提出量刑意见的权利，拓宽法官在量刑程序中的信息搜集渠道；另一方面，量刑程序应突出"诉权制约模式"特征，避免各方量刑信息交互和质证辩论环节流于形式。如此，既有利于法官在有罪认定基础上对所涉之量刑情节进行综合考量，又凸显出对抗式量刑程序的实质公开化和透明化，压缩法官权力寻租的空间，有效减少无根据的量刑失衡。[3]

---

〔1〕 参见荣晓红：《论我国量刑制度规范化改革》，载《公安学刊（浙江警察学院学报）》2013年第4期。

〔2〕 参见刘计划、刘在航：《日本裁判员的量刑倾向评析》，载《山东警察学院学报》2015年第2期。

〔3〕 参见陈瑞华：《论量刑程序的独立性——一种以量刑控制为中心的程序理论》，载《中国法学》2009年第1期。

结　论

　　犯罪事实的认定与科刑的重要性不分轩轾。量刑公正不仅是司法公正在刑事领域的重要体现，更是维护法律尊严、社会公平正义和公民合法权益的基本保障。量刑结果与量刑程序的适正直接反映刑事裁判质量和刑罚目的之实现情况，是健全中国特色社会主义司法制度的必然要求。针对我国司法实务中日益显著的量刑歧异，为规范法官"估堆式"量刑方法和完善量刑程序，在地方法院积极探索和中央统一领导下，一场旨在规范法官自由裁量权行使、增强量刑实践可操作性、提高裁判质效和完善相对独立量刑程序的量刑规范化改革，始得施行。历经十余年学理论证和数批次"由点及面"的改革试点，我国量刑规范化改革攻坚克难，不仅确立了"定性与定量相结合"之量刑方法，形成了"量刑起点→基准刑→宣告刑"之量刑步骤，还在量刑程序的构造过程中凝练出卓富可行性的"本土经验"。

　　然而，随着中央层面司法改革的整体性调整，我国量刑规范化改革似乎已经终结，不再受到理论和实务领域的青睐。事实上，在坚持和完善新时代中国特色社会主义法治体系的背景下，我国量刑规范化改革在指导观念、实体和程序侧面仍存在诸多障碍亟待克服：其一是长期盘踞的报应刑本位刑罚目的观对法官量刑实践的消极影响；其二是专职化改革统领机构的缺失，使得以量刑规则和具体情节设置为研究对象的量刑实证研究缺乏可持续性；其三是冗杂细密的量刑规则对法官自由裁量权的过度限缩；其四是畸高的量刑建议采纳率所引发法官裁量权不当移转的质疑；其五是对建制人工智能刑事量刑辅助系统的刻板认识；等等。鉴于此，结合其他国家和地区量刑改革进程中的可取经验，立足于我国量刑规范化改革各阶段的经验总结和脉络梳理，对指导观念、实体和程序侧面的障碍克服路径加以讨论，旨在建构中国面向的量刑规范化改革研究框架，促进我国量刑事业行稳致远。

在量刑规范化改革指导理念方面，法官秉持之刑罚目的直接影响量刑结果之判处，当前我国司法领域过于强调"惩前"而忽视"警后"的报应刑本位刑罚目的观，既不利于调动社会同犯罪作斗争的积极性，又不利于人权保障目的之实现。结合美国参考性量刑指南时期的"衡平主义"刑罚观、英国"量化量刑格局"、德国为协调具体案件中罪刑相适应和特殊预防之关系而发展成熟的"幅的理论"以及日本基于个案司法判决形成的行情约束模式，我国量刑规范化改革应摒除纯粹报应或功利主义刑罚观，建立"报应为主、特殊预防为辅"的并合主义刑罚观，一方面考虑犯罪人罪责，另一方面兼顾体现特殊预防因素之犯罪人人身危险性判处相应刑罚，以此与社会公众的理性共识相呼应。

在专职化量刑改革领导机制建构方面，通过展现英、美两国量刑委员会创设背景、宗旨使命、员额配置和财政支持等方面的优势，以及德国无量刑规则的司法体制优势，论述了创建我国量刑规范化改革领导机构的必要性、可行性、具体方式和主要职责。专职领导机构首先要具有丰富的员额构成，除了要有卓富司法实践经验的法官、检察官外，还应特别注意吸纳科研院所和法学院校的资深法学家、长期从事刑事辩护工作的律师和非法律人士等。此外，除了最高法下设量刑规范化改革委员会，各地高级人民法院应设置相应业务对接部门，以整合调研力量、完善量刑数据搜集，使量刑政策评估、地区性量刑规则的修订和法官培训等工作朝着常态化、持续化和专业化的方向发展。

在量刑规则的优化设置方面，当前日趋冗杂细密的量刑规则是限缩法官自由裁量权的主要原因。而美国量刑改革进程中数次深陷合宪性质疑和量刑指南遭遇强制性降格的事实，均为我国量刑规范化改革进程中过于机械化、精密化的量刑规则发展趋势敲响警钟。因此我国量刑规则应作出具有时效性、可适性、精简化和高效化的调整，注重量刑规则同量刑规律、刑法规范和法律基本原理的契合，并加强多义性量刑规则的解释和适用位阶之明确，以此寻求精确化、数量化量刑方法与法官自由裁量权之间的动态平衡。

在量刑建议制度完善方面，应充分肯定量刑建议的积极作用，即不仅有益于法官在有罪认定基础上，综合考量被告人的量刑情节，还促进对抗式量刑程序向公开化、透明化方向发展，压缩法官权力寻租空间。鉴于量刑规范化改革过程中出现的畸高的量刑建议采用率，可能引发法官裁量权的不当移转等顾虑，应在充分尊重法官裁判主体地位和量刑建议的实质参考属性的基础上，从建立量刑信息遴选机制、提高控辩双方参与度、强化量刑建议论证说理和改革相关考评机制等方面，使检察官在掌握丰富、全面的量刑信息基础上，作出益于规范法官量刑的量刑建议。

在人工智能量刑辅助系统研制方面，结合美国"量刑咨询系统""罪犯惩教管理系统""电脑量刑辅助程序"、欧洲国家"量刑基准系统"、德国 JURIS 资料库和日本 KRP 程式法律检索咨询系统，以及我国台湾地区"妨害性自主量刑资讯系统"的成功经验，科技应用于司法实践的必要性和应然性得以验证。鉴于我们量刑规范化改革初期，早有涉及电脑辅助量刑的探索实践，从风险防控角度对人工智能辅助量刑系统的功能加以辨正，即应以开放态度认识并接纳科学技术应用于量刑实践的客观事实，并审慎防范技术革新过程可能存在功能定位和技术迟滞等风险，合理运用智能技术深入推进量刑规范化改革。

除了对前述问题展开论述外，本书还围绕量刑说理制度、量刑听证模式、被害人参与制度、量刑"准判例"系统、多方参与的量刑互动体制等方面，对深化量刑规范化改革的实体和程序方面之障碍克服展开探讨和论述。全书虽围绕"量刑规范化改革"这一论题，从指导观念、实体和程序侧面展开了可能益于改革深入推进的系统论述，可能对我国量刑规范化改革发展规律的凝练、法官规范化量刑思维的根植和规范客体的丰富有些许作用，但作者深知，量刑规范化改革是一项浩大而深远、艰巨且漫长的系统工程，切不可因循守旧或盲目移植，而导致脱离实际或收效甚微。此外，作者虽利用海外学习契机进行了广泛的文献搜集和实地调研，但由于自身理论基础和论述能力的不足，在逻辑建构、观点论述和语言表达等方面还有待提升。此外，始终树立"中国面向"的哲学社科研究路径，还需要对其他国家和地区改革经验加以深刻理解和反复论证。

参考文献

一、中文著作

[1] 安永强：《量刑偏差的心理分析——量刑规范化的心理基础》，人民法院出版社 2010 年版。

[2] 白建军：《罪刑均衡实证研究》，法律出版社 2004 年版。

[3] 白云飞：《规范化量刑方法研究》，中国政法大学出版社 2015 年版。

[4] 陈家林：《外国刑法理论的思潮与流变》，中国人民公安大学出版社 2017 年版。

[5] 陈岚：《量刑建议制度研究》，武汉大学出版社 2009 年版。

[6] 陈庆：《量刑理论若干问题探索》，知识产权出版社 2011 年版。

[7] 陈卫东主编：《量刑程序改革理论研究》，中国法制出版社 2011 年版。

[8] 陈兴良：《走向哲学的刑法学》，法律出版社 2008 年版。

[9] 储槐植、江溯：《美国刑法》，北京大学出版社 2012 年版。

[10] 储槐植：《刑事一体化论要》，北京大学出版社 2007 年版。

[11] 董玉庭、董进宇：《刑事自由裁量权导论》，法律出版社 2007 年版。

[12] 冯军：《刑法问题的规范理解》，北京大学出版社 2009 年版。

[13] 冯亚东：《罪与刑的探索之道》，中国检察出版社 2005 年版。

[14] 高铭暄、赵秉志主编：《中国刑法立法文献资料精选》，法律出版社 2007 年版。

[15] 高铭暄、马克昌主编：《刑法学》，北京大学出版社 2016 年版。

[16] 高铭暄、马克昌主编：《中国刑法解释》，中国社会科学出版社 2005 年版。

[17] 高铭暄、赵秉志主编：《刑罚总论比较研究》，北京大学出版社 2008 年版。

[18] 郭豫珍：《量刑与刑量——量刑辅助制度的全观微视》，元照出版公司 2013 年版。

[19] 韩光军：《量刑基准研究》，法律出版社 2010 年版。

[20] 郝川：《中国量刑指导制度研究：以量刑指导意见为切入点》，人民出版社 2013 年版。

［21］胡云腾主编：《中美量刑改革国际研讨会文集》，中国法制出版社 2009 年版。

［22］黄尔梅主编：《量刑规范化案例指导》，法律出版社 2012 年版。

［23］姜涛：《认知量刑规范化》，中国检察出版社 2010 年版。

［24］劳东燕：《风险社会中的刑法——社会转型与刑法理论的变迁》，北京大学出版社 2015 年版。

［25］李晓林主编：《量刑规范化的理论与实践》，人民法院出版社 2015 年版。

［26］李玉萍：《程序正义视野中的量刑活动研究》，中国法制出版社 2010 年版。

［27］梁根林、［德］埃里克·希尔根多夫主编：《中德刑法学者的对话：罪刑法定与刑法解释》，北京大学出版社 2013 年版。

［28］林山田：《刑法通论》（上册），北京大学出版社 2012 年版。

［29］林钰雄：《新刑法总则》，中国人民大学出版社 2009 年版。

［30］刘邦消：《认罪与量刑》，五南图书出版股份有限公司 2012 年版。

［31］卢永红：《国外刑事诉讼法通论》，中国人民公安大学出版社 2004 年版。

［32］吕忠梅总主编：《美国量刑指南——美国法官的刑事审判手册》，逄锦温译，法律出版社 2006 年版。

［33］马克昌主编：《百罪通论》（上下卷），北京大学出版社 2014 年版。

［34］马克昌：《比较刑法原理——外国刑法学总论》，武汉大学出版社 2012 年版。

［35］马克昌主编：《近代西方刑法学说史》，中国人民公安大学出版社 2008 年版。

［36］马克昌主编：《外国刑法学总论》，中国人民大学出版社 2009 年版。

［37］马克昌主编：《刑罚通论》，武汉大学出版社 1999 年版。

［38］米健：《比较法学导论》，商务印书馆 2013 年版。

［39］南英主编：《量刑规范指导案例》，法律出版社 2016 年版。

［40］南英主编：《量刑规范化实务手册》，法律出版社 2014 年版。

［41］《西班牙刑法典》，潘灯译，中国政法大学出版社 2004 年版。

［42］潘申明等：《量刑建议前沿理论与实战技能》，中国检察出版社 2016 年版。

［43］皮勇等：《量刑原论》，武汉大学出版社 2014 年版。

［44］齐文远、周详：《刑法、刑事责任、刑事政策研究——哲学、社会学、法律文化的视角》，北京大学出版社 2004 年版。

［45］齐文远主编：《新刑法概论》，中国方正出版社 1998 年版。

［46］齐文远主编：《刑法学》，北京大学出版社 2016 年版。

［47］邱兴隆、许章润：《刑罚学》，中国政法大学出版社 1999 年版。

［48］曲新久：《刑法的精神与范畴》，中国政法大学出版社 2003 年版。

［49］曲新久：《刑法的逻辑与经验》，北京大学出版社 2008 年版。

［50］阮齐林：《中国刑法上的量刑制度与实务》，法律出版社 2003 年版。

[51] 石经海、禄劲松主编：《量刑研究》（第1卷），法律出版社2014年版。

[52] 石经海：《量刑个别化的基本原理》，法律出版社2010年版。

[53] 苏惠渔等：《量刑与电脑——量刑公正合理应用论》，百家出版社1989年版。

[54] 孙春雨：《中美定罪量刑机制比较研究》，中国人民公安大学出版社2007年版。

[55] 汤建国主编：《量刑均衡方法》，人民法院出版社2005年版。

[56] 童德华：《规范刑法原理》，中国人民公安大学出版社2005年版。

[57] 童德华：《外国刑法导论》，中国法制出版社2010年版。

[58] 王皇玉：《刑罚与社会规训——台湾刑事制裁新旧思维的冲突与转变》，元照出版公司2009年版。

[59] 王利宾：《酌定量刑情节规范适用研究》，上海社会科学院出版社2010年版。

[60] 王联合：《量刑模型与量刑规范化研究》，中国政法大学出版社2015年版。

[61] 王兆鹏：《美国刑事诉讼法》，北京大学出版社2005年版。

[62] 夏勇：《人权概念起源》，中国政法大学出版社1992年版。

[63] 谢望原：《欧陆刑罚制度与刑罚价值原理》，中国检察出版社2004年版。

[64] 熊选国主编：《〈人民法院量刑指导意见〉与"两高三部"〈关于规范量刑程序若干问题的意见〉理解与适用》，法律出版社2010年版。

[65] 熊选国主编：《量刑规范化办案指南》，法律出版社2011年版。

[66] 薛瑞麟：《俄罗斯刑法研究》，中国政法大学出版社2000年版。

[67] 杨志斌：《中英量刑问题比较研究》，知识产权出版社2009年版。

[68] 叶旺春：《量刑监督体系构建》，法律出版社2012年版。

[69] 臧冬斌：《量刑的合理性与量刑方法的科学性》，中国人民公安大学出版社2008年版。

[70] 臧冬斌：《量刑自由裁量权制度研究》，法律出版社2014年版。

[71] 张明：《量刑基准的适用》，法律出版社2008年版。

[72] 张明楷编著：《外国刑法纲要》，清华大学出版社2007年版。

[73] 张明楷：《刑法格言的展开》，北京大学出版社2013年版。

[74] 张明楷：《刑法学》（上下册），法律出版社2016年版。

[75] 《日本刑法典》，张明楷译，法律出版社2006年版。

[76] 赵廷光：《量刑标尺论》，武汉大学出版社2015年版。

[77] 赵廷光：《量刑公正实证研究》，武汉大学出版社2005年版。

[78] 赵廷光：《中国量刑改革之路》，武汉大学出版社2014年版。

[79] 中国政法大学刑事法律研究中心、英国大使馆文化教育处主编：《中英量刑问题比较研究》，中国政法大学出版社2001年版。

[80] 周光权：《刑罚诸问题的新表述》，中国法制出版社1999年版。

［81］周继业主编:《量刑规范化典型案例精选》,法律出版社 2013 年版。

［82］最高人民法院中国应用法学研究所编:《量刑规范化典型案例（1）》,人民法院出版社 2011 年版。

二、中文译著

［83］［德］阿图尔·考夫曼:《法律哲学》,刘幸义等译,法律出版社 2011 年版。

［84］［德］阿图尔·考夫曼:《后现代法哲学——告别演讲》,米健译,法律出版社 2000 年版。

［85］［德］埃里克·希尔根多夫:《德国刑法学:从传统到现代》,江溯等译,北京大学出版社 2015 年版。

［86］［德］冯·李斯特:《论犯罪、刑罚与刑事政策》,徐久生译,北京大学出版社 2016 年版。

［87］［德］汉斯·海因里希·耶赛克、托马斯·魏根特:《德国刑法教科书》,徐久生译,中国法制出版社 2017 年版。

［88］［德］汉斯-约格·阿尔布莱希特:《重罪量刑——关于刑量确立与刑量阐释的比较性理论与实证研究》,熊琦等译,法律出版社 2017 年版。

［89］［德］卡尔·拉伦茨:《法学方法论》,陈爱娥译,商务印书馆 2003 年版。

［90］［德］茨威格特、克茨:《比较法总论》（上）,潘汉典等译,中国法制出版社 2016 年版。

［91］［德］克劳斯·罗克辛:《德国刑法学总论》（第 1 卷）,王世洲译,法律出版社 2005 年版。

［92］［德］克劳斯·罗克辛:《德国刑法学总论》（第 2 卷）,王世洲译,法律出版社 2005 年版。

［93］［德］克劳斯·罗科信:《刑事诉讼法》,吴丽琪译,法律出版社 2003 年版。

［94］［德］克劳斯·罗克辛:《刑事政策与刑法体系》,蔡桂生译,中国人民大学出版社 2011 年版。

［95］［德］米夏埃尔·帕夫利克:《目的与体系:古典哲学基础上的德国刑法学新思考》,赵书鸿等译,法律出版社 2018 年版。

［96］［德］托马斯·魏根特:《德国刑事诉讼程序》,岳礼玲、温小洁译,中国政法大学出版社 2004 年版。

［97］［德］乌尔斯·金德霍伊泽尔:《刑法总论教科书》,蔡桂生译,北京大学出版社 2015 年版。

［98］［俄］Н·Ф·库兹涅佐娃、И·М·佳日科娃主编:《俄罗斯刑法教程》,黄道秀译,

中国法制出版社 2001 年版。

［99］［法］卡斯东·斯特法尼等：《法国刑法总论精义》，罗结珍译，中国政法大学出版社 1998 年版。

［100］［韩］金日秀、徐辅鹤：《韩国刑法总论》，郑军男译，武汉大学出版社 2008 年版。

［101］［美］E·博登海默：《法理学：法律哲学与法律方法》，邓正来译，中国政法大学出版社 1998 年版。

［102］［美］P. S. 阿蒂亚、R. S. 萨默斯：《英美法中的形式与实质——法律推理、法律理论和法律制度的比较研究》，金敏等译，中国政法大学出版社 2005 年版。

［103］［美］艾伦·法恩思沃斯：《美国法律体系》，李明倩译，上海人民出版社 2018 年版。

［104］［美］爱伦·豪切斯泰勒·斯黛丽、南希·弗兰克：《美国刑事法院诉讼程序》，陈卫东、徐美君译，中国人民大学出版社 2002 年版。

［105］［美］保罗·H·罗宾逊：《刑法的结构与功能》，何秉松、王桂萍译，中国民主法制出版社 2005 年版。

［106］《美国联邦宪法第四修正案：非法证据排除规则》，吴宏耀等译，中国人民公安大学出版社 2010 年版。

［107］［英］丹宁勋爵：《法律的正当程序》，李克强等译，法律出版社 2015 年版。

［108］［美］道格拉斯·胡萨克：《刑法哲学》，姜敏译，中国法制出版社 2015 年版。

［109］［美］美国法学会编：《美国模范刑法典及其评注》，刘仁文等译，法律出版社 2005 年版。

［110］［美］乔尔·范伯格：《刑法的道德界限（第 1 卷）——对他人的损害》，方泉译，商务印书馆 2013 年版。

［111］［美］乔治·P·弗莱彻、史蒂夫·谢泼德：《美国法律基础解读》，李燕译，法律出版社 2008 年版。

［112］［美］乔治·P·弗莱彻：《刑法的基本概念》，王世洲等译，中国政法大学出版社 2004 年版。

［113］［美］乔治·弗莱彻：《反思刑法》，邓子滨译，华夏出版社 2008 年版。

［114］［美］斯蒂芬诺斯·毕贝斯：《刑事司法机器》，姜敏译，北京大学出版社 2015 年版。

［115］［美］约书亚·德雷斯勒：《美国刑法纲要》，姜敏译，中国法制出版社 2016 年版。

［116］［美］约书亚·德雷斯勒：《美国刑法精解》，王秀梅等译，北京大学出版社 2009 年版。

［117］［日］城下裕二：《量刑理论的现代课题》，黎其武、赵姗姗译，法律出版社 2016 年版。

［118］［日］大谷实：《刑法讲义总论》，黎宏译，中国人民大学出版社 2008 年版。

［119］［日］大谷实：《刑法讲义各论》，黎宏译，中国人民大学出版社 2008 年版。

［120］［日］大塚仁：《刑法概说：总论》，冯军译，中国人民大学出版社 2002 年版。

［121］［日］平野龙一：《刑法的基础》，黎宏译，中国政法大学出版社 2016 年版。

［122］［日］前田雅英：《刑法总论讲义》，曾文科译，北京大学出版社 2017 年版。

［123］［日］松原芳博：《刑法总论重要问题》，王昭武译，中国政法大学出版社 2014 年版。

［124］［日］西田典之：《日本刑法总论》，王昭武、刘明祥译，法律出版社 2013 年版。

［125］［日］西原春夫：《刑法的根基与哲学》，顾肖荣等译，法律出版社 2004 年版。

［126］［日］曾根威彦：《刑法学基础》，黎宏译，法律出版社 2005 年版。

［127］［日］佐伯仁志：《刑法总论的思之道·乐之道》，于佳佳译，中国政法大学出版社 2017 年版。

［128］［意］杜里奥·帕多瓦尼：《意大利刑法学原理》（注评版），陈忠林译评，中国人民大学出版社 2004 年版。

［129］［意］罗道尔夫·萨科：《比较法导论》，费安玲等译，商务印书馆，2014 年版。

［130］［英］J·C·史密斯、B·霍根：《英国刑法》，李贵芳等译，法律出版社 2000 年版。

［131］［英］吉米·边沁：《立法理论——刑法典原理》，孙力等译，中国人民公安大学出版社 1993 年版。

［132］［英］科林·斯科特：《规制、治理与法律：前沿问题研究》，安永康译，清华大学出版社 2018 年版。

［133］［英］威廉姆·威尔逊：《刑法理论的核心问题》，谢望原等译，中国人民大学出版社 2014 年版。

［134］［英］维克托·塔德洛斯：《刑事责任论》，谭淦译，中国人民大学出版社 2009 年版。

三、中文期刊

［135］白建军：《论法律实证分析》，载《中国法学》2000 年第 4 期。

［136］白建军：《刑罚轻重的量化分析》，载《中国社会科学》2001 年第 6 期。

［137］包国为：《聚众斗殴罪量刑实证研究》，载《政法论丛》2017 年第 4 期。

［138］蔡曦蕾：《克服量刑失衡二元体系之构建——基于对我国量刑失衡现象的实证分析》，载《政治与法律》2013 年第 11 期。

［139］蔡曦蕾：《量刑失衡的克服：模式与选择》，载《中外法学》2014 年第 6 期。

［140］蔡曦蕾：《量刑失衡归因论》，载《法制与社会发展》2015 年第 1 期。

［141］蔡一军：《量刑规范模式的域外考察与现实启示》，载《河北法学》2011 年第

2 期。

[142] 陈岚：《西方国家的量刑建议制度及其比较》，载《法学评论》2008 年第 1 期。

[143] 陈瑞华：《定罪与量刑的程序分离——中国刑事审判制度改革的另一种思路》，载《法学》2008 年第 6 期。

[144] 陈瑞华：《量刑程序改革的困境与出路》，载《当代法学》2010 年第 1 期。

[145] 陈瑞华：《论量刑辩护》，载《中国刑事法杂志》2010 年第 8 期。

[146] 陈瑞华：《论量刑建议》，载《政法论坛》2011 年第 2 期。

[147] 陈瑞华：《论相对独立的量刑程序——中国量刑程序的理论解读》，载《中国刑事法杂志》2011 年第 2 期。

[148] 陈卫东、张佳华：《量刑程序改革语境中的量刑证据初探》，载《证据科学》2009 年第 1 期。

[149] 陈卫东：《论隔离式量刑程序改革——基于芜湖模式的分析》，载《法学家》2010 年第 2 期。

[150] 陈兴良、莫开勤：《论量刑情节》，载《法律科学》1995 年第 2 期。

[151] 褚红丽、魏建：《腐败惩罚的边际递减及地区差异：基于腐败金额的实证分析》，载《广东财经大学学报》2016 年第 3 期。

[152] 崔仕绣：《美国量刑改革的源起、发展及对我国的启示借鉴》，载《上海政法学院学报（法治论丛）》2020 年第 1 期。

[153] 崔仕绣：《实证分析视阈下的行贿罪刑罚结构与量刑特征》，载《湖北警官学院学报》2019 年第 3 期。

[154] 崔仕绣、崔文广：《智慧社会语境下的网络犯罪情势及治理对策》，载《辽宁大学学报（哲学社会科学版）》2019 年第 5 期。

[155] 褚志远：《醉酒型危险驾驶罪量刑规律实证研究》，载《政治与法律》2013 年第 8 期。

[156] 邓修明：《我国刑罚裁量模式与刑事判例机制》，载《现代法学》2006 年第 1 期。

[157] 董桂武：《论刑罚目的对量刑情节适用的影响》，载《法学论坛》2018 年第 6 期。

[158] 段立文、陈殿福：《近年来量刑标准化研究概览》，载《政法论坛》1991 年第 5 期。

[159] 冯军：《德日刑法中的可罚性理论》，载《法学论坛》2000 年第 1 期。

[160] 冯军：《量刑概说》，载《云南大学学报（法学版）》2002 年第 3 期。

[161] 冯卫国：《论酌定减轻处罚制度及其完善》，载《政治与法律》2009 年第 2 期。

[162] 高铭暄：《宽严相济刑事政策与酌定量刑情节的适用》，载《法学杂志》2007 年第 1 期。

[163] 高通：《美国陪审团事实认知机制研究》，载《比较法研究》2018 年第 6 期。

[164] 高一飞、陈海平：《"从技术到制度"：我国量刑程序改革述论》，载《政法论丛》

2006 年第 6 期。

[165] 高一飞：《论量刑调查制度》，载《中国刑事法杂志》2008 年第 5 期。

[166] 郭彤：《量刑规范化：法官量刑自由裁量权合理行使的路径》，载《法治研究》2010
年第 6 期。

[167] 郭志远、赵琳琳：《美国联邦量刑指南实施效果——兼论对我国量刑规范化改革的
启示》，载《政法论坛》2013 年第 1 期。

[168] 胡学相、黄祥青：《论多种量刑情节的适用》，载《法制与社会发展》1996 年第
1 期。

[169] 胡亚龙：《量刑规范化改革之基准刑研究》，载《长江论坛》2016 年第 2 期。

[170] 黄柳：《浅析量刑建议的必要性与可行性》，载《当代法学》2003 年第 5 期。

[171] 季美君：《量刑建议权制度与刑事司法公正》，载《法学家》2004 年第 3 期。

[172] 季卫东：《电脑量刑辩证观》，载《政法论坛》2007 年第 1 期。

[173] 姜涛：《量刑基准若干问题研究》，载《刑法论丛》2010 年第 1 卷。

[174] 姜涛：《重新理解量刑基准：从点幅之争到确立程式》，载《云南师范大学学报（哲
学社会科学版）》2012 年第 1 期。

[175] 金福、王志远：《刑法第 63 条第 2 款之"案件的特殊情况"解析》，载《中国刑事
法杂志》2009 年第 2 期。

[176] 金臻玉、蒋德忠：《关于温岭法院量刑规范化试行工作的调查与思考》，载《中国刑
事法杂志》2012 年第 2 期。

[177] 李安：《量刑实证研究的方法论检视：从实证观念到实证技术》，载《中外法学》
2009 年第 6 期。

[178] 李本森：《法律中的二八定理——基于被告人认罪案件审理的定量分析》，载《中国
社会科学》2013 年第 3 期。

[179] 李冠煜：《量刑规范化改革视野下的量刑基准研究——以完善〈关于常见犯罪的量
刑指导意见〉规定的量刑步骤为中心》，载《比较法研究》2015 年第 6 期。

[180] 李杰：《量刑规范化视野下的量刑差异分析——以 T 市某区量刑差异实证考察为基
点展开》，载《中国刑事法杂志》2013 年第 6 期。

[181] 李洁等：《量刑规范化的规范方式选择》，载《当代法学》2011 年第 3 期。

[182] 李洁：《论量刑规范化应当缓行——以我国现行刑法立法模式为前提的研究》，载
《吉林大学社会科学学报》2011 年第 1 期。

[183] 李隽：《关于量刑情节的法律适用问题——兼析两起受贿案》，载《法律适用》
2000 年第 6 期。

[184] 李立众：《修改酌定减轻处罚核准主体之建议》，载《人民检察》2011 年第 9 期。

[185] 李希慧、刘期湘：《论量刑情节的法理基础》，载《甘肃政法学院学报》2006 年第

6 期。

[186] 李翔：《论我国刑法中的减轻处罚——兼评修正后〈刑法〉第 63 条第 1 款》，载《中国刑事法杂志》2012 年第 9 期。

[187] 李玉萍：《中国法学的量刑程序改革》，载《法学家》2010 年第 2 期。

[188] 廖明：《辩诉交易：美国经验与中国借鉴》，载《法治论坛》2009 年第 4 期。

[189] 林维：《论量刑情节的适用和基准刑的确定》，载《法学家》2010 年第 2 期。

[190] 林喜芬：《论量刑建议的运行原理与实践疑难破解——基于公诉精密化的本土考察》，载《法律科学（西北政法大学学报）》2011 年第 1 期。

[191] 刘静坤：《量刑规范化面临的难题及破解——以两个〈指导意见〉为基础的分析》，载《法治论丛》2010 年第 5 期。

[192] 刘军：《减轻处罚的功能定位与立法模式探析》，载《法学论坛》2015 年第 3 期。

[193] 刘军：《量刑如何实现均衡——以量刑规范性文件为分析样本》，载《法学》2011 年第 8 期。

[194] 刘凌梅：《特殊减轻制度的司法适用及规范改进》，载《法律适用》2016 年第 7 期。

[195] 刘星：《从量刑建议权的价值取向谈如何开展量刑建议改革》，载《法学杂志》2006 年第 2 期。

[196] 刘之雄：《中止犯处罚的司法困境与立法完善》，载《法学评论》2018 年第 1 期。

[197] 卢建平、朱贺：《酌定量刑情节法定化的路径选择及评析——以我国〈刑法〉第 383 条第 3 款为例》，载《政治与法律》2016 年第 3 期。

[198] 陆文德、肖波：《法官刑罚裁量权的抑与扬——兼论我国量刑规范的指导思路》，载《政治与法律》2009 年第 9 期。

[199] 马凤春：《论"减轻处罚"的幅度》，载《法治研究》2011 年第 1 期。

[200] 莫洪宪、张昱：《酌定量刑情节在死刑案件中的适用及其完善》，载《刑法论丛》2014 年第 2 卷。

[201] 莫然：《应然与实然之间的距离：未成年人量刑实证研究》，载《政法论坛》2015 年第 4 期。

[202] 欧卫安：《刑事被告人答辩制度之构建》，载《法学研究》2017 年第 6 期。

[203] 潘申明、刘宏武：《论刑事辩护制度的革新——以新〈刑事诉讼法〉为基点》，载《法学杂志》2013 年第 3 期。

[204] 潘申明、周静：《论量刑建议的运行机制》，载《华东政法大学学报》2009 年第 5 期。

[205] 潘申明：《论量刑建议模式的选择》，载《华东政法大学学报》2013 年第 6 期。

[206] 彭海青：《英国量刑证明标准模式及理论解析》，载《环球法律评论》2014 年第 5 期。

[207] 彭文华:《布克案后美国量刑改革的新变化及其启示》,载《法律科学(西北政法大学学报)》2015 年第 4 期。

[208] 彭文华:《量刑的价值判断与公正量刑的途径》,载《现代法学》2015 年第 2 期。

[209] 彭文华:《量刑说理:现实问题、逻辑进路与技术规制》,载《法制与社会发展》2017 年第 1 期。

[210] 彭文华:《美国联邦量刑指南的历史、现状与量刑改革新动向》,载《比较法研究》2015 年第 6 期。

[211] 彭文华:《英国诉权化量刑模式的发展演变及其启示》,载《环球法律评论》2016 年第 1 期。

[212] 彭文华:《英美法系刑法中的合理性原则及其启示》,载《华东政法大学学报》2009 年第 4 期。

[213] 彭文华:《酌定减轻处罚的自由裁量与技术制衡》,载《法学评论》2016 年第 3 期。

[214] 彭文华:《酌定量刑、量化量刑与量刑双轨制——美国量刑改革的发展演变与新型量刑模式的确立》,载《华东政法大学学报》2018 年第 6 期。

[215] 齐文远、李梁:《中国量刑规范化尝试之述评与反思》,载《人民检察》2014 年第 7 期。

[216] 齐文远、苏彩霞:《刑法中的类型思维之提倡》,载《法律科学(西北政法大学学报)》2010 年第 1 期。

[217] 齐文远:《修订刑法应避免过度犯罪化倾向》,载《法商研究》2016 年第 3 期。

[218] 阮祝军、张铭训:《量刑规范化改革的基础:以罪责为核心重构量刑原则》,载《政治与法律》2011 年第 6 期。

[219] 苏彩霞、崔仕绣:《中国量刑规范化改革发展研究——立足域外经验的考察》,载《湖北大学学报(哲学社会科学版)》2019 年第 1 期。

[220] 石经海、骆多:《量刑过程视角下量刑方法分段构建研究》,载《中国刑事法杂志》2015 年第 1 期。

[221] 石经海:《"量刑规范化"解读》,载《现代法学》2009 年第 3 期。

[222] 石经海:《刑法现代化下的"量刑"解构——量刑规范化的科学基础探究》,载《中国刑事法杂志》2010 年第 3 期。

[223] 苏镜祥:《量刑改革:实践与评析》,载《四川大学学报(哲学社会科学版)》2010 年第 6 期。

[224] 苏永生:《"酌定从重处罚情节"之否定——一个罪刑法定主义的当然逻辑》,载《政法论坛》2016 年第 6 期。

[225] 孙春雨、李斌:《量刑规范化改革的现状与出路》,载《国家检察官学院学报》2013 年第 5 期。

[226] 童德华：《英美刑法理论中刑事辩护事由之间的区别》，载《人民检察》2005 年第 5 期。

[227] 童德华：《刑法再法典化的知识路径及其现实展开》，载《财经法学》2019 年第 1 期。

[228] 童德华、张斯珂：《轻刑化及其时代向度》，载《净月学刊》2018 年第 4 期。

[229] 汪本立：《量刑情节绝对冲突时应"必轻从优"》，载《法学研究》1996 年第 5 期。

[230] 汪贻飞：《论社会调查报告对我国量刑程序改革的借鉴》，载《当代法学》2010 年第 1 期。

[231] 王晨：《量刑情节论》，载《法学评论》1991 年第 3 期。

[232] 王晨：《论酌定量刑情节》，载《法律科学（西北政法学院学报）》1992 年第 5 期。

[233] 王恩海：《论量刑基准的确定》，载《法学》2006 年第 11 期。

[234] 王刚：《我国贪污受贿罪量刑存在的问题和完善建议——以 200 份贪污受贿案件判决书的实证分析为基础》，载《湖北社会科学》2016 年第 11 期。

[235] 王刚：《罪刑均衡与刑罚个别化关系论纲——兼及罪刑关系的重构》，载《云南大学学报（法学版）》2012 年第 3 期。

[236] 王剑波：《我国受贿罪量刑地区差异问题实证研究》，载《中国法学》2016 年第 4 期。

[237] 王利荣：《对常见犯罪量刑基准的经验分析》，载《法学研究》2009 年第 2 期。

[238] 王利荣：《论刑罚配置中的法官裁量权》，载《中外法学》2005 年第 4 期。

[239] 王良顺：《论量刑根据——兼及刑法第 61 条的立法完善》，载《法学家》2009 年第 5 期。

[240] 王敏：《标准：基准刑确定的根据》，载《政治与法律》2010 年第 3 期。

[241] 王敏：《论基准刑的确定》，载《江海学刊》2009 年第 6 期。

[242] 王瑞君：《案例指导量刑与量刑规范化》，载《法学杂志》2009 年第 8 期。

[243] 王瑞君：《量刑规范化面临的问题与对策构建》，载《法学论坛》2010 年第 1 期。

[244] 王瑞君：《赔偿该如何影响量刑》，载《政治与法律》2012 年第 6 期。

[245] 王瑞君：《赔偿作为量刑情节的司法适用研究》，载《法学论坛》2012 年第 6 期。

[246] 王瑞君：《如何规范地识别量刑情节——以实务中量刑情节的泛化和功利化为背景》，载《政治与法律》2014 年第 9 期。

[247] 王瑞君：《如何解决个案量刑时报应刑与预防刑的冲突》，载《政治与法律》2013 年第 5 期。

[248] 王瑞君：《体系性思考与量刑的规范化——以〈量刑指导意见〉及实践为分析对象》，载《政法论丛》2014 年第 6 期。

[249] 王瑞君：《责任主义主导量刑情节适用之提倡——兼与〈人民法院量刑指导意见

（试行）〉比较》，载《政法论丛》2013 年第 6 期。

[250] 王玮:《量刑实践中存在的若干问题及对策》，载《中国刑事法杂志》2000 年第 4 期。

[251] 王文华:《论我国量刑制度的改革——以美国联邦〈量刑指南〉为视角》，载《法学论坛》2008 年第 6 期。

[252] 王振生:《刑罚个别化问题再研究》，载《政治与法律》2007 年第 2 期。

[253] 王志祥、袁宏山:《减轻处罚制度立法再完善之探讨——以〈中华人民共和国刑法修正案（八）〉为分析样本》，载《法商研究》2012 年第 1 期。

[254] 魏化鹏:《刑事简易程序庭审制度研究》，载《西南民族大学学报（人文社会科学版）》2018 年第 1 期。

[255] 吴宗宪、李涛:《中外刑罚轻重比较研究——以法定刑的定量分析和司法统计为基础》，载《刑法论丛》2015 年第 4 卷。

[256] 席小华、杨新娥:《量刑规范化改革背景下关于司法社会调查主体的思考》，载《法学杂志》2011 年第 4 期。

[257] 肖波:《量刑建议权与刑罚裁量权关系之澄清——一个刑事诉权角度的检视》，载《法律适用》2011 年第 1 期。

[258] 谢鹏程:《论量刑程序的张力》，载《中国法学》2011 年第 1 期。

[259] 邢冰:《量刑规范化改革对二审刑期改判影响之实证分析》，载《法学论坛》2011 年第 4 期。

[260] 邢志仁:《中德刑法量刑原则比较——兼论我国刑法量刑原则的立法完善》，载《辽宁大学学报（哲学社会科学版）》1996 年第 2 期。

[261] 熊谋林等:《重考量刑公正与量刑差异——德阳市五个基层法院的定量研究证据》，载《犯罪研究》2014 年第 6 期。

[262] 熊秋红:《认罪认罚从宽的理论审视与制度完善》，载《法学》2016 年第 10 期。

[263] 熊秋红:《中国量刑改革:理论、规范与经验》，载《法学家》2011 年第 5 期。

[264] 徐嘎:《犯罪行为与犯罪人:量刑根据的二元化——兼论量刑规范化改革关于量刑步骤的合理构建》，载《山东审判》2010 年第 3 期。

[265] 于萍、吕卫华:《常见酌定量刑情节影响死刑适用的若干思考》，载《中国刑事法杂志》2014 年第 5 期。

[266] 俞小海:《〈美国量刑指南〉评述及对我国量刑规范化的启示》，载《江西公安专科学校学报》2010 年第 4 期。

[267] 臧冬斌:《量刑规范化与法官量刑自由裁量权的衡平》，载《河北法学》2007 年第 12 期。

[268] 张明楷:《犯罪常态与量刑起点》，载《法学评论》2015 年第 2 期。

[269] 张明楷：《论犯罪后的态度对量刑的影响》，载《法学杂志》2015 年第 2 期。

[270] 张明楷：《论减轻处罚与免除处罚》，载《人民检察》2015 年第 7 期。

[271] 张明楷：《论升格法定刑的适用根据》，载《法律适用》2015 年第 4 期。

[272] 张明楷：《论预防刑的裁量》，载《现代法学》2015 年第 1 期。

[273] 张明楷：《责任主义与量刑原理——以点的理论为中心》，载《法学研究》2010 年第 5 期。

[274] 张明楷：《中止犯减免处罚的根据》，载《中外法学》2015 年第 5 期。

[275] 张妮、姜玉梅：《量刑的模糊评价研究》，载《中国刑事法杂志》2011 年第 12 期。

[276] 张向东：《从量刑基准到基准刑：量刑方法的革新》，载《中国刑事法杂志》2011 年第 3 期。

[277] 张屹：《罪刑相适应原则的司法实现》，载《法学》2004 年第 1 期。

[278] 张勇：《量刑规范化改革及路径选择》，载《甘肃政法学院学报》2008 年第 1 期。

[279] 赵秉志、刘媛媛：《论当前刑法改革中的酌定减轻处罚权》，载《法学》2010 年第 12 期。

[280] 赵廷光：《〈电脑辅助量刑系统〉的一般原理》，载《中国法学》1993 年第 5 期。

[281] 赵廷光：《法定刑中间线是量刑公正的生命线》，载《中国刑事法杂志》2010 年第 12 期。

[282] 赵廷光：《量刑概念新论》，载《法学》1995 年第 12 期。

[283] 赵廷光：《量刑原则新探》，载《法制与社会发展》1995 年第 4 期。

[284] 赵廷光：《论"电脑量刑"的基本原理》，载《湖北警官学院学报》2007 年第 2 期。

[285] 赵廷光：《论量刑精确制导》，载《现代法学》2008 年第 4 期。

[286] 赵廷光：《论量刑原则与量刑公正——关于修改完善我国量刑原则的立法建议》，载《法学家》2007 年第 4 期。

[287] 赵廷光：《实现量刑公正性和透明性的基本理论与方法》，载《中国刑事法杂志》2004 年第 4 期。

[288] 赵廷光：《论减轻处罚幅度——关于完善〈刑法修正案（八）〉第 5 条的立法建议》，载《湖北警官学院学报》2011 年第 2 期。

[289] 郑伟：《法定刑的基准点与量刑的精雕细琢——〈美国量刑指南〉给我们的启示》，载《人民司法》2003 年第 7 期。

[290] 周长军、徐嘎：《量刑基准论》，载《中国刑事法杂志》2007 年第 2 期。

[291] 周光权：《法定刑配置的合理性探讨——刑罚攀比及其抗制》，载《法律科学（西北政法学院学报）》1998 年第 4 期。

[292] 周光权：《法定刑配置模式研究》，载《中国刑事法杂志》1999 年第 4 期。

[293] 周光权：《过渡型刑法学的主要贡献与发展前景》，载《法学家》2018 年第 6 期。

[294] 周光权:《量刑程序改革的实体法支撑》,载《法学家》2010 年第 2 期。

[295] 周光权:《量刑规范化:可行性与难题》,载《法律适用》2004 年第 4 期。

[296] 周光权:《量刑基准研究》,载《中国法学》1999 年第 5 期。

[297] 周光权:《量刑情节冲突及其解决的争议问题研究》,载《中外法学》1999 年第 4 期。

[298] 周金刚:《基准刑的理性分析》,载《法律适用》2010 年第 5 期。

[299] 周金刚:《酌定量刑情节的泛化现象研究》,载《南京大学法律评论》2010 年第 1 期。

[300] 朱孝清:《论量刑建议》,载《中国法学》2010 年第 3 期。

[301] 资琳:《概念思维与类型思维:刑法立法形式的抉择》,载《暨南学报(哲学社会科学版)》2017 年第 1 期。

[302] 左宁:《量刑证据的界定与调查初探》,载《云南大学学报(法学版)》2010 年第 4 期。

[303] 左卫民:《中国量刑程序改革:误区与正道》,载《法学研究》2010 年第 4 期。

四、中文报纸

[304] 艾欣欣:《对量刑规范化实践的思考》,载《人民法院报》2013 年 2 月 27 日,第 6 版。

[305] 安素洁:《完善量刑建议和抗诉制度 强化量刑监督》,载《检察日报》2015 年 6 月 5 日,第 3 版。

[306] 曹新民、李斌:《量刑建议规范化:宏观设想与微观操作》,载《检察日报》2011 年 10 月 21 日,第 3 版。

[307] 陈学勇:《让自由裁量权在阳光下规范运行》,载《人民法院报》2014 年 1 月 13 日,第 2 版。

[308] 陈子光:《被害人谅解无法纳入渎职罪量刑情节》,载《检察日报》2018 年 2 月 26 日,第 3 版。

[309] 崔磊、杜远敏:《科学构建未成年人案件量刑建议听证制度》,载《检察日报》2015 年 4 月 17 日,第 3 版。

[310] 方兴宇:《对危险驾驶罪量刑改革的建议》,载《人民法院报》2014 年 1 月 15 日,第 6 版。

[311] 房清侠:《事后自动恢复行为应纳入法定从宽情节》,载《检察日报》2018 年 10 月 12 日,第 3 版。

[312] 胡红军、李昌盛:《美国量刑前调查报告的历史发展》,载《人民法院报》2013 年 6

月 28 日，第 8 版。

[313] 胡夏冰：《日本：刑事审判中的"裁判员"制度》，载《人民法院报》2016 年 12 月 2 日，第 8 版。

[314] 胡云红：《日本裁判员法的修订与实施效果》，载《人民法院报》2018 年 1 月 19 日，第 8 版。

[315] 胡云腾：《从拨乱反正到良法善治 改革开放四十年刑事审判理念变迁》，载《人民法院报》2018 年 12 月 18 日，第 T31 版。

[316] 黄腾佼、栗飞：《"量刑建议"在司法实践中的运用》，载《民主与法制时报》2017 年 8 月 3 日，第 7 版。

[317] 蒋安杰：《量刑程序改革的"芜湖模式"报告出炉》，载《法制日报》2011 年 8 月 3 日，第 12 版。

[318] 李婕：《算法规制如何实现法治公正》，载《检察日报》2018 年 7 月 10 日，第 3 版。

[319] 李鹏飞：《量刑规范化是法治的必然要求》，载《河南法制报》2017 年 5 月 15 日，第 3 版。

[320] 李玉萍：《规范化量刑工作重在坚持贵在完善》，载《人民法院报》2012 年 8 月 2 日，第 5 版。

[321] 李玉萍：《量刑规范化 十年磨一剑》，载《人民法院报》2018 年 10 月 16 日，第 2 版。

[322] 李玉萍：《刑事司法正义的另一半工程——怎么看量刑活动及其规范化》，载《人民法院报》2012 年 5 月 7 日，第 2 版。

[323] 李玉萍：《英国量刑委员会和量刑指南》，载《人民法院报》2012 年 8 月 17 日，第 8 版。

[324] 刘德法：《数额犯定罪量刑标准宜适用二元选择模式》，载《检察日报》2018 年 7 月 9 日，第 3 版。

[325] 刘静坤：《被告人认罪认罚可探索适用速裁程序》，载《人民法院报》2015 年 1 月 21 日，第 6 版。

[326] 刘静坤：《加强案例指导，持续深入推进量刑规范化》，载《人民法院报》2016 年 5 月 27 日，第 2 版。

[327] 刘炜：《量刑规范化：让"公正"更透明》，载《民主与法制时报》2012 年 9 月 17 日，第 A1 版。

[328] 卢建平：《于欢案量刑的几点思考》，载《人民法院报》2017 年 7 月 11 日，第 2 版。

[329] 罗灿、刘平：《大数据时代下构建量刑资讯系统的若干设想》，载《人民法院报》2014 年 8 月 15 日，第 5 版。

[330] 毛劲、曾发贵：《建议裁判文书公开量刑要素比例》，载《检察日报》2011 年 5 月 11 日，第 8 版。

[331] 苗生明:《法律文书规范化彰显公诉工作精细化》,载《检察日报》2018 年 11 月 15 日,第 3 版。

[332] 聂慧苹:《英国"有罪答辩"的量刑指南》,载《人民法院报》2014 年 11 月 28 日,第 8 版。

[333] 彭文华:《定罪量刑须平衡犯罪构成封闭性与开放性》,载《检察日报》2018 年 1 月 16 日,第 3 版。

[334] 彭志新:《量刑规范化需要加强法官能力建设》,载《人民法院报》2011 年 6 月 18 日,第 2 版。

[335] 阮能文:《减轻处罚不能免予刑事处罚》,载《检察日报》2018 年 2 月 26 日,第 3 版。

[336] 石扬等:《量刑程序规范化的几点建议》,载《检察日报》2011 年 11 月 6 日,第 3 版。

[337] 童德华:《以现代刑法理念推进刑事法治化建设》,载《检察日报》2017 年 12 月 13 日,第 3 版。

[338] 万毅:《实现量刑规范化需要完善自首制度》,载《检察日报》2012 年 2 月 13 日,第 3 版。

[339] 王瑞君:《进一步加强量刑规范化建设》,载《学习时报》2017 年 5 月 17 日,第 7 版。

[340] 樊文:《王守安:以审判为中心的诉讼制度改革带来深刻影响》,载《检察日报》2014 年 11 月 10 日,第 3 版。

[341] 王璇、严鹏:《完善全覆盖配套机制 提升刑事辩护质效——北京二中院关于刑事案件律师辩护全覆盖情况的调研报告》,载《人民法院报》2018 年 11 月 22 日,第 8 版。

[342] 吴情树:《量刑结论如何说理论证》,载《人民法院报》2018 年 10 月 10 日,第 2 版。

[343] 吴学安:《量刑规范化应以压缩滋生腐败"合法空间"为己任》,载《民主与法制时报》2016 年 12 月 17 日,第 2 版。

[344] 夏凉:《走向量刑规范化》,载《检察日报》2017 年 5 月 11 日,第 3 版。

[345] 肖波:《量刑规范化不是"按图索骥"》,载《人民法院报》2011 年 12 月 6 日,第 2 版。

[346] 闫兴中、牛凌云:《以制度保障量刑建议准确性》,载《检察日报》2014 年 3 月 30 日,第 3 版。

[347] 杨先德:《英国辩诉交易最高减让三分之一量刑》,载《检察日报》2016 年 11 月 1 日,第 3 版。

[348] 杨兴培：《量刑规范化对司法改革的影响》，载《上海法治报》2016 年 7 月 6 日，第 B06 版。

[349] 叶三方：《简论量刑适当的一般标准》，载《人民法院报》2014 年 4 月 9 日，第 6 版。

[350] 叶旺春：《量刑监督：应从参与量刑标准的制定开始》，载《检察日报》2012 年 4 月 9 日，第 3 版。

[351] 游伟：《量刑规范化要坚持裁量标准公开透明》，载《法制日报》2016 年 1 月 5 日，第 7 版。

[352] 张伯晋：《"隔离式量刑"：探索量刑程序改革新模式》，载《检察日报》2011 年 8 月 1 日，第 3 版。

[353] 张伯晋：《厉行公开推动司法改革实现新突破》，载《检察日报》2014 年 1 月 6 日，第 1 版。

[354] 张向东：《推动量刑规范化改革的发展和完善》，载《人民法院报》2015 年 1 月 28 日，第 6 版。

[355] 张雪樵：《量刑建议：三项配套制度确保准确性》，载《检察日报》2012 年 2 月 19 日，第 3 版。

[356] 赵莹、邵挺：《刑事被害人参与量刑权有待细化》，载《检察日报》2017 年 6 月 11 日，第 3 版。

[357] 周青风：《自由裁量权与偏离指南原则》，载《法制日报》2011 年 11 月 16 日，第 12 版。

[358] 周颖佳：《量刑规范不是简单数学运算》，载《人民法院报》2014 年 4 月 17 日，第 2 版。

五 、 博士学位论文

[362] 白云飞：《规范化量刑方法研究》，吉林大学 2011 年博士学位论文。

[363] 陈炜：《量刑情节研究》，武汉大学 2005 年博士学位论文。

[364] 段卫利：《刑法司法解释法源地位研究》，吉林大学 2018 年博士学位论文。

[365] 冯骁聪：《量刑的生命在于经验》，西南政法大学 2017 年博士学位论文。

[366] 刘胜超：《中国量刑规范化的基本问题研究》，武汉大学 2015 年博士学位论文。

[367] 荣月：《量刑规则的体系性建构》，吉林大学 2017 年博士学位论文。

[368] 王利荣：《论量刑的合理性》，西南政法大学 2007 年博士学位论文。

[369] 许美：《酌定量刑情节规范适用研究》，华东政法大学 2014 年博士学位论文。

[370] 叶三方：《量刑适当实证研究——以相对性为视角》，武汉大学 2014 年博士学位论文。

［371］ 张明：《量刑基准论》，中国政法大学 2004 年博士学位论文。

［372］ 张向东：《基准刑研究》，吉林大学 2011 年博士学位论文。

六、外文期刊

［373］ CampbellA K. , "Sentencing Reform in Canada", *Canadian Journal of Criminology*, Vol. 32, No. 3. , 1990.

［374］ Rabinowitz A B. , "Post-Booker Judicial Discretion and Sentencing Trends in Criminal Intellectual Property Cases: Empirical Analysis and Societal Implications", *Journal of Intellectual Property and Entertainment Law*, Vol. 2, 2012.

［375］ Alschuler A W. , "Sentencing Reform and Parole Release Guidelines", *University of Colorado Law Review*, Vol. 51, No. 2. , 1980.

［376］ Desert R A. , "Desert, Democracy, and Sentencing Reform", *The Journal of Criminal Law and Criminology*, Vol. 96, No. 4. , 2006.

［377］ Kassman A. , "Failure of Determinate Sentencing in Narcotics Convictions: A Look at the California and Federal Judiciary's Paradoxical Implementations of Legislative Sentencing Mandates", *Criminal Justice Journal*, Vol. 13, No. 2. , 1992.

［378］ Danner A M. , "Constructing a Hierarchy of Crimes in International Criminal Law Sentencing", *Virginia Law Review*, Vol. 87, No. 3. , 2001.

［379］ Cyphert A B. , "Prisoner of Fate: The Challenges of Creating Change for Children of Incarcerated Parents", *Maryland Law Review*, Vol. 77, No. 2. , 2018.

［380］ Carcano A. , "Sentencing and the Gravity of the Offence in International Criminal Law", *International and Comparative Law Quarterly*, Vol. 51, No. 3. , 2002.

［381］ Ashworth A J. , "Sentencing Reform Structures", *Crime and Justice*, Vol. 16, 1992.

［382］ Verma A. , "The Law-before: Legacies and Gaps in Penal Reform", *Law & Society Review*, Vol. 49, No. 4. , 2015.

［383］ Barrett B S. , "Sentencing Guidelines: Recommendations for Sentencing Reform", *Missouri Law Review*, Vol. 57, No. 4. , 1992.

［384］ Johnson B L. , "Discretion and the Rule of Law in Federal Guidelines Sentencing: Developing Departure Jurisprudence in the Wake of Koon v. United States", *Ohio State Law Journal*, Vol. 58, 1998.

［385］ Johnson B L. , "If At First You Don't Succeed--Abolishing the Use of Acquitted Conduct in Guidelines Sentencing", *North Carolina Law Review*, Vol. 75, 1996.

［386］ Johnson B L. , "The Civil Asset Forfeiture Reform Act of 2000 and the Prospects for Federal Sentencing Reform", *Federal Sentencing Reporter*, Vol. 14, No. 2. , 2001.

[387] Johnson B L. , "The Role of the United States Sentencing Commission in the Reform of Sentencing Procedures", *Federal Sentencing Reporter*, Vol. 12, No. 4. , 2000.

[388] Meier B D. , "Alternatives to Imprisonment in the German Criminal Justice System", *Federal Sentencing Reporter*, Vol. 16, No. 3. , 2004.

[389] Tofte B L. , "Booker at Seven: Looking Behind Sentencing Decisions: What Is Motivating Judges?", *Arkansas Law Review*, Vol. 65, 2012.

[390] Rosenbaum B L. , "Sentence Appeals in England: Promoting Consistent Sentencing Through Robust Appellate Review", *The Journal of Appellate Practice and Process*, Vol. 14, No. 1. , 2013.

[391] Archibald B P. , "Crime and Punishment: The Constitutional Requirements for Sentencing Reform in Canada", *Revue Juridique Themis*, Vol. 22, No. 3. , 1988.

[392] Zagaris B. , "Penal Reform in Sweden", *Southwestern University Law Review*, Vol. 9, No. 1. , 1977.

[393] Clarkson C, Morgan R. , "Sentencing Reform: Lessons from Abroad", *European Journal of Crime, Criminal Law and Criminal Justice*, Vol. 2, No. 2. , 1994.

[394] Hessick C B. , "Booker in the Circuits: Backlash Or Balancing Act?", *Houston Law Review*, Vol. 6, 2015.

[395] Carol A. Pettit, "Writing the Book (er) on Blakely: the Challenge to the Federal Sentencing Guidelines", *Tulsa Law Review*, Vol. 41, 2005.

[396] Leonetti C. , "De Facto Mandatory: A Quantitative Assessment of Reasonableness Review After Booker", *DePaul Law Review*, Vol. 66, 2017.

[397] Taylor C G. , "Deference Errors: The United States Sentencing Guidelines, Chevron, and the Appellate Presumption of Reasonableness", *University of Colorado Law Review*, Vol. 89, 2018.

[398] Lowe C J. , "Modern Sentencing Reform: A Preliminary Analysis of the Proposed Federal Sentencing Guidelines", *American Criminal Law Review*, Vol. 25, No. 1. , 1987.

[399] Scott - Hayward C S. , "Shadow Sentencing: The Imposition of Federal Supervised Release", *Berkeley Journal of Criminal Law*, Vol. 18, No. 2. , 2013.

[400] KisorC A. , "The Need for Sentencing Reform in Military Courts", *Naval Law Review*, Vol. 58, 2009.

[401] Connie D L V, Leighton M T. , "Sentencing Our Children to Die in Prison: Global Law and Practice", *University of San Francisco Law Review*, Vol. 42, No. 4. , 2008.

[402] SmitD V Z. , "Constitutional Jurisprudence and Proportionality in Sentencing", *European*

Journal of Crime，Criminal Law and Criminal Justice，Vol. 3，1995.

［403］Chatham D A.，"Playing With Post-Booker Fire：The Dangers of Increased Judicial Dis-
cretion in Federal White Collar Sentencing"，*Journal of Corporation Law*，Vol. 32，2007.

［404］Freed D J.，"Federal Sentencing in the Wake of Guidelines：Unacceptable Limits on the
Discretion of Sentencers"，*Yale Law Journal*，Vol. 101，1992.

［405］Levy D M.，"Defending Demaree：The Ex Post Fouto Clause's Lack of Control Over the
Federal Sentencing Guidelines After Booker"，*Fordham Law Review*，Vol. 77，2009.

［406］Hoffman D A.，"The Federal Sentencing Guidelines and Confrontation Rights"，*Duke Law
Journal*，Vol. 42，No. 2.，1992.

［407］Sklansky J A.，"The Nature and Function of Prosecutorial Power"，*Journal of Criminal
Law and Criminology*，Vol. 106，No. 3.，2016.

［408］Boerner D，Lieb R.，"Sentencing Reform in the Other Washington"，*Crime and Justice*，
Vol. 28，2001.

［409］Briese D.，"The Ex Post Facto Clause and the United States Sentencing Guidelines：the
Guidelines Remain Mandatory in Defiance of Booker"，*Drake Law Review*，Vol. 60，No. 2.，
2012.

［410］Holman D C.，"Death By A Thousand Cases：After Booker，Rita，And Gall，The Guide-
lines Still Violate the Sixth Amendment"，*William and Mary Law Review*，Vol. 50，2008.

［411］Patton D E.，"Guns，Crime Control，and a Systemic Approach to Federal Sentencing"，
Cardozo Law Review，Vol. 32，No. 4.，2011.

［412］Bazelon D L.，"Missed Opportunities in Sentencing Reform"，*Hofstra Law Review*，Vol. 7，
No. 1.，1987.

［413］Johnson D T."Crime and Punishment in Contemporary Japan"，*Crime and Justice：A Re-
view of Research*，Vol. 36，2007.

［414］Johnson D T.，"Retention and Reform in Japanese Capital Punishment"，*University of
Michigan Journal of Law Reform*，Vol. 49，No. 4.，2016.

［415］Dailey D L.，"Minnesota Sentencing Guidelines：A Structure for Change"，*Law and Poli-
cy*，Vol. 20，No. 3.，1998.

［416］Dharmapala D，et al.，"Legislatures，Judges，and Parole Boards：The Allocation of
Discretion Under Determinate Sentencing"，*Florida Law Review*，Vol. 62，2010.

［417］Castberg D.，"Prosecutorial Independence in Japan"，*UCLA Pacific Basin Law Journal*，
Vol. 16，No. 1.，1997.

［418］Berman D A：Introduction，"Federal Sentencing Challenges Post-Booker"，*Houston Law
Review*，Vol. 51，No. 5.，2014.

[419] Berman D A., "Forward: Beyond Blakely and Booker: Pondering Modern Sentencing Process", *Journal of Criminal Law and Criminology*, Vol. 95, 2005.

[420] Erez E, Tontodonato P., "The Effect of Victim Participation in Sentencing on Sentence Outcome", *Criminology*, Vol. 28, No. 3., 1990.

[421] Rubin Edward., "Just Say No to Retribution", *Symposium Model Penal Code: Sentencing*, *Buffalo Criminal Law Review*, Vol. 7, 2003.

[422] Scott E, Grisso T, et al., "Juvenile Sentencing Reform in a Constitutional Framework", *Temple Law Review*, Vol. 88, No. 4., 2016.

[423] Aharonson Ely., "Determinate Sentencing and American Exceptionalism: The Underpinnings and Effects of Cross-National Differences in the Regulation of Sentencing Discretion", *Law and Contemporary Problems*, Vol. 76, No. 1., 2013.

[424] Herber E., "Victim Participation in Japan", *Washington International Law Journal*, Vol. 27, No. 1., 2017.

[425] Luna E., "Gridland: An Allegorical Critique of Federal Sentencing", *Journal of Criminal Law and Criminology*, Vol. 96, No. 1., 2005.

[426] Bowman F O, III, ". Mr. Madison Meets a Time Machine: The Political Science of Federal Sentencing Reform", *Stanford Law Review*, Vol. 58, No. 1., 2005.

[427] Bowman F O, III, "The Failure of the Federal Sentencing Guidelines: A Structural Analysis", *Columbia Law Review*, Vol. 105, 2005.

[428] Diamondstone F., "Drug Sentencing Law Reform?", *Washington State Bar News*, Vol. 47, No. 1., 1993.

[429] Rauschenberg F., "Sentencing Reform Proposals in Ohio", *Federal Sentencing Reporter*, Vol. 6, No. 3., 1993.

[430] Lowenthal G T., "Mandatory Sentencing Laws: Undermining the Effectiveness of Determinate Sentencing Reform", *California Law Review*, Vol. 81, No. 1., 1993.

[431] Casper G, Zeisel H., "Lay Judges in the German Criminal Courts", *Journal of Legal Studies*, Vol. 1, No. 1., 1972.

[432] Ward G, et al., "Does Racial Balance in Workforce Representation Yield Equal Justice? Race Relations of Sentencing in Federal Court Organizations", *Law and Society Review*, Vol. 43, No. 4., 2009.

[433] MerrittG S., "The Decision Making Process in Federal Courts of Appeals", *Ohio State Law Journal*, Vol. 51, 1990.

[434] Hans-Jorg Albrecht., "Sentencing in Germany: Explaining Long-Term Stability in the Structure of Criminal Sanctions and Sentencing", *Law and Contemporary Problems*, Vol. 76,

No. 1. , 2013.

[435] Hans−Jorg Albrecht. , "Sentencing in the Federal Republic of Germany", *Federal Sentencing Reporter*, Vol. 7, No. 6. , 1995.

[436] KrentH J. , "Retroactivity and Crack Sentencing Reform", *University of Michigan Journal of Law Reform*, Vol. 47, No. 1. , 2013.

[437] SiletsH M, Brenner S W. , "Demise of Rehabilitation: Sentencing Reform and the Sanctioning of Organizational Criminality", *American Journal of Criminal Law*, Vol. 13, No. 3. , 1986.

[438] Gertner N. , "Sentencing Reform: When Everyone Behaves Badly", *Maine Law Review*, Vol. 57, 2005.

[439] NagelI H, Johnson B L. , "The Role of Gender in a Structured Sentencing System: Equal Treatment, Policy Choices, and the Sentencing of Female Offenders Under the United States Sentencing Guidelines", *The Journal of Criminal Law and Criminology*, Vol. 85, No. 1. , 1994.

[440] Oleson J C. , "Blowing out all the Candles: A Few Thoughts on the Twenty−Fifty Birthday of Sentencing Reform Act of 1984", *University of Richmond Law Review*, Vol. 45, No. 2. , 2011.

[441] Midgley J. , "Sentencing in the Juvenile Court", *South African Law Journal*, Vol. 91, No. 4. , 1974.

[442] Gwin J S. , "Juror Sentiment on Just Punishment: Do the Federal Reflect Community Values?", *Harvard Law and Policy Review*, Vol. 4, 2010.

[443] Lankford Jefferson. , "The Effect of Blakely v. Washington on State Sentencing", *Justice System Journal*, Vol. 27, No. 1. , 2006.

[444] Exum J J. , "Giving Guidance to Guidelines", *South Carolina Law Review*, Vol. 68, No. 3. , 2015.

[445] Exum J J. , "Why March to a Uniform Beat? Adding Honesty and Proportionality to the Tune of Federal Sentencing", *Texas Journal on Civil Liberties & Civil Rights*, Vol. 15, No. 2. , 2010.

[446] Exum J J. , "The More Things Change: A Psychological Case Against Allowing the Federal Sentencing Guidelines to Stay the Same in Light of Gall, Kimbrough, and New Understandings of Reasonableness Review", *Catholic University Law Review*, Vol. 58, 2008.

[447] Iontcheva J. , "Jury Sentencing as Democratic Practice", *Virginia Law Review*, Vol. 89, No. 2. , 2003.

[448] Eaglin J M. , "Constructing Recidivism Risk", *Emory Law Journal*, Vol. 67, No. 1. , 2017.

［449］Hewitt J. , "Fifty Shades of Gray: Sentencing Trends in Major White-Collar Cases", *Yale Law Journal*, Vol. 125, 2016.

［450］Pfaff J F. , "The Vitality of Voluntary Guidelines in the Wake of Blakely v. Washington: An Empirical Assessment", *Federal Sentencing Reporter*, Vol. 19, No. 3. , 2006.

［451］Kramer J H, Kempinen C. , "History of Pennsylvania Sentencing Reform", *Federal Sentencing Reporter*, Vol. 6, No. 3. , 1993.

［452］Hyatt J M, Chanenson S L, Bergstrom M H. , "Reform in Motion: The Promise and Perils of Incorporating Risk Assessments and Cost-Benefit Analysis into Pennsylvania Sentencing", *Duquesne Law Review*, Vol. 49, No. 4. , 2011.

［453］Cabranes J A. The U. S. , "Sentencing Guidelines: Where Do We Go From Here?", *Saint Louis University Law Journal*, Vol. 44, No. 2. , 2000.

［454］Bowers J. , "What's Wrong with Sentencing Equality: Sentencing Legality: A Response to Professors Bierschbach & Bibas", *Virginia Law Review Online*, Vol. 102, 2016.

［455］Divine J M. , "Booker Disparity and Data–Driven Sentencing", *Hasting Law Journal*, Vol. 69, No. 3. , 2018.

［456］Junger-Tas J. , "Sentencing in the Netherlands: Context and Policy", *Federal Sentencing Reporter*, Vol. 7, No. 6. , 1995.

［457］Roberts J V, Hirsch A V. , "Statutory Sentencing Reform: The Purpose and Principles of Sentencing", *Criminal Law Quarterly*, Vol. 37, No. 2. , 1995.

［458］Roberts J V, Gazal-Ayal O. , "Statutory Sentencing Reform in Israel: Exploring the Sentencing Law of 2012", *Israel Law Review*, Vol. 46, No. 3. , 2013.

［459］Roberts J V. , "Sentencing Reform: The Canadian Approach", *Federal Sentencing Reporter*, Vol. 9, No. 5. , 1997.

［460］Stith K. , "Two Fronts for Sentencing Reform", *Federal Sentencing Reporter*, Vol. 20, No. 5. , 2008.

［461］Feinberg K R. , "Federal Criminal Sentencing Reform: Congress and the United States Sentencing Commission", *Wake Forest Law Review*, Vol. 28, No. 2. , 1993.

［462］Washburn K K. , "Tribal Courts and Federal Sentencing", *Arizona State Law Journal*, Vol. 36, No. 1. , 2004.

［463］Reitz K R. , "The New Sentencing Conundrum: Policy and Constitutional Law at Cross–purposes", *Columbia Law Review*, Vol. 105, 2005.

［464］Behre K D, Ifrah A J. , "You Be the Judge: The Success of Fifteen Years of Sentencing under the United States Sentencing Guidelines", *American Criminal Law Review*, Vol. 40, No. 1. , 2003.

［465］Morris L J. , "New Developments in Sentencing and Post-Trial Procedure", *The Army Lawyer*, Vol. 3, 1996.

［466］Sebba L. , "Is Sentencing Reform a Lost Cause? A Historical Perspective on Conceptual Problems in Sentencing Research", *Law and Contemporary Problems*, Vol. 76, No. 1. , 2013.

［467］Kiss L W. , "Reviving the Criminal Jury in Japan", *Law and Contemporary Problems*, Vol. 62, No. 2. , 1999.

［468］Lowenthal G T. , "Mandatory Sentencing Laws: Undermining the Effectiveness of Determinate Sentencing Reform", *California Law Review*, Vol. 81, No. 1. , 1993.

［469］Campbell L B, Bemporad H J. , "An Introduction to Federal Guideline Sentencing", *Federal Sentencing Reporter*, Vol. 10, No. 6. , 1998.

［470］Nottage L, Green S. , "Who Defends Japan: Government Lawyers and Judicial System Reform in Japan", *Asian-Pacific Law and Policy Journal*, Vol. 13, No. 1. , 2011.

［471］Gottschalk M. , "Dismantling the Carceral State: The Future of Penal Policy Reform", *Symposium: Punishment Law and Policy I: Incarceration Revolution*, *Texas Law Review*, Vol. 84, 2006.

［472］Bergstrom M H, Dermody F, Chanenson S L, Hyatt J. , "The Next Era of Sentencing Reform--Revisited", *Federal Sentencing Reporter*, Vol. 21, No. 3. , 2009.

［473］Rosenthal M R. , "Sentencing Reform: A Trojan Horse", *Boston Bar Journal*, Vol. 28, No. 6. , 1984.

［474］Frankel M E. , "Sentencing Guidelines: A Need for Creative Collaboration", *Yale Law Journal*, Vol. 101, 1992.

［475］Price M. , "Everything Old Is New Again: Fixing Sentencing by Going Back to First Principles", *New England Journal on Criminal and Civil Confinement*, Vol. 36, No. 1. , 2010.

［476］Dean M. , "Legal Transplants and Jury Trial in Japan", *Legal Studies*, Vol. 31, No. 4. , 2011.

［477］Tonry M H. , "The Functions of Sentencing and Sentencing Reform", *Stanford Law Review*, Vol. 58, No. 1. , 2005.

［478］Tonry M H. , "Intermediate Sanctions in Sentencing Reform", *Symposium: Intermediate Punishments: Viable Alternatives to Prison*, *University of Chicago Law School Roundtable*, Vol. 2, No. 2. , 1995.

［479］Tonry M H. , "Purposes and Functions of Sentencing", *Crime and Justice: A Review of Research*, Vol. 34, No. 1. , 2006.

［480］Tonry M H. , "Sentencing in America, 1975-2025", *Crime and Justice*, Vol. 42, No. 1. , 2013.

[481] Tonry M H. , "The Sentencing Commission in Sentencing Reform", *Hofstra Law Review*, Vol. 7, No. 2. , 1979.

[482] Marcus M. , "Limiting Retributivism: Revisions to Model Penal Code Sentencing Provisions", *Whittier Law Review*, Vol. 29, No. 2. , 2007.

[483] Ruark M P. , "The Sentencing Reform Act of 1981: A Critique of Presumptive Sentencing in Washington", *Gonzaga Law Review*, Vol. 17, No. 3. , 1982.

[484] Gelacak M S, et al. , "Departure Under the Federal Sentencing Guidelines: An Empirical and Jurisprudential Analysis", *Minnesota Law Review*, Vol. 81, 1996.

[485] Vitiello M, Kelso C. , "A Proposal for a Wholesale Reform of California's Sentencing Practice and Policy", *Loyola of Los Angeles Law Review*, Vol. 38, No. 2. , 2004.

[486] Rector M G. , "Sentencing Reform and Litigation", *Judicature*, Vol. 53, No. 2. , 1969.

[487] Hristova M V. , "The Case for Insider-Trading Criminalization and Sentencing Reform", *Transactions: The Tennessee Journal of Business Law*, Vol. 13, No. 2. , 2012.

[488] Bagaric M, et al. , "The Senseless War: The Sentencing Drug Offenses Arms Race", *Oregon Review of International Law*, Vol. 16, No. 1. , 2014.

[489] Bagaric M, Gopalan S. , "Saving the United States from Lurching to Another Sentencing Crisis: Taking Proportionality Seriously and Implementing Fair Fixed Penalties", *Saint Louis University Law Journal*, Vol. 60, No. 2. , 2016.

[490] Bagaric M. , "Sentencing: The Road to Nowhere", *Sydney Law Review*, Vol. 21, No. 4. , 1999.

[491] Combs N A. , "Seeking Inconsistency: Advancing Pluralism in International Criminal Sentencing", *Yale Journal of International Law*, Vol. 41, No. 1. , 2015.

[492] Gertner N. , "Rita Needs Gall--How To Make the Guidelines Advisory", *Denver University Law Review*, Vol. 85, No. 1. , 2007.

[493] Gertner N. , "Supporting Advisory Guidelines", *Harvard Law and Police Review*, Vol. 3, No. 2. , 2009.

[494] Kim N S. , "The Cultural Defense and the Problem of Cultural Preemption: A Framework for Analysis", *New Mexico Law Review*, Vol. 27, 1997.

[495] Jones N A. , "Sentencing Circles in Canada and the Gacaca in Rwanda: A Comparative Analysis", *International Criminal Justice Review*, Vol. 21, No. 1. , 2011.

[496] Tupman N O, Tupman J. , "No Lie about It, the Perjury Sentencing Guidelines Must Change", *South Dakota Law Review*, Vol. 59, No. 1. , 2014.

[497] Hofer P. , "After Ten Years of Advisory Guidelines, and Thirty Years of Mandatory Minimums, Federal Sentencing Still Needs Reform", *University of Toledo Law Review*, Vol. 47,

No. 3. , 2016.

[498] Peng H Q. , "Judicial Reform and Development in 2006", *China Legal Development Yearbook*, Vol. 2, 2009.

[499] Benekos P J. , "Public Policy and Sentencing Reform: The Politics of Corrections", *Federal Probation*, Vol. 56, No. 1. , 1992.

[500] R. Michael Cassidy, Robert L. Ullmann, "Sentencing Reform: The Power of Reasons", *Massachusetts Law Review*, Vol. 97, No. 4. , 2016.

[501] Barkow R E. , "Originalist, Politics, and Criminal Law on the Rehnquist Court", *New York University School of Law*, Vol. 74, 2006.

[502] Kilaru R N. , "Guidelines as Guidelines: Lessons from the History of Sentencing Reform", *Charlotte Law Review*, Vol. 2, No. 1. , 2010.

[503] Krauss R. , "Neuroscience and Institutional Choice in Federal Sentencing Law", *Yale Law Journal*, Vol. 120, No. 2. , 2010.

[504] Bierschbach R A, Bibas S. , "Notice-and-Comment Sentencing", *Minnesota Law Review*, Vol. 97, No. 1. , 2012.

[505] Bierschbach R A. , Bibas S. , "What's Wrong with Sentencing Equality?", *Virginia Law Review*, Vol. 102, 2016.

[506] Frase R S, Thomas Weigend. , "German Criminal Justice as a Guide to American Law Reform: Similar Problems, Better Solutions?", *Boston College International and Comparative Law Review*, Vol. 18, No. 2. , 1995.

[507] Frase R S. , "Punishment Purposes", *Stanford Law Review*, Vol. 58, 2005.

[508] Frase R S. , "Sentencing Laws & Practices in France", *Federal Sentencing Reporter*, Vol. 7, No. 6. , 1995.

[509] Frase R S. , "Sentencing Principles in Theory and Practice", *Crime and Justice: A Review of Research*, Vol. 22, 1997.

[510] Batey R. , "Sentencing Guidelines and Statutory Maximums in Florida: How Best to Respond to Apprendi", *Florida Bar Journal*, Vol. 74, No. 10. , 2000.

[511] Lawson R G. , "PFO Law Reform, A Crucial First Step towards Sentencing Sanity in Kentucky", *Kentucky Law Journal*, Vol. 97, No. 1. , 2008.

[512] Bloom R M. , "Jury Trials in Japan", *Loyola of Los Angeles International and Comparative Law Review*, Vol. 28, No. 1. , 2005.

[513] Lewis R S. , "Preventing the Tail from Wagging the Dog: Why Apprendi's Bark Is Worse Than Its Bite", *Case Western Reserve Law Review*, Vol. 52, No. 2. , 2002.

[514] Lubitz R L. , "Recent History of Sentencing Reform in North Carolina", *Federal Sentencing*

Reporter, Vol. 6, No. 3., 1993.

[515] Ronald F., "Wright, Amendments in the Route to Sentencing Reform", *Criminal Justice Ethics*, Vol. 13, No. 1., 1994.

[516] Cakmis R T., " Federal Sentencing Guidelines ", *Mercer Law Review*, Vol. 55, No. 4., 2004.

[517] Brungard R E., "Finally, Crack Sentencing Reform: Why It Should Be Retroactive", *Tulsa Law Review*, Vol. 47, No. 3., 2012.

[518] Thompson S G., "The Booker Project: The Future of Federal Sentencing", *Houston Law Review*, Vol. 43, No. 3., 2006.

[519] Beale S S., "Is Now the Time for Major Federal Sentencing Reform?", *Federal Sentencing Reporter*, Vol. 24, No. 5., 2012.

[520] Kelman S., "Comparative Analysis of Democracy and Sentencing in the United States as a Model for Reform in Iraq", *Georgia Journal of International and Comparative Law*, Vol. 33, No. 1., 2004.

[521] Bibas S., "Plea Bargaining Outside the Shadow of Trial", *Harvard Law Review*, Vol. 117, 2004.

[522] Breyer S., "The Federal Sentencing Guidelines and the Key Compromises Upon Which They Rest", *Hofstra Law Review*, Vol. 17, No. 1., 1988.

[523] Herman S N., "Getting There: On Strategies for Implementing Criminal Justice Reform", *Berkeley Journal of Criminal Law*, Vol. 23, No. 1., 2018.

[524] Hornle Tatjana., "Moderate and Non-Arbitrary Sentencing without Guidelines: The German Experience", *Law and Contemporary Problems*, Vol. 76, No. 1., 2013.

[525] Knoten T P., "Riddle of Sentencing Reform Act, Section 994 (H) ", *Journal of the Missouri Bar*, Vol. 47, No. 8., 1991.

[526] Stutsman T., "The Use of Demonstration Projects to Advance Criminal Procedure Reform in China", *Columbia Journal of Asian Law*, Vol. 24, 2011.

[527] Weigend T., "Sentencing in West Germany", *Maryland Law Review*, Vol. 42, No. 1., 1983.

[528] Corrigan T J., "Who Appointed Me God? Reflections of a Judge on Criminal Sentencing?", *Judicature*, Vol. 100, No. 3., 2016.

[529] Shteir V., "Positivist Roots of Criminal Law and the West German Criminal Law Reform", *Rutgers-Camden Law Journal*, Vol. 10, No. 3., 1979.

[530] Hinkkenen V, Lappi-Seppala T., "Sentencing Theory, Policy, and Research in the Nordic Countries", *Crime and Justice*, Vol. 40, 2011.

[531] Parham W T. , "Grist for the Mill of Sentencing Guideline Reform: Williams v. United States", *Wake Forest Law Review*, Vol. 28, No. 2. , 1993.

[532] Logan W A. , "After the Cheering Stopped: Decriminalization and Legalism's Limits", *Cornell Journal of Law and Public Policy*, Vol. 24, No. 2. , 2014.

[533] Turnbladh W C. , "A Critique of the Model Penal Code Sentencing Proposals", *Law and Contemporary Problems*, Vol. 23, No. 3. , 1958.

[534] Sessioms W K Ⅲ. , "The Relevance of Offender Characteristics in a Guideline System", *Houston Law Review*, Vol. 51, No. 5. , 2014.

[535] Oits W. , "Priority for a New Administration: Restore the Rule of Law in Federal Sentencing", *Federal Sentencing Reporter*, Vol. 20, No. 5. , 2008.

[536] Wilkins W W Jr, Steer J R. , "Relevant Conduct: the Cornerstone of the Federal Sentencing Guidelines", *South Carolina Law Review*, Vol. 41, No. 3. , 1990.

[537] Wilkins W W Jr. , "Sentencing Reform and Appellate Review", *Washington and Lee Law Review*, Vol. 46, No. 2. , 1984.

[538] Shiroshita Y. , "Current Trends and Issues in Japanese Sentencing", *Federal Sentencing Reporter*, Vol. 22, No. 4. , 2010.

[539] Lin Z Q. , "Advancements and Controversies in China's Recent Sentencing Reforms", *China Information*, Vol. 30, No. 3. , 2016.

七、外文著作

[540] Ellis A, et al. , *The Federal Sentencing Guidebook: A Primer For Attorneys and Defendants, Family and Friends*, Law Office of Alan Ellis, 2003.

[541] OstromB J, et al. , *Sentencing Digest: Examining Current Sentencing Issues and Policies*, National Center for State Courts, 1998.

[542] Scanlan C. , *Criminal Law*, Butterworths London Press, 1999.

[543] Clarkson C, Morgan R. , The Politics of Sentencing Reform [M], Oxford University Press, 1995.

[544] Broyles D S. , *Criminal Law in the USA*, Wolters Kluwer Law and Business, 2012.

[545] Zimring F E, Hawkins G J. , *Deterrence*, The University of Chicago Press, 1973.

[546] Mackenzie G, et al. , *Principles of Sentencing*, The Federation Press, 2010.

[547] Hawkins G, Zimring F E. , *The Pursuit of Criminal Justice: Essays from the Chicago Center*, The University of Chicago Press, 1984.

[548] Packer H L. , *The Limits of the Criminal Sanction*, Stanford University Press, 1968.

[549] Ulmer J T, Applegate B K. , *Offender Rehabilitation: Effective Correctional Intervention*, Ashgate Publishing Company, 1997.

[550] Ulmer J T. , *Social Worlds of Sentencing: Court Communities Under Sentencing Guidelines*, State University of New York Press, 1997.

[551] Ferry J, Kravitz M. , *Issues in Sentencing: A Selected Bibliography*, National Institute of Law Enforcement and Criminal Justice, 1978.

[552] Dressler J. , *Understanding Criminal Law*, Carolina Academic Press, 2022.

[553] Sutton L P. , *Federal Criminal Sentencing: Perspectives of Analysis and a Design for Research*, Criminal Justice Research Center, 1978.

[554] Sutton L P. , *Predicting Sentences in Federal Courts: The Feasibility of A National Sentencing Policy*, Criminal Justice Research Center, 1978.

[555] Sutton L P. , *Variations in Federal Criminal Sentences: A Statistical Assessment At the National Level*, Criminal Justice Research Center, 1978.

[556] Wilkins L T, Kress J M, Gottfredson D M, et al. , *Sentencing Guidelines: Structuring Judicial Discretion*, Criminal Justice Research Center, 1978.

[557] Branham L S. , *The Law and Policy of Sentencing and Corrections in a Nutshell*, West Academic Publishing, 2022.

[558] Cammack M E, Garland N M. , *Advanced Criminal Procedure in a Nutshell*, West Academic Publishing, 2006.

[559] Martin W. , *The Sentencing Process*, Dartmouth Publishing Company, 1997.

[560] Tonry M H. , *Sentencing Matters*, Oxford University Press, 1996.

[561] Tonry M H, Frase R S. , *Sentencing and Sanctions in Western Countries*, Oxford University Press, 2001.

[562] Kauder N B, et al. , *Sentencing Commission Profiles: State Sentencing Policy and Practice Research in Action Partnership*, National Center for State Courts, 1997.

[563] O' Donnell P, et al. , *Toward a Just and Effective Sentencing System: Agenda for Legislative Reform*, Praeger Publishers, 1977.

[564] Henham R J. , *Criminal Justice and Sentencing Policy*, Dartmouth Publishing Company, 1996.

[565] Loughnan A. , *Manifest Madnes: Mental Incapacity in Criminal Law*, Oxford University Press, 2012.

[566] CarterR M, et al. , *Probation, Parole and Community Corrections*, Prentice Hall Inc, 1984.

[567] Shane-DuBowS, et al. , *Sentencing Reform in the United States: Histories, Content, and Effect*, National Institute of Justice, 1985.

[568] Nora V. Demleitner, et al., *Sentencing Law and Policy: Cases, Statutes, and Guidelines*, Wolters Kluwer Law & Business, 2013.

[569] Kate Stith, José A. Cabranes, *Fear of Judging: Sentencing Guidelines in the Federal Courts*, The University of Chicago Press, 1998.

八、外国案例

[570] Miller v. Florida, 482 U. S. 423 (1987).

[571] Mistretta v. United States, 488 U. S. 361 (1989).

[572] United States v. Nottingham, 898 F. 2d 390 (1990).

[573] Burns v. United States, 501 U. S. 129 (1991).

[574] Williams v. United States, 503 U. S. 193 (1992).

[575] Sitnson v. Unites States, 508 U. S. 36 (1993).

[576] United States v. Bullard, 13 F. 3d 154 (1994).

[577] Witte v. United States, 515 U. S. 389 (1995).

[578] Gall v. United States, 552 U. S. 38 (1997).

[579] Apprendi v. New Jersey, 530 U. S. 466 (2000).

[580] United States v. Barber, 272 F. 3d 1067 (2001).

[581] United States v. Petersen, 276 F. 3d 432 (2002).

[582] United States v. Henderson, 993 F. 2d 187 (1993).

[583] United States v. Booker, 543 U. S. 220 (2005).

[584] United States v. Sebastian, 436 F. 3d 913 (2006).

[585] Kimbrough v. United States, 552 U. S. 85 (2007).

[586] Rita v. United States, 551 U. S. 338 (2007).

[587] Irizarry v. United States, 553 U. S. 708 (2008).

[588] United States v. Clark, 563 F. 3d 722 (2009).

[589] United States v. John, 597 F. 3d 263 (2010).

[590] Pepper v. United States, 562 U. S. 476 (2011).

[591] United States v. Thompson, 682 F. 3d 285 (2012).

[592] Dorsey v. United States, 567 U. S. 260 (2012).

[593] United States v. Sanchez, 667 F. 3d 555 (2012).

[594] Peugh v. United States, 569 U. S. 530 (2013).

[595] United States v. Matchett, 802 F. 3d 1185 (2015).

［596］ Beckles v. United States，137 S. Ct. 886 （2017）.

［597］ United States v. Hendricks，307 F. Supp. 3d 1104 （2018）.

［598］ Hughes v. United States，138 S. Ct. 1765 （2018）.